U0742071

金景芳全集

第八册

上海古籍出版社

中國古代史分期商榷(上)

新中國成立,已經三十年了。中國古代史中有一個極爲重要的問題——分期問題,迄未解決,反映我國歷史科學的發展是何等緩慢!我國歷史科學發展緩慢的原因很多。據我看,沒有認真地貫徹執行"雙百"方針是一個重要原因。我這樣説,並不是不知道郭沫若同志的分期説已在全國範圍内廣泛流行,並爲多數人所接受。坦率地説,我是不同意郭老的分期説的。根據"百家争鳴"的精神,我準備用上、下兩篇文章商榷這個問題。上篇談對郭老分期説的意見,下篇談我個人對分期的看法。

對郭老的分期説提出八點意見

一、馬克思主義所説的奴隸制是一種形態,還是兩種形態?

郭老説:"我認爲,中國奴隸社會不像所謂'古代東方型'的奴隸社會那樣;衹有家内奴隸,而生産者則是'公社成員'。嚴格按照馬克思的意見來説,衹有家内奴隸的社會,是不成其爲奴隸社會的。……如果太强調了'公社',認爲中國奴隸社會的生産者都是'公社成員',那中國就會没有奴隸社會。"[1]無疑這是郭老中國古代史分期説的理論基礎。實質上郭老是認爲馬克思主義所説的奴

---

[1] 《奴隸制時代》,人民出版社,1977年,第231~232頁。

隸社會衹有典型的古典的,即希臘羅馬型的一種,不包括亞細亞的
或東方的形態。這種説法,我覺得與事實不符。最明顯的是,恩格
斯在論述"德意志人國家的形成"時説:"他們還没有達到充分發展
的奴隸制:既没有達到古代的勞動奴隸制,也没有達到東方的家庭
奴隸制。"①這就説明在馬克思主義看來,無論是古代的勞動奴隸
制或是東方的家庭奴隸制,都是充分發展的奴隸制。

二、夏代尚有待於地下發掘物證明,這個觀點是可以商量的

郭老説:"殷代以前的夏代,尚有待於地下發掘物的確切證
明。"②郭老強調地底下掘出的史料的重要性,並没有錯。問題不
在這裏,問題在於不加分析地全盤否定古籍記載,單純地主張依靠
地底下掘出的史料來講古史。應當指出,地底下掘出的史料也有
它的不可克服的缺點。第一,它不是自明的;第二,它缺乏理論性
和系統性。例如地底下掘出的史料一般都没有文字,當然認識不
易。即便有文字的,如甲骨文、金文,假如不是具有正確的觀點,又
有豐富的歷史知識和文字學知識,縱然説認識,也是不足憑信的。
又地底下掘出的史料大都是偶然的、零星的發現,所能説明的問題
有很大的局限性,不像文獻史料大半都是經過選擇而保留下來的
重大事件的記録。因此,全盤否定文獻史料,單純依靠地底下掘出
的史料來講古史,這個觀點是可以商量的。

三、人犧人殉能證明殷代是典型的奴隸社會嗎?

郭老説:"殷代是典型的奴隸社會,已没有問題了。殷代祭祀

---

① 《馬克思恩格斯全集》第 21 卷,第 177～178 頁。
② 《奴隸制時代》,第 1 頁。

還大量地以人爲犧牲,有時竟用一千人以上。殷王或者高等貴族的墳墓,也有不少的生殉和殺殉,一墓的殉葬者往往多至四百人。這樣的現象,不是奴隷社會是不能想象的。"①

郭老堅持用地下發掘物説明古史,把有大量的人犧人殉作爲殷代是典型的奴隷社會的證明。其實,這不是馬克思主義的觀點。

馬克思《摩爾根〈古代社會〉一書摘要》説:"關於俘虜的處理經過了和野蠻期的三個階段相適應的三個連貫的階段:野蠻期的第一個時期——俘虜被處以火刑;第二個時期——作爲供獻神靈的犧牲;第三個時期——轉變爲奴隷。"②這就是説,人犧在野蠻期的第二個時期已經出現,奴隷在野蠻期的第三個時期已經出現。不但光憑有人犧不能證明是奴隷社會,即便是有了奴隷也不能證明一定是奴隷社會。爲什麼呢? 因爲奴隷社會固然有奴隷,但有奴隷的不等於就是奴隷社會。例如,原始社會末期有奴隷,封建社會和資本主義社會也有奴隷,這樣,怎能説有奴隷就是奴隷社會呢?

那末,什麼是奴隷社會的基本特徵,奴隷社會和原始社會劃分的標誌是什麼呢? 據我看,這兩個問題,前者應以斯大林的教導爲依據,即"在奴隷制度下,生産關係的基礎是奴隷主占有生産資料和占有生産工作者,這生産工作者便是奴隷主所能當作牲畜來買賣屠殺的奴隷"。③ 後者應以恩格斯的教導爲依據,即"隨着在文明時代獲得最充分發展的奴隷制的出現,就發生了社會分成剥削階級和被剥削階級的第一次大分裂。這種分裂繼續存在於文明期。奴隷制是古代世界所固有的第一個剥削形式"和"國家是文明社會的概括"。④ 這就是説,文明社會和原始社會劃分的標誌是國家,而"奴隷制是古代世界所固有的第一個剥削形式"。所以,奴隷

①　《奴隷制時代》,第1頁。
②　同上,第151頁。
③　《辯證唯物主義與歷史唯物主義》,第30頁。
④　《馬克思恩格斯全集》第21卷,第200頁。

社會和原始社會劃分的標誌，不是別的什麽東西，而是國家。自馬克思主義觀點看來，人犧人殉既不是奴隸社會的基本特徵，也不能作爲奴隸社會和原始社會劃分的重要標誌。

四、關於井田制問題

郭老雖然也承認我國古代有井田制，但是，他又認爲孟子所説的井田，"完全是孟子的烏托邦式的理想化"。① 這種説法，從實質上看，又否定了中國古書上所説的井田制的存在。

實際上，中國古書上所記述的井田制，就是馬克思、恩格斯所説的"馬爾克"或"農村公社"、"農業公社"在中國的具體表現形式。它不但不是"烏托邦"，而且是歷史的必然。

馬克思論述"農業公社"不同於較古的公社的最主要的特徵説：

1.……"農業公社"是最早的没有血統關係的自由人的社會聯合。

2.在農業公社中房屋及其附屬物——園地，是農民私有的。……當然也有一些農業公社，它們的房屋雖然已經不再是集體的住所，但仍然定期改換占有者。這樣，個人使用權就和公有制結合起來。

3.耕地是不准轉賣的公有財產，定期在農業公社社員之間進行重分，因此，每一社員用自己的力量來耕種分給他的地，並把産品留爲已有。②

恩格斯在所著《馬爾克》裏，曾舉德國現存的摩塞爾河畔和霍赫瓦爾特山脈的所謂農户公社作爲實例，説：

---

① 《奴隸制時代》，第 29 頁。
② 《馬克思恩格斯全集》第 19 卷，第 449 頁。

　　"在那裏,雖然不再一年分配一次,但是每隔三年、六年、九年或十二年,總要把全部開墾的土地(耕地和草地)合在一起,按照位置和土質,分成若干'大塊'。每一大塊,再劃分若干大小相等的狹長帶狀地塊,塊數多少,根據公社中有權分地者的人數而定,這些地塊,采用抽籤的辦法,分配給有權分地的人。所以,每一社員,在每一個大塊中,也就是説,在每一塊位置與土質各不相同的土地上,當初都分到了同樣大的一塊土地。現在,這塊土地,由於分遺産、出賣種種原因,已經大小不等了,但有的整塊土地,仍舊是一個單位,根據這個單位,才能決定這塊土地的二分之一、四分之一、八分之一等等的大小。没有開墾的土地、森林和牧場,仍然共同占有,共同利用。"①

　　我們應用馬克思主義上述理論作指導,來看一下我國古書上所記述的井田制是怎麽説的。

　　《周禮·地官·遂人》説:"以歲時稽其人民而授之田野。"又説:"以土均平政,辨其野之土上地中地下地以頒田裏。上地,夫一廛,田百畝,萊五十畝,餘夫亦如之;中地,夫一廛,田百畝,萊百畝,餘夫亦如之;下地,夫一廛,田百畝,萊二百畝,餘夫亦如之。"

　　《孟子·滕文公上》説:"夫滕壤地褊小,將爲君子焉,將爲野人焉。無君子莫治野人,無野人莫養君子。

　　請野九一而助,國中什一使自賦。自卿以下,必有圭田。圭田五十畝,餘夫二十五畝。

　　方里而井,井九百畝,其中爲公田。八家皆私百畝,同養公田。公事畢,然後敢治私事,所以别野人也。"

　　古書上提到井田的還很多,兹不具引,祇引這兩份材料,作爲典型的例子和馬克思、恩格斯所述對照説明如下:

　　1.《周禮》所説"以歲時稽其人民而授之田野",這就是馬克思、

————————

　　①　《马克思恩格斯全集》第 19 卷,第 355 页。

恩格斯所説的耕地定期重分。實行這種制度,爲什麼一定要定期重分耕地呢? 這是因爲土地公有,土地的變動必須同人口的變動相適應。正是因爲這樣,所以"稽其人民"即調查户口,遂成爲重分土地前的一項重要工作。

2.《周禮》所説"辨其野之土上地中地下地"顯然同恩格斯所説的要考慮耕地的位置和土質的精神是一致的。

3.《周禮》所説"夫一廛",無疑就是馬克思所説的房屋定期改換占有者。

4.《周禮》的分田都是"百畝",而萊有五十畝、百畝、二百畝的不同,這是用萊(草地)調劑肥瘠,以求平衡。

5.百畝是一個單位,則五十畝、二十五畝、二百畝等等,正是這一個單位的二分之一、四分之一或者一倍,也和恩格斯所説的情況不謀而合。

6.《孟子》所説"八家皆私百畝",這就是馬克思所説的"每一社員用自己的力量來耕種分給他的地,並把産品留爲已有"。

7.《孟子》説:"八家同養公田。公事畢,然後敢治私事。"這段話是説明公田的産品爲公家所有。由此可見,井田制之有公田、私田衹是表明産品歸誰所有,而與土地所有制無關。

至於《孟子》所説的"野九一而助,國中什一使自賦"等等,則涉及另外的一些問題,爲了節省篇幅,就不在這裏詳述了。

總之,我國古書上所記述的井田制同馬克思、恩格斯所論述的"農業公社"或"馬爾克"的要點,基本上一致,是没有理由説是"烏托邦"的。

馬克思説過:"如果你在某一個地方看到有隴溝痕迹的小塊土地組成的棋盤狀耕地,那就不必懷疑,這就是已經消失的農業公社的地産!"[①]則中國井田之爲"豆腐乾塊",又有什麼可以懷疑的呢?

---

① 《馬克思恩格斯全集》第 19 卷,第 452 頁。

毋寧説,豆腐乾塊正是井田制的特徵。它不但是可能的,而且是必然的。

井田制的存在,恰恰是中國奴隸社會之爲"古代東方型"的一個鐵證。

恩格斯説:"要使奴隸勞動成爲整個社會中占統治地位的生産方式,那就還需要生産、貿易和財富積聚有更大的增長。在古代的自發的土地公有的公社中,奴隸制或是根本没有出現過,或是祇起極其從屬的作用。在最初的農民城市羅馬,情形也是如此,而當羅馬變成'世界城市',意大利的地産日益集中於人數不多的非常富有的所有者階級手裏的時候,農民人口才被奴隸人口所排擠。"①這就是説,在土地公有的公社存在的時候,不可能有古代的勞動奴隸制,即不可能有郭老所説的"典型的奴隸社會"。

其實,郭老何嘗不瞭解這個道理。正是由於郭老瞭解這個道理,所以,爲了堅持中國奴隸社會是典型的奴隸社會,就非修改井田制不可。實際上郭老所説的"井田制",既没有馬克思主義理論根據,也没有歷史事實根據,純粹出於主觀臆造。正由於這樣,所以郭老所説的"井田制",就不能不是破綻百出,無以自圓其説。

郭老的"井田"説,詳見所著《奴隸制時代》。

在一個地方説:"那些方田,不是給予老百姓,而是給予諸侯和百官的。諸侯和百官得到田地,再分配給農夫耕種以榨取他們的血汗而已。故井田制是有兩層用意的:對諸侯和百官來説是作爲俸禄的等級單位,對直接耕種者來説是作爲課驗勤惰的計算單位。有了一定的畝積兩方面便都有了一定的標準。"②

在另一個地方説:"公家把土地劃成方塊授予臣工,同時更分予些'説話的工具'爲他們耕種。臣工們有了這樣的便宜,便盡量

---

① 《馬克思恩格斯全集》第 20 卷,第 175 頁。

② 《奴隸制時代》,第 29、32 頁。

榨取奴隸們的剩餘勞動以開闢方田外的荒地。畿外的諸侯在采取這種步驟上是有更多的自由的。公家所授的方田一律都是公田，在方田外所墾闢出的土地便是所謂私田。公田有一定的規格，私田自可以因任地形而自由擺佈。公田是不能買賣的，私田卻真正是私有財產。公田是要給公家上一定的賦稅的，私田在初卻完全無稅。就在這樣發展的過程當中，土地國有制遭受着削弱，諸侯和百官們逐漸豪富起來了。私田的畝積逐漸超過公田，因而私家的財富也逐漸超過公家。"①

郭老這個"井田"説之所以不能成立，主要在於：

1. 錯誤地把劃分小塊的土地説成是給予諸侯和百官的。

馬克思説："農業公社的社員並没有學過地租理論課程，可是他們瞭解，在天然肥力和位置不同的土地上消耗等量的農業勞動，會得到不等的收入。爲了使自己的勞動機會均等，他們根據土壤的自然差別和經濟差別把土地分成一定數量的地段，然後按農民的人數把這些比較大的地段再分成小塊，然後，每一個人在每一塊地中得到一份土地。"②

拉法格説："等長的直綫内包含的地塊滿足了平等精神和不給紛争留下餘地。"③

由上述兩段文字可以清楚地看出，把土地劃分成"棋盤狀"或"豆腐乾塊"進行分配是由於土地公有的平等精神決定的。給予諸侯和百官的土地，當然没有必要也不可能劃分成這樣小塊。

遠的且不説，我們即以周初諸侯爲例來説吧。他們無論是新封，或者是舊邦，都是各有各自的封疆。封疆以内，土地、人民悉爲所有。例如《詩·魯頌·閟宫》説，"乃命魯公，俾侯於東，錫之山

---

① 《奴隸制時代》第 29 頁，第 32 頁。
② 《馬克思恩格斯全集》第 19 卷，第 452 頁。
③ 《思想起源論》，王子野譯，三聯書店，1963 年，第 89 頁。

川,土田附庸"。《左傳》定公四年所述封魯、封衛、封唐(後改晉),也都是給予大片的土地。哪裏有先把土地劃分成小塊,然後給予諸侯和百官的事情?

周初封國多少,說者不一。《吕氏春秋·觀世》説是"四百餘",《荀子·儒效》説是"七十一國"。即令是七十一國吧!其中有的新被征服,有的尚待征服,以此封人,在當時交通不發達,政局不穩定,以及人力、物力都很有限的條件下,怎能夠按照郭老的説法,先把授封的土地都劃分成合乎俸禄等級單位要求的若干小塊呢?《吕氏春秋·觀世》説"服國八百餘",這樣多的舊邦,周王又要派出多少人去劃分小塊土地,作爲俸禄的等級單位呢? 可見郭老的説法祇是主觀想象,事實上是不存在的。

2. 對公田、私田作了歪曲的解釋。

本來井田制的公田、私田是指產品歸誰所有,而不是指土地歸誰所有。而郭老爲了適應他所制造出來的一種由於開墾荒地而產生了一個地主階級,由於產生了地主階級,而奴隸社會就變成了封建社會這個"理論"的需要,硬把公田説成是周王給予諸侯和百官的田,把私田説成是諸侯和百官自己開墾出來的田。全然不顧諸侯的封疆以内,土地、人民,悉爲所有。絕無諸侯在自己的領土以内又開墾所謂"私田"之事。

郭老説井田"對諸侯和百官來説是作爲俸禄的等級單位,對直接耕種者來説是作爲課驗勤惰的計算單位"。這種説法,不但不是事實,在道理上也説不通。因爲,諸侯的等級比較穩定,很可能幾百年不變,而直接耕種者則不然。由於人有老死,有新生。新生的與老死的不能保持平衡。一般説,人口總是不斷增長的。那末,以不變的土地,怎能和不斷變動的人口一致起來呢?

如用馬克思主義理論和中國歷史實際來解釋井田,就没有這樣問題。因爲,土地是定期重新分配。即人口不斷變動,所分配的土地也不斷變動。如恩格斯所説的有分配的馬爾克,又有公共的馬爾克。實行井田制，不准許開墾荒地，怎能行得通呢？

3. 公田要給公家上稅的提法有問題。

郭老所説的公田上稅，並不是指井田的公田產品歸於公家所有來説的，而是指諸侯分得的土地要向周王上稅。像這樣事，當時是不存在的。

事實上，周代的諸侯對王室祇有朝貢的義務，而不交納土地稅。因爲在當時的歷史條件下，不但諸侯有很大的獨立性，王室也不能掌握各諸侯國的土地變動情況。郭老習見秦漢以後事，遂謂周時亦然。其實，周時並無此事。

總之，郭老的"井田"説，是與歷史實際相抵觸的，不能成立的。

五、"普天之下，莫非王土；率土之濱，莫非王臣"講的不是土地所有制問題

郭老説："古代中國的土地所有制，在殷、周時代是土地國有制。……周代的詩所説的'普天之下，莫非王土，率土之濱，莫非王臣'，所表明的就是這種土地國有制的實際。"以下又作具體解釋，説："一國的土地和人民都是國王的家產。國王把他所有的可耕地和勞動力，分配給臣下們使用，因而臣下們所有的土地和耕者，祇是他們所享有，而不是他們的私有。"[1]

實際上，郭老這種國王分給臣下的祇限於可耕地和勞動力，臣下對這個可耕地和勞動力祇是"享有"而不是私有的説法之不正確，上文已經談了很多。現在有必要對郭老所徵引的這個詩句的意義談一談。

應當指出，這個詩句同周王又稱"天子"一樣，都表明周王的權力是最高的、無限的，並不是講土地所有制。古書上講土地所有制

---

[1]　《奴隸制時代》，第4頁。

的資料很多。如《國語·周語》記周襄王對晉文公説,"昔我先王之
有天下也,規方千里以爲甸服,其餘以均分公侯伯子男,使各有寧
宇。"《左傳》襄公二十五年,鄭公産説:"昔天子之地一圻(千里),列
國一同(百里),自是以衰。"《儀禮·喪服傳》説:"君,謂有地者也。"
鄭玄注説:"天子諸侯及卿大夫有地者,皆曰君。"都是講土地所有
制的。郭老都不徵引,祇引用周詩,顯然是祇圖對於自己的論點有
利,不是實事求是的態度。

《韓非子·説林上》記述了一個故事,説:"温人之周,周不納
客。問之曰客耶? 對曰主人。問其巷而不知也。吏因囚之。君使
人問之。曰:子非周人也,乃自謂非客,何也? 對曰:臣少也誦《詩》
曰'普天之下,莫非王土,率土之濱,莫非王臣',今君天子,則我天
子之臣也,豈有爲人之臣,而又爲之客哉? 故曰主人也。君使出
之。"

郭老引詩也同温人一樣,實際上何嘗不瞭解此詩不是講土地
所有制,所以這樣説,不過是藉以達到自己的目的罷了。

六、"初税畝"三個字,没有"極其重大
的社會變革的歷史意義"

郭老説:"《春秋》在魯宣公十五年有'初税畝'的記載,雖然僅
僅三個字,卻含有極其重大的社會變革的歷史意義。它表明着中
國的地主階級第一次登上了舞臺,第一次被合法承認。"[1]

郭老的這種説法是由於他對公田、私田的錯誤解釋,而邏輯地
推論出來的。事實上初税畝並没有這個意義。

魯宣公的初税畝,當用魯哀公所説的"二,吾猶不足,如之何其
徹也"一段話來説明。這就是説未税畝時的剥削量爲一,税畝以後

① 《奴隸制时代》,第6頁。

的剥削量爲二。周時徹法包括貢、助。以助法爲例來説吧，過去是"制公田，不税夫"，即公家祇收取公田産品，不徵收私田産品；税畝以後，則制公田，又税夫，即公家在私田産品内又收取一部分。助法是什一，税畝又收什一，其結果遂變成所謂"二"，即公家的剥削量增加一倍。用今天的科學語言來説，"制公田"祇在公田内收一夫的勞役地租什分之一，"税畝"又在一夫的私田内收實物地租什分之一。所以，初税畝，祇是開始增收一份實物地租，既没有出現地主階級，更没有發生社會變革。

七、《左傳》上的"三分公室"、"四分公室"
講的是兵制，同"初税畝"毫不相干

爲了把問題説清楚，特將《左傳》原文鈔録如下。

《左傳》襄公十一年説："季武子將作三軍，告叔孫穆子曰：請爲三軍，各征其軍。……正月作三軍，三分公室而各有其一。三子各毀其乘。季氏使其乘之人以其役入者無徵，不入者倍徵。孟氏使半爲臣，若子若弟。叔孫氏使盡爲臣，不然不舍。"

昭公五年説："舍中軍，卑公室也。毀中軍於施氏，成諸臧氏。初作三軍，三分公室而各有其一。季氏盡徵之，叔孫氏臣其子弟，孟氏取其半焉。及其舍之也，四分公室，季氏擇二，二子各一，皆盡徵之，而貢於公。"

《左傳》這兩段文字的主題，無疑是講兵制。襄公十一年傳文，講的是"作三軍"。昭公五年傳文講的是"舍中軍"。因此，傳文裏的"乘"、"役"、"徵"、"子弟"、"臣"以及"三分公室"、"四分公室"等等，都應依兵制作解。

江永説："魯之作三軍也，季氏取其乘之父兄子弟盡徵之；孟氏以父兄子弟之半歸公，而取其子弟之半；叔孫氏盡取子弟，而以父兄歸公。所謂子弟者，兵之壯者也；父兄者，兵之老者也，皆其素在

兵籍,隸之卒乘者,非通國之父兄子弟也。其後舍中軍,季氏擇二,二子各一,皆盡徵之,而貢於公。則民之爲兵者,盡屬三家,聽其貢獻於公也。若民之爲農者出田稅自是歸之於君。故哀公云:二,吾猶不足。三家雖專,亦惟食其采邑,豈能使通國之農民田稅皆屬之己哉?"(《群經補義·春秋》)

崔述說:"夫使魯國果盡屬於三桓,則三桓之外,魯之大夫尚多,若叔氏、臧氏、施氏、邱氏、叔仲氏、東門氏之屬,其禄皆於何取之? 蓋三桓所分者鄉遂,至於都鄙之地自若也。"[①]

江、崔二人的解釋,我看是對的。郭老置上下文義於不顧,衹是根據自己的需要,摘取若干詞句,作了隨心所欲的解釋。硬讓它同"初稅畝"挂鈎,説什麽《左傳》襄公十一年"三家中季孫氏采用了封建的剥削方法,叔孫氏仍用奴隸制的剥削方法,孟孫氏走了中間路綫",昭公五年"三家都采用了封建的剥削方法,於是魯國就形成了封建社會,它的政權已經是代表地主階級的了"。[②] 把一個嚴肅的歷史科學,看成是百依百順的女孩子,可以任意打扮。這種做法,是不能允許的。

八、魯三家、齊田氏是完成社會變革的新興的地主階級嗎?

大家公認,商鞅在秦變法是一次變奴隸制爲封建制的革命行動。在這場革命中,各個階級都出來表明自己的態度。具體説:

1. 任用商鞅的是國君,即秦孝公,車裂商鞅的也是國君,即秦惠文王。這就證明國君是奴隸主階級的頭子,從其階級本性來説,是不贊成革命,或反對革命的。但由於一方面,受到國內外階級鬥爭的壓力,不變法不但不能富强,甚至不能生存。另一方面,變法

---

① 《崔東壁遺書·考古續説·東周大事考》。
② 《奴隸制時代》,第 239~240 頁。

對國君是有好處的，它既能使國家變成富强，又能使國君擴大他的統治權力。所以，國君又贊成變法。而贊成變法，就成了革命。

2.宗室大臣如甘龍、杜摯、公子虔等一批人，自始至終堅決反對商鞅的變法。他們之所以反對商鞅變法，是因爲他們是反動的、腐朽的奴隸主階級利益的代表。所謂革命，正是革他們這批人的命。所以，他們不可能不起來展開生死大搏鬥。

3.秦孝公所以任用一個羈旅之士——商鞅變法，一方面，由於宗室大臣都是腐朽的、反動的，他們不但没有革命的要求，也没有革命的才能；另一方面，由於商鞅一類人，没有政治地位，很少包袱，進取心强，有冒險精神，又熟悉當時的社會形勢，所以，他們能成爲一個堅定的革命者。

吳起在楚變法，也是一個羈旅之士。支持吳起變法的是國君楚悼王。反對變法，終至射殺吳起的，則是楚國的宗室大臣。

李斯在秦，"請一切逐客"的是秦宗室大臣。"除逐客令，復李斯官，卒用其計謀"的，則是秦王。

如果這個階級分析不錯的話，則魯三家自桓公以後，世世掌權。齊田氏自田完至齊以來，迭據高位。特別是到了春秋後期，他們在魯、齊兩國，都是所謂宗室大臣。他們獨能主動地自己革自己的命，這是不可想象的。

革命是要奪取政權的，但奪取政權的，卻不一定都是革命。這主要的要看他代表哪個階級的利益，走哪條道路，實行什麽政策。

魯三家之"三分公室"、"四分公室"不能認爲是新興的地主階級的革命，已如上述。那末，齊田氏"用大斗小秤以争取人民"終於奪取政權，[①]是不是就是新興的地主階級的革命呢？我看不能這樣説。《左傳》裏像這類例子還有文公十四年，齊"公子商人驟施於國而多聚士，貸於公有司以繼之"。十六年，"宋公子鮑禮於國人。

---

① 《奴隸制時代》，第41頁。

宋饑,竭其粟而貸之。年自七十以上無不饋詒也,時加羞珍異。無日不數於六卿之門,國之材人,無不事也。親自桓以下,無不恤也"。這二人後來都奪取政權。二人的做法和齊田氏基本上一樣,而早於齊田氏的做法七十多年。他們是不是也是新興的地主階級作了社會變革的革命呢? 我看也不是。其所以不是,在於他們走的不是封建的道路,實行的不是封建的政策。郭老的這個觀點,是難以令人同意的。

　　根據上面對郭老分期說所賴以建立起來的八個重要問題的分析,可以斷言,郭老的中國古代史分期說是不能成立的。

(《歷史研究》1979 年第 2 期)

中國古代史分期商榷(下)

秦統一是中國奴隸社會和封建社會的分界綫

本篇談談我對中國古代史分期問題的看法。

所謂中國古代史分期,實際包括兩個內容:一個是奴隸社會和原始社會的分期,另一個是奴隸社會和封建社會的分期。關於前者,我已有專文論述,①不在這裏重複。現在所要談的,主要是奴隸社會和封建社會的分期。

我認爲,談奴隸社會和封建社會的分期,首先須解決以下兩個問題:1. 中國奴隸社會的特點問題;2. 中國奴隸社會的階級和階級鬥爭問題。

解決了上述兩個問題之後,再根據歷史實際,闡述中國奴隸社會在其發展過程中所經歷的幾個不同的歷史階段及其具體內容,這就很自然地解決了中國奴隸社會和封建社會的分期問題。

一、中國奴隸社會的特點

這裏所說的中國奴隸社會的特點,主要是指中國奴隸社會在馬克思主義所論述的兩種形態奴隸制中屬於哪一種形態的問題。

據我所知,馬克思主義所論述的兩種形態奴隸制,一種是東方

---

① 吉林大學《理論學習》1977 年第 11、12 期合刊。

的家庭奴隸制,也稱亞細亞生產方式;另一種是古代的勞動奴隸制,也稱典型的奴隸制。二者的差別在土地問題上表現最爲明顯,即前者"不存在土地私有制",①而後者則恰恰相反,土地成爲無限制的私有財産。② 目前國内史學界占統治地位的,是認爲中國奴隸社會是"典型的奴隸社會"。甚至説,"認爲中國奴隸社會的生產者都是'公社成員',那中國就會没有奴隸社會"。事實證明,這種説法是站不住脚的。

中國奴隸社會存在井田制,正是中國奴隸社會屬於"古代東方型"的一個鐵證。井田制的特點是"把土地分給單個家庭並定期實行重新分配",亦即"小土地勞動"。這樣,就決定它不能容納大量奴隸,因而中國的奴隸社會就不可能是古代的勞動奴隸制。另方面,在井田制度的條件下,進行農業生產勞動的人,中國古書上一般稱爲"庶人"。這個庶人,又與中國封建社會的農民有本質上區别。不但馬克思曾把這類人叫做"普遍奴隸",在中國古書上,也可以看到有同樣的説明。

例如《禮記·曲禮上》説:"禮不下庶人,刑不上大夫。"又説:"鸚鵡能言不離飛鳥,猩猩能言不離禽獸,今人而無禮,不亦禽獸之心乎?……是故聖人作,爲禮以教人。使人以有禮,知自别於禽獸。"又,《郊特牲》説:"男女有别然後父子親,父子親然後義生,義生然後禮作,禮作然後萬物安。無别無義,禽獸之道也。"《孟子·離婁下》説:"人之所以異於禽獸者幾希! 庶子去之,君子存之。"《荀子·王制》説:"水火有氣而無生,草木有生而無知,禽獸有知而無義;人有氣有生有知亦且有義,故最爲天下貴也。"請看這些材料,一方面,説禮不下庶人;另一方面,又説無禮的是禽獸。那末,這個具有禽獸身份的人,不是奴隸,又是什麼呢? 因此,我認爲,不

承認中國奴隸社會是東方的家庭奴隸制,而説成是古代的勞動奴
隸制或封建社會是不對的。

二、奴隸社會的階級和階級鬥争

　　馬克思、恩格斯在《共産黨宣言》裏説,"使階級對立簡單化"是
資産階級時代的特點。而"在過去的各個歷史時代,我們幾乎到處
都可以看到社會完全劃分爲各個不同的等級,看到由各種社會地
位構成的多級的階梯"。列寧也説過:"社會劃分爲階級,這是奴隸
社會、封建社會和資産階級社會共同的現象,但是在前兩種社會中
存在的是等級的階級,在後一種社會中則是非等級的階級。"①可
是,當前的許多歷史論著講到奴隸社會時,卻祇講奴隸和奴隸主兩
個階級,抹殺了等級的階級和非等級的階級之間的差别,無疑是不
對的,并且是不符合歷史實際的。

　　不僅奴隸社會的階級和資産階級時代的階級不同,奴隸社會
的階級鬥争也和資産階級時代的階級鬥争不同。馬克思在《路
易·波拿巴的霧月十八日》第二版序言裏説:"最後,我希望,我這
部著作對於清除那種流行的──特别是現今在德國流行的──關
於所謂凱撒主義的書生用語,將會有所幫助。在作這種膚淺的歷
史對比時,人們忘記了最主要的一點,即在古代的羅馬,階級鬥争
祇是在享有特權的少數人内部進行,祇是在自由富人和自由窮人
之間進行,而從事生産的廣大民衆,即奴隸,則不過爲這些鬥士充
當消極的舞臺臺柱。人們忘記了西斯蒙第所説的一句中肯的評
語:羅馬的無産階級依靠社會過活,現代社會則依靠無産階級過
活。由於古代階級鬥争同現代階級鬥争在物質經濟條件方面有這
樣的根本區别,在由這種鬥争所産生的政治人物之間,也就不能比

────────

①　《列寧全集》第 6 卷,第 93 頁注。

坎特伯雷大主教與祭司長撒母耳之間有更多的共同點了。"①馬克思在這段話裏已從事實和理論兩個方面明確地指出奴隸社會的階級鬥爭和現代社會的階級鬥爭有根本的區別。不知道爲什麼現行的一些歷史論著，講到中國奴隸社會的階級鬥爭時，幾乎千篇一律祇講奴隸和奴隸主兩個階級之間的鬥爭？這實際上是把現代社會的階級鬥爭，硬套在奴隸社會階級鬥爭的頭上，肯定不是馬克思主義的觀點。

　　研究中國奴隸社會的歷史，在中國奴隸社會的特點和奴隸社會的階級和階級鬥爭這樣重大的問題上，竟背離了馬克思主義，而且習非勝是，積重難返，這決不是小事情，應當引起關心歷史科學的同志們注意！

三、中國奴隸社會在其發展過程中所　　經歷的幾個不同的歷史階段

　　關於中國奴隸社會的內部階段性問題，我看惲敬有兩段話，很有參考價值。他説："夫五霸，更三王者也；七雄，更五霸者也；秦兼四海，一切皆掃除之，又更七雄者也。"②又説："是故秦也者，古今之界也。自秦以前，朝野上下所行者，皆三代之制也，自秦以後，朝野上下所行者，皆非三代之制也。"③仔細分析，惲敬所説的"古"，包括"三王"、"五霸"、"七雄"三個階段。這個時期，實際上就是我們所説的奴隸社會。惲敬所説的"今"，包括秦統一以後，一直至他寫這篇文章時。這個時期，實際上就是我們所説的封建社會。"秦也者，古今之界也"，實際上就是説中國奴隸社會和封建社會二者

①　《馬克思恩格斯全集》第16卷，第405～406頁。
②　《三代因革論一》、《三代因革論四》，見《大雲山房文稿》。
③　同上。

應以秦統一中國爲分界綫。這種説法,我看是正確的。至少説,他
已經把中國奴隸社會勾劃出了一個大致的輪廓。

如果更進一步分析,可以説,惲氏所謂"三王",包括夏、商和西
周,是中國奴隸社會的上升時期。這個時期,一般説,如孔丘所概
括的,是"禮樂征伐自天子出"(《論語・季氏》)。惲氏所謂"五霸",
是指春秋時期。這個時期,一般説,如孔丘所概括的,是"禮樂征伐
自諸侯出"(《論語・季氏》),它反映中國奴隸社會從此走下坡路。
惲氏所謂"七雄",是指戰國時期。這個時期,如劉向所説的,是"上
無天子,下無方伯,力功爭强,勝者爲右"(《戰國策序》),爲中國由
奴隸社會向封建社會轉變的時期。"王"、"霸"(伯)、"雄",這三個
概念,正確地指出中國奴隸社會發展的三個不同歷史階段的特點。
有人攔腰斬斷,硬把中國奴隸社會的下限定在春秋戰國之交,顯然
是不符合歷史實際的。

四、中國奴隸社會發展的幾個不同階段的具體內容

1. 總論

從經濟基礎和上層建築來考察,中國奴隸社會和封建社會相
比,大體上可以説,中國奴隸社會的經濟基礎主要是井田制,即土
地公有,而中國封建社會的經濟基礎則爲土地私有制;中國奴隸社
會的政治制度是分封制,而中國封建社會的政治制度則爲郡縣制;
中國奴隸社會的意識形態主要是禮治,而中國封建社會的意識形
態則主要是法治。所以,中國奴隸社會向封建社會的轉變,從經濟
基礎和上層建築來説,實際上,就是從井田制、分封制和禮治向土
地私有制、郡縣制和法治的轉變。下面作具體説明。

(1)井田制

由於"農業是整個古代世界的決定性的生產部門",所以談中
國奴隸社會的經濟基礎,不能不着重談井田制。井田制不是別的,

就是馬克思、恩格斯兩位革命導師所説的"馬爾克"或"農村公社"、"農業公社"在中國的具體存在形式。它是歷史發展的結果,並不是某一個大人物憑自己的頭腦創造出來的。恩格斯説過:"差不多一切民族都實行過土地由氏族後來又由共産制家庭公社共同耕作……繼而差不多一切民族都實行過把土地分配給單個家庭並定期實行重新分配。"①把土地分給單個家庭並定期實行重新分配,正是馬爾克或農村公社所處的階段,也正是井田制所處的階段。馬克思説:"把所有的原始公社混爲一談是錯誤的,正像地質的形成一樣,在這些歷史的形成中,有一系列原生的、次生的、再次生的等等類型。"②又説:農業公社是"原生的社會形態的最後階段。"③這樣,就把"農業公社"或井田制所處的歷史階段講得十分清楚了。

(2)分封制

作爲中國奴隸社會一種重要的政治制度,用"分封制"一詞來表述,實際上並不確切。不過約定俗成,改之驚衆,不妨沿用。

從整個中國奴隸社會的發展來看,分封是周初出現的新事物。即便是周初,新封的也衹是一小部分,大部分都是自夏商或者更早沿襲下來的舊邦。《左傳》成公十三年説:"征東之諸侯虞夏商周之胤。"文公五年説:"臧文仲聞六與蓼滅,曰:皋陶庭堅不祀忽諸。"就是證明。因此,我們通常所説的"分封制",衹是指"天子有田以處其子孫,諸侯有國以處其子孫,大夫有采以處其子孫",(《禮記·禮運》)那種把全部領土瓜分爲獨立的、半獨立的大大小小的政權機構,因而形成了分散的、割據的局面來説的。這種政治制度也是歷史發展的結果,而不是某一個大人物憑自己的頭腦創造出來的。它的前身就是氏族社會的氏族、部落和部落聯盟。恩格斯講到部

① 《馬克思恩格斯全集》第21卷,第159頁。
② 《馬克思恩格斯全集》第19卷,第432、450頁。
③ 同上。

落時，説："部落始終是人們的界限，無論對别一部落的人來説或者對他們自己來説都是如此：部落、氏族及其制度，都是神聖而不可侵犯的，都是自然所賦予的最高權力，個人在感情，思想和行動上始終是無條件服從的。"①當講到易洛魁部落聯盟時，又説："五個血緣親屬部落，以在部落的一切内部事務上完全平等和獨立爲基礎，結成永世聯盟。"②那末，在這個基礎上產生出來的奴隸制國家，就必然在一定期間内還保持着分散的、割據的局面而不可能一下子就形成爲像秦統一中國以後那樣的專制主義中央集權的國家。

由於中國奴隸社會是在氏族制度的基礎上產生出來的，所以，血緣親屬關係在政治生活和社會生活當中依舊起着相當大的作用。周初分封"其兄弟之國者十有五人，姬姓之國者四十人"（《左傳》昭公二十八年），就是證明。周代的宗法制，正同這一特點密切聯繫着的。

（3）禮治

作爲中國奴隸社會意識形態的重要部分，用禮治來説明，不能説不對，但不完備。其實，當時對有姓氏的，例如國人，用禮；對無姓氏的，例如野人，就不用禮，而是用刑。《禮記・曲禮上》説"禮不下庶人，刑不上大夫"，就准確地説明了這個問題。這一點也反映它還帶着氏族社會的痕迹。恩格斯説："氏族制度是從那種没有任何内部對立的社會中生長出來的，而且祇適於這種社會。除了興論以外，它没有任何强制手段。"③又説："凡是部落以外的，便是不受法律保護的。在没有明確的和平條約的地方，部落與部落之間便存在着戰争，而且這種戰争進行得很殘酷，使别的動物無法和人

---

① 《馬克思恩格斯全集》第 21 卷，第 112～113、108～109 頁。
② 同上。
③ 同上，第 192、112 頁。

類相比。”①又說:“人類是從野獸開始的,因此爲了擺脱野蠻狀態,他們必須使用野蠻的、幾乎是野獸般的手段。”②由此可見,中國奴隸社會對有姓氏的用禮,實質上是把他們作爲本部落的人看待的,除了輿論以外,它没有任何强制手段。對無姓氏的用刑,實質上是把他們看成是部落以外的人。所用的刑極其殘酷,正是使用野蠻的、幾乎是野獸般的手段。《左傳》襄公十一説“墜命亡氏”,《國語·周語》説“亡其氏姓”,正説明亡國亡氏以後,將是“子孫爲隸,不夷於民”,而遭受到可怕的不用禮而用刑的悲慘命運。對無姓氏的用刑,這一點毋寧説,正反映奴隸制生産關係的本質。

2. 三王時期,即夏、商和西周時期

三王時期應從夏后啓殺益奪權,變傳賢爲傳子之日開始,到西周滅亡爲止,一千三百多年。這個時期的史料不多。現在從幾個重要方面來談一談。

(1)國家

古書上記載這個時期的國家數目,主要的有如下幾條材料:

《左傳》哀公七年説:“禹合諸侯於涂山,執玉帛者萬國。”

《逸周書·殷祝》説:“湯放桀而復薄,三千諸侯大會。”

《戰國策·齊策》説:“臅聞古大禹之時,諸侯萬國……及湯之時,諸侯三千。”

《吕氏春秋·用民》説:“禹之時,天下萬國,至於湯而三千餘國。”

《尚書大傳·洛誥》説:“天下諸侯之悉來進受命於周而退見文武之屍者,千七百七十三諸侯。”

《史記·陳杞世家》説:“周武王時,侯伯尚千餘人。”

《漢書·賈山傳》説:“昔者,周蓋千八百國。”

---

① 《馬克思恩格斯全集》第21卷,第192,112頁。

② 《馬克思恩格斯全集》第20卷,第197頁。

這些數字不一定可靠。但從總的發展趨勢來看,自夏以來,國家數目不斷減少,則是符合客觀實際的。

夏曾佑説:"夫古國能如是之多者,大抵一族即稱一國,一國之君,殆一族之長耳。"①夏氏的説法,確有見地。例如禹時還是氏族社會,萬國之稱,自是出於後人記載,在當時祇有氏族、部落和部落聯盟,不會有國家。不僅如此,即使在夏代,已經跨進奴隸社會,但我們在古書上還經常看到有有扈氏、有窮氏、伯明氏、有鬲氏、斟尋氏、斟灌氏、豢龍氏、御龍氏、昆吾氏等等名目,説明這時還有"以氏族爲基礎的社會和以領土與財産爲基礎的國家並存"的情況。②至進入商代,在商湯文告中,已使用"萬方"一詞(《論語·堯曰》)。而殷墟卜辭中稱方的尤多。"方"即國的異稱,説明這時與夏不同,以地區團體爲基礎的國家居於主導地位。至周初實行分封以後,王室地位又發生了變化,恰如王國維所説的"由是天子之尊,非復諸侯之長,而爲諸侯之君"。③

總的看來,夏代雖已建立了國家,但還帶有過渡性質,商代始完成了過渡,至西周而達到全盛。國家的數目日益減少,王權日益擴大,整個政權組織日益由分散趨向集中,應爲中國奴隸社會上升時期一個特點。

(2)井田制

《孟子·滕文公上》説:"夏后氏五十而貢,殷人七十而助,周人百畝而徹,其實皆什一也。"證明實行井田制,是三代所同,但在某些細節上則不能没有若干發展變化。

(3)禮

《論語·爲政》説:"殷因於夏禮,所損益可知也。周因於殷禮,

---

① 《中國古代史》,三聯書店,1955 年,第 35 頁。
② 馬克思:《摩爾根〈古代社會〉一書摘要》,第 209 頁。
③ 《觀堂集林·殷周制度論》。

所損益可知也。"證明禮是三代共同的。但在歷史進程中，也有發展變化。例如漢人所謂"殷道親親，周道尊尊"，①就是殷禮和周禮不同的一端。

（4）刑

《左傳》昭公六年説："夏有亂政，而作禹刑；商有亂政，而作湯刑；周有亂政，而作九刑。"叔向爲此言，用意在反對鄭鑄刑書，即反對公佈成文法，並不是一般的反對刑罰。刑在中國奴隸社會是專用它來對付庶人以下的。刑用來對付庶人以下，正反映奴隸制生產關係的本質。所以，不但亂政作刑，治政也決不會無刑。沒有成文法與有成文法，公佈成文法與不公佈成文法，比較起來，在沒有成文法與不公佈成文法時，很可能更野蠻、更殘酷些。

3. 五霸時期，即春秋時期

春秋作爲一個歷史時代來説，應從周平王東遷開始，即公元前七七〇年。這一點，是大家所公認的。至於春秋的下限應劃在哪裏，則大家的看法頗不一致。我的看法，應以韓、趙、魏三家滅智伯而分其地作爲春秋戰國的分界，即公元前四五三年。因爲古書如《左傳》、《國語》的下限和《戰國策》的上限都劃在這裏。即便是《史記·六國年表》雖然起周元王，但在序文裏，也説"三國終之卒分晉，田和亦滅齊而有之，六國之盛自此始"。司馬光《資治通鑑》雖用周威烈王二十三年作爲該書上限，也是從韓、趙、魏三家滅智伯而分其地敍起。可見這是歷史實際，是不以人們的意識和意志爲轉移的。祇有以此劃界，然後才有七雄的戰國和五霸的春秋。據《荀子·王霸》説，五霸爲齊桓、晉文、楚莊、吳闔閭、越勾踐。那末如以周元王元年作爲春秋戰國的分界，則五霸缺一，七雄少三，怎能和客觀上的歷史階段性相一致呢？

---

①　見《史記·梁孝王世家》褚先生補。

　　必須指出，《史記·六國年表》起周元王在於"踵《春秋》之後"（見《六國年表序》），《資治通鑑》始周威烈王二十三年在於"謹名分"，①都是標榜自己是孔丘的信徒，而與歷史實際無關。我們今天自没有必要重視這套東西。

　　所以，春秋時期應從周平王東遷開始（前七七〇年），至韓、趙、魏三家滅智伯而分其地終結（前四五三年），共三一七年。下面即以此爲範圍，從幾個重要方面來談一談。

　　（1）階級鬥争（包括民族之間的鬥争和國與國之間的鬥争）

　　董仲舒是西漢《春秋》學大師，他總述春秋時期階級鬥争的概況説："臣弑其君，子弑其父，孽殺其宗。"（《春秋繁露·王道》）又説："周衰，天子微弱，諸侯力政，大夫專國，士專邑。"（《春秋繁露·王道》）司馬遷述董仲舒之説，爲《春秋》作過大略的統計。他説："《春秋》弑君三十六，亡國五十二，諸侯奔走不得保其社稷者不可勝數。"（《史記·太史公自序》）證明這一時期的階級鬥争是何等劇烈。不過，應該看到，這個時期的階級鬥争正如馬克思所着重指出的那樣，"衹是在享有特權的少數人内部進行"。② "而從事生産的廣大民衆，即奴隸"雖也參加，"不過爲這些鬥士充當消極的舞臺臺柱"。③

　　又，《荀子·仲尼》説："齊桓公並國三十五。"《韓非子·難二》説："晉獻公並國十七，服國三十八。"又《有度》説："楚莊王並國二十六，開地三千里。"《十過》説："秦穆公並國十二（《史記·李斯傳》作"二十"），開地千里。"《吕氏春秋·直諫》説："楚文王兼國三十九。"諸書所記，容有夸張成分，但大體上説，當與事實相去不遠。這裏邊實包括國與國之間的鬥争和民族之間的鬥争。

---

①　見胡三省《資治通鑑》注。
②　《馬克思恩格斯全集》第16卷，第406頁。
③　同上。

《詩·小雅·何草不黃》序説，周幽王時“四夷交侵”。《公羊傳》僖公四年説：“南夷與北狄交，中國不絶若綫。”這些都應是事實。

考《詩》周宣王時説“薄伐玁狁，至於大原”、“赫赫南仲，薄伐西戎”、“蠢爾蠻荆，大邦爲讎”、“徐方繹騷”、“赫赫南仲，薄伐西戎”，而周幽王實亡於犬戎。則所謂“四夷交侵”，確是實録。

魯僖公四年，所謂“南夷”，實指楚國來説的。“北狄”則主要是指赤狄。當時楚國侵吞江漢流域衆多華夏族小國，並滅了若干少數民族，蔚爲南方大國，進而北上與齊争鄭。赤狄則如顧棟高所説的：“閔、僖之世，狄滅邢、滅衛、滅温，伐齊、伐魯、伐鄭、伐晉，並蹂躪王室，藉非境壤相接，何以能爲患至此？則自山西以迄直隸（今河北省）、河南，直接山東之東境，皆其所出没。”（《春秋大事表·四裔表》）那末，《公羊傳》所説的“南夷與北狄交，中國不絶若綫”，確是當時事實。齊桓、晉文兩霸，打着尊周攘夷的旗號，並非無故。後來狄滅於晉，晉遂爲北方大國。

總之，春秋時期階級鬥争的規模是廣闊的，意義是重大的。正是由於階級鬥争，才推動了歷史迅速地向前發展，使整個社會在政治、經濟、思想各個方面都發生了巨大的變化。同時對民族融合、漢民族形成也起了極爲重大的作用。

若自整個社會發展變化的趨勢來看，則孔丘的説法是對的。即最初由“禮樂征伐自諸侯出”開始，後來變爲“自大夫出”，最後變爲“陪臣執國命”（《論語·季氏》），奴隸主階級的統治，正一步一步地由上層向下層轉移。

（2）政治制度

春秋時期由於激烈的階級鬥争，不僅“社稷無常奉，君臣無常位”（《左傳》昭公三十二年），而且在政治制度上也發生變化。第一，是作爲分封制的對立物，縣的出現，并且日益發展；第二，是食邑制度盛行。

　　縣最初在秦、楚兩國實行。《史記·秦本紀》説：武公十年"伐邽冀戎，初縣之"。《左傳》哀公十七年説，楚文王任彭仲爽"實縣申、息"。晉自文公以後，亦相繼設縣。例如《左傳》僖公二十五年説，晉文公滅原，以"趙衰爲原大夫，狐溱爲温大夫"。又，僖公三十三年説，晉襄公"以再命命先茅之縣賞胥臣"。這些縣，都是滅了一個國家，不以封人，而設官治之。縣的長官，楚稱縣尹、縣公，晉稱縣大夫。嗣後，楚、晉兩國，縣的設置日益增多。例如，宣公十二年，鄭伯服楚，稱"夷於九縣"。昭公五年，楚蔿啓疆稱晉"十家九縣，……其餘四十縣"。

　　食邑制度與分封制度不同。分封制度的原型是"天子建國，諸侯立家"（《左傳》桓公二年），受封的對他所分得的土地都有直接的統治權。食邑則不然，祇是指定某一地的賦税作爲某人的收入。至於此地的統治權，仍由君主派人去執行，食邑者不得干涉。《國語·晉語》説"大夫食邑"，就是實行這種制度。但是隔了三世，到成公即位，"宦卿之嫡而爲之田以爲公族，又宦其餘子亦爲餘子，其庶子爲公行"（《左傳》宣公二年）。於是産生了兩種結果：其一，凡作過卿的，其嫡子一定有食邑；其二，政權在卿，卿對自己食邑所在的地方官吏，能操任免之權。實際上，從此分封制又變相地恢復。

　　縣的出現使中央集權成爲可能。但它也是歷史條件決定的，而不是某一個人任意創造的結果。馬克思在《摩爾根〈古代社會〉一書摘要》中談到易洛魁聯盟時説："易洛魁人曾征服了其他部落而使之服從，如德拉瓦部落，但是後者依然在他們自己的酋長治理之下，對於聯盟並未增加何等力量。在這種社會制度之下，不可能把語言不同的部落聯合在一個管理機構之下，從被征服的部落中除去貢獻物之外，不可能獲得任何其他的利益。"（第123頁）中國奴隸社會是從氏族社會的基礎之上産生出來的。分封制對裂土受封的祇收取貢獻物是和當時的歷史條件相適應的。縣的出現，則是歷史條件發生變化的産物。

(3)經濟制度

這個時期經濟制度發生變化的最重要的標誌,就是井田制開始破壞。

馬克思論述農業公社解體的原因時説過:"除了外來的各種破壞性影響,公社內部就有使自己毀滅的因素。土地私有制已經通過房屋及農作園地的私有滲入公社內部,這就可能變爲從那裏準備對公有土地進攻的堡壘。這是已經發生的事情。但是,最重要的還是私人占有的泉源——小土地勞動。它是牲畜、貨幣,有時甚至奴隸或農奴等動產積累的基礎。這種不受公社控制的動產,個體交換的對象(在交換中,投機取巧起極大的作用)將日益强烈地對整個農村經濟施加壓力。這就是破壞原始的經濟平等的因素。它把別的因素帶進來,引起公社內部各種利益和私慾的衝突,這種衝突,首先會破壞耕地的公有制,然後會破壞森林、牧場、荒地等等的公有制,一旦這些東西變成了私有制的公社附屬物,也就會逐漸變成私有了。"①

恩格斯也談過這個問題。他説:"原始的土地公有制,一方面適應於眼界完全局限於眼前事物的人們的發展程度,另一方面則以可用土地的一定剩餘爲前提,這種剩餘的土地提供了一定的活動餘地來對付這種原始經濟的不虞的災禍。剩餘的可用土地用盡了,公有制也就衰落了。"②

中國井田制的破壞,就是基於馬、恩所説的三種因素:①外來的影響;②內部的因素,③剩餘的可用土地用盡。

例如,《國語·晉語》記:"郭偃曰:……吾觀君夫人也,若爲亂,其猶隸農也,雖獲沃田而勤易之,將不克享,爲人而已。"隸農的出現,證明井田制已開始趨向解體。

---

① 《馬克思恩格斯全集》19卷,第450頁。

② 《馬克思恩格斯全集》第20卷,第521頁。

又，《左傳》襄公十年説："初，子駟爲田洫，司氏、堵氏、侯氏、子師氏皆喪田焉。"襄公三十年説："子産使都鄙有章，上下有服，田有封洫，廬井有伍。"襄公二十五年説："蒍掩書土田，度山林，鳩藪澤，辨京陵，表淳鹵，數疆潦，規偃猪，町原防，牧隰皋，井衍沃。"鄭、楚等國，這樣一再整頓井田，説明這時井田制已不斷遭到破壞。

上述四例，主要是内部的因素。至於外來的影響，更是意料中事。因爲當時滅國以數十百計，怎能説井田制不受影響呢？由於人口不斷增加，剩餘的可用土地用盡的情況，也是有的。

在井田制破壞的同時，由於戰爭、會盟、朝聘、貢賦的頻繁，使國與國之間、地區與地區之間的經濟聯繫日益密切，從而使工商業、交通運輸也日益發展起來。

例如，《穀梁傳》僖公九年述齊桓公葵丘之會，盟書有"毋雍泉，毋訖糴"（《孟子·告子下》作"無曲防，無遏糴"）。《左傳》僖公二十三年晉公子重耳對楚成王説："羽毛齒革，則君地生焉。其波及晉國，君之餘也。"又，僖公三十三年説："鄭商人弦高將市於周。"又成公三年説："荀罃之在楚也，鄭賈人有將置諸褚中以出。"《國語·晉語》説："夫絳之富商……能行諸侯之賄。"等等，證明各個國家、各個地區之間的經濟聯繫，確實日益密切。這就很自然地打破了過去那種與世隔絶的小天地的情況，而爲秦統一後，實行中央集權制度準備了前提條件。

（4）思想

由於激烈的階級鬥爭，特別是臣弑其君、子弑其父、孽殺其宗已成爲家常便飯，原來制禮的精意，從根本上遭到破壞。所剩下的衹是形式上的繁文縟節，即所謂"儀"。《左傳》昭公五年和二十五年，女叔齊對晉侯，子大叔對趙簡子，區別禮儀，最爲明晰。後來魯"季氏八佾舞於庭"、"三家者以雍徹"（《論語·八佾》），證明即便是儀，也不能遵守了。

另方面，由於激烈的階級鬥爭，奴隸主階級專爲對付庶人以下的刑也不能不進行改革。《左傳》昭公六年鄭鑄刑書,昭公二十九年晉鑄刑鼎,就是這類例子。

此外,應當提到的,還有屬於唯物思想的:

例如《左傳》桓公六年隨人季梁説:"夫民,神之主也。是以聖王先成民而後致力於神。"僖公十九年,宋司馬子魚説:"祭祀以爲人也。民,神之主也。"昭公十九年,"鄭大水,龍鬥於時門之外洧淵,國人請爲禜焉。子産弗許。曰:'我鬥,龍不我覿也;龍鬥,我獨何覿焉? 襄之,則彼其室也。吾無求於龍,龍亦無求於我。'乃止也。"等等皆是。屬於民主思想的,例如,《國語•魯語》説:"晉人殺厲公,邊人以告,成公在朝。公曰:'臣殺其君,誰之過也?'大夫莫對。里革曰:'君之過也。夫君人者其威大矣。失威而至於殺,其過多矣。'"《左傳》襄公十四年,"師曠侍於晉侯。晉侯曰:'衛人出其君,不亦甚乎?'對曰:'或者其君實甚。良君將賞善而刑淫,養民如子,蓋之如天,容之如地。民奉其君,愛之如父母,仰之如日月,敬之如神明,畏之如雷霆,其可出乎? 夫君,神之主也,民之望也。若困民之主,匱神乏祀,百姓絶望,社稷無主,將安用之,弗去何爲?'"昭公三十二年,晉史墨説:"社稷無常奉,君臣無常位,自古以然。故《詩》曰:'高岸爲谷,深谷爲陵。'三后之姓,於今爲庶。"等等皆是。

學自官府解放出來,這一點,應以孔丘爲代表。孔丘標榜"有教無類",實行私人講學。根據《荀子•法行》説:"南郭惠子問於子貢曰:夫子之門,何其雜也? 子貢曰:君子正身以俟,欲來者不拒,欲去者不止。且夫良醫之門多病人,檃栝之側多枉木,是以雜也。"《吕氏春秋•尊師》説:"子張,魯之鄙家也;顔涿聚,梁父之大盜也,學於孔子。"又《必己》説:"有鄙人始事孔子者。"證明孔丘所説的"有教無類"確實已付諸實踐。在當時學在官府的情況下,這不是一件小事,實爲後來戰國士的活躍,提供了前提條件。

總上所述,可以斷言,春秋時期是中國奴隸社會的衰落時期。

但作爲社會主要矛盾的主要方面的,依然是奴隸主階級。認爲春秋時期已經完成了由奴隸制向封建制的轉變,是没有根據的。

4. 七雄時期,即戰國時期

這時的國家不止七個,由於稱雄的祇有秦、楚、齊、燕、趙、魏、韓七國,所以稱爲七雄。

戰國這個戰字,正反映這個時期,日尋干戈,天下大亂。現從幾個重要方面談一談。

（1）階級關係

這個時期的階級關係的變化可以談的很多。但是,最突出的則是士的活躍。

這個士,有的原爲貴族,由於親屬疏遠或其他原因而地位下降,例如商鞅。有的原爲庶人,由於學了文化而地位上升,例如寧越（《吕氏春秋·博志》）。這時多把"士庶人"作爲一個概念來稱呼,和春秋時期的士是一個官制的職稱,大不相同。這一點,就反映階級關係已發生了變化。

王充《論衡·效力》説:"六國之時,賢才之臣,入楚楚重,出齊齊輕,爲趙趙完,畔魏魏傷。"王充所謂"賢才之臣"實際就是指游士來説的。

趙翼《廿二史札記》卷二説:"蓋秦漢間爲天下一大變局。自古皆封建諸侯,各君其國,卿大夫亦世其官,成例相沿,視爲固然。其後積弊日甚,暴君荒主,既虐用其民,無有底止,强臣大族,又篡弑相仍,禍亂不已。再並而爲七國,益務戰争,肝腦塗地,其勢不得不變。而數千年世侯世卿之局,一時亦難遽變。於是先從在下者起,游説則范雎、蔡澤、蘇秦、張儀等,徒步而爲相;征戰則孫臏、白起、樂毅、廉頗、王翦等,自身而爲將。此已開後世布衣將相之例。"趙氏這段話,很值得重視。它既指出社會的變革,也看到階級關係的變化。

洪邁《容齋隨筆》卷二説:"七國虎争,天下莫不招致四方游士。

然六國所用相，皆其宗族及國人。如齊之田忌、田嬰、田文，韓之公仲、公叔，趙之奉陽、平原君，魏王至以太子爲相。獨秦不然，其始與之謀國開霸業者，衛人公孫鞅也。其他若樓緩趙人，張儀、魏冄、范睢皆魏人，蔡澤燕人，吕不韋韓人，李斯楚人，皆委國而聽之不疑，卒之所以兼天下者，諸人之力也。燕昭王任郭隗、劇辛、樂毅，幾滅强齊，辛、毅皆趙人也。楚悼王用吳起爲相，諸侯患楚之强，蓋魏人也。"從洪氏列舉一些事實來看，儘管各國情況有所不同，在當時的歷史舞臺上，士確實成了一個重要角色。

上述這些現象，對於舊的分封制、宗法制來説，無疑是一個極大的破壞因素。當時的士，好像今天我們所説的知識分子。它不是一個階級，主要要看它具有什麽思想，爲哪一個階級的政治服務。但是，從這時的士的主流來説，則是代表地主階級的利益，爲封建制度服務的。

（2）政治

這個時期政治上表現最爲突出的則是變法。首先是吳起在楚變法，其次是商鞅在秦變法。其餘如李悝之在魏，申不害之在韓，以及齊威王之封即墨大夫、烹阿大夫，趙烈侯之官牛畜爲師，荀欣爲中尉，徐越爲内史等等，在不同程度上都有變法的性質。所謂變法，從其主要内容來看，是變奴隸制爲封建制。這一點，從吳起、商鞅的變法可以看得最爲明顯。所以，當時各國的變法實際上是一種封建化運動。這種封建化運動儘管時間有遲早、規模有大小、程度有深淺，都不是一次完成的，而是經過反復的、激烈的階級鬥爭，最後到秦始皇統一中國，才底於完成。所以，有人認爲戰國已經是封建社會，是不符合歷史實際的。

（3）經濟

再談井田。

井田在戰國初期並未完全破壞。例如，趙襄子時，有"中牟之人棄其田耘，賣宅圃而隨文學者，邑之半"的記載（《韓非子·外儲説左上》），説明這時能出售的，衹有宅圃，即宅圃已爲個人私有。至於土地，還是公有，故衹能放棄，不能買賣。《呂氏春秋·樂成》説：“史起對曰：魏氏之行田也以百畝，鄴獨二百畝，是田惡也。”是魏文侯時，井田也未破壞。在商鞅未“開阡陌封疆”以前，秦井田亦當如故。衹是後來到趙孝成王時，有趙括“日視便利田宅可買者買之”（《史記·廉頗藺相如列傳》）；秦王政時，有王翦“請美田宅園池甚衆”（《史記·白起、王翦列傳》），等等記載，證明井田制的徹底破壞衹是在戰國中期以後。即便在這時，孟軻還主張“制民之産……五畝之宅，樹之以桑，……百畝之田，勿奪其時”（《孟子·梁惠王上》）。荀況還主張“農分田而耕”（《荀子·王霸》），即都主張恢復井田。也就是説，還存在廢除井田與恢復井田之間的鬥爭。

另方面，由於井田制破壞，出現土地私有，私人手工業、商業也伴隨着蓬勃興起。其結果，各地出現不少人口集中的大城市。適應商品交換的需要，各式各樣的鑄造貨幣也開始在各地廣泛流通。從而出現大投機商如周人白圭竟把治生産比作“伊尹、呂尚之謀，孫吳用兵，商鞅行法”（《史記·貨殖列傳》）。而邯鄲郭縱經營冶鐵業，“至與王者埒富”（《史記·貨殖列傳》）。正由於私人工商業和貨幣經濟的迅速發展，又反過來加速地破壞着井田制。

（4）思想

戰國時期激烈的階級鬥爭表現在思想方面，最突出的是所謂“百家爭鳴”。毛主席説過：“在階級存在的條件之下，有多少階級就有多少主義，甚至一個階級的各集團中還各有各的主義。”（《新民主主義論》）戰國時期在思想領域裏的百家爭鳴，正反映當時階級鬥爭的複雜性和尖鋭性。

關於當時的思想派別，在先秦諸子書中有幾種分法。例如，《莊子·天下》分爲七派，《荀子·非十二子》分爲六派，《尸子·廣澤》分爲六派，《呂氏春秋·不二》分爲十派。其他如《莊子·天下》、《荀子·解蔽》已用“百家”之名。但是作爲主導的兩種思想的鬥争,則是儒家和法家的鬥争。毛主席說過:"在複雜的事物的發展過程中,有許多的矛盾存在,其中必有一種是主要的矛盾,由於它的存在和發展,規定或影響着其他矛盾的存在和發展。"①儒、法兩家思想的鬥争正反映當時社會的主要矛盾。即法家思想代表新興的地主階級的利益,走封建社會的道路;儒家思想代表没落的奴隸主階級的利益,走奴隸社會的道路。在由奴隸社會向封建社會轉變時期,兩家思想遂展開了生死大搏鬥,這種鬥争最後在秦始皇統一中國才得到解决。

具體說,秦始皇統一中國後,"使黔首自實田"(《史記·秦始皇本紀》集解引),標誌着在經濟上土地私有制取代井田制;"分天下以爲三十六郡,郡置守尉監"(《史記·秦始皇本紀》集解引),標誌着郡縣制取代分封制;"焚詩書,阬術士"(《史記·秦始皇本紀》),"以吏爲師"(《史記·儒林列傳》),標誌着法家思想取代儒家思想。秦始皇的這些措施,並没有完全爲漢以後所繼承,但是,應該說是基本上已爲漢以後所繼承了。因此,我們可以說,自秦始皇統一六國,中國已跨入封建社會。

附帶談一個問題。這就是,在典型的奴隸社會,農村公社解體,土地由公有變成私有,正是奴隸制開始走向發展的時期,而在中國,把井田制即農村公社的解體,土地由公有變成私有,說成是由奴隸社會向封建社會轉變的一個重要標誌,道理何在呢?

我認爲,這個問題,正反映兩種形態的奴隸制所走的不是一條道路。

典型的奴隸社會的產生,如恩格斯所說的,是由於"生産、貿易和財富積聚有更大的增長"。② 其滅亡,也如恩格斯所說的,是由於"無論在鄉村的大規模農業方面,還是在城市的工場手工業方

① 《矛盾論》。
② 《馬克思恩格斯全集》第20卷,第175頁。

面,它都已經不能提供足以補償所耗勞動的收益,因爲銷售它的産品的市場已經消失了。帝國繁榮時代的龐大的生産已收縮爲小農業和小手工業,這種小農業和小手工業都不能容納大量奴隸了。祇有替富人做家務和供他過奢侈生活用的奴隸,還存留在社會上".① 也就是説,典型的奴隸社會的發展和滅亡是與希臘、羅馬那個地方的商品經濟的興隆和衰敗密切聯繫着的。小農業和小手工業生産是封建社會的本質特徵。在中國,它是直接由土地公有變爲私有時完成的,而在希臘、羅馬,則是由土地公有變爲私有之後,又經過一段商品經濟發展的歷史,而後達到的。從世界範圍的歷史發展來看,毋寧説,中國的奴隸社會是典型的,而希臘、羅馬的奴隸社會則是非典型的。其所以是非典型,是因爲形成這種差別,是由於希臘、羅馬的特殊的地理環境在起作用的緣故。所以,有人認爲中國古代也必須經過希臘、羅馬那樣的一段歷史,而不承認在希臘、羅馬那種形態的奴隸社會之外,還有另一種形態的奴隸社會,是不對的。

現在把上文歸納一下,就是我認爲中國奴隸社會的上限,應從夏后啓殺益奪權之日開始,下限終於秦始皇統一中國。在其長期的發展過程中,經歷了夏商西周、春秋和戰國三個階段。夏商西周是中國奴隸社會的上升時期,具體説,夏還帶有過渡性質,商則已完成了過渡,至西周而達到全盛。至春秋,則是中國奴隸社會的衰落時期,戰國則是中國由奴隸社會向封建社會轉變的時期。

(《歷史研究》1979 年第 3 期)

---

① 《馬克思恩格斯全集》第 21 卷,第 170 頁。

評侯紹莊先生的《怎樣理解郭沫若同志的古代史分期學說》

讀了侯紹莊先生這篇文章以後,瞭解到侯先生對郭沫若同志分期說的看法同我的看法根本對立。即我認爲郭老的分期說不能成立,而侯先生則認爲"郭老的學說體現了馬克思主義的理論,符合中國的歷史實際","所以能在全國範圍內廣泛流行,並爲多數人所接受"。看來侯先生的觀點有一定的代表性,因此不能不答復。

今天黨和國家重新肯定了"雙百"方針,提倡在報刊上開展學術爭論。我看是一件大好事。假如是四年前,我是不敢寫那篇商榷分期的文章的,寫了刊物上也不會發表。因爲寫了、發表了,一定要遭批判的。大家知道,批判是不得了的,輕則取消你的申辯權利,重則還要低頭認罪、受體罰的。今天不同了,今天被批判者同批判者可以平起平坐地說話了。

我相信"百家爭鳴"的方針確實是一個促進科學進步的方針。但是當展開學術爭論的時候,大家應當遵守一條原則,就是必須尊重客觀事實,相信真理是客觀的,否則將如韓非子所說的"鄭人爭年",一個人說他和堯同年,一個人說他和黃帝之兄同年。這樣的爭論,爭論到什麼時候也不會有結果,是沒有意義的。

我願意遵守上述原則,談談我的意見。

第一,侯先生說:"郭沫若同志對中國古代社會性質的研究,花了幾十年的功夫,看法幾經改變,最後才把奴隸社會與封建社會的分界綫定在春秋戰國之交。"以下不斷重說,郭老這個結論雖然不是最後真理,已經是真理了。言外之意,不但郭老研究問題所得出的結論是正確的,郭老這種研究問題的方法也是值得稱讚的。我的看法則相反。我認爲不僅郭老所得出的結論不能成立,郭老研究問題的方法也不足取。

　　做爲一個真正的唯物論者,認真從事科學研究,錯誤也是難以避免的。但是一般説,這個錯誤或者是由於只認識現象,没有認識本質,或者是由於只看到片面,没有看到全面。也就是説在研究過程中,總會包含有正確的部份,總會有所前進,全軍覆没的事是少有的。而郭老對於中國古代社會性質研究了幾十年,看法幾經改變,這個幾經改變都是怎麽改變呢? 是否每一次改變都是從頭做起? 即以最後這次改變爲例來説吧,據我看,郭老的這個結論是建立在空中,而不是建立在地上;是建立在沙子上,而不是建立在磐石上。假如觀點方法不改變,光變結論,不要説幾經改變,即便是千變萬變也變不出真理來。所以,我認爲郭老這種研究方法不是成功的經驗,而是一種失敗的教訓。不應當用作榜樣,而應當引以爲戒。

　　第二,對侯先生説我"采取了全盤否定的態度",我想説幾句話。

　　我認爲我所談的問題,只限於中國古代史分期。對於郭老本人,我不但没有否定,反而是尊重的。毫無疑問,郭老是革命的老前輩。很早以前郭老對以蔣介石爲首的大地主大資産階級政權展開革命鬥爭的時候,我還在蔣管區工作。郭老稱引馬列主義著作的時候,我還在讀孔夫子的書。在革命隊伍裏,如果説郭老是一個巨人,我不過是一個短小的侏儒,我没有理由不尊重郭老。所以,對郭老本人,説我采取全盤否定的態度是不符合實際的。如果只就討論古代史分期問題而言,我看無論對誰,全盤錯了就全盤否定,部份錯了就部份否定。不應該考慮什麽采取全盤否定或采取或者不全盤否定的態度問題。假如八條全錯了,我們如果不采取全盤否定的態度,而是違反客觀事實;説其中某幾條是對的,我看這不是唯物論,也不是辯證法,而是地地道道的唯心論和形而上學。因此,我不能同意侯先生對我的批評。

第三,"簡單的類比"問題。什麼叫做簡單的類比? 據我瞭解,它是就只從某一種聯繫或某一個特徵來做對比,而不是從本質的、全部的主要特徵作對比來説的。我用馬克思所説農業公社同中國的井田制作對比,是用了馬克思所説的農業公社的全部最主要的特徵來作對比的,從而證明二者是一種東西,這怎能叫做"簡單的類比"呢?

第四,"僅僅抓住郭老在一次談話記録"的問題。一篇由郭老署名發表在全國性刊物《歷史研究》上,以後又收入郭老專著《奴隷制時代》裏,我把它看作是郭老的觀點引用了,這有什麼過錯? 同是這一篇您也引用了,難道您不也是作爲郭老的觀點來引用的嗎?最初可能是談話,以後變成文章,再後又變成專著,已經二十年之久,在全國傳播開來,影響非常之大,爲什麼不能看作是郭老的觀點來引用呢? 您這樣煞費苦心地去區分談話、文章、專著,對於您所持的論點能有什麼幫助呢?

郭老在那篇文章中明白地説:"嚴格按照馬克思的意見來説,只有家内奴隷的社會是不成其爲奴隷社會的。"這是什麼意思? 這不是説奴隷社會只有典型的奴隷社會一種類型是什麼? 這怎能理解爲"郭老對商、周社會性質的主要論述,實際上是體現了馬、恩的'古代東方'學説的"呢?

第五,馬克思所説的"原生的類型",是"指處於原始社會末期的農村公社的最初形態"嗎?

馬克思在《給維·伊·查蘇利奇的覆信草稿》裏,一則説:"把所有的原始公社混爲一談是錯誤的;正像地質的形成一樣,在這些歷史的形成中,有一系列原生的、次生的、再次生的等等類型。"①
再則説:"農業公社不同於較古的類型的公社的某些特徵"②,又
説:"首先,所有較早的原始公社都是建立在自己社員的血統親屬
關係上的,農業公社隔斷了這種牢固然而狹窄的聯繫。"③十分明
顯,馬克思所説的原生的類型是在原始公社的範圍之内。而不是
在農村公社或農業公社的範圍之内,説"農業公社不同於較古的類
型的公社",則農業公社當然不是較古的類型的公社;説"農業公社
與所有較早的原始公社不同",則説農村公社是原生的社會形態的
最後階段,當然是合乎邏輯的了。也就是説,馬克思本來是認爲農
村公社是原始公社裏邊的再次生的類型,而侯先生硬是改成原生
的類型是農村公社的原初形態,於是馬克思所説的次生的類型、再
次生的類型就都變成了農村公社的次生的類型、再生的類型,而不
是原始公社的次生的類型、再次生的類型了。

　　第六,"斷章取義"的問題。什麽叫做"斷章取義"? 據我瞭解,
這種説法源出古人的賦詩斷章。就是説,整個詩篇是一個意思,截
取其中的某一句或某一段,解釋成另一個意思。郭老説:"嚴格按
照馬克思的意思來説,只有家内奴隸的社會是不成其爲奴隸社會
的。"我説:"實質上郭老是認爲馬克思主義所説的奴隸社會只有典
型、古典的,即希臘羅馬型的一種,不包括亞細亞的或東方的形
態。"這算什麽斷章取義呢?

　　郭老在《關於中國古代史研究中的兩個問題》一文裏確實談到
了原始公社,但是他説:"作爲商周社會中的基層單位,其中的組織
就不再是什麽公社了。"原始公社如同農村公社對立起來講,則是
兩個不同的概念。侯先生説:"郭老不但準確肯定了中國古代'邑'

① 《馬克思恩格斯全集》第19卷,第432頁。
② 同上。
③ 同上。

的農村公社性質,並且分析了它的起源和性質變化。"這種説法,無
論是郭老的原文或者是您的引文,我都沒有看出來。我所看到的
是在商周以前邑是"原始公社組織"。到了商周以後,邑"就不再是
什麽'公社'了"。這裹不但沒有看到農村公社,相反,在"就不再是
什麽'公社'了"一語裹還包括著對農村公社的否定。爲什麽侯先
生偏偏能夠理解成郭老"明確肯定了中國古代'邑'的農村公社性
質"呢? 侯先生所根據的,到底是哪條材料呢?

第七,侯先生説:"郭老對商周社會性質的主要論述,實際上是
體現了馬恩的'古代東方'學説的。"我認爲這種説法完全不是事
實。郭老之所以把井田的公田解釋爲王有,私田解釋爲臣下所有,
以及邑是勞動集中營,等等,其目的都是爲了説中國的奴隸社會是
典型的奴隸社會。在郭老的論述中連中國奴隸社會是"古代東方"
的一點影子也看不出來。原書俱在,可以覆按。郭老明白地説:
"認爲中國奴隸社會的生產者都是公社成員,那中國就沒有奴隸社
會。"而在侯先生居然做出"郭老對商、周社會性質的主要論述,實
際上是體現了馬、恩的'古代東方'學説"的結論,實在有實偏頗。

第八,"怎樣看待地下發掘物"的問題。

自二十年代以來,研究古代史,怎樣看待地下發掘物,社會上
存在兩種傾向:一種傾向以章炳麟爲代表,只相信文獻,不相信地
下發掘物,甚至指出土甲骨文字爲偽作;另一種傾向以胡適爲代
表,只相信地下發掘物,不相信文獻。胡適自述他的古史觀説:"大
概我的古史觀是:現在先把古史縮短二三千年,從《詩》三百篇做
起。將來等待金石學、考古學發達上了科學軌道以後,然後用地底
下掘出的史料,慢慢地拉長東周以前的古史。"[①]當前史學界有沒
有傾向性的問題,如果説有,那末屬於哪一種呢? 我看,顯然是後
者,而不是前者。郭老用以判斷殷代社會性質的是地下發掘物,夏

___

① 胡適:《古史辯》第一册上册。

代社會性質之所以不能談，唯一的原因是没有地下發掘物。恰恰
反映了當前史學界存在的一種傾向，而這種傾向毫無疑問是胡適
的影響還在作祟。我在文章中先指出"强調地底下掘出的史料的
重要性，並没有錯"，然後説明"不加分析地全盤否定古籍記載"的
片面性，目的在糾正當前史學界存在的一種傾向。這怎麼能説成
是"不惜貶低地下資料的價值，以期置郭老的古史分期學説于空虛
貧乏、蒼白無力的境地"呢？

　　第九，人犧人殉問題。侯先生説："我們也不能反過來説，人犧
人殉就不是奴隸社會的重要標誌之一。"又説："這裏，郭老正是把
殷墟的大量人犧人殉放在生產關係的領域裏來考察，從這些犧牲
者與生產資料的聯繫上來説明他們的性質，這完全符合馬克思主
義的觀點。"又説："但馬克思並没有説奴隸社會下就不會再有人殉
人犧的事實。"關於這一點，我認爲既然人犧人殉爲原始社會和奴
隸社會所共有，就不能用它作爲奴隸社會的重要標誌之一。關於
第二點，我認爲馬克思主義是唯物論者。没有客觀事實根據，光憑
主觀想象，用什麼"可能"、"必然"、"當然"來説明問題，完全不符合
馬克思主義的觀點。事實上中國奴隸社會國人當兵、野人不當兵、
工商食官。恩格斯説："雅典在當時只有一支國民軍和一支直接由
人民提供的艦隊，它們用來抵禦外敵和壓制已占人口絶大多數的
奴隸。"①羅馬"公共權力在這裏體現在服兵役的公民身上，它不僅
被用來反對奴隸，而且被用來反對不許服兵役和不許有武裝的所
謂無產者"。② 證明希臘、羅馬的生產奴隸不服兵役。郭老所説的
"奴隸社會裏面，工農兵是没有十分分工的，耕田的是農，服役的是
工，有事時被堅執鋭便是兵。所以這些帶武器的殉葬者可能都是
生產奴隸"是没有根據的。關於第三點，我引用了馬克思摘録摩爾

　　①　《馬克思恩格斯全集》第21卷，第135頁。
　　②　同上，第148頁。

根那段話的用意,只在於説明早在野蠻期中級階段已經有人犧,不涉及奴隸社會有没有人犧問題。

第十,關於井田制問題,應當指出的是:

一、您所説的郭老對商、周社會存在的"井田"的論述,實質上體現了馬、恩的"古代東方"奴隸制的學説,完全不是事實。這種做法,從辯論來説是遁詞。

二、説孟子井田説是"烏托邦",發明權不屬於郭老,應屬於胡適。不同的是,胡適根據他腦子裏所固有的框框,來斷定豆腐幹塊式的井田爲不可能,而郭老根據他所虛構的井田框框,説孟子所説的井田是烏托邦。其實,二人的説法都是主觀唯心主義的一種表現,不能因爲它出於胡適的筆下,它就是主觀唯心主義;出於郭老的筆下,他就變成馬列主義了。

三、周代有井田之所以可信,在於它不謀而同地具備馬、恩所論述的馬爾克農業公社或農村公社那些主要特徵。這決不是用不同的具體表現形式所能否定的。

四、《北山》詩句,古書上《韓非子》引過,《孟子·萬章上》引過,《荀子·君子》引過,認爲"普天之下,莫非王土;率土之濱,莫非王臣"完全是當時的事實。在戰國有温人、有咸丘蒙,在今世則有郭老。孟子不相信是當時的事實,他説:"是詩也,非是之謂也,勞于王事而不得養父母也。曰:'此莫非王事,我獨賢勞也。故説詩者,不以文害辭,不以辭害志。以意逆志,是爲得之。如以辭而已矣,《雲漢》之詩曰:'周餘黎民,靡有孑遺'。信斯言也,是周無遺民也。"荀子則作正面解釋,他説:"天子也者,勢至重,形至佚,心至愈,志無所詘,形無所勞,尊無上矣。詩曰:'普天之下,莫非王土;率土之濱,莫非王臣。'此之謂也。"以上對於《北山》詩句的理解,總爲五家。具體分別,我認爲這五家中孟荀兩家的解釋是正確的,他們善於體會詩人的本意。咸丘蒙可能是真不懂,他只是從文字表面看問題。温人和郭老應屬一類,他們並不是不瞭解詩的本意,爲了自己的需要故意要那樣説。如果説郭老没有讀過《孟子》、《荀子》,不知道這個詩句應當怎麽解釋,我是不相信的。

　　侯先生説:"古代東方的特點之一就是没有土地私有者,或者説全國的土地所有權屬於代表專制國家最高的君主所有,實質上也就是奴隸主貴族的'土地國有制'。"這種説法無疑是對的。問題不在這裏,問題在於這個"專制國家最高的君主"或者説"奴隸主貴族"是誰。是當時作爲天下共主的周王嗎? 肯定説不是。事實是在王畿則是周王,在列國則是國君,在諸侯國之内,則是有領地的封君。也正是因爲這樣,才構成了一個奴隸主階級。否則如郭老所説,只有國王一人有土地所有權,列國之君都没有土地所有權。没有土地所有權的,又怎能成爲奴隸主呢? 不錯,周王有權廢國,封建社會的皇帝不是也有權没收土地、削藩滅國嗎? 難道封建社會只有皇帝一個人是有土地所有權、是地主,皇帝以外就都没有土地所有權,因而就没有地主嗎? 應當指出主權和所有權并不是一回事。侯先生所説的"削地廢國",那是形式主權。至於所有權,以土地爲例來説,不但周王有,列國之君都有。郭老的觀點不能成立,侯先生重複郭老的觀點,當然也是不能成立的。

　　五、"對諸侯百官來説是作爲俸禄的等級單位,對直接耕種者來説是作爲課驗勤惰的計算單位。"這種説法之不能成立,是很容易看得出來的。在没有人指出以前,誤信爲正確是可以原諒的。已經有人指出,還萬般爲之辯護,不免有違馬克思主義唯物辯證史觀。

　　本來這個問題在馬、恩書中已經談得十分清楚,就是原始公社的原生類型應是氏族公社,次生類型應是共產制家庭公社,再次生的類型則是農村公社。發展到農村公社時,土地分配給單個家庭并定期實行重新分配。正是由於分配給單個家庭,在當時的條件下,才出現豆腐幹塊式的井田和棋盤狀的農業公社地產。這是歷史發展規律所決定的,是不以人們的意志爲轉移的。正是因爲這樣,所以中國古代的井田,才同世界其他地方的農村公社最主要的特徵完全一致。而郭老把它説成是分給諸侯以及百官的,在書上明確地説諸侯封國、百官封邑,或有食田稍食,哪有按井田分成一小塊一小塊地計算爵祿之事? 至於由於課驗勤惰而分成小塊,不但没有事實根據,這種不承認歷史發展規律,而歸之於某一二個大人物偶然創造的觀點,難道是歷史唯物論嗎?

第十一,郭老對"初税畝"的錯誤解釋是由他對公田、私田的錯誤解釋引申出來的。郭老所説"撤去公私之分,不管你公田私田而一律的十分取一",這個"公私",是郭老所臆造出來的公私,而不是客觀存在的公私。這種解釋,在侯先生的眼裏居然能看出"符合孟子本人説的'徹者徹也'的意思",真是咄咄怪事!

古人説"其實皆什一也",並不妨在具體實行時有什一、九一之不同。孟子説了:"其實皆什一";又説八家共井、同養公田。在您看來,這是不可調和的矛盾,這種矛盾出於孟子不懂數學。我同意孟子的觀點,證明我也不懂得數學。我的看法同您的看法恰恰相反,我認爲古書上這類例子多得很,古人的習慣一般只注意大數,至於細小的差別多不置意。不能因此説古人不懂得極簡單的數學,在這些地方找岔子是没有意義的。

第十二,"三分公室"、"四分公室"的問題。我認爲我在《中國古代史分期商榷》那篇文章裏已經講清楚了,没有必要在這裏重複了。可惜,在這個問題上,侯先生還要浪費筆墨,一方面承認"三分公室"、"四分公室""都是兵制改革的問題",另一方面又説:"郭老説,由於'三桓''都采用了封建的剥削方法,於是魯國就形成了封建社會,它的政權已經是代表地主階級的了',這是合乎科學的論斷。"這是什麼邏輯?

第十三,"否定階級鬥爭是社會歷史發展的根本動力。"這是一頂帽子。應當指出,這頂帽子同我的論點是不相干的。我所談的是階級和階級鬥爭的特點問題,亦即階級和階級鬥爭的具體存在形式問題。説奴隸社會的階級是等級的階級，不同於資本主義社會的非等級的階級，説奴隸社會的階級鬥爭爲馬克思所指出的"在古代的羅馬，階級鬥爭只是在享有特權的少數人内部進行，只是在自由富人與自由窮人之間進行，而從事生産的廣大民衆，即奴隸，則不過爲這些鬥士充當消極的舞臺支柱"，而不同於資本主義社會的階級鬥爭只在兩大相互直接對立的階級之間進行。馬克思的觀點同樣也在列寧的著作中得到證明。列寧説過，奴隸社會的奴隸"甚至在歷史上最革命的時機，還是往往成爲統治階級的手下的小卒"。① 説奴隸社會的階級和階級鬥爭不同於資本主義社會的階級和階級鬥爭，而是具有它自己的特點，這怎麽説成是否定階級鬥爭是社會歷史發展的根本動力呢？難道只有資本主義社會那種形式的階級鬥爭才是階級鬥爭，而奴隸社會又一種形式的階級鬥爭又不是階級鬥爭嗎？您引列寧那一段話，談的是一般性的問題，而我引馬克思那一段話，談的是具體問題。我看二者之間並不存在矛盾。在侯先生看來，承認了列寧的話就不能夠承認馬克思的話嗎？

　　第十四，什麽叫做"自然解決"觀點？是不是"自然解決論"呢？我認爲"生産關係一定要適合生産力性質"，這是一種規律。這個規律適用於任何社會。但是我們講社會經濟形態、講社會分期，主要講的是生産關係問題。生産力能決定生産關係，但是生産力和生産關係並不是一回事。今日美國生産力很發達，并不妨礙它是資本主義社會。中國的生産力不如美國，并不妨礙中國是社會主義國家。因爲篇幅的限制没有談生産力，並不等於抹殺生産力對生産關係所起的決定性作用。我認爲討論歷史分期問題要求在盡可能短的篇幅裏能解決，既不能光憑主觀的想法講一套，又不能把千百年的歷史事實都擺出來論述，而只能是抓重點、抓特點。我認

① 《列寧全集》第29卷，第442頁。

爲看一個社會應從橫的方面看,看經濟、政治、思想三個方面;又從縱的方面看,看它們是怎樣發展變化的。因爲講歷史不是講社會發展史,就要求言必有據、不發空論。我正是根據這個設想才做那樣的論述的。當然,我並不是說我寫的那篇没有缺點錯誤。不過,侯先生説這"像開中藥鋪似地把上面列舉的幾點,作一番甲、乙、丙、丁的敍述",我看,這不是善意的批評。

第十五,"英雄史觀"。我得出商鞅、吴起、李斯在政治舞臺上活動時,各個方面的从物所持的政治態度做了階級分析,用以證明魯三桓、齊田氏的奪權企圖曾經引起了地主階級革命的作用,都不是新興地主階級的革命,這有什麽錯呢? 提到商鞅就成了英雄史觀,説成魯三桓、齊田氏就不是英雄史觀,這是什麽邏輯呢? 在談這個問題時,光説"革命",没有提到地主階級就變成"不敢於承認商鞅等就是新興地主階級的政治代表",就是"變成地主階級的政治代表嗎,這是金先生既不願也不敢承認的;變成勞動者的代表嗎? 既不可能也不像。"這哪裏是討論學術問題呢?

(本文據金老家藏手稿整理,初金老爲不引起個人間矛盾,而未發表此文。今爲全面而客觀地體現金老學術態度及思想,略作整理後發表。整理者:舒星)

馬克思主義關於奴隸制社會的科學概念與中國古代史分期

　　根據馬克思主義理論，奴隸制社會是人類社會的五種基本經濟形態之一。馬克思主義創始人馬克思、恩格斯在談到這個問題時，曾用過“亞細亞的、古代的”，[①]“古代社會、東方社會”[②]和“亞細亞古代、古典古代”[③]幾種不同的概念來表述。這幾種不同的概念，實際上是説明一個問題，説明奴隸制社會存在兩種類型：一種是古代東方類型，一種是古代希臘羅馬類型。恩格斯在《美國工人運動》一文裏説：

　　　　在亞細亞古代和古典古代，階級壓迫的主要形式是奴隸制，即與其説群衆被剝奪了土地，不如説他們的人身被占有。[④]

　　又，在《家庭、私有制和國家的起源》一書裏，於《德意志人國家的形成》章説：

　　　　他們還没有達到充分發展的奴隸制，即没有達到古代的勞動奴隸制，也没有達到東方的家庭奴隸制。[⑤]

　　恩格斯在這兩段話裏，明白地説亞細亞古代、古典古代，或古

---

① 馬克思：《政治經濟學批判序言》。
② 馬克思：《政治經濟學批判》，人民出版社，1955 年，第 168 頁。
③ 《馬克思恩格斯全集》第 21 卷，第 387 頁。
④ 同上，第 178 頁。
⑤ 同上，第 170 頁。

代的勞動奴隸制、東方的家庭奴隸制,都是奴隸制,都是充分發展的奴隸制。人們否認亞細亞古代或亞細亞生產方式是一種類型的奴隸制社會,而說它是原始社會、封建社會,或者說什麼亞細亞古代是早期的奴隸制,古典古代是發達的奴隸制,是不正確的。

應用亞細亞或東方這樣的概念來表述一種奴隸社會類型,最初無疑是有地域性的。但是,今天看來,它祇是作爲一種奴隸社會類型的代表,並不以亞細亞、東方這一地域爲限。原來稱古代希臘、羅馬爲"典型的",很明顯,是把它看成具有普遍意義。今天看來,全世界找不到第二個古代希臘、羅馬那樣的社會。古代希臘、羅馬也不見得是典型,祇是代表一種奴隸社會類型罷了。斤斤在亞細亞或典型這兩個概念上考慮問題,我想這或者是問題長期得不到解決的一個原因。

古代東方和古代希臘、羅馬這兩種類型的奴隸社會,其主要差別在於古代希臘、羅馬經過了一段商品經濟發展和衰敗的歷史,而古代東方則否。亦即古代東方類型的奴隸社會農村公社,長期存在或者與奴隸社會相終始,而古代希臘、羅馬的農村公社很早就已解體。

恩格斯説:

> 要使奴隸勞動成爲整個社會中占統治地位的生產方式,那就還需要生產、貿易和財富積聚有更大的增長。在古代自發的土地公有的公社中,奴隸制或是根本沒有出現過,或者祇起極其從屬的作用。在最初的農民城市羅馬,情形也是如此。而當羅馬變成"世界城市",意大利的地產日益集中於人數不多的、非常富有的所有者階級手裏的時候,農民人口才被奴隸人口所排擠。①

---

① 《馬克思恩格斯全集》第 20 卷,第 170、177 頁。

恩格斯在這裏所説的"古代自發的土地公有的公社",實際包括氏族公社和農村公社。"奴隸制或是根本没有出現過",就是指氏族公社説的。"或是衹起極其從屬的作用",就是指農村公社説的。"在最初的農民城市羅馬,情形也是如此",正説明當羅馬農村公社没有解體的時候,也没有出現勞動奴隸制。羅馬出現勞動奴隸制,衹是在它"變成'世界城市'"以後,即"意大利的地産日益集中於人數不多的、非常富有的所有者階級手裏的時候"。恩格斯在另一個地方説:"我們已經説過,勞動産品轉化爲商品,即不是爲自身消費而是爲交換所進行的産品生産,對古代公社的瓦解,因而對私有制的直接或間接的普遍化,起了怎樣的作用。"①這段話實際上就是説羅馬的古代公社瓦解的情況。古代希臘羅馬如何由奴隸制轉變爲封建制,恩格斯也有説明。

《家庭、私有制和國家的起源》一書於《德意志人國家的形成》章説:

　　古代的奴隸制已經過時了,無論在鄉村的大規模農業方面,還是在城市的工場手工業方面,它都已經不能提供足以補償所耗勞動的收益,因爲銷售它的産品的市場已經消失了。帝國繁榮時代的龐大的生産已收縮爲小農業和小手工業,這種小農業和小手工業都不能容納大量奴隸了。衹有替富人做家務和供他過奢侈生活用的奴隸,還留在社會上。②

這就是説,古代希臘、羅馬是經過一段鄉村的大規模農業和城市的工場手工業的發展和衰敗的歷史,然後才轉變爲封建社會。而古代東方則不然,它没有經過那一段歷史,而直接轉變爲封建社

① 《馬克思恩格斯全集》第 20 卷,第 170、177 頁。
② 《馬克思恩格斯全集》第 21 卷,第 387、178、170、78、30 頁。

會。

中國奴隸社會是古代東方類型，不是古代希臘、羅馬類型。最顯著的標誌，就是井田制即農村公社與中國奴隸社會相終始。《孟子·滕文公上》說："夏后氏五十而貢，殷人七十而助，周人百畝而徹。"這是夏商周三代的土地制度都實行井田制度的確證，不是空言所能否定的。

關於中國古代史分期問題，過去我已有專文論述。① 簡要地說，我認爲，中國奴隸社會是自夏后啓殺益奪權，變傳賢爲傳子開始，至秦統一中國終結，其間經過夏商西周、春秋、戰國幾個不同的發展階段。具體說，夏商和西周爲中國奴隸社會的上升時期，這個時期，夏還帶有過渡性質，商已完成了過渡，西周則是全盛時期。春秋爲中國奴隸制社會的衰落時期。戰國爲中國由奴隸社會向封建社會轉變的時期。

在這裏，我還想補充談兩個問題：一、爲什麼說西周是中國奴隸社會的全盛時期？ 二、戰國是怎樣由奴隸社會向封建社會轉變的？

第一個問題，我認爲"周道尊尊"是西周爲中國奴隸社會全盛時期的重要標誌。

漢人談殷周掌故，有所謂"殷道親親，周道尊尊"的說法。這個說法，我認爲是瞭解殷周制度的重要綫索，值得特別注意。

《史記·梁孝王世家》褚先生補編說：

> 蓋聞梁王西入朝，謁竇太后。燕見，與景帝俱侍坐於太后前，語言私說。太后謂帝曰："吾聞殷道親親，周道尊尊，其義一也。安車大駕，用梁孝王爲寄。"景帝跪席舉身曰："諾。"罷酒出。帝召袁盎諸大臣通經術者，曰："太后

---

① 《中國古代史分期商榷》，《歷史研究》1979 年第 3 期。

言如是,何謂也?"皆對曰:"太后意欲立梁王爲帝太子。"
帝問其狀。袁盎等曰:"殷道親親者,立弟;周道尊尊者,
立子。殷道質,質者法天,親其所親,故立弟。周道文,文
者法地,尊者敬也,敬其本始,故立長子。周道太子死,立
嫡孫;殷道太子死,立其弟。"

這裏所提到的"殷道親親,周道尊尊",是用以説明殷周二代的
君位繼承制的。"周道太子死,立嫡孫;殷道太子死,立其弟",是殷
周二代君位繼承制的根本區別。

實際上,周道尊尊是重父統,實行嫡長子繼承制正是重父統的
表現。殷道親親是重母統,弟也可以繼承,正是重母統的表現。
《禮記·表記》説"母親而不尊,父尊而不親",是親親爲重母統,尊
尊爲重父統的證據。重母統反映氏族制度還帶有受血緣關係支配
的痕迹,重父統則反映階級社會突出階級關係的特徵。

恩格斯説:

在歷史上出現的最初的階級對立,是同個體婚制下
的夫妻間的對抗的發展同時發生的,而最初的階級壓迫
是同男性對女性的奴役同時發生的……個體婚制是文明
社會的細胞形態,根據這種形態我們可以研究文明社會
内部充分發展着的對立和矛盾的本來性質。①

這説明自有個體婚制以來,夫妻間的關係即不平等,亦即有所
謂男尊女卑,這一點正是文明社會階級關係的細胞形態。中國古
書上也有類似的言論。例如《易·序卦》説:

有天地然後有萬物,有萬物然後有男女,有男女然後
有夫婦,有夫婦然後有父子,有父子然後有君臣,有君臣
然後有上下,有上下然後禮義有所錯。

① 《馬克思恩格斯恩全集》第21卷,第78頁。

《序卦》所説的禮義，實質是指階級關係。它對這個問題進行溯本窮源的追究，認爲這種關係起於有上下，有上下起於有君臣，有君臣起於有父子，有父子起於有夫婦。其實也就是説，個體婚制是文明社會的細胞形態。不僅《序卦》如此説，《禮記·昏義》也説：

> 男女有別而後夫婦有義，夫婦有義而後父子有親，父子有親而後君臣有正。故曰：

> 昏禮者，禮之本也。

又，《郊特牲》説：

> 男女有別然後父子親，父子親然後義生，義生然後禮作，禮作然後萬物安。無別無義，禽獸之道也。

上述兩條材料同《序卦》的觀點是一致的。實質上都是説個體婚制是文明社會的細胞形態。

由此可見，所謂"周道尊尊"，並不是簡單的事，而是有深刻的意義。周人強調尊尊，不僅表現在君位繼承制上，也表現在宗法制和分封制上。下面對宗法制和分封制分別加以論述。

宗法制

宗法制是周人創立的，周以前没有宗法制。王國維説，"商人無嫡庶之制，故不能有宗法"，這個説法是對的。

宗法制的具體内容應如《禮記》裏的《喪服小記》和《大傳》所説的，就是：

> 別子爲祖，繼別爲宗，繼禰者爲小宗。

"別子爲祖"的意思是説，爲別子的，要自君統分離出來，另立宗統。

別子與繼世之君都是先君之子，本是兄弟，但由於後者繼承君位,而前者不繼承君位,地位便發生根本的變化,繼承君位的爲君,不繼承君位的爲臣。兄弟是血緣關係,君臣是階級關係。創立宗法,其意義就是在當時社會政治生活中血緣關係與階級關係并存的情況下,不使利用血緣關係與階級關係相對抗,而令血緣關係服從階級關係。

別子之名,本取於"自卑別於尊"(《儀禮·喪服》)。即爲別子的,雖然與新君有血緣關係,但應守臣節,故須從君統分離出來,另立宗統。

"繼別爲宗,繼禰者爲小宗"的"繼",也是實行嫡長子繼承制。不但嫡長子繼承制體現周道尊尊的原則,在宗法内部,實際上也貫穿着周道尊尊的原則。

《儀禮·喪服》齊衰三月章説:

> 丈夫、婦人爲宗子,宗子之母、妻。

即同宗的人要爲宗子和宗子的母與妻服齊衰三月,與庶人爲國君之服同。這就明顯地看出來,在這裏邊也反映周道尊尊的原則。

分封制

周人開始實行大分封。當時受封的,包括功臣和子弟,而以子弟爲主。《荀子·儒效》説:

> 周公……兼制天下,立七十一國,姬姓獨居五十三人焉。周之子孫苟不狂惑者,莫不爲天下之顯諸侯。

這是最明顯的證明。

王國維説:

> 自殷以前,天子諸侯君臣之分未定也。故當夏后之

世,而殷之王亥、王恒累葉稱王;湯未放桀之時,亦已稱王。當商之末,而周之文武亦稱王。蓋諸侯之於天子,猶後世諸侯之於盟主,未有君臣之分也。周初亦然,於《牧誓》、《大誥》皆稱諸侯曰"友邦君",是君臣之分亦未全定也。逮克殷踐奄,滅國五十,而新建之國皆其昆弟甥舅,本周之臣子;而魯衛晉齊四國,又以王室至親爲東方大藩;夏殷以來古國,方之蔑矣。由是天子之尊,非復諸侯之長,而爲諸侯之君。其在喪服,則諸侯爲天子斬衰三年,與子爲父,臣爲君同。蓋天子諸侯君臣之分,始定於此。此周初大一統之規模,實與其大居正之制相待而成者也。①

王氏用稱王和稱友邦君來證明夏殷和周初天子諸侯君、臣之分未定,這一點,本文不擬置論。他説周行分封後,天子與諸侯之間的關係發生了決定性的變化,則是符合實際情況的。王氏復舉喪服諸侯爲天子斬衰三年與子爲父、臣爲君同,來説明這種變化的性質,同時又把這個事實同"大居正"即嫡長子繼承制聯繫起來,尤具卓識。這就是説,周人分封是周道尊尊這一思想在實行立子立嫡的君位繼承制、宗法制以後進一步的貫徹。總起來説,所謂周道尊尊,不論表現在君位繼承制、宗法制、分封制哪一方面,其實質都是加强階級統治。應當承認,從歷史發展的觀點看,這是一個很大的進步。

周道尊尊與殷道親親對照起來看,非常明顯,周道尊尊是在當時社會生活政治生活中血緣關係與階級關係兩種力量并存的情形下,强調階級關係一面,壓抑血緣關係一面,使更有利於階級統治。

下面還要説明一個問題,這就是爲什麽説周道尊尊是中國奴

---

① 《觀堂集林·殷周制度論》。

隸社會全盛時期的標誌。爲了回答這個問題，先從恩格斯兩種生
産的理論談起。恩格斯闡述這個理論時説：

> 勞動愈不發展，勞動産品的數量，從而社會的財富愈
> 受限制，社會制度就愈是在較大程度上受血族關係的支
> 配。①

事實證明，氏族制度是以血族團體爲基礎的，完全受血族關係
的支配。國家出現以後，國家的基層單位是地區團體而不是血族
團體了。然而這時由於國家剛剛從氏族社會脱胎而來，仍然不能
不在較大的程度上受血族關係的支配。中國奴隸制國家衹是到了
西周時期才改變殷道親親爲周道尊尊。也就是説，在社會生活政
治生活中，血緣關係與階級關係兩種力量的對比，發生了根本性的
變化。過去，血緣關係在較大程度上占支配地位，現在是在較大程
度上階級關係占支配地位。這種變化之所以産生，當然是勞動有
了很大的發展的結果。西周時期既然勞動有了很大的發展，血緣
關係的支配力量減弱了，階級統治加強了，就有理由稱爲全盛
期。

第二個問題，我認爲變法是戰國時期中國由奴隸社會向封建
社會轉變的具體表現。

周室自平王東遷，作爲共主的周天子，已喪失了統治力量。此
後，經過春秋和戰國兩個時期的分裂、動亂，至秦統一，而社會始趨
於穩定。惲敬説：

> 秦者，古今之界也。自秦以前，朝野上下所行者，皆
> 三代之制也；自秦以後，朝野上下所行者，皆非三代之制
> 也。②

---

① 《馬克思恩格斯全集》第 21 卷，第 30 頁。
② 《大雲山房文稿・三代因革論四》。

惲氏不懂馬克思主義,不曉得五種社會經濟形態的概念,但是他自覺地發現了秦統一是中國歷史的一個明顯分界,其前其後絕然不同。這個分界,其實就是奴隸社會與封建社會的分界。

惲氏所説的三代之制,實際上指的是西周之制。因爲西周之制監於夏商二代,有損有益,成爲中國奴隸社會發展最完善的制度。這個制度在土地制度方面,是實行井田制。"周人百畝而徹"無疑要比"夏后氏五十而貢,殷人七十而助"進步。在政治制度方面,實行分封制,從根本上改變了從氏族制度遺留下來的那種"自然長成的結構"的痕迹,而使"由是天子之尊,非復諸侯之長,而爲諸侯之君"。在意識形態方面,則變前此的尊神爲尊禮。

關於周人尊禮的問題,不易爲人理解,有必要再作一些説明。《禮記·表記》引述孔子的話説:

夏道尊命,事鬼敬神而遠之……殷人尊神,率民以事神……周人尊禮尚施,事鬼敬神而遠之。

顯而易見,周人尊禮是在總結夏、殷二代經驗的基礎上提出來的。禮,就其形式來説,號稱"三千"、"三百",廣説難盡。周禮的内容,簡單説,就是儒家所説的仁義,或者又叫做親親尊尊。

《禮記·中庸》説:

仁者人也,親親爲大;義者宜也,尊賢爲大;親親之殺,尊賢之等,禮所生也。

這段話對於仁、義、禮這三個概念的基本内容及其相互間的關係,闡釋得最爲精確簡明。所謂"仁",質言之,就是親親,也就是血緣關係。所謂"義",質言之,就是尊賢,或稱尊尊,也就是階級關係。所謂"禮",則是以血緣關係、階級關係二者爲内容的表現形式。所以禮不是別的,就是當時統治階級内部人們共同生活及其行爲的準則和規範。在周禮裏邊,包含有血緣關係和階級關係的内容,而階級關係則居於統治地位。這正反映當時社會存在的真實情況。

惲敬所説的"非三代之制"，實際上就是指中國封建社會的制度來説的。這種制度，簡要地説，在土地制度方面，是實行土地個人所有制；在政治制度方面，是實行郡縣制；在意識形態方面是重法。土地個人所有制是對井田制即土地公有制的否定，反映社會生産力有了較大的發展。郡縣制是對分封制的否定，反映階級統治的力量又進一步加強，相對的，血緣關係的支配力量更加縮小。重法則基本上如司馬談《論六家要指》所説的，"法家不別親疏，不殊貴賤，一斷於法"。很明顯，是對親親尊尊的否定。

根據上述分析可以看出，中國奴隸社會之變爲封建社會，從經濟基礎和上層建築來説，也就是變井田制、分封制和尊禮爲土地個人所有制、郡縣制和法治。

春秋戰國兩個時期都在變。然而春秋的變是量變，戰國的變是質變。戰國的變之所以是質變，可以從變法運動明顯地看得出來。

戰國變法運動，導先路的是魏文侯。李悝、吳起、商鞅三人在戰國變法運動中，最負盛名。這三個人都是在魏文侯的政權下得到任用，並自此向外擴展開來。吳起在楚變法，商鞅在秦變法，從其效果來看，當然有很大的不同；從其性質和内容來看，基本是一致的，即都是采取革命的辦法，變奴隸制爲封建制。其他，如申不害之在韓，以及齊趙之君，也都在不同程度上進行過變法。在戰國變法運動中最爲典型的、影響最大的，則是商鞅的變法。可以説，秦始皇統一中國，完成了中國由奴隸社會向封建社會的轉變，就是商鞅變法的繼續和發展並取得成功的證據。

商鞅變法，《史記·商君列傳》所記最得要領。大體上説，"爲田開阡陌封疆"是對井田制的否定，"宗室非有軍功論不得爲屬籍"，及"有功者顯榮，無功者雖富無所芬華"，是對宗法、分封制的否定。所謂"反古者不可非，而循禮者不足多"，原爲法治張目，無疑是對禮治的否定。總起來說，就是經過這次變法，改變了舊的奴隸社會經濟基礎和上層建築，而代之以新的封建社會的經濟基礎和上層建築。

反觀春秋時期，雖然也有"初稅畝"、"三分公室"、"四分公室"等改革，但是這些改革怎能同商鞅變法那樣從根本上全面、系統的改革相比擬呢？有些同志至今還說中國從周元王元年開始已經是封建社會，完全不考慮戰國爲什麼戰，百家爭鳴爲什麼鳴。難道說這些就是新社會建成後出現的太平景象，而不是新的地主階級與舊的奴隸主階級兩個階級鬥爭，新的封建社會與舊的奴隸社會兩條道路鬥爭的反映嗎？

戰爭是政治的繼續，戰爭的成敗最後要由政治決定。因此，正確地瞭解戰爭，不能不首先瞭解政治。戰國時期交戰的國家，主要爲"七雄"即秦、楚、齊、趙、魏、韓、燕等七國。它們之間之所以發生戰爭，最根本的原因，是由於政治經濟發展不平衡。有的是先進的，有的是落後的。先進的不斷向外擴張，經常采取攻勢，落後的爲了保持既得利益，不能不起來抵抗，因而發生戰爭。但是初期，七國間的力量對比並不太懸殊，否則就不能並稱爲七雄。在發展中之所以有先進、落後之分，關鍵的問題在於變法不變法以及變法徹底不徹底。以秦爲例，秦國之所以日益強大，直至最後并吞六國，原因當然是多方面的，但是最爲根本的一條，是商鞅變法，尤其是變得最徹底。所以戰國時期的戰爭歸根結蒂是新的地主階級與舊的奴隸主階級兩個階級的鬥爭，是新的封建制度與舊的奴隸制度兩條道路的鬥爭。秦并吞六國，正是新的地主階級戰勝舊的奴隸主階級，新的封建制度戰勝舊的奴隸制度的證據。

這種兩個階級兩條道路的鬥爭當然不僅存在於國與國之間，也存在於一國內部。例如吳起在楚變法和商鞅在秦變法，可以明顯地看出，楚國是以楚悼王、吳起爲一方，宗室大臣爲一方；秦是以秦孝公、商鞅爲一方，甘龍、杜摯、公子虔、公孫賈爲一方，在變法的過程中展開兩個階級和兩條道路之間的生死大搏鬥的。這種情況在春秋時期是絕對找不到的。

戰國時期的百家爭鳴也決不是偶然的，它是這個特定時期的歷史的產物。所謂百家，主要的不過如司馬談所論述的陰陽、儒、墨、法、名道六家。而這六家中實以在政治方向上直接對立的儒、法兩家為中心。這兩家的鬥爭，如前所述，是一方主張"親親尊尊"，一方主張"不別親疏，不殊貴賤，一斷於法"，其實質也是新的地主階級與舊的奴隸主階級兩個階級和新的封建制度與舊的奴隸制度兩條道路的鬥爭。商鞅的變法，實際上就是把百家爭鳴中的法家思想理論付諸實踐，而秦始皇的焚書坑儒，正是儒法鬥爭已達白熱化的反映。

研究歷史，對戰國之所以戰，百家爭鳴之所以鳴這樣的重大問題視而不見，還硬說戰國是已經建成的封建社會，無論如何是不能令人心悦誠服的。

最顯著的是，秦始皇統一後，"使黔首自實田"，是在經濟方面用土地私有制取代土地公有的井田制的標誌；"分天下以為三十六郡，郡置守尉監"，是在政治方面用郡縣制取代分封制的標誌；"焚詩書，阬術士"，"以吏為師"，是在意識形態方面用法治思想取代禮治思想的標誌。史稱"漢承秦制"，説明漢以後基本上把這種制度沿襲下來，成為我國二千餘年封建制度的主要内容。

（《社會科學戰綫》1985 年第 1 期）

論堯舜禹時代是由原始社會向國家過渡的中間環節

金景芳在撰寫《中國奴隸社會史》時，由於誤信《史記・三代世表》，把堯、舜、禹和契、弃都説成是黃帝的子孫，因而斷定當時爲部落聯盟。後來經過仔細研究，始瞭解到這種説法是不正確的。堯、舜、禹固然是黃帝的子孫，至於契和弃是否是黃帝之子孫，尚有疑問，需要做進一步的探討。

一

《詩經》是最早、最可信的史料，《商頌・玄鳥》説："天命玄鳥，降而生商。"《史記・殷本紀》解釋説："契母曰簡狄，有娀氏之女，爲帝嚳次妃。三人行浴，見玄鳥墮其卵，簡狄取吞之，因孕生契"。這段解釋，有的對，有的不對。説'契母曰簡狄，有娀氏之女'，"三人行浴，見玄鳥墮其卵，簡狄取吞之，因孕生契"，是對的；説簡狄是'帝嚳次妃'，則不對。爲什麼説不對呢？因爲所謂簡狄吞玄鳥卵而生契是托辭，實際是契知母而不知父，當時還實行群婚制。哪有簡狄是帝嚳次妃之事？當然，《史記》説簡狄是帝嚳次妃，也不見得毫無根據，很可能是契在堯政權組織中擔任顯職之後所産生的誤説，決非事實。又，簡狄是有娀氏之女，稱"狄"、稱"娀"，與實行群婚制聯繫起來，她的族屬就應是後世的北狄。

契被稱爲"玄王"，不但見於《詩・商頌・長發》，還見於《國語・周語下》、《國語・魯語上》及《荀子・成相》。玄王就是北方之王。《荀子·成相》説:"契玄王,生昭明,居於砥石遷於商。"《世本》説,"契居番","昭明居砥石"。砥石在遼水發源處,今内蒙古昭烏達盟克什克騰旗的白岔山,正在我國北方。《左傳》昭公九年載:"王使詹桓伯辭於晉,曰:'……肅慎、燕亳,吾北土也。'""燕亳"就是《世本》所説"契居番"之"番",係商人在北方最早的居住地。《逸周書·作雒解》記周公東征,"殷大震潰,降辟三叔,王子禄父北奔"。武庚北奔,同樣説明了商人的老根據地在北方。周公東征勝利後,爲加强對殷人的統治,特地將召公奭之子分封到燕。這些史料進一步證明了商人的族屬出自北狄。

二

《詩·大雅·生民》説:"厥初生民,時維姜嫄。生民如何?克禋克祀,以弗無子。履帝武敏歆,攸介攸止,載震載夙,載生載育,時維后稷。"《史記·周本紀》解釋説:"后稷,名弃,其母有邰氏女,曰姜原。姜原爲帝嚳元妃。姜原出野,見巨人迹,心忻然説,欲踐之,踐之而身動如孕者。居期而生子。"這段解釋有的對,也有的不對。説"其母有邰氏女,曰姜原","姜原出野,見巨人迹,心忻然説,欲踐之,踐之而身動如孕者。居期而生子",是對的;説"姜原爲帝嚳元妃",則不對。所以説不對,因爲所謂姜原踐巨人迹而生弃與簡狄吞玄鳥卵而生契一樣,都是托辭。實際弃也是知母而不知父,當時也是處在群婚制時代,哪有姜原是帝嚳元妃之事?

不但如此,從弃母姜原的姜氏來看:

1.《左傳》襄公十四年説:"將執戎子駒支,范宣子親數諸朝,曰:'來!姜戎氏,昔秦人迫逐乃祖吾離於瓜州,乃祖吾離被苫蓋,蒙荆棘,以來歸我先君,我先君惠公有不腆之田,與女剖分而食之……'對曰:'昔秦人負恃其衆,貪於土地,逐我諸戎。惠公蠲其大德,謂我諸戎是四嶽之裔胄也,毋是翦弃。……'"

2.《詩·大雅·崧高》説："崧高維岳,駿極於天,維岳降神,生甫及申。"毛傳説："堯之時,姜氏爲四伯,掌四岳之祀。"

3.《國語·周語下》説："祚四岳國,命以侯伯,賜姓曰姜,氏曰有吕。"

從這三條材料來看,可得出如下結論:一、姜氏是西戎,二、姜氏在堯時是四岳之一。再有一點,《詩·大雅·公劉》説："篤公劉,於豳斯館,涉渭爲亂。"《大雅·綿》説："古公亶父,來朝走馬,率西水滸,至於岐下。爰及姜女,聿來胥宇。"這些材料也説明,周人興起之初一直活動在西方,與姜氏有密切的關係,其族屬當出自西戎。

三

《史記·秦本紀》説："秦之先,帝顓頊之苗裔。孫曰女修,女修織,玄鳥隕卵,女修吞之,生子大業。"張守節《正義》解釋説："《列女傳》云:'陶子生五歲而佐禹。'曹大家注云:'陶子者,皋陶之子伯益也。'按此即知大業是皋陶。"《史記》説女修吞玄鳥卵而生皋陶,同《詩·商頌·玄鳥》説簡狄吞玄鳥卵而生契一樣,證明皋陶也是知母而不知父,所謂帝顓頊之苗裔不是事實。據《史記·夏本紀》張守節《正義》引《帝王世紀》説："皋陶生於曲阜。"《左傳》文公五年載："六人叛楚即東夷。秋,楚成大心、仲歸率師滅六。冬,楚子燮滅蓼。臧文仲聞六與蓼滅,曰:'皋陶、庭堅不祀忽諸……'"與女修吞玄鳥卵而生皋陶聯繫起來看,皋陶可能來自東夷。

四

《堯典》有"四岳",上述《左傳》、《國語》、《詩經》都提到"四岳",但實際上它們所提到的"四岳"祇是四岳之一的西岳。從《堯典》

"四岳"來看,還應有北岳、東岳、南岳。"四岳"一語,前人解説頗多,唯《漢書·百官公卿表》解釋爲'四方諸侯',大體上是對的。其實四岳本來就是四方山岳。堯舜禹時代,衹有居民聚落,没有都市,各部族舉行重大的活動,往往以某一名山作爲聚會之地。如舜巡狩四方,東至東岳泰山,南至南岳衡山,西至西岳華山,北至北岳恒山,每至一方,都在當地最有名的大山之上舉行祭祀典禮。這些山岳既是方位或地域的代稱,又是重大政治活動的聚會之地。於是人們就把四方最有影響的集團首領也稱爲"四岳"。四岳既是某一個重要集團的首領,又是某一方衆多集團首領的代表。

西戎姜氏既然是四岳中的西岳,那麽東岳、南岳、北岳都是誰呢? 史無明文。其實,堯舜禹時代的四岳就是後世所説的四夷,東岳就是東夷,北岳就是北狄,南岳就是南蠻。也就是説,從《尚書》來看,弃出身於西戎,代表西岳;契出身於北狄,代表北岳;皋陶出身於東夷,代表東岳。爲什麽南岳的代表人物不見記載呢? 原因可能如下:南方的蠻族在堯舜禹時代與華夏的鬥爭十分激烈。《尚書·堯典》説當時"蠻夷猾夏,寇賊姦宄",堯曾經'竄三苗於三危',"四罪,而天下咸服"(《尚書·堯典》)。大禹治水,苗蠻又采取不合作的態度,《尚書·益稷》記禹和舜的對話有"苗頑弗即工,帝其念哉"就是證明。大禹衹好訴諸武力,《墨子·非攻下》説:"禹既已克有三苗,焉歷爲山川,別物上下。"《國語·魯語下》説"禹致群神於會稽之山,防風氏後至,禹殺而戮之",説的也是大禹對南方蠻族動武的事。很可能是由於南蠻時常與華夏處於敵對狀態,所以南岳的代表人物不見於史書記載。

可以認爲,堯舜禹時代已經不是部落聯盟,而是處在部族聯合體時代,是中國由原始社會向國家過渡的中間環節。所謂部族,指的是由若干部落或部落聯盟聚合而成的社會組織,是繼氏族、部落之後,民族形成之前的人們共同體。部族聯合體是部族進一步發展的必然產物,它標誌着氏族發展的最後階段。堯舜禹時代正處在這個階段。理由是：其一，部落聯盟是血緣團體，而部族聯合體是非血緣團體。恩格斯在分析易洛魁人部落聯盟的特點時指出："血緣親屬關係是聯盟的真實基礎。"①而堯舜禹時代沒有血緣關係的各部族的首領已經在同一個政權組織中任職。契生知母而不知父，而堯的父親是帝嚳，舜的父親是瞽叟，禹的父親是鯀，堯舜禹已進入個體婚制，有娀氏還處在群婚制時代。契與堯舜禹同時在一個政權組織中任職，不可能與他們有血緣關係。其二，部族聯合體是範圍廣闊的地域組織，而部落聯盟則是範圍狹小的氏族組織。恩格斯指出："氏族制度的前提，是一個氏族或部落成員共同生活在純粹由他們居住的同一地區中。"②而堯舜禹時代則是"光被四表"、"協和萬邦"（《尚書·堯典》），"禹合諸侯於涂山，執玉帛者萬國"（《左傳》哀公七年）。其三，部族聯合體的領導機構已經初步具備了國家的某些職能，而部落聯盟則僅僅是管理公共事務的一個社會機關。恩格斯在描述氏族制度時說："沒有軍隊、憲兵和警察，沒有貴族、國王、總督、地方官和法官。""一切爭端和糾紛，都由當事人的全體即氏族或部落來解決，或者由各個氏族相互解決。"③而堯舜禹時代的政權中已設有四岳、群后、十二牧、司空、司徒、百工、士、虞、秩宗等各種官職，各項行政工作有條不紊。堯、舜、禹等最高首領還掌握着制曆、祭祀、立法大權和對政權機構中一些重要職務的最後決定權。

但是，堯舜禹時代的部族聯合體衹是原始社會向國家過渡的一個中間環節，在很多方面還帶有氏族社會的殘餘。如，遇有重大問題，要向四岳、十二牧等部族首領徵詢意見；堯、舜晚年把部族聯合體的最高職位禪讓給各部族首領都認可的接班人，等等。同時，

---

① 恩格斯：《家庭、私有制和國家的起源》，《馬克思恩格斯選集》第 4 卷，人民出版社，1972 年，第 90 頁。

② 同上，第 164 頁。

③ 同上，第 92～93 頁。

堯治天下，實行的政策是"克明俊德，以親九族。九族既睦，平章百姓。百姓昭明，協和萬邦"。九族、百姓指的是堯、舜、禹的直轄區，即華夏；萬邦指的則是四岳，也就是四夷部族，包括南蠻、北狄、東夷、西戎。堯對"萬邦"采取的政策是"協和"，也就是"和而不同"，"求同存異"，並不是後世君主的專制手段。

　　綜上所述，可以得出如下結論：堯舜禹時代的部族聯合體是中國在部落聯盟之後產生的一種新的社會組織，是中國從原始社會向國家過渡的一個中間環節。部族聯合體的組成、管理和領導機構與後世的國家機器相比，儘管還很原始、很簡單，但在某些方面已經初步具備了國家機器的基本特徵，我們稱之爲准國家或半國家，實質上就是中國的早期國家。

　　　　　　　　　（與呂文郁合寫，《學習與探索》1999 年第 3 期）

禹在歷史上所起的偉大作用

禹是繼堯、舜之後活動在部落聯盟時代歷史舞臺上的一個領袖人物。他一生的功績給後世留下了深刻的印象和巨大的影響。他在古代人們的心目中是偉大的、無與倫比的。先秦古籍,諸如《尚書》、《詩經》、《左傳》、《國語》、《論語》、《墨子》、《莊子》、《孟子》、《荀子》、《韓非子》、《呂氏春秋》等,無不對禹交口稱頌。

禹的功績主要是治水,但不光是治水,禹在治水過程中,還做了“征有苗”、“合諸侯”、“畫爲九州”、“任土作貢”等與治水有關的一系列至關重要的事情。如果説,這個時候中國歷史在野蠻時期的高級階段又向前邁出一大步,真正達到了“部落的融合”的階段,從而進入了文明時代的入口處,奴隸制國家的出現已成爲可能的話,那麼,可以肯定地説,這全是在禹的偉大名字下實現的。

下面,分別從“征有苗”、“合諸侯”、“畫爲九州”和“任土作貢”等四個方面闡述禹在歷史上所起的偉大作用。

1. 征有苗

在中國氏族社會時期,華夏族和苗族屬於兩個不同的族係。兩族文化發展水平大體相同,而且長期處於戰爭狀態之中。在少皞、顓頊、堯、舜幾個時期,都曾有過華夏族同三苗的鬥爭。大約到禹征有苗時,兩族間的戰爭才以華夏族的勝利和苗族的失敗而告終,兩族間持續很長時期的鬥爭也才得到了總解決。應當認識到,禹對苗族的勝利,恰如恩格斯指出的,意味着部落聯盟這種組織開始崩潰",①因爲跨出本部落的界限去征服另一部落,必然帶來開始打破氏族制度這種"自然發生的共同體"的結果,②必然導致聯結氏族的血緣紐帶的鬆弛。

禹征有苗的直接原因,與治水有關。《尚書·益稷》記禹和舜的對話有"苗頑弗即工,帝其念哉"就是證明。我們知道,在氏族社會時期,"部落始終是人們的界限",即這時部落和部落聯盟都自成一個小天地,除非有戰爭,部落和部落間没有交往。③ 春秋末期老子講的"小國寡民","鄰國相望","民至老死不相往來",當是氏族社會的真實寫照。而治水是關係到各部落聯盟的共同利益的,需要有全面規劃。那種互相隔絕的局面不打破,治水就無從談起,水患就難望從根本上解決。史稱:"共工……壅防百川,墮高堙庫,以害天下"(《國語·周語下》),"鯀陻洪水"(《尚書·洪範》)。共工和鯀的治水辦法,實際上是把注意力祗放在自己的部落聯盟所在地範圍以内,修堤築壩,"以鄰國爲壑",所以没有成功。禹的治水,汲取了前人失敗的教訓,改變了辦法,作出全面規劃,不以自己的部落聯盟爲限,涉及了其他的氏族、部落聯盟。正如孟子所指出的,禹是"以四海爲壑"(《孟子·告子下》)。可以想象,禹進行工作時,一定會遇到阻力。有些阻力,經過説服,很容易就克服了,由不合作變爲合作。《吕氏春秋·貴因》所説"禹之裸國,裸入,衣出"(相同記載還見《戰國策·趙策二》、《淮南子·原道》),就屬於這一種情況。還有一種情況是堅決不合作,如《尚書》所説"苗頑弗即工",就是典型的一例。苗自恃强大,帶頭不合作,迫使禹不得不訴諸武力,結果導致了征有苗的戰爭。所以説,征有苗與治水有直接關係。征有苗是爲了治水。

---

① 《馬克思恩格斯全集》第21卷,第112頁。
② 同上,第113頁。
③ "對野蠻的征服者民族説來……戰爭本身還是一種經常的交往形式。"《馬克思恩格斯全集》第3卷,第26頁。

《戰國策·魏策二》説："禹攻三苗,而東夷之民不起。"這個材料反映兩個事實:第一,禹征有苗,不僅依靠華夏族,也有非華夏族參加;第二,東夷没有参加征有苗的聯軍。東夷什麽不参加征有苗的聯軍? 因爲東夷和三苗是"婚姻",而與華夏是"仇國"。禹征有苗,正是"合讎國以伐婚姻"。把諸多互爲"仇國"的部落强行聯結起來,在客觀上必然起到把部落互仇推進到部落融合階段的作用。

禹征有苗這一段歷史,《墨子·兼愛下》、《非攻下》和《戰國策·魏策一》等都有記載,而以《非攻下》爲最詳。《非攻下》説:"禹既克三苗,焉歷爲三川,別物上下。"這個"歷爲三川,別物上下"與"禹敷下土方"(《詩·商頌·長發》)和"帝厲下土方,設居方,別生分類"①的説法很相似,肯定也是與治水有關的工作。

2. 合諸侯

《左傳》哀公七年説:"禹合諸侯於塗山,執玉帛者萬國。"這個合萬國諸侯,應是治水的副産物。它表明,由於治水的需要,這時祖國境内已經形成了以華夏族爲中心包括周圍各兄弟族的一個最大的聯合。這種"合并作用是一種更高的過程,能將諸部落在一個共同地域内聯合起來。部落聯盟是與民族最相近似的東西。"②毫無疑問,這種聯合是國家産生的前提條件。有些人不瞭解中國原始社會的部落聯盟乃至部落的大聯合爲什麽會比古希臘、古羅馬的部落聯盟大得多,從而斷言中國的部落聯盟實質上是按地域劃分的國家。這乃是一種誤解。中國和古希臘、古羅馬的部落聯盟,本質上是一致的,其基礎都是氏族,没有什麽兩樣。中國部落聯盟的地域之所以遼闊廣大,是由中國的地理環境决定的。值得注意的是,在中國的這個跨族的大聯合中已存在不平等。《國語·魯語》説"昔禹致群神於會稽之山,防風氏後至,禹殺而戮之",就是證

---

① 《尚書》、《泪作》等幾篇序。
② 馬克思:《摩爾根〈古代社會〉一書摘要》,人民出版社,1959年,第91頁。

明。我們知道,氏族、胞族、部落的本質是民主的。在氏族社會,就
一個部落聯盟的内部來説,流、放就是最大的處罰(《尚書》説的"殛
鯀於羽山","殛本又作極"(《尚書·洪範》釋文),也是流、放的意
思。)。禹合諸侯竟能輕易殺掉一個部落酋長,這種顯然不平等關
係的出現,説明一種在氏族之外並凌駕於氏族制度之上的權力正
在慢慢地産生。誠然,禹還不是文明時代的專制君主,他誅殺部落
酋長的事情絶不會多見,但是這種超越氏族的權力既然已在對待
聯合體中不同族係的部落上首先表現出來,那麼真正的國家權力
的最終形成,也祇是時間問題了。這既是歷史發展的必然結果,也
是歷史發展的客現需要。

3. 畫爲九州

《左傳》襄公四年引述辛甲《虞人之箴》説:"芒芒禹迹,畫爲九
州,經啓九道。"《國語·周語下》記周靈王二十二年太子晉論禹治
水説:"封崇九山,決汩九川,陂鄣九澤,豐殖九藪,汩越九原,宅居
九隩,合通四海。"這兩條材料,前一條出於周初(公元前1027—
1014),對於禹的九州,言之鑿鑿;後一條出於春秋中世(公元前
550年,孔子生後第二年),雖然没有明白説出禹畫爲九州,但歷述
"九山"、"九川"、"九澤"、"九藪"、"九原"、"九隩"實際上也承認了
禹有畫爲九州的事實。又,《尚書·立政》大家公認是周初的文獻,
裏邊有"其詰爾戎兵,以陟禹之迹,方行天下,至於海表,罔有不服"
的記載,也可與上述兩條材料相參證。當然,《尚書·禹貢》所記述
的内容是有問題的。因爲堯、舜時代的傳説留傳到後世,不可能那
樣具體、細緻。但是,綜合許多材料加以分析可以證明,禹畫九州
一事,是確實的、可信的。

　　禹把當時所瞭解到的全部土地劃爲九州,即區分爲四正、四
隅,加上中央,共爲九塊。這在我國古代歷史上是一件意義重大的
事情,它標誌着人們的社會實踐活動的範圍已擴大到足以突破以
血緣團體爲基礎的部落的界限,向着更高的階段發展的程度。恩

格斯在《家庭、私有制和國家的起源》一書中談到國家和氏族制度的區別時,曾指出氏族制度的基礎是血緣關係,而國家則"按地區來劃分它的國民"。① 儘管禹畫九州祇是地理意義上的劃分,不是恩格斯所説的行政區域的劃分,還不能認爲這就是國家的出現,但是這種劃分顯然爲隨後到來的由血緣團體向地域團體的過渡準備了條件。

禹爲了治水,畫爲九州,水平治後,還做了一次普遍的疆理土地的工作。《詩經·商頌·長發》中"洪水芒芒,禹敷下土方,外大國是疆,幅隕既長"這幾句,説的就是這件事。"禹敷下土方",《禹貢》簡稱爲"禹敷土",《荀子·成相》作"禹傅土",《汩作》等幾篇序則作"帝釐下土方"。"敷"、"傅"二字含義相同,故可以互易"敷下土方",就是疆理土地的意思。因爲水平治後,無形中土地增加了很多,需要加以厘正,確定歸屬,才能避免互相爭奪。"外大國是疆,幅隕既長"正是"禹敷土"的結果。

古人的這些記載,無論"方行天下,至於海表,罔有不服",還是"敷下土方",都説明了禹以其領導的强大的華夏族爲基本力量,推進了部落的大融合,爲國家的出現創造了條件。

4. 任土作貢

"禹別九州,隨山浚川,任土作貢",見於《禹貢》序。近人由於不相信《禹貢》,對於禹的"任土作貢"也持懷疑態度。其實,"任土作貢"這一歷史現象絶非中國所獨有,在全世界範圍内也不乏其例。馬克思和恩格斯爲我們提供了極其生動的例證。

馬克思的《摩爾根〈古代社會〉一書摘要》裏有這樣一段話:"阿兹忒克聯盟並沒有企圖將所征服的各部落并入聯盟之内,因爲在氏族制度之下,語言上的分歧是阻止實現這一點的不可克服的障

① 《馬克思恩格斯全集》第21卷,第194頁。

礙。這些被征服的部落仍受他們自己的酋長管理,並可遵循自己古時的習慣。有時有一個貢物徵收者留駐於他們之中。"①

恩格斯在《家庭、私有制和國家的起源》一書的《易洛魁人的氏族》一節裏,也説過意思大體相同的話。他説:"這種聯盟,②一經意識到它所具有的力量,便立刻具有了進攻的性質,在 1675 年前後,當它達到了强盛的頂峰的時候,便征服了它四周的廣大土地,把這些地方上的居民一部分驅逐出境,一部分使之納貢。"③

馬克思、恩格斯所講的情況與中國古代大禹所做的事情多麽相似! 可以看出,在禹所處的歷史條件下,被征服的部落不可能并入聯盟之内,祇能讓這些部落受他們自己酋長的管理,而讓他們繳納貢物。無論《禹貢》爲誰人所作,祇要承認禹曾治水,合諸侯,畫九州,也就必須肯定它關於禹"任土作貢"的記載是真實可信的。

總之,禹所進行的治水、征有苗、合諸侯、畫爲九州,任土作貢等一系列偉大的工作,把氏族制度推進到最發達的階段,預告了氏族制度的滅亡,從而爲我國古代國家的産生準備了必要的客觀物質條件。禹的功績是如此巨大,以至於人們不但"敬禹之德,令民皆則禹"(《史記·夏本紀》),而且還由於對他的感戴而推恩給他的兒子啓。④ 完全可以説,禹爲啓開創奴隸制度掃清了道路。

(《史學月刊》1980 年第 2 期)

---

① 馬克思:《摩爾根〈古代社會〉一書摘要》,第 151 頁。

② 指易洛魁人"至遲到 15 世紀初,就發展爲一種真正的'永世聯盟'"。《馬克思恩格斯全集》第 21 卷,第 108 頁。

③ 《馬克思恩格斯全集》第 21 卷,第 108 頁。

④ 《史記·夏本紀》有"禹子啓賢,天下屬意焉"語。

商文化起源於我國北方説

近些年來,在遼寧、吉林兩省迤北一帶發現很多商代文物,有的已經發表,有的未發表。這些新發現,對於解決商文化起源問題,很可能是有益的。希望遼寧、吉林兩省博物館的同志們,重視這些新發現,悉心進行研究,早日作出結論來。

我於考古是外行。但是,從文獻的角度來看,很久以來,我就認爲商文化起源於我國北方。兹申論如下。

契是殷商的老祖宗,昭明是契的兒子。《世本》説"契居番"、"昭明居砥石"。那末,我們如果知道番、砥石在現今什麼地方,就解決商文化起源的問題了。

番這個地方,在現今何處?考證比較難些,但也不是不能得其仿佛。至於砥石,則確知在遼水發源處,今昭烏達盟克什克騰旗的白岔山,正在我國北方。證據是《淮南子·地形訓》説:"遼出砥石。"高誘注説:"砥石山名,在塞外,遼水所出,南入海。"惜前人多不注意及此。例如,楊倞注《荀子·成相》説:"砥石地名,未詳所在。或曰,即砥柱也。"張蔭麟《中國史綱》則以今河北泜水流域當之。都是臆測之詞,後人以誤傳誤,給解決商文化起源問題,平添重重障礙。

《荀子·成相》説:"契玄王,生昭明,居於砥石遷於商。十有四世,乃有天乙是成湯。"這幾句話,敍述先商歷史,至爲明確。我們已經知道砥石所在,又知道商是自砥石遷來,那末,契居的番,位置何在,大體上是可以確定了。

首先,要看到,契稱玄王,不但見於《荀子·成相》,亦見於《國語》的《周語下》和《魯語上》及《詩・商頌・長發》。那末，"玄王"是什麼意思呢？ 據我看，這個玄王應同九野的"北方曰玄天"（《吕氏春秋・有始覽》），明堂的北堂稱玄堂，四象的北方七宿稱玄武一樣。玄是北方的意思。玄王就是北方之王。韋昭以"契由玄鳥而生"解"玄王"（《國語・周語下》注），顯然是錯誤的。第一，玄字不能代表玄鳥；第二，契以玄鳥之王爲號，是理之所必無。

其次，《左傳》昭公九年説："王使詹桓伯辭於晉，曰：'肅慎、燕亳，吾北土也。'"燕亳與肅慎並列，燕亳當是一地，和肅慎爲鄰。這條材料與契居番不無關係，需要詳細加以説明。

（一）王國維《北伯鼎跋》説："邶即燕。"原文如下：

　　彝器中多北伯、北子器，不知出於何所？ 光緒庚寅，直隸（今河北省）淶水縣張家窪又出北伯器數種。余所見拓本，有鼎一，卣一。鼎文云："北伯作鼎。"卣文云："北伯戜作寶尊彝。"北蓋古之邶國也。

　　自來説邶國者，雖以爲在殷之北，然皆於朝歌左右求之。今則殷之故虛得於洹水，大且、大父、大兄三戈出於易州，則邶之故地自不得不更於其北求之。余謂邶即燕，鄘即魯也。邶之爲燕，可以北伯諸器出土之地證之。邶既遠在殷北，則鄘亦不當求諸殷之境内。余謂鄘與奄聲相近。……奄之爲鄘，猶焰、閻之爲庸矣。

　　……及成王克殷、踐奄，乃封康叔於衛，封周公子伯禽於魯，封召公子於燕，而太師采詩之目，尚仍其故名，謂之邶、鄘。然皆有目無詩。季札觀魯樂，爲之歌邶、鄘、衛，時猶未分爲三。後人以衛詩獨多，遂分隸之於邶、鄘。因於殷地求邶、鄘二國，斯失之矣。

按：王説邶即燕，鄘即魯極是，足以破舊説之誤。

（二）《逸周書・作雒》説："武王克殷，乃立王子禄父俾守商祀。"《漢書·地理志》説:"邶以封紂子武庚。"皇甫謐《帝王世紀》説:"殷都以北爲邶。"合此三書觀之,則知(1)邶在殷都以北;(2)紂子武庚所封;(3)意在使守商祀。守商祀必封於邶,則邶即燕爲殷商之發祥地,可無疑義。

(三)《穀梁傳》哀公四年:"六月辛丑,亳社災。"《公羊傳》作"六月辛丑,蒲社災"。《史記·趙世家》:"秦攻番吾。"張守節《正義》:"上音婆,又音盤,又作蒲。《括地志》云:'蒲吾城在恒州房山縣東二十里也。'"證明亳、蒲、番三字古音同,可以通作。則契居番就是契居亳了。契居的亳和燕亳的亳,當是一地。正因爲亳是契居,爲殷商的發祥地,所以,商雖屢遷,而亳名不廢。所謂北亳、南亳、西亳,都當由此得名。不僅如此,《史記·秦本紀》有"亳王"。徐廣説:"西戎之君,號曰亳王,蓋成湯之胤。"成湯之胤稱爲亳王,這個亳,也當是用契故居爲名。

再次,要指出過去舊説的種種謬誤。

(一)《史記·殷本紀》説:契"封於商"。裴駰《集解》:"鄭玄曰:商國在太華之陽。皇甫謐曰:今上洛商是也。"司馬貞《索隱》:"堯封契於商,即《詩·商頌》云'有娀方將,帝立子生商'是也。"張守節《正義》:"《括地志》云:商州東八十里商洛縣本商邑,古之商國,帝嚳之子卨所封也。"其實,《史記》的説法包含有兩個錯誤。第一,堯舜時代還是氏族社會,絶無封國之事;第二,"陶唐氏之火正閼伯居商丘,祀大火,而火紀時焉,相土因之,故商主大火,商人閱其禍敗之釁,必始於火",明見於《左傳》襄公九年。相土是契之孫,遷於商的是相土而不是契。商在今河南的商丘,而不是陝西的商洛。

(二)《水經注·渭水》説:

　　　　渭水又東徑巒都城北,故蕃邑,殷契之所居。《世本》曰:"契居蕃。"闞駰曰:"蕃在鄭西。"然則今巒城是矣。

按,闞駰説蕃在鄭西,是受了鄭玄、皇甫謐諸家誤説的影響。

而所以形成這種錯誤的根子則在於《史記》的契封於商。

（三）《太平御覽》卷一五五引《帝王世紀》

> 商契始封於商,在《禹貢》太華之陽,上洛商是也。
> 《世本》"契居番",相徙商丘,本顓頊之墟,故陶唐氏之火
> 正閼伯之所居也。故《春秋傳》曰,閼伯居商丘,祀大火,
> 相因之,故商主大火,謂之辰,故辰爲商星,今濮陽是也。
> 然則契之所封商丘,商洛是也。商土於周爲衛商是也。
> 而學者以商丘爲契封,謬矣。

按,《帝王世紀》的錯誤,不僅是受了司馬遷、鄭玄誤説的影響,
而且誤認徙帝丘（顓頊之墟）的相和遷商丘的相土爲一人。其實,
徙帝丘的是夏后相,而遷商丘的是契孫相土。帝丘即顓頊之墟在
今河南濮陽,而商丘火正閼伯所居則在今河南商丘。相與相土不
是一人,帝丘與商丘不是一地。

（四）王國維《説自契至於成湯八遷》知閼駰"蕃在鄭西"之説不
可從,乃獨出心裁,説契居的蕃,"疑即《漢志》魯國之蕃縣（今山東
滕縣）"。昭明居的砥石確知在今昭烏達盟。昭烏達盟與山東滕縣
相去遼遠,契居的蕃,不應在此。

（五）張蔭麟《中國史綱》摒棄一切舊説,認爲蕃在今河北平山
附近。實際上是以番吾爲蕃（古番、蕃音同,可通作）。不知番吾又
作蒲吾（《漢書·地理志》）、鄱吾（《史記·六國年表》）、般吾（《逸周
書·王會》）,都是以二字構成一個詞,與契居單稱番者不同,不能
説是一地。

綜觀上述種種誤説,真如歧路亡羊,治絲而棼,無怪商文化起
源問題長期得不到解決。

最後,談談解決了商文化起源問題的意義。

（一）證明我國在堯舜時期,燕亳、砥石已經是一個重要的文化
發源地。實際上,又一次給蘇修的中國北部以長城爲界的讕言以

有力的打擊。

（二）知道商文化起源於我國北方，則《詩·商頌·長發》説："韋、顧既伐，昆吾、夏桀。"從今天來看，韋在河南滑縣東南五十里，顧在山東范縣東南，昆吾在河南濮陽縣，是在商湯未滅夏以前，韋、顧、昆吾三國原爲夏的北方屏障。衹有滅了三國以後，商湯才獲平步中原，進覆夏社。然則在湯未滅夏以前，商人的勢力並沒有到達今河南中部。因此，在今河南中部，不可能有"商代先公時代的文化"或"商代早期以前的商文化"。如果真的發現與此年代相當的文化，那就是夏文化，不要再説沒有發現夏文化了。

（《中華文史論叢》第 7 輯，1978 年復刊號）

周公對鞏固姬周政權所起的作用

武王克殷,過了兩年就死了。在他死之後,鞏固已經取得的政權,是周人所面臨的一個極其艱巨的任務。武王傳子誦,是爲成王。成王年幼,無力肩負鞏固政權的大任。當時,内有管、蔡,懷抱野心,外有武庚、徐、奄,時刻不忘復辟,形勢是嚴重的。在這一關鍵時刻,對周朝政權的鞏固和建設起了決定性作用的,則是武王母弟周公旦。

《荀子·儒效》説:"武王崩,成王幼,周公屏成王而及武王,以屬天下,惡天下之倍周也。履天子之籍,聽天下之斷。"這就是説,在成王年幼的一個時期内,周公旦是把成王放在一邊而直接繼承武王權力,即天子之位,行天子之事的。這同伊尹之於商的處身行事,非常相似。對於伊尹,後來有"太甲潛出桐殺伊尹"的謬説。而對周公旦,在當時就有管叔及其群弟散佈的"公將不利於孺子"的流言。但他們都表現出不畏人言的英雄氣概。他們的作爲,使殷、周政權鞏固下來,爲長達幾百年的統治大業奠定了堅實基礎,證明他們不愧是歷史上無數剥削階級人物中杰出的政治家。

周公旦的事迹,《尚書大傳》有記載,説:"周公攝政:一年救亂,二年克殷,三年踐奄,四年建侯衛,五年營成周,六年制禮作樂,七年致政成王。"這種説法基本上是可信的。

一、救亂、克殷、踐奄

武王死後,對周朝政權的最大威脅,是來自企圖復辟的殷餘民及附合他們的内部分裂勢力,此外還有一些東方的少數民族。這種威脅很快釀成一次大叛亂。《左傳》定公四年説:"管、蔡啓商,惎間王室。"就是記録了這次叛亂的爆發。周公旦對叛亂給以堅決而有力的鎮壓。所謂"救亂"、"克殷"、"踐奄"就是周公平叛的三個階段。

(一)救亂。這是指誅管、蔡而言。《史記•魯周公世家》説:"周公恐天下聞武王崩而畔。周公乃踐阼,代成王攝行政當國。"周公"踐阼",也就是即天子之位,這一點對於自以爲具有武王仲弟身份應當繼承王位的管叔來説,顯然是一個不小的刺激。《尚書•金縢》説:"管叔及其群弟乃流言於國,曰公將不利於孺子"。管叔爲此言,具有"踐阼"的野心,昭然若揭。因此,管、蔡二人,管叔是首惡。他們附殷叛國之後,如《尚書•金縢》所説的:"周公居東二年,則罪人斯得。"即在周公東征的打擊下,他們遭到可耻的失敗。《左傳》定公四年記載了管、蔡的下場:説"王於是乎殺管叔而蔡蔡叔。"即首惡的管叔其結局是最悲慘的。《尚書•金縢》還説:"於後,公乃爲詩以貽王,名之曰《鴟鴞》。"《詩•豳風•鴟鴞》序説:"《鴟鴞》周公救亂也。"可見管、蔡的被誅,在周人看來是罪有應得的。由於自私而生野心,由於有野心而搞分裂,由於搞分裂而走上投降叛國的道路,這條規律,已由三千年前的管、蔡證明了。

(二)克殷。在周初按武王的權宜之計安置下來的殷餘民,他們與周有亡國之仇,很自然是叛亂的中堅。但這裏所謂"殷",據《逸周書•作雒》所説,包括"三叔及殷、東、徐、奄及熊盈",幾乎包括周的根據地和附屬國而外的整個東方。《尚書大傳》説:"奄君薄姑謂禄父(武庚)曰:武王既死矣,今王尚幼矣,周公見疑矣,此百世之時也,請舉事。"可見,周初政治上的某些困難,給形形色色的復辟分子提供了可乘之機會。這説明,對於取得並鞏固一個政權來説,光有軍事上的勝利是不够的,還必須在政治上保持穩固的力量。周初平叛之所以勝利,就是由於周人儘管有困難,但並没有失去政治上保持穩固的力量。而這個成就是應歸功於周公旦的。

《尚書·大誥》是周公在平殷東征前,發出的一件旨在團結内部、統一思想的極爲重要的文告。《大誥》中"多邦"、"友邦君"是指尊周室的諸侯,"御事"則指諸侯國中的執政者。審讀《大誥》原文便可知道,諸侯原來並不願意東征,認爲這僅是王室内部小事。周公説:"若考作室,既厎法,厥子乃弗肯堂,矧肯構,厥父菑,厥子乃弗肯播,矧肯穫。""天惟喪殷,若穡夫,予曷敢不終朕畝。"經過周公這樣的耐心説服,使諸侯看出東征是鞏固周朝政權所必需,於是東征大軍終於出動,由周公親自率領,這顯示出周朝政權在政治上是有力量的。

克殷的結果,在《逸周書·作雒》中記載説:"殷大震潰,降辟三叔(管叔、蔡叔、霍叔),王子禄父北奔。管叔經而卒。乃囚蔡叔於郭凌。"《史記·管蔡世家》記載了這個勝利:"周公旦承成王命,伐誅武庚,殺管叔,而放蔡叔。"殷亂至此是完全平定了。

(三)踐奄。踐,鄭玄説:"讀如翦。翦,滅也。"所以,踐奄實際上就是討平奄地。這顯然是因爲奄參與了殷亂。《尚書大傳》記此事説:"周公以成王之命殺禄父,遂踐奄。踐之云者,謂殺其身,執其家,瀦其宫。"可見,踐奄是在克殷之後緊接着進行的。

按《韓非子·説林上》説:"周公旦已勝殷,將攻商蓋。辛公甲曰:'大難攻,小易服。不如服衆小以劫大。'乃攻九夷,而商蓋服矣。"也就是説踐奄之初,直接打擊的是東部的一些少數民族。這同《逸周書·作雒》的説法是一致的。《作雒》説:"凡所征熊盈族十有七國,俘維九邑。"這裏的"熊盈族",應該就是《韓非子》所説的"九夷"。由於附奄叛亂的少數民族一一被擊敗,奄祇得投降。《孟子·滕文公下》説:"周公……伐奄三年討其君。"這個"三年"實際是《詩·豳風·東山》序所説的:"周公東征三年。"也就是説,周公領導的旨在鞏固新生的周朝政權的東征,經過救亂、克殷、踐奄這三個階段,歷時三年,最後是勝利了。

二、建侯衛

東征的勝利，使周人在更大的地域內，以更鞏固的方式建立政權，不僅成爲必要，也具備了可能。周公旦在這方面適時而成功地采取了措施，那就是"建侯衛"。其内容主要是封宋、封衞、封魯、封齊、封燕。

封宋事見《史記·宋微子世家》。原文論"周公既承成王命，誅武庚，殺管叔、放蔡叔，乃命微子開（啓）代殷後，奉其先祀，作《微子之命》以申之，國於宋"。微子啓之所以被封，在他這方面來看，固然是因爲沒有參加叛亂，但在周公這方面來看，顯然是出於安撫殷餘民的政治需要。這種安撫前朝臣民的政策，是中國古代社會特點之一。宋都商邱（今河南省商邱縣），是商人的老根據地，自契孫相土即遷此。故宋國的國土是割取了殷商畿內地的一部分。

封衞事見《史記·衞康叔世家》。原文是："周公旦以成王命興師伐殷，殺武庚祿父、管叔、放蔡叔。以武庚殷餘民封康叔（武王弟）爲衞君，居河淇間故商墟。"《左傳》定公四年和《尚書·康誥》序亦有詳細記載。據《左傳》定公四年説封康叔的殷餘民有"殷民七族：陶氏、施氏、繁氏、錡氏、樊氏、飢氏、終葵氏"。這同周武王時相比有兩點值得注意：一是把姬周王族封在殷地，使周朝中央與地方政權的關係有了新的佈局；二是分割殷餘民在各個封國治理，這無疑是吸取了武庚率殷餘民叛亂的教訓。

封魯事，《左傳》定公四年記載甚詳。魯也分有"殷民六族：條氏、徐氏、肖氏、索氏、長勺氏、尾勺氏"，以外還有"商奄之民"。其意義與封衞當相同。魯封予周公子伯禽，顯然因爲周公對周朝建立的特殊功勛。魯都曲阜爲商奄故地，奄也是殷商故都之一，故魯國的國土也是割取殷畿內地的一部分。

封燕、封齊，《史記》以爲是武王時的事，其實不然。燕即郾，封燕祗能在誅武庚之後。封於燕的是召公奭之子。至於齊,《左傳》昭公二十年記晏子對景公曰:"昔爽鳩氏始居此地,季薊因之,有逢伯陵因之,蒲姑氏因之,而後大公因之。"就是説太公望居齊在蒲姑氏後。既然蒲姑氏曾與武庚聯合叛周,則太公封齊怎麼能在武王時?《漢書・地理志》以《左傳》爲據,糾正了《史記》的錯誤。説:"少昊之世,有爽鳩氏,虞夏時有季薊,湯時有逢公柏陵,殷末有薄姑氏(古時薄、蒲音同)。至周成王時,薄姑氏與四國共作亂,成王滅之,以封師尚父。"這就很清楚説明封齊地是在誅武庚後。周公"建侯衛"裏邊自然包括齊。

　　"建侯衛"從根本上解決了武王以來的殷人復辟的問題,是東征在政治上的總結。同時,周公也吸取了管、蔡叛亂的教訓,在建立地方政權時,把最可靠的和最有力量的親屬分封到最要害的地區,並使他們同中央政權有較密切的聯繫。太公之爲太師,周公之爲太傅,召公之爲太保,顯然是保證齊、魯、燕忠於周王室的一個因素。這就是使周朝政權終於擺脱《詩・豳風・鴟鴞》中所描寫的那種"予室翹翹,風雨所漂搖"的困境,而開始鞏固下來。周期中央的政令正是由這時起開始得以順利向下貫徹的。

三、營成周

　　還在周武王時,營成周的設想就已經形成。《左傳》桓公二年説:"武王克商,遷九鼎於雒邑(即成周)。"其意圖很明顯是發展洛邑爲周的新都。《逸周書・度邑》有一段文字,按司馬遷采入《史記・殷本記》,更明顯地提到武王因考慮鞏固政權問題,至於睡不着覺,因與周公討論在洛邑建都。周由老根據地岐下,而經文王遷豐(今陝西省鄠縣東),武王遷鎬(今陝西省長安縣西南),步步東移,在當時顯然是奪取政權的需要。而在奪取政權之後,又進一步計劃遷都洛邑,則是爲了便於對新擁有的東部廣大地區實行統治。

由於客觀條件的限制，周武王的這個宿願，至周公東征以後方得以實現。營成周的經過，可從《尚書·召誥》、《尚書·洛誥》、《尚書·多士》三篇窺見大概。《左傳》昭公三十二年説："昔成王合諸侯，城成周以爲東都，崇文德焉。"指的就是這件事情，洛邑稱爲成周即由這時開始。

這裏有兩點值得特殊注意。

一是合諸侯。《尚書》説："惟三月哉生魄，周公初基作新大邑於東國洛，四方民大和會。侯、甸、男邦、采衛、百工、播民和見士於周。"（這條文字今本《尚書》列在《大誥》之後，《康誥》之前）。這是合諸侯營成周的明證。周公利用營成周的機會合諸侯，目的在於測驗一下新政權的政令能否在諸侯中貫徹。《尚書大傳》説："周公……營洛以觀天下之心。於是四方諸侯率其群黨各攻位於其庭。周公曰：'示之以力役且猶至，況導之以禮樂乎？'然後敢作禮樂。"這段話本身雖不盡可信，但他的意思是經過周公合諸侯、營成周，看出周天子與諸侯之間的統屬關係的牢固程度已大大超過了夏、商二代，這是有道理的。正如王國維所説，這時的天子已經不是諸侯之長，而是諸侯之君了。

二是遷殷民。周公克殷後，對於殷民的處理，據《史記·宋微子世家》説："故殷之餘民，甚戴愛之。"證明有一大部分殷餘民分給新建的宋。在《左傳》定公四年中又記載了在封魯、封衛時也都分給了一部分殷民。剩下的則多半是所謂"多士"，即在原來的殷政權下有深厚基礎的權門、勢族，這些人則被遷於成周。《尚書·多士》就是處理這部分所謂"殷頑民"問題而發佈的軟硬兼施的移民文告。周公所實行的這種辦法，後世秦始皇、漢高祖都首先把它當作成功的經驗來采用。《史記·秦始皇本紀》説："二十六年……徙天下豪富於咸陽十二萬户。"這是秦始皇時的事。《高祖本紀》説："九年……是歲徙貴族楚昭、屈、景、懷、齊田氏關中。"這是漢高祖時事。《史記·劉敬傳》記載婁敬首倡徙楚貴族，並説，"徙齊諸田、

楚昭、屈、景、燕、趙、韓、魏後及豪杰名家居關中，無事可以備胡，諸
侯有變，亦足率以東伐，此强本弱末之術也。"這裏説"强本弱末"，
換言之，就是加强中央，削弱地方。由此也可以證明，周公遷徙到
成周的殷多士，也決不是平民百姓之類，而是有雄厚實力和實在影
響的權門、勢族。

　　周公營成周爲東都，對進一步鞏固周朝政權起了重要作用。
後來周人並未遷都成周直至幽王時，整個西周二百五十七年，周的
正式國都仍然是鎬。但成周經周公時營造，成爲東方重鎮，使周人
對東部的統治有了强大的據點。正式遷都洛邑，是從平王開始。

　　關於成周地點，《漢書•地理志》於河南郡雒陽下説："周公遷
殷民，是爲成周。"於河南下説："故郟鄏地，周武王遷九鼎，周公致
太平，營以爲都，是爲王城，平王居之。"雒陽故城在今河南省洛陽
縣東北三十里，河南故城在今河南省洛陽縣西北五里。

四、制禮作樂

　　周公制禮没有？制的是什麽禮？自來有很多不同意見。我的
看法，周公不但制過禮，而且這是周公爲了進一步鞏固周朝政權而
采取的又一項重要措施。它的意義遠遠超出了周公時代，成爲在
整個中國古代史上發生重大影響的歷史現象。但是，如果認爲周
公所制的就是今天行世的《周禮》、《儀禮》二書，則是不對的。

　　《周禮》非周公所作，已爲今天的學術界所公認，無須贅述。至
於《儀禮》，則如崔述所説："其文繁，其物奢。"與周公的"享多儀，儀
不及物，惟曰不享，惟不役志於享"的主張相違背，也肯定不是周公
所作。而且像《儀禮》十七篇這樣周詳細密，也不是某一個人短時
間内所能作出來的。

　　那末，説周公制禮有什麽根據呢？在《左傳》文公十八年中記
載季文子使太史克對魯宣公説："先君周公制周禮。"這是一個直接

的證據。《國語・魯語》説：“若子季孫欲其法也，則有周公之籍矣。”（《左傳》哀公十一年作“則周公之典在。”）這裏説的“籍”或“典”，間接的也是指周禮而言，此外，在《論語・爲政》中説：“周因於殷禮，所損益可知也。”《八佾》説：“周監於二代，郁郁乎文哉。”孔子關於周禮的想法，始終是與周公相聯繫的，所以他説：“甚矣，吾衰也。久矣，吾不復夢見周公。”（《論語・述而》）也就是説，所謂損益殷禮、“監於二代”的，不是別人，也正是周公。

至於周公制禮的時間，《尚書・洛誥》説：“周公曰：‘王肇稱殷禮，祀於新邑，咸秩無文。”是營成周時尚用殷禮。所以《尚書大傳》説：“五年營成周，六年制禮作樂。”應當是切合實際的。

古代所謂禮，實際是包括上層建築和經濟基礎在內的一系列政治的、社會的制度，而以政治的制度爲主。這些制度的提出本身，在一定意義上反映古代社會的某種成熟性。以下，從幾個方面來探討一下周公制禮的具體內容。

（一）畿服。郭沫若同志有《金文所無考》提出畿服“並非地域之區別”，①《尚書・禹貢》、《周禮・大司馬・職方氏》《大行人》所述畿服之制“乃後人所僞托”，並謂《尚書・康誥》《酒誥》《召誥》《君奭》所説“侯甸男邦采衛”，“均商代官制之孑遺”，“《酒誥》之外服、內服即外官、內官”等等，都極爲精確，不可移易。但《國語・周語》中亦有關於服制的記載，而且同《尚書・康誥》等篇及《矢令方彝》、《大盂鼎》所述服制有很大差異。對《國語》所述服制，應當怎麼看，是看作“商代官制之孑遺”呢？還是看作“後人之所僞托”呢？郭沫若同志沒有説明。在這裏願意把我的看法寫在下面。

首先説什麼叫做“服”。鄭玄《周禮・夏官・職方氏》注説：“服，服事天子也。”這個解釋是正確的。《論語・泰伯》説：“三分天下有其二，以服事殷。”就是説周文王儘管有三分天下有其二的勢

---

① 《金文叢考》，第29頁。

力,依舊要遵照所處的服等來事殷紂。所以服實際上是地方政權與中央政權關係的一種規定。古文獻中所有畿服的服,無論是"九服"還是"五服"都應作此解。

如上述,《尚書·康誥》等篇和金文所說的"侯甸男衛",是殷商的舊服。《論語·泰伯》中所說的服,同《酒誥》所說的"越在外服的侯甸男衛邦伯"一樣,也是殷商舊服。至《國語·周語》記載祭公謀父說:"夫先王之制,邦內甸服,邦外侯服,侯衛賓服,夷蠻要服,戎狄荒服。"(亦見於《荀子·正論》,惟邦作封。古時邦與封字通)顯然與殷商舊有的服制不同。合理的解釋衹能是,其爲周人所新制。《周語》又有"昔我先王之有天下也,規方千里以爲甸服"的說法。《左傳》襄公二十五年也說:"昔天子之地一圻,列國一同,自是以衰。"這些說法與祭公謀父及荀況所說的服制都相吻合,證明這些記載是可信的。因而可以肯定周在殷商舊服制之後,又作了新的改革。如果抱定劉歆改竄《左氏》內外傳的成見,認爲宗周以後之文獻,舉不足信。其結果必然否定歷史發展,把商制、周制看作一樣,這指定是不符合歷史實際的。

祭公謀父在周穆王時,那末,他所說的"先王之制",這個先王是誰呢?是昭王嗎?不是。因爲《史記·周本紀》說:"昭王之時,王道微缺。"不能有制禮的業績。是康王嗎?也不像。因爲《左傳》昭公二十六年說"康王息民",似乎也沒有什麼改革的迹象。這樣,就衹有是成王了。所以《周語》所述五服之制,定是周公制禮的一個重要內容。無疑它是爲調整周朝中央和地方的關係,加強中央政權的統治服務的。

(二)爵、諡。《儀禮·士冠禮》說:"古者,生無爵,死無諡。"《禮記·檀弓》說:"死諡,周道也。"證明爵、諡是周人所新創,原爲殷商所無。

什麼是爵?《周禮·大宰》鄭玄注說:"爵爲公侯伯子男卿大夫士也。"諸侯的爵爲五等,就是公、侯、伯、子、男。諸侯以下有三等,就是卿、大夫、士。所以爵不是別的，就是統治階級内部等級關係的規定。郭沫若同志否認周有公、侯、伯、子、男五等爵禄，説："五等爵禄實周末儒者托古改制之所爲。"這一點，我不敢同意。因爲五等爵不僅見於《周禮》、《禮記·王制》、《孟子》，也見於《國語》、《左傳》。例如《國語·周語》記周襄王拒絶晉文公"請隧"，説："昔我先王之有天下也，規方千里以爲甸服，……其餘以均分公侯伯子男。"《楚語》説："天子之貴也，唯其以公侯爲官正也，而以伯子男爲師旅。"《左傳》襄公十五年説："王及公侯伯子男甸采衛大夫各居其列。"這些不約而同的記載，足以證明周人是確有五等爵制的。孔子作《春秋》，其政治上的反動性，就在於他幻想恢復西周原有的政治秩序。他的觀點滲透在他對衆多人物的褒貶之中，而他所據以褒貶進退的，正是這個與春秋文獻相吻合的爵制。這也證明周禮所説的爵制是客觀存在的，不能一概加以否定。至於金文中所記載的複雜情況，在文獻裏也何嘗没有？我們祇應細心研究，找出真正的原因。那種把金文作爲絶對尺度，凡是不符合金文的，即武斷爲不可信的作法，我們在史學研究中是應當避免的。

關於謚，王國維説："周初諸王若文、武、成、康、昭、穆，皆號而非謚。"這種説法可能是對的。王氏所説號、謚的區別，在於號以施之生，謚以施之死。假如我們僅從别人加給的美稱這一意義來看，則號、謚實是一種東西。西周諸王，從文、武、成、康至夷、厲、宣、幽，其中當有號，亦有謚。總之，這種號、謚的辦法，俱非夏、殷所有，而是周人所新創。至於死謚起於何時，不擬置辯。不過郭沫若同志堅執"謚法之興當在戰國時代"，而指《左傳》襄公十三年"楚子疾"一段文字爲偽托，是没有根據的。若襄公十三年傳爲偽托，那末《左傳》文公元年説："王（楚成王）謚。謚之曰靈，不瞑。曰成，乃瞑。"又應作何解釋？而且這件事比襄十三年説楚共王之死還要早六十六年！《史記·秦始皇本紀》述始皇制説："朕聞太古有號無謚，中古有號，死而以行爲謚。"果真謚法出於戰國時代，秦始皇不應不知，爲什麽説"中古有號，死而以行爲謐"呢？可見郭説不能成立。

　　爵、謐二制的制定者，史書没有記載。依我看，不能説是别人，祇能歸之周公。這應是他爲鞏固周政權而制禮的一部分。

　　(三)田制。周公對於田制的改革，在史料中是有記載的。《孟子·滕文公上》説："夏后氏五十而貢，殷人七十而助，周人百畝而徹。"證明周的田制同夏、殷比較是有了改革。《國語·魯語》説："先王制土，籍田以力而砥其遠邇，賦里以入而量其有無，任力以夫而議其老幼，於是乎有鰥寡孤疾，有軍旅之出則徵之，無則已。其歲收，田一井，出稷禾、秉芻、缶米，不是過也。"這個"先王制土"的辦法，應當就是"周人百畝而徹"的若干細節。這種改革是始於誰呢？《國語·魯語》説："則有周公之籍。"可見這個田制的改革也是周公的業績，應屬於周公制禮的一個組成部分。

　　(四)法制。《左傳》文公十八年説："先君周公制周禮曰：'則以觀德，德以處事，事以度功，功以食民。'作誓命曰：'毁則爲賊，掩賊爲藏，竊賄爲盗，盗器爲姦。'"這裏所説的，是周公制禮有關法制的部分。

　　(五)嫡長子繼承制。殷商君位繼承多半是兄終弟及，没有實行嫡長子繼承制。周的先公亶父有子三人，不傳位於太伯、仲雍而傳位於季歷，證明這時周人還未確立嫡長子繼承制。周的嫡長子繼承制應自成王開始。《荀子·儒效》説："周公屏成王而及武王以屬天下，惡天下之離周也；成王冠成人，周公歸周反籍焉。明不滅主之義也。"從這段文字看，周的嫡長子繼承制也是周公的創造。所説的"明不滅主之義"，就是指維護嫡長子繼承制的原則而言。

　　(六)樂。無論就形式或實質來看，古代宮室、廟堂、音樂和舞蹈，都是禮制的重要組成部分。這種程序化了的藝術，已經完全脱離人民，成爲統治階級政治活動的音響和形象外殼。它起源可能很早，而内容總的説來是僵化的。但殷亡周興，從記載看，周樂的内容幾乎都是新作的。保存在《詩·周頌》裏的樂詞，例如著名的

《大武》，完全以周人事迹爲題材。説明朝代的更替，是這種僵化音樂的一綫生機。因而在周初，周樂還是新鮮的。周樂曲調早已失傳，樂詞基本上保存在《詩・周頌》裏，《大武》樂是其中最有名的。它的作者歷來有不同説法，有的説武王作，有的説周公作。從《大武》詩詞中有"成王不敢康"，"於皇武王"來看，應定爲周公作。

《大武》樂，周人極端重視。拿今天的眼光看，《大武》實際上是以周武王克殷爲題材的一出大型歌舞劇。王國維有《周大武樂章考》闡述得至爲詳確。① 大體上説，全劇共分六部分，每一部分各爲一成。據《樂記》記載，第一成象"北出"，即周人由孟津渡河，向紂都進軍，是爲北出。其中有一個場面，叫做"總干而山立"。"總干"是持盾，"山立"是像山一樣巍然不動。這當是牧野誓師時部隊聽誓的情景。第二成，象"滅商"，舞容爲"發揚蹈厲"。這個"發揚蹈厲"，當是奮勇殺敵的表現。第三成，象"南"，即南嚮用兵。第四成，象"南國是疆"，即對南方諸國重新劃定疆界。第五成，象"周公左，召公右"，即所謂"自陝而東者，周公主之，自陝而西者，召公主之"（《公羊傳》隱公五年）。第六成象"復綴以崇天子"，即全部演員回到原來位置，向天子表示最高的禮敬（想象如後世的高呼萬歲）。

《大武》詩詞，據王國維考定，第一成用《武宿夜》（今《詩・周頌・昊天有成命》），第二成用《武》，第三成用《酌》（亦作《勺》），第四成用《桓》，第五成用《賚》，第六成用《般》。《武》、《酌》、《桓》、《賚》、《般》都在《詩・周頌》中。

五、致政成王

經過周公六年時間的精心治理，周朝政權確實已鞏固下來。由於周公本人是周武王之弟，按周公對周王室行嫡長子繼承制的

---

① 《觀堂集林》卷二。

設想，他屛成王而及武王，就祇能是一個特例。顯然周公想在生前就結束這種特例，以合乎嫡長子繼承制的做法，昭示後人。周公攝政六年，這時成王已經成人，使周公還政於成王條件成熟。因此有第七年的"致政成王"，即周公把天子權力正式交給王位的法定繼承人武王的嫡長子成王。這個舉動無疑對周朝數百年王業有規範的作用，表現出周公的深謀遠慮。

在我國古代史上，周公是有積極貢獻的杰出人物。他對於周朝政權的鞏固和建設所作的努力，在當時歷史條件下是有進步意義的。周公謙虛謹慎，是最善於吸取前人經驗的、清醒的政治家。他所恪守的一句格言是："人無於水監，當於民監。"(《尚書·酒誥》)這裏的"民"，應作人解。後世所說的"以銅爲鑒，可正衣冠；以古爲鑒，可知得失"這個思想可能就是從周公時傳下來的。監與鑒爲同一個字，即今天所說的鏡。古時照見形容，以水爲鏡，後世以銅，今又以玻璃。兩句話都是說把別人行事的成敗得失，作爲一面鏡子來對照自己，這正是周公成功的一個重要原因。《尚書·召誥》說："旦曰……我不可不監於有夏，亦不可不監於有殷。"《酒誥》說："今惟殷墜厥命，我其可不大監?"《無逸》說："嗚乎！嗣王其監於茲。"這就證明，周代制度對殷代和夏代都有繼承，又有改革。這也是出於周公吸取前代經驗教訓的思想。周公作《無逸》，對成王叮嚀告誡，要他先知"稼穡之艱難"，不要"淫於觀、於逸、於游、於田"，也就是說不要縱情於聲色、安逸、游玩、田獵。可以想見，這正是有監於殷紂的滅亡而提出的忠告。像周公這樣謙虛謹慎、善於吸取前人經驗，又對自己的事業忠心耿耿并有卓越成就的人，在古代剝削階級中，是不可多得的。

周人鞏固政權的複雜過程說明，鞏固政權是比奪取政權更爲艱巨的事。荀況說："兼并易能也，唯堅凝之難焉。"(《荀子·議兵》)自是不刊之論。

(《吉林大學社會科學論叢·歷史專號》1980 年 2 月)

漫談批判封建主義

"在一切意識形態領域內傳統都是一種巨大的保守力量"。[1]中國有二千多年封建社會的歷史,封建主義思想所產生的影響,至深且巨。不塞不流,不止不行,封建主義思想不滅,共產主義思想不興。因此,在現在,批判封建主義就成爲一項重要任務。

同時,也要看到,封建主義的思想是由封建主義的經濟和封建主義的政治產生的。封建主義的經濟和封建主義的政治不消滅,封建主義的思想是不會消滅的。

中國現階段之所以存在封建主義思想,主要原因在於,中國這個社會主義社會的前身,不是發達的資本主義社會,而是落後的半封建半殖民地社會。老實說,中國現階段還殘存着封建主義的經濟乃至封建主義的政治。例如,小生產、自給自足,以及官僚制度等等就是。這樣,還存在封建主義思想,毋寧說是合理的現象,並不是什麼奇怪的東西。有人把現存的封建主義思想完全歸咎於中國有二千多年封建社會的歷史,我看,還不能說是全面地看問題。

可能有人會說,我們國家已經實現了生產資料公有制,怎能還說殘存着封建主義經濟呢? 我認爲公有制不能完全代表經濟基礎,還要看生產力的發展程度。舉例說,共產主義社會一定是公有制,這是沒有問題的。但是,公有制卻不一定是共產主義社會。

恩格斯在《反杜林論》裏說過:"每個這樣的公社(指開化得比較晚的民族的原始農業公社——作者)中,一開始就存在着一定的

---

[1] 《馬克思恩格斯全集》第 20 卷,第 351 頁。

共同利益,維護這種利益的工作,雖然是在全社會的監督之下,卻不能不由個別成員來擔當:如解決爭端;制止個別人越權;監督用水,特別是在炎熱的地方;最後,在非常原始的狀態下執行宗教職能。這樣的職位,在任何時候的原始公社中,例如在最古的德意志的馬爾克公社中,甚至在今天的印度,還可以看到。這些職位,被賦予了某種全權,這是國家權力的萌芽……社會職能對社會的這種獨立化怎樣逐漸上升爲對社會的統治;起先的社會公僕怎樣在順利的條件下逐漸變爲社會的主人,這種主人怎樣分別成爲東方的暴君或總督,成爲希臘的氏族首領,成爲克爾特人的族長等等;在這種轉變中,這種主人在什麼樣的程度上終究也使用了暴力;最後,各個統治人物怎樣集結成爲一個統治階級。"[①]由此可見,有人以爲祇要是實行了公有制就能消滅人對人的剝削和壓迫,這祇是一種天真的想法,事實上並非如此。

歷史上有兩個過渡時期。恩格斯説:"國家是文明社會的概括。"[②]也就是説,國家是文明社會——奴隸社會、封建社會、資本主義社會的特徵。原始社會没有國家,將來進入共産主義社會也没有國家。從原始社會向文明社會轉變,中間有一個過渡時期。從文明社會向共産主義社會轉變,中間也有一個過渡時期。用辯證法的觀點來看,文明社會是原始社會的否定,共産主義則是否定之否定。

關於古代從没有國家向有國家轉變的那個過渡時期,馬克思《摩爾根〈古代社會〉一書摘要》在"希臘政治社會的建立"章説過:"這個(由氏族制度向國家)的過渡時期。"[③]在"羅馬人的古利亞、部落和民族"章説過:"以氏族爲基礎的社會和以領土與財産爲基

①　《馬克思恩格斯全集》第 20 卷,第 194～195 頁。

②　《馬克思恩格斯全集》第 21 卷,第 200 頁。

③　馬克思:《摩爾根〈古代社會〉一書摘要》,人民出版社,1965 年,第 183 頁。

礎的國家並存；後一組織在二百年的時間內逐漸代替了前者的地位。"①上述兩條材料，前一條材料是肯定它是過渡時期，後一條材料則是揭示出這個過渡時期的具體內容。恩格斯在《家庭、私有制和國家的起源》裏論述"雅典國家的產生"時說："國家是怎樣部分地靠改造氏族制度的機關，部分地用設置新機關的辦法來排擠掉它們，最後全部代之以真正的國家權力機關而發展起來的。"②恩格斯所談的，實際上也是古代的那個過渡時期的具體內容。希臘如此，羅馬如此，中國古代也必然如此。應當承認，這是一條歷史發展規律。

關於現代的從有國家向沒有國家轉變的那個過渡時期，馬克思說，"在資本主義社會和共產主義社會之間，有一個從前者變爲後者的過渡時期，這個時期的國家祇能是無產階級的革命專政。"③又說："我的新貢獻就是證明了下述幾點：(1)階級的存在僅僅同生產發展的一定歷史階段相聯繫；(2)階級鬥爭必然要導致無產階級專政；(3)這個專政不過是達到消滅一切階級和進入無階級社會的過渡。"④馬克思這兩段話實際上是肯定了現代的過渡時期，同時也揭示出這個過渡時期的具體內容。這個過渡時期的具體內容不是別的，就是無產階級專政。

那末，什麼是無產階級專政呢？在當前，似乎還是一個沒有解決的問題。最可惡的是"四人幫"把它弄得更爲混亂不堪。下面先引列寧的幾段話，然後再根據我的理解，大膽地加以闡釋。列寧說："無產階級需要國家政權，集中的權力組織、強力組織，爲的是鎮壓剝削者的反抗和領導廣大民衆即農民、小資產階級和半無產

---

① 　馬克思：《摩爾根〈古代社會〉一書摘要》，人民出版社，1965年，第209頁。
② 　《馬克思恩格斯全集》第21卷，第125頁。
③ 　《馬克思恩格斯全集》第19卷，第31頁。
④ 　《馬克思恩格斯全集》第28卷，第509頁。

階級來'組織'社會主義經濟。"①又説:"這個時期的國家就必須是新型的民主國家(對無產者和一般窮人是民主的)和新型的專政國家(對資產階級是專政的)。"②又説:"這個無產階級國家在取得勝利以後就會立刻開始消亡。"③

據我理解,上述列寧這幾段話的全部內容包括:

1. 無產階級專政在形式上也是國家。但它不是如恩格斯所説的那種"典型時期的國家",而是新型的國家。這個新型的國家的特點,表現在它是"新型的民主國家和新型的專政國家"。

2. "無產階級的國家在取得勝利以後,就會立刻消亡",意思是説,整個過渡時期的過程,就是國家消亡的過程。

3. 根據馬克思《摩爾根〈古代社會〉一書摘要》説"氏族制度本質上是民主的"的論斷,則上文所説的古代的那個過渡時期的具體內容,就可以用"民主"來替換"氏族",用"專政"來替換"國家",簡化爲下述公式,即由民主與專政並存,在一個長時間內,專政逐漸代替了民主的地位。用此借鑒,則現今的過渡時期的具體內容,其公式就應該倒轉過來,爲:由專政與民主並存,在一個長時間內,民主逐漸代替專政的地位。詳細點説,則馬列主義所説的無產階級專政,其具體內容,就應當是開始專政與民主並存,在長期發展的過程中,專政部分不斷縮小,民主部分不斷擴大,最後民主完全代替專政的地位,而國家消亡,進入共產主義社會。

由此可見,像"四人幫"橫行時期那種蠱惑人心地僅僅從字面上看問題,把無產階級專政解釋爲什麼"全面專政",而把民主看成是資產階級的東西,瘋狂地加以詆毀和攻擊,那是對無產階級專政的肆意歪曲,跟馬克思、列寧所説的無產階級專政毫無共同之處。

---

① 《列寧全集》第 25 卷,第 391 頁。
② 同上,第 399 頁。
③ 同上,第 394 頁。

　　現在應該回到本題上來。我們説我國現階段還有封建主義問題，這決不是無病而呻，而是有大量事實可爲證明。即以官僚主義來説吧，它就是封建主義思想的一種表現。在社會主義社會，官僚主義當然是非法的。列寧説："使國家官吏成爲不過是執行我們的委托的工作人員，使他們成爲對選民負責的、隨時可以撤換的而且領取普通薪金的監工和會計（當然還要用各式各樣的和具有各種水平的技術人員）。這就是我們無産階級的任務。無産階級革命實現以後，就可以而且應該從這裏開始做起。"①又説："考茨基完全不瞭解資産階級議會制與無産階級民主制的區別，資産階級議會制是把民主制（不是供人民享受的）同官僚制（反人民的）連在一起。而無産階級民主制則立即采取辦法來根除官僚制，并且能够把這種辦法實行到底，直到官僚制完全消滅，供人民享受的民主制完全實現。"②由列寧的這段話，可以充分證明官僚主義在社會主義社會是非法的。那末，在中國現階段，能不能消滅官僚主義呢？據我看，不能。這就是説，在中國現階段祇能采取辦法克服、限制官僚主義的産生和發展，還不能消滅官僚主義。

　　爲什麽這樣説呢？恩格斯説："國家的本質特徵，是和人民大衆分離的公共權力。"③由此可見，祇要是國家存在，和人民大衆分離的公共權力就必然存在；祇要是和人民大衆分離的公共權力存在，就有隨時産生官僚主義的可能。

　　據我看，要想消滅官僚主義，在現階段祇能采取下述三種辦法：

　　1. 大力發展生産。恩格斯説："當實際勞動的人口要爲自己的必要勞動花費很多時間，以致没有多餘的時間來從事社會的公共

---

① 《列寧全集》第 25 卷，第 113 頁。
② 同上，第 468 頁。
③ 《馬克思恩格斯全集》第 21 卷，第 135 頁。

事務,例如勞動管理、國家事務、法律事務、藝術、科學等等的時候,必然有一個脫離實際勞動的特殊階級來從事這些事務;而且這個階級爲了它自己的利益,永遠不會錯過機會把愈來愈沉重的勞動負擔加到勞動群衆的肩上。祇有通過大工業所達到的生產力的大大提高,才有可能把勞動無例外地分配於一切社會成員,從而把每個人的勞動時間大大縮短,使一切人都有足够的自由時間來參加社會的理論和實際的公共事務。因此,祇是在現在,任何統治階級和剥削階級才成爲多餘的,而且成爲社會發展的最大障礙;也祇是在現在,統治階級和剥削階級,無論它擁有多少'直接的暴力',都將被無情地消滅。"①根據恩格斯這段話來看,在社會生産力還很低的條件下,是不能廢除國家政權的,因而也就不能消滅官僚主義。

　　2. 健全社會主義法制,發揚社會主義民主。民主是和專制對立的。爲了克服專制的官僚主義,必須發揚民主,這一點,是容易理解的。法制當然是包含有對刑事犯罪分子、投機倒把分子和敵特分子實行專政的内容。但是,它的主要職能,應該是保護人民權利,反對官僚主義。在今天的歷史條件下,一般的老百姓是不能做出像林彪、"四人幫"那樣大的壞事來的。因爲他們一無錢二無權三無群衆。最可怕的乃是那些手中有權而又德行不佳的人,他們是什麼事都幹得出來的。官僚主義正是産生這批人的温床。從前,封建社會的漢代,有刺史周行郡國,以六條察二千石的制度。那六條是:一、强豪田逾制,陵弱暴寡;二、侵漁百姓,聚斂爲姦;三、不恤疑獄,刑賞任性;四、苟阿所愛,蔽賢寵頑;五、子弟恃勢,請托所監;六、通行貨賂,割損政令。不幸的是,上述六條,在我們今天的社會主義社會也完全適用或大部分能適用。試看,中國現階段官僚主義的嚴重性和危害性已經達到何等程度。這樣,能够聽之

---

　　①　《馬克思恩格斯全集》第 20 卷,第 198 頁。

任之而不加以制止嗎?

3. 黨政分開好。我們黨是用馬列主義、毛澤東思想武裝起來的黨,是領導全國人民建設社會主義並爲共産主義而奮鬥的黨,就應當經常地、始終如一地保持純潔性、先進性,生氣勃勃。如果黨政不分,以黨代政,而貪權怙勢,利欲薰心,自身已陷入官僚主義的泥坑,而不能自拔,又怎能成其爲領導呢?

事實上,新近開過的五屆人大三次會議已注意到這幾個問題,並做出了具體的規定。我遙聽之下,不禁額手稱慶,由衷擁護。我認爲這一回我們社會主義新中國有希望了,我們中華民族有希望了。

(《晉陽學刊》1980 年第 3 期)

周秦史叢語

一、周人實行宗法制符合歷史發展規律

恩格斯致布洛赫的信中説："我們自己創造着我們的歷史,但是第一,我們是在十分確定的前提和條件下進行創造的。"①據我瞭解,夏商周三代屬於奴隸社會。周代在奴隸社會中,正處在全盛和衰落兩個階段。根據恩格斯的教導,我們考察一下中國奴隸社會歷史十分確定的前提和條件是什麼呢? 毫無疑義,它的前提是原始社會。它的條件,最主要的是與奴隸社會同時出現的國家。恩格斯説過,原始社會是以血族團體爲基礎的社會。② 又説過,"國家是文明社會的概括,它在一切典型的時期毫無例外地都是統治階級的國家,並且在一切場合在本質上都是鎮壓被壓迫被剥削階級的機器"。③ 因此,從整個中國奴隸社會來看,血族關係在社會生活和政治生活中必然還具有相當强大的力量,然而居主導地位的卻不能不是階級關係。這種情況,很明顯,在周人的宗法制度上得到了正確的反映。可以看到,宗法制最關鍵的做法在於"别子爲祖"。這個"别子爲祖",一方面説明"别子"必須從君統中分離出去;另一方面説明"别子"可以爲祖,自立宗統。前者反映政權即階級關係是最高的,不准許别子利用族權來侵犯政權;後者反映族權

---

① 《馬克思恩格斯全集》第 37 卷,第 461 頁。
② 同上,第 30 頁
③ 同上,第 200 頁

即血族關係還有很大的力量,政權可以利用族權來維持統治。

二、關於《周易》一書的内容與形式相矛盾的問題

我曾説過,《周易》是具有先進哲學内容和落後的卜筮形式的矛盾統一體。可能有人會問《周易》既然具有先進的哲學内容,就應該明白地講出來,爲什麽還要利用落後的卜筮形式呢?我認爲這是歷史條件決定的。因爲在當時利用卜筮的形式,人們容易接受,好似今日在西藏自治區,赤裸裸地宣傳無神論,是行不通的。《易大傳》稱贊《周易》時説:"其孰能與此哉?古之聰明睿知神武而不殺者夫!"我們詳味這段話,就不難瞭解古人利用卜筮形式來傳播哲學内容的真實意義了。

三、説天

我國先秦儒道兩家都謂天是自然,都主張"則天"或"法天"。很明顯他們都是從曆法受到啓發。例如《易大傳》説:"法象莫大乎天地,變通莫大乎四時。"《老子》説:"天地之間,其猶橐籥乎?虛而不屈,動而愈出。"即他們都是從天的現象看問題,而不是如希臘哲學家那樣所關心的是在自然界背後必有一個支配它的實體。因此,希臘哲學從産生到亞裏斯多德的全部發展,都是以自然爲中心,而中國哲學自孔、老以至宋明理學家都是以人爲中心。

四、我們讀了有秦一代的歷史應該汲取
秦始皇得天下與失天下的經驗教訓

秦始皇削平六國,完成統一,自以爲可以一世、二世以至千萬世爲皇帝了,乃竟二世十四載而亡,這是什麽原因呢?其原因就在

於秦始皇不懂得辯證法。他知道居馬上可以得天下,而不知道居馬上不能治天下。

　　史稱漢高祖劉邦在與項羽争天下時,"不好儒。諸客冠儒冠來者,劉邦輒解其冠,溲溺其中"。及戰勝項羽,稱皇帝,陸賈"時時前説稱《詩》、《書》",劉邦罵之,説:"乃公居馬上而得之,安事《詩》、《書》!"陸賈説:"居馬上得之,寧可以馬上治之乎?"劉邦聽罷陸賈的話,居然不再堅持己見,而是承認自己的不足,立刻轉變了看法。可見,劉邦爲皇帝開闢了前後漢四百餘年的基業,不是偶然的。

　　反觀我們黨自新中國成立以來,最大的失誤,就在於没有汲取秦始皇的教訓。天天在講辯證法,而實踐卻不按照辯證法行事。也就是説犯了居馬上而得之,還要居馬上而治之的錯誤。例如,在戰爭年代不重視知識分子,説:"知識分子最没有知識,一不會種田,二不會做工,三不會打仗。"是可以理解的。到了和平建設時期,還説"讀書越多越蠢",就不對了。在革命時期,强調階級鬥争當然是對的。在和平建設時期,還以階級鬥争爲綱,無休止地進行一個一個的政治運動,就不對了。我國早在封建社會,宋朝皇帝英宗尚且知道命司馬光論次歷代君王事迹,爲編年一書。書成,另一個皇帝神宗以鑒於往事,有資於治道,賜名曰"資治通鑑",且爲序。而我們今天已進入社會主義社會,竟然有人説學歷史没有用。影響所及,近來在學歷史的隊伍中,又有人高呼"史學危機"了。唉!我真不知道什麼叫有用。

　　　　　　　(《寶雞文理學院學報(社會科學版)》1990 年第 2 期)

中國古代思想的淵源

現在我正寫中國古代思想史。需要說明的,我之所謂古代,並不是如當前流行的一種說法,把鴉片戰爭以前的歷史統稱爲中國的古代史,而是專指奴隸社會而言。具體說,就是指從夏后啓殺益奪權變傳賢爲傳子開始,到秦統一中國截止,這一段的歷史。

人類歷史是不斷發展的。所謂中國古代思想,是從中國原始時代思想發展而來的。光講中國古代思想,不講原始時代思想,則中國古代思想有如無源之水、無本之木,有很多問題必將不能很好地解決。因此,我寫中國古代思想史,爲了能搞清它的來龍去脈,在前面增加一章中國古代思想的淵源。

中國的原始社會,也同一般的原始社會一樣,是經歷了原始人群、母系氏族公社和父系氏族公社三個階段。我們所要講的中國古代思想淵源,將把重點放在父系氏族公社階段,但是爲了窮究本源,還不能不從原始人群說起。

一、原始人群時期的思想

原始人群時期有沒有思想呢? 恩格斯說:"没有一隻猿手曾經製造過一把哪怕是最粗笨的石刀。"[1]證明人類是從能製造工具開始的。而即便是製造一件最簡單的工具,也需要有思想活動,并且這種製造祇能在集體生活中來完成。所以,不能說原始人群没有

---

[1] 《馬克思恩格斯全集》第 20 卷,第 510 頁。

思想。但是當時每一群還未能使自己同周圍自然界分開,群中間
的每一成員還未能同群的其他成員分開,最古人類的意識中,個體
社會與自然界並不是對立的。因而,這個時期的思想,就不能作更
多的説明。

二、母系氏族公社時期的思想

母系氏族公社時期的思想,最值得注意的,是原始宗教的産
生。所謂"萬物有靈"、"圖騰主義",都是原始宗教的具體表現形
式。恩格斯説:

> 宗教是在最原始的時代從人們關於自己本身的自然
> 和周圍的外部自然的錯誤的、最原始的觀念中産生的。
> 但是,任何意識形態一經産生,就同現有的觀念材料相結
> 合而發展起來,並對這些材料作進一步的加工;不然,它
> 就不是意識形態了,就是説,它就不是把思想當作獨立
> 的、發展的、僅僅服從自身規律的獨立本質來處理了。①

由此可見,原始宗教就是起源於人們的無知,同時又是對無知的反
抗。可以説,人類的認識史就是從這時開始的。

圖騰主義是原始宗教的一種表現形式。

前蘇聯學者柯斯文在《原始文化史綱》裏説:

> 圖騰主義相信,人與某種動物或植物之間(主要地是
> 人與動物之間),有時也相信人與無生氣的物體之間,或
> 甚而人與自然現象之間,存在着特殊關聯。圖騰主義的
> 基本的、也是最普遍的因素,顯然是認爲:一個氏族集團
> 的一切成員都起源於某種動物或植物或其他物體或現

---

① 《馬克思恩格斯全集》第 21 卷,第 348 頁。

象,這種動物或植物或其他物體或現象就成爲他們的圖
騰。圖騰主義是和氏族社會一道發生的,從而圖騰成爲
氏族的不可或缺的附屬物。①

　　中國在原始社會是否也有過圖騰主義,從古代文獻記載看來,
肯定説是有的。例如商的祖先契和周的祖先后稷,從《詩經》裏的
《玄鳥》、《長發》、《生民》、《閟宮》諸篇來看,就都是無父而生,有的
説是吞玄鳥卵,有的説是踐巨人迹。這個問題,過去千百年來的經
學家和史學家,都沒有很好解決。今天有了馬列主義,有了民族
學,這個問題就變得很容易解決了。我們知道,這個玄鳥卵、巨人
迹,不是別的,正是商周祖先的圖騰。

　　馬克思《摩爾根〈古代社會〉一書摘要》説:

　　　　最有名的希臘氏族,曾改變其名稱:他們保存了其始
　　祖的母親的名稱,而把其始祖的誕生歸諸她與某神發生
　　關係。②

上文所説的商之於契與周之於后稷,不正是"保存了始祖的母親的
名稱,而把其始祖的誕生歸諸她與某神發生關係"嗎? 中外歷史如
此巧合,不但説明它是歷史事實,並反映這裏邊有歷史必然性。

　　《左傳》昭公十七年説:

　　　　秋,郯子來朝,公與之宴。昭子問焉,曰:"少皞氏鳥
　　名官,何故也?"郯子曰:"吾祖也,我知之。昔者黃帝氏以
　　雲紀,故爲雲師而雲名;炎帝氏以火紀,故爲火師而火名;
　　共工氏以水紀,故爲水師而水名;大皞氏以龍紀,故爲龍
　　師而龍名。我高祖少皞摯之立也,鳳鳥適至,故紀於鳥,
　　爲鳥師而鳥名。鳳鳥氏曆正也,玄鳥氏司分者也,伯趙氏

---

① 張錫彤譯,人民出版社,1955年,第171頁。
② 馬克思:《摩爾根〈古代社會〉一書摘要》,人民出版社,1955年,第227頁。

司至者也,青鳥氏司啓者也,丹鳥氏司閉者也,祝鳩氏司
徒也,鴡鳩氏司馬也,鳲鳩氏司空也,爽鳩氏司寇也,鶻鳩
氏司事也,五鳩鳩民者也。五雉爲五工正,利器用,正度
量,夷民者也。九扈爲九農正,扈民無淫者也。自顓頊以
來,不能紀遠,乃紀於近。爲民師而命以民事,則不能故
也。"

這段文字所説的曆正、司分、司至、司閉等專職和司徒、司馬、
司空、司寇、司事以及五工正、九農正等等,都是後世始有,在當時
是不可能有的,所以郯子的這一些活,裏邊定有很多附會,不能作
爲信史來看待。然而他提到黃帝氏以雲紀、炎帝氏以火紀、共工氏
以水紀、大皥氏以龍紀、少皥氏以鳥紀,并且明確指出顓頊氏以後
改"爲民師而命以民事",則不可能是虛構出來的,一定有傳説依
據。而這些東西,自今日看來,則是可貴的。它説明中國確實是經
歷過圖騰主義時期,而這個時期祇是到了顓頊氏才開始衰落,以至
於最後完全滅亡。

萬物有靈和自然崇拜是原始宗教的另一表現形式。

《禮記·郊特牲》談到了蠟祭。這個蠟祭,祭猫、祭虎、祭坊與
水庸,自是萬物有靈和自然崇拜的遺迹。

《郊特牲》説:"伊耆氏始爲蠟。"這個"伊耆氏"如用同書《明堂
位》所説之"土鼓、蕢桴、葦籥,伊耆氏之樂也"和《禮運》所説之"夫
禮之初,始諸飲食。其燔黍、捭豚、污尊而抔飲,蕢桴而土鼓,猶若
可以致其敬於鬼神"作爲旁證,則其年代一定很古,大概早於顓頊
氏而爲母系氏族公社時代的一個著名人物。

傳至後世,如殷墟甲骨卜辭有山川風雨諸神之祭。見於《周
禮·春官·大宗伯》的,則有天神、人鬼、地祇之祭,名目紛紜,禮文
繁縟,沿流溯源,可知它一定是自遠古以來的萬物有靈和自然崇拜
發展而來的。

三、父系氏族公社時期的思想

馬克思《摩爾根〈古代社會〉一書摘要》説：

> 很有可能在世系過渡到按男系計算以後或還早一
> 些，動物的名稱就再不用來標誌氏族，而爲個人的名字所
> 代替。
>
> 自此以後，賦予氏族名稱的祖先，就與時俱變了。①

根據這一推斷，則《左傳》昭公十七年所説的"自顓頊以來，不能紀遠乃紀於近，爲民師而命以民事"，就決不是偶然的，而可以看作是世系由女系計算過渡到按男系計算的標誌。

《國語·魯語上》説：

> 幕能帥顓頊者也，有虞氏報焉。

這句話同"杼能帥禹者也，夏后氏報焉；上甲微能帥契者也，商人報焉；高圉、大王能帥稷者也，周人報焉"並列。我們知道，杼與禹，上甲微與稷都是按男系計算的世系，則幕與顓頊也一定是祖孫父子的關係無疑。

又，《左傳》昭公八年説：

> 自幕至於瞽瞍無違命，舜重之以明德。

《國語·鄭語》説：

> 夫成天地之大功者，其子孫未嘗不章，虞、夏、商、周
> 是也。虞幕能聽協風以成樂物生者也，夏禹能單平水土
> 以品處庶類者也，商契能和合五教以保於百姓者也。周
> 弃能播殖百穀蔬以衣食民人者也，其後皆爲王公侯伯。

---

① 馬克思：《摩爾根〈古代社會〉一書摘要》，第 227 頁。

從這兩條材料來看，後一條材料也是把虞幕同夏禹、商契、周弃並列，而前一條材料則説瞽瞍和舜是幕的直系相傳的子孫，則我們認爲由顓頊開始，已過渡到按男系計算即已進入父系氏族公社，是没有問題了。

當然，各氏族的過渡是不平衡的。例如，商周二代的祖先，從契和后稷才開始進入父系氏族公社，而虞夏則較早。虞始於顓頊，已如上述，至夏則也應是始於顓頊。

《史記·三代世表》説：

> 顓頊生鯀。

《漢書·律曆志》説：

> 《帝系》曰："顓頊五世而生鯀。"

《國語·魯語上》説：

> 故有虞氏禘黄帝而祖顓頊，郊堯而宗舜；夏后氏禘黄帝而祖顓頊，郊鯀而宗禹；商人禘舜而祖契，郊冥而宗湯；周人禘嚳而郊稷，祖文王而宗武王。

綜合上述三條材料，我們知道，虞、夏都祖顓頊，而禹之父鯀爲顓頊五世所生（《三代世表》應脱"五世而"三字），則夏之先世當然也是自顓頊傳下來的。

中國進入父權制以後，在思想方面，這裏準備着重談三個問題：一宗廟，二社稷，三郊。這三者都有豐富的内容，裏邊反映家庭關係、社會關係，同時也反映歷史不斷向前發展。但是，都没有擺脱掉祭祀的形式，即依然同原始宗教有聯繫。

首先，説宗廟。宗廟是祖先崇拜的一種表現形式。它是代替圖騰主義而興起的又一種宗教形式。

馬克思説：

> 現代家庭在萌芽時，不僅包含着奴隸制，而且也包含

着農奴制,因爲它從一開始就是同田間耕作的勞役有關的。它以縮影的形式包含了一切後來在社會及其國家中廣泛發展起來的對立。①

恩格斯説:

> 在歷史上出現的最初的階級對立,是同個體婚制下的夫妻間的對抗的發展同時發生的,而最初的階級壓迫是同男性對女性的奴役同時發生的。個體婚制是一個偉大的、歷史的進步,但同時它同奴隸制和私有財富一起,卻開闢了一個一直繼續到今天的時代,在這個時代中,任何進步同時也是相對的退步,一些人的幸福和發展是通過另一些人的痛苦和受壓抑而實現的。個體婚制是文明社會的細胞形態,根據這種形態,我們可以研究文明社會內部充分發展着的對立和矛盾的本來性質。②

馬克思、恩格斯上述論點,在中國古文獻中有沒有反映呢? 我看儘管説法不同,從本質上説,應當承認是有的。例如《周易·序卦》説:

> 有天地然後有萬物,有萬物然後有男女,有男女然後有夫婦,有夫婦然後有父子,有父子然後有君臣,有君臣然後有上下,有上下然後禮義有所錯。

這段言論的正確性和深刻性,誇張一點説,簡直可抵一部社會發展史。試看,"有天地然後有萬物",是不是可以看作是説有了地球以後才有無生物和生物呢?"有萬物然後有男女",是不是可以看作是説有了無生物和生物以後才有人類呢?"有男女然後有夫婦",

---

① 《馬克思恩格斯全集》第 21 卷,第 70 頁。
② 同上,第 78 頁。

是不是可以看作是説有了人類以後才有了家庭呢？"有夫婦然後有父子"，是不是可以看作是説父權制家庭是在母權制家庭以後出現的呢？"有父子然後有君臣"，是不是可以看作是説有了父家長制以後才發展爲國家呢？"有君臣然後有上下，有上下然後禮義有所錯"，是不是可以看作是説禮義法度都是爲階級統治服務的，而階級統治是在有了國家以後才出現的呢？作《序卦》的人肯定不懂得歷史唯物主義，然而他對歷史發展順序的瞭解居然同馬克思、恩格斯的論點若合符節。奇怪嗎？我看一點也不奇怪。它衹證明真理是客觀的，真理衹能被發現，而不能被創造或壟斷。

《禮記·中庸》説：

> 君子之道造端乎夫婦，及其至也，察乎天地。

這裏所謂"造端乎夫婦"，實質上就是説文明社會的所有社會關係都起源於個體家庭。

《禮記·昏義》説：

> 男女有別，而後夫婦有義；夫婦有義，而後父子有親；
> 父子有親，而後君臣有正。故曰昏禮者禮之本也。

這裏所謂"本"，就是根本、源泉的意思，同説"君子之道，造端乎夫婦"是一個意思。那末，所謂"夫婦有義"的本質又是什麼呢？"夫婦有義"的本質不是別的，就是男尊女卑。

《儀禮·喪服傳》説：

> 婦人有三從之義，無專用之道。故未嫁從父，既嫁從
> 夫，夫死從子。

《禮記·郊特牲》論婚禮説：

> 男帥女，女從男，夫婦之義由此始也。婦人從人者
> 也，幼從父兄，嫁從夫，夫死從子。

《穀梁傳》隱公二年説：

> 禮，婦人謂嫁曰歸，反曰來歸，從人者也。婦人在家制於父，既嫁制於夫，夫死從長子。婦人不專行，必有從也。

《郊特牲》又説：

> 男女有別，然後父子親；父子親，然後義生；義生，然後禮作；禮作，然後萬物安。無別無義，禽獸之道也。

把上引《中庸》以下這些言論歸納一下，看看馬克思所説的現代家庭在萌芽時，"它以縮影的形式包含了一切後來在社會及其國家中廣泛發展起來的對立"和恩格斯所説的"個體婚制是文明社會的細胞形態"那兩段話的精神實質是多麼相似，甚至可以説完全一致。研究中國古代史，而否定中國文獻，否定儒家思想，事實證明是多麼愚蠢呵！

我們可以再引幾條材料來證明。

《禮記・喪服四制》説：

> 其恩厚者其服重，故爲父斬衰三年，以恩制者也。門內之治恩揜義，門外之治義斷恩。資於事父以事君而敬同，貴貴尊尊，義之大者也，故爲君亦斬衰三年，以義制者也……資於事父以事母而愛同，天無二日，土無二王，國無二君，家無二尊，以一治之也，故父在爲母齊衰期者，見無二尊也。

《孝經・士章》説：

> 資於事父以事母而愛同，資於事父以事君而敬同。故母取其愛而君取其敬，兼之者父也。

《荀子・致士》説：

> 君者,國之隆也;父者,家之隆也。隆一而治,二而
> 亂。自古及今,未有二隆爭重而能長久者。

上述三條材料同上文所引的文獻材料的思想觀點完全一致,都認
爲父權制是文明社會一切禮義法度的起點。由此可見,這種觀點
絕不是偶然涉及,而是真正認識了它,并且用它作爲整個思想體系
的核心。我們研究中國奴隸社會乃至封建社會的思想,將會看到
有許多親親、尊尊、仁義、禮法等等概念,這決不是雜亂無章的,而
是有體系的。如果探討這個體系的根源或起點,很自然就要追溯
到原始時代的父權制。

宗廟是祖先崇拜的一種物質上的標誌。它起源於父系氏族公
社而發展於中國奴隸社會和封建社會兩個歷史時代。

《禮記·曲禮下》説:

> 君子將營宮室,宗廟爲先,厩庫爲次,居室爲後。

又《祭義》説:

> 建國之神位,右社稷而左宗廟。(《考工記·匠人》
> 説:"匠人營國……左祖右社。")

《尚書·甘誓》説:

> 用命賞於祖,弗用命戮於社。

我們今日到瀋陽故宮或北京故宮參觀,還可以清楚地見到我國最
後一個封建皇朝——清朝的左祖右社的遺迹。證明這一作爲精神
上統治的東西,在中國自夏至清一直延續了幾千年。

《釋名·釋宮室》説:

> 廟,貌也,先祖形貌所在也。

可知宗廟是祖先崇拜的產物。它所起的作用,不能超越有血緣親
屬關係的家庭範圍。

　　宗廟是象徵性的東西。起作用的,其實並不是宗廟,而是宗廟主即主祭的人。這個主祭的人,依照《儀禮・喪服傳》的説法,必須是"正體於上,又乃將所傳重也"。什麼叫做"正體於上,又乃將所傳重"呢? 程瑶田《喪服足徵記》説:

　　　　"正體於上",言己與尊者爲一體,而爲繼禰之宗子。主禰廟之祭,斯謂之"重",言其爲受重之人也。其長子嫡嫡相承,是己所受之重,將於長子傳之。是爲"又乃將所傳重也"。

也就是説,必須選擇一個合法的繼承人作爲主祭人即宗廟主。《喪服傳》所説的是周代的繼承制度,在商代並不如此。但是,如《禮運》所説的"大人世及以爲禮"即不是父死子繼就是兄終弟及,則是沒有問題的。

　　這種立繼承人以爲宗廟主的辦法,其實際意義等於祖先的繼續存在,祖先的繼續存在是由宗廟主來體現的。因此,古代天子或諸侯決定大事,都在廟堂之上。意思就是説,他是秉承先人的意旨辦事的。

　　《禮記・中庸》引用孔子的話説:

　　　　郊社之禮,所以事上帝也;宗廟之禮,所以祀乎其先也。明乎郊社之禮,禘嘗之義,治國其如示諸掌乎。(《仲尼燕居》作:"子曰:明乎郊社之義,嘗禘之禮,治國其如指諸掌而已乎?")

郊社之禮留到後面再談。"禘嘗"是宗廟祭名。"禘嘗之義",就是宗廟之禮。爲什麼説"明乎宗廟之禮,治國其如示諸掌"呢? 可見,這個宗廟之禮,在形式上,雖然還沒有擺脱宗教迷信,而在內容上,實已含有極其重要的政治意義。

　　《中庸》説:

> 子曰：武王周公其達孝矣乎？夫孝也者，善繼人之
> 志，善述人之事者也。春秋修其祖廟，陳其宗器，設其裳
> 衣，薦其時食。宗廟之禮，所以序昭穆也。序爵，所以辨
> 貴賤也。序事，所以辨賢也。旅酬下爲上，所以逮賤也。
> 燕毛，所以序齒也。踐其位，行其禮，奏其樂，敬其所尊，
> 愛其所親，事死如事生，事亡如事存，孝之至也。

這段話就是對宗廟之禮重要意義的具體説明。我們研究中國古代思想將會看到，服制、宗法以及不厭其煩地來講孝悌仁義禮以及所謂人道的"親親也，尊尊也，長長也，男女有別"（《禮記·大傳》）等等，都是以祖先崇拜爲起點發展而來的。

恩格斯説：

> 一定歷史時代和一定地區内的人們生活於其下的社
> 會制度，受着兩種生產的制約：一方面受勞動的發展階段
> 的制約，另一方面受家庭的發展階段的制約。①

我們過去研究歷史，往往祇重視勞動發展階段的制約一方面，而忽視家庭發展階段的制約的另一方面，這至少説是不全面的。應該看到，我們中國的奴隸社會殘存着很多氏族社會的東西。不瞭解這一點，不去研究它，並探索它的根源，是不能做到真正通曉中國奴隸社會的歷史的。

其次，説社稷。

社是土神，稷是穀神，社稷實際上就是地方神。它的產生，當在有了祖先崇拜以後。根據恩格斯的論述，中國的社稷也應當是在有血緣關係的民族集團分裂以後才產生的。恩格斯説：

> 在這些集團分裂以後（按指"有血統關係的民族集
> 團"），便在每個民族那裏依各自遇到的生活條件而獨特

---

① 《馬克思恩格斯全集》第21卷，第30頁。

地發展起來,而這一過程對一系列民族集團來說,特別是對雅利安人(所謂印歐人)來說,已由比較神話學詳細地證實了。這樣在每一個民族中形成的神,都是民族的神,這些神的王國不越出它們所守護的民族領域,在這個界綫以外,就由別的神無可爭辯地統治了。祇要這些民族存在,這些神也就繼續活在人們的觀念中;這些民族没落了,這些神也就隨着滅亡。①

中國古代國君自稱是"社稷主",每一個國家都有一個自己的社稷。中國的社稷相當於恩格斯所説的"民族的神","這些神的王國不越出它們所守護的民族領域"。

那末,我國古代從什麽時候起就有了社稷呢?《論語・八佾》説:

> 哀公問社於宰我,宰我對曰:夏后氏以松,殷人以柏,周人以栗。

《淮南子・齊俗》説:

> 有虞氏之禮,其社用土……夏后氏之禮,其社用松……殷人之禮,其社用石……周人之禮,其社用栗。

根據這兩條材料透露出的一點消息看來,中國的社稷之祀,很可能就是開始於有虞氏時代。而尤其重要的,是這一點同恩格斯關於民族神産生於有血緣關係的民族集團分裂之後的説法正相符合。

作爲"民族的神"的社稷,其特點是以一定的地區爲其範圍。這一點,我們可由下述一些材料得到證明。

《公羊傳》僖公三十一年説:

> 魯郊何以非禮? 天子祭天,諸侯祭土(何休注:"土,

---

① 《馬克思恩格斯全集》第21卷,第348～349頁。

謂社也。諸侯所祭，莫重於社"）。天子有方望之事，無所
不通。諸侯山川有不在其封内者，則不祭也。

《古文尚書》有《夏社》序説：

> 湯既勝夏，欲遷其社，不可，作《夏社》。

《禮記·郊特牲》説：

> 天子大社，必受霜露風雨，以達天地之氣也。是故喪
> 國之社屋之，不受天陽也。薄社北牖，使陰明也。

《公羊傳》哀公四年説：

> 蒲社者何？亡國之社也。社者，封也，其言災何？亡
> 國之社，蓋揜之，揜其上而柴其下。

《穀梁傳》哀公四年説：

> 亳社者，亳之社也。亳，亡國也。亡國之社以爲廟
> 屏，戒也。其屋，亡國之社，不得上達也。

《周禮·春官·喪祝》説：

> 掌勝國邑之社稷之祝號，以祭祀禱祠焉。

又《秋官·士師》説：

> 若祭勝國之社稷，則爲之尸。

上述這些材料説明社稷之神是以一定地區爲其範圍的。《喪祝》所
謂"勝國邑"，就包括被滅亡的國家和邑在内。例如《左傳》莊公六
年説："若不從三臣，抑社稷實不血食。"這個"社稷不血食"，就是國
家滅亡的同義語。因此，古人把衛國家稱爲"衛社稷"（《禮記·檀
弓下》），國君殉國，稱爲"死社稷"（《禮記·曲禮下》），這不是没有
道理的。

最後，説郊。

郊是對天的祭。郊天興起於何時？郊天有什麼意義和影響，這是我們在這裏所要討論的問題。

據我看，郊天之祭的興起，最晚不會晚於夏代，最早不會早於堯時。很可能就是堯時興起的。

證據是《左傳》哀公元年伍員論述少康中興，說少康“復禹之績，祀夏配天，不失舊物”。這個“祀夏配天”，很明顯是同《孝經·聖治章》說“昔者周公郊祀后稷以配天”的意思是一樣的。《禮記·禮運》說“杞之郊也，禹也”，正反映了少康“復禹之績，祀夏配天”的事實。至於夏后氏郊天爲什麼要用禹來配，這也同周人郊天用稷來配是一樣的。《公羊傳》宣公三年説：

> 郊則曷爲必祭稷？王者必以其祖配。王者則曷爲必以其祖配？自内出者，無匹不行，自外至者，無主不止。

《公羊傳》所説，正是古人所謂“王者必以其祖配”的道理。由此可見，夏得天下之後，必已實行郊天之祭。

《尚書·甘誓》説：

> 今予惟恭行天之罰。

這個“恭行天之罰”，就説明啓這時已經郊天，自稱天子，把他自己的作爲看成是天的作爲了。

爲什麼説郊天之祭很可能是堯時興起的呢？

證據在《論語》和《尚書》中可以找到。《論語·泰伯》説：

> 子曰：“大哉，堯之爲君也。巍巍乎，唯天爲大，唯堯則之。”

《尚書·皋陶謨》説：

> 天工，人其代之。天敍有典，敕我五典五惇哉！天秩有禮，自我五禮有庸哉！同寅協恭和衷哉！天命有德，五服五章哉！天討有罪，五刑五用哉！政事懋哉，懋哉！

孔子所説的"唯天爲大,唯堯則之"和《皋陶謨》所説的"天工,人其代之",絶不能看作祇是一些空話,而應當承認是有實際内容的。

關於這個問題,我們可以從下述幾個方面來考察。

1. 從曆法方面來考察

《左傳》襄公九年説:

> 陶唐氏之火正閼伯,居商丘,祀大火,而火紀時焉。相土因之,故商主大火。

閼伯一名亦見於同書昭公元年。原文説:

> 子産曰:昔高辛氏有二子,伯曰閼伯,季曰實沈,居於曠林,不相能也,日尋干戈,以相征討。后帝不臧,遷閼伯於商丘,主辰,商人是因,故辰爲商星;遷實沈於大夏,主參,唐人是因,以服事夏商。

又見於《國語·晉語四》。原文説:

> 吾聞晉之始封也,歲在大火,閼伯之星也,實紀商人。

上述這三條材料所談的基本上是一個問題,即都是説閼伯爲火正,居商丘。後來相土也在商丘,繼續擔任這個職務。這個職務是以火紀時。龐朴同志作《火曆初探》,認爲這時是使用火曆的,即用大火(心宿二)作爲決定季節的標準。這種説法,我看是對的。

《國語·鄭語》説:

> 夫黎爲高辛氏火正,以淳耀敦大,天明地德,光照四海,故命之曰祝融,其功大矣。

《左傳》昭公二十九年説:

> 火正曰祝融……顓頊氏有子曰犁,爲祝融。

《國語·楚語下》説:

顓頊受之，乃命南正重司天以屬神，命火正黎司地以
屬民。

《史記·天官書》説：

昔之傳天數者，高辛之前重黎，於唐虞羲和，有夏昆
吾，殷商巫咸。周室史佚、萇弘。

從上述這四條材料可以看出，重黎、羲和都是中國原始時代的有名
的曆法專家。但是應當指出，重黎與羲和所使用的曆法並不是一
種，而是兩種。這就是重黎爲火正，所使用的是“火曆”，而羲和則
不然。據《尚書·堯典》説：

乃命羲和，欽若昊天，曆象日月星辰，敬授人時……
帝曰：咨！汝羲暨和，期三百有六旬有六日，以閏月定四
時成歲，允釐百工，庶績咸熙。

這段文字，前面説“欽若昊天，曆象日月星辰”，後面説“期三百有六
旬有六日，以閏月定四時成歲”，證明羲和所實行的曆法，不是火
曆，而是太陽曆。不是光觀察大火即心宿二，而是觀測推步日月星
辰整個天體。而這一點，我們應予以特殊注意。因爲在當時，它是
一項巨大的改革。從它的影響來看，也是非常大的。舉例説，古書
在羲和這個人物的身上，就產生了許多的神話。

《山海經·大荒南經》説：

東南海之外甘水之間，有羲和之國。有女子名羲和，
方浴日於甘淵。羲和者，帝俊之妻，生十日。

又，《大荒西經》説：

有女子方浴月。帝俊妻常羲生月十有二，此始浴之。

《莊子·齊物論》説：

故昔者堯問於舜曰：“我欲伐宗、膾、胥敖，南面而不

　　釋然，其故何也?"舜曰:"夫三子者，猶存乎蓬艾之間，若
　　不釋然，何哉? 昔者十日並出，萬物皆照，而況德之進乎
　　日者乎?"

《淮南子·本經》説:

　　逮至堯之時，十日並出。

《楚辭·離騷》説:

　　吾令羲和弭節兮，望崦嵫而勿迫。（王逸注:"羲和，
　　日御也"）

其實，上述這幾條材料中的有關羲和、常羲的故事，都是古人所創
造的神話。這個神話同堯命羲和"欽若昊天，曆象日月星辰"，有直
接關係。

《吕氏春秋·勿躬》説:

　　羲和作占日，尚儀作占月。（《世本·作篇》説:"黄帝
　　使羲和占日，常儀占月。"不可信據。羲和、尚儀都應是堯
　　時人）

《左傳》昭公七年説:

　　天有十日，人有十等。

這兩條材料卻不同於神話，應是真實的歷史記録。所謂"十日"，實
際上就是杜預所説的"甲至癸"。所謂"月十有二"，就是《周禮·春
官·馮相氏》所説的"十有二月，十有二辰"。賈公彦疏説:"云'十
有二月'者，謂斗柄月建一辰，十二月而周，故云'十有二月';云'十
有二辰'者，謂子丑寅卯之等'十有二辰'也。"也就是説，十日、十二
辰就是後人所沿用的天干地支。而這些，絶非如有人所説，"是由
古代巴比倫傳來的"。而是由羲和占日、常儀占月創造出來的概
念。這些概念，在創制太陽曆時，乃是一個劃時代的大事。正由於

有巨大影響而短時間又不易爲一般人所瞭解,因而就編造出種種
神話。如果仔細分析這些神話,就不難看出:第一,這一改革具有
重大意義;第二,是在堯時開始作這一改革的,而羲和、常儀諸人則
是這一改革中的主要負責者。

2.從社會歷史發展方面來考察

堯、舜、禹都是部落聯盟的首長,當時正處在進入文明社會的
前夜。作爲團結血緣親屬關係的精神中心,已有宗廟;作爲團結由
地區性的部落轉化而來的民族的精神中心,則已有社稷。現在的
部落聯盟就要求在各地區之上更建立一個唯一的、最高的精神中
心。這樣,就舍這個賴以"敬授人時"的天莫屬了。以後夏商周三
代之君都自稱爲天子,行郊天之禮,把有這個政權叫做有天下,這
絕不是偶然的,應與堯時"天工人其代之"有直接關係。

3.從朔政制度及其在生產上、政治上的意義來考察

所謂"敬授人時",其具體表現,就是朔政制度。朔政制度興起
於何時? 興盛於何時? 我們從古文獻中可以得知其大致的情形。
《論語·堯曰》說:

> 堯曰:"咨! 爾舜,天之曆數在爾躬。允執其中,四海
> 困窮,天祿永終。"舜亦以命禹。

《大戴禮記·用兵》說:

> 夏桀商紂……不告朔於諸侯。

說明堯、舜時代已有告朔之事,而且被看作重要任務,世代相沿,不
曾中斷。至夏、商二代,告朔成爲國家政治生活中不可或缺的內容。
所以,"不告朔於諸侯",被認爲是桀紂的不可饒恕的罪狀之一。

不過,後來情況有所變化。

《論語·八佾》說:

> 子貢欲去告朔之餼羊。子曰:賜也,爾愛其羊,我愛

其禮。

《穀梁傳》文公十六年説：

> 天子告朔於諸侯，諸侯受乎禰廟，禮也。"公四不視
> 朔"，公不臣也，以公爲厭政以甚矣。

説明至春秋魯文公時期，告朔已不實行。待到孔子時代，告朔已成
爲歷史的陳迹，以至於子貢竟想索性取消告朔之餼羊。

那末，朔政制度的具體内容如何呢？據《周禮·春官·太史》説：

> 正歲年以序事，頒之官府及都鄙，頒告朔於邦國。

鄭玄於其下注説：

> 天子頒朔於諸侯，諸侯藏之祖廟。至朔朝於廟，告而
> 受行之。

何休於《公羊傳》文公六年"不告月者何？不告朔也"下注説：

> 禮，諸侯受十二月朔政於天子，藏於太祖廟，每月朔
> 朝廟，使大夫南面奉天子命，君北面而受之。

蔡邕《明堂月令論》説：

> 《周書》七十一篇，而《月令》第五十三。古者諸侯朝
> 正於天子，受月令而歸而藏諸廟中。天子藏之於明堂。
> 每月告朔朝廟，出而行之。周室既衰，諸侯怠於禮，魯文
> 公廢告朔而朝，仲尼譏之。經曰："閏月不告朔，猶朝於
> 廟。"刺舍大禮而徇小儀也。自是告朔遂闕，而徒用其羊。
> 子貢非廢其令而請去之。仲尼曰："賜也，爾愛其羊，我愛
> 其禮。"庶明王復興，君人者，昭而明之，稽而用之，耳無逆
> 聽，令無逆政，所以臻乎大順，陰陽和，年穀豐，太平洽，符
> 瑞由此而至矣。秦相吕不韋著書取月令爲紀號，淮南王
> 安亦取以爲第四篇，改名曰《時則》。故偏見之徒或云《月

令》呂不韋作，或云淮南，皆非也。(《蔡中郎集》卷第十)

由上述幾條材料來看，可以肯定，朔政有似今日國家所制定的一年工作計劃。這個計劃由中央政府機關以天子的名義制定，並頒發直屬官府和列國諸侯遵照執行。今《禮記》中的《月令》(《周書》有《月令》，今亡)，《呂氏春秋》中的《十二紀》和《淮南子》中的《時則》，就是由前人所保存下來的舊制之可考者。這是由於當時的生產主要是農業和畜牧業。而農業的耕穫和畜牧業的蕃殖，都不能違背自然規律行事。古人把對天文學研究的成果應用於生產實際，就是所謂"朔政"。

一年有二十四節氣，在今天是家喻户曉的事。而在古代，特別是原始社會，則不然。那時，這是一種最高深、最難懂、最有實用價值的學問。正因爲這樣，所以必須由天文學專家制定，由中央政府頒佈施行。

當然，就今存的《月令》來看，裏邊夾雜着不少宗教迷信成分，很難説是科學的東西。不過，用今日的標準去要求三千多年前的古人，以爲那時會有純正的科學和哲學，顯然不是歷史地看問題。

馬克思説：

　　哲學最初在意識的宗教形式中形成，從而一方面它消滅宗教本身；另一方面，從它的積極内容説來，它自己還衹在這個理論化的、化爲思想的宗教領域内活動。①

我認爲馬克思的這一觀點，對於我們研究古代哲學有極其重要的指導意義，對於我們研究古代自然科學也同樣有極其重要的指導意義。

我們的結論，認爲郊天之祭是在堯時開始的。當然郊天在形式上依然屬於原始宗教範疇，但在内容上則具有極其重要的科學

　　① 《馬克思恩格斯全集》第26卷，第26頁。

意義和政治意義。

總之,中國古代思想是由中國原始社會思想發展而來的。因此,想要徹底瞭解中國古代思想,就不能不進一步到原始社會思想中去找根源。舉例說,天道、人道是中國古代思想家人人都喜歡談的一個問題。實際上所謂天道談的不外是自然和人與自然的關係問題,所謂人道談的不外是人與人之間的關係問題。但是,談天道如果不從"天工,人其代之"談起,談人道如果不懂得"君子之道造端乎夫婦"是什麼意思,是始終談不清楚的。又如宗教問題,"國之大事,在祀與戎",所謂祀,從最主要的說,實包括宗廟、社稷和郊之祭。如果說中國沒有自己的宗教,那末,這些東西自夏至清一直存在,難道說不是自己的宗教嗎? 如果說中國有自己的宗教,那末,中國這個自己的宗教畢竟和佛教、基督教及伊斯蘭教不同,它不專在信仰,而意在"以神道設教"。《周易·觀卦象傳》說:

觀天之神道而四時不忒,聖人以神道設教,而天下服矣。

就是證明。孔子說:

明乎郊社之禮,禘嘗之義,治國其如示諸掌乎?(《禮記·中庸》)

日月食而救之,天旱而雩,卜筮然後決大事,非以為得求也,以文之也。故君子以為文,而百姓以為神。以為文則吉,以為神則凶。(《荀子·天論》)

如孔子荀子這些言論,才是真正說到了問題的本質。然而這些言論,祇有在研究清楚原始社會時期宗廟、社稷和郊的發生、發展之後,才會堅信不疑,否則還是不能瞭然於懷的。

由此可見,談中國古代思想史,在前面增加一章中國思想的淵源,不是沒有必要的。

(《社會科學戰線》1981 年第 4 期)

中國奴隸社會誕生和上升時期的思想

——夏商和西周的思想

　　我認爲中國奴隸社會是由夏后啓殺益奪權，變傳賢爲傳子開始，至秦統一中國截止，中間經過夏商西周、春秋和戰國三個歷史階段。夏商西周爲中國奴隸社會誕生和上升時期，春秋爲中國奴隸社會衰落時期，戰國爲中國奴隸社會向封建社會轉變時期。我的這個觀點已有專文（《中國古代史分期商榷》①）和專書（《中國奴隸社會史》②）論述。現在特把中國奴隸社會誕生和上升時期的思想即夏商和西周的思想談談。

夏代的思想

一、尊命

《禮記·表記》説：

　　　子曰："夏道尊命，事鬼敬神而遠之……殷人尊神，率民以事神……周人尊禮尚施，事鬼敬神而遠之……"

　　孔子的這段話，我認爲是有根據的。它是孔子研究了夏商周

---

① 詳見《歷史研究》1979 年第 2、3 期。

② 上海人民出版社，1983 年。

三代的歷史文獻所得出的結論。這個結論,可以作爲我們探討夏
商和西周思想的綫索。

那末,孔子説"夏道尊命"的根據是什麽? 什麽是命? 爲什麽
夏道尊命不是率民以事神,反而是事鬼敬神而遠之? 事鬼敬神而
遠之這句話,應當怎麽理解? 下面就把這四個問題作爲主要内容
來加以探討。

1. 孔子説"夏道尊命"的根據

《墨子·非命上》説:

> 《仲虺之告》曰:我聞於夏人矯天命布命於下,帝伐之
> 惡,龔喪厥師。此言湯之所以非桀之執有命也。

仲虺爲湯左相見於《左傳》定公元年,所以仲虺所説的"夏人矯
天命布命於下"這句話,是可以看作是"夏道尊命"的證據的。當然
孔子説"夏道尊命"所根據的不一定就是《仲虺之告》,我們認爲,即
便是《仲虺之告》,已足以證明孔子的這種説法是有根據的。

2. 什麽是命

什麽是命? 這個問題,很不好回答。也可以説,它是研究中國
思想史或哲學史的同志們長期争論而没有解决的一個問題。不
過,我總覺得人們把命同鬼神或上帝的意志看成一類的東西,是不
妥的。爲什麽呢? 因爲殷人尊神而反對尊命,墨子非命而相信有
鬼神。這樣怎能把相信有命同相信有鬼神或上帝並爲一談呢!

據我看,《孟子·萬章上》説:"莫之爲而爲者,天也;莫之致而
至者,命也。"這是對天命這一概念的正確的解釋。"莫之爲而爲",
正説明不是有任何東西在暗地裏作主宰,而是自然而然。"莫之致
而至",同樣也説明不是有任何東西在暗地裏作主宰,而祇是自己
如是。所以,天命這一概念如果譯成今日的哲學語言,應該説,天
就是自然,命就是規律,天命就是自然規律。規律有其必然性,然
而並不排除偶然性。恩格斯説:

　　　偶然性祇是相互依存性的一極,它的另一極叫做必
然性。在似乎也是受偶然性支配的自然界中,我們早就
證實在每一個領域內都有在這種偶然性中爲自己開闢道
路的內在的必然性和規律性。然而適用於自然界的,也
適用於社會。一種社會活動,一系列社會過程,愈是越出
人們的自覺的控制,愈是越出他們支配的範圍,愈是顯得
受純粹的偶然性的擺布,它所固有的內在規律就愈是以
自然的必然性在這種偶然性中爲自己開闢道路。①

當然,這種必然性與偶然性的辯證關係,古人是沒有解決也不可能
解決的。

　　例如關於人的生命這個命的問題,《孟子·盡心上》說:

　　　莫非命也,順受其正。是故知命者不立乎巖墻之下。
盡其道而死者,正命也;桎梏死者,非正命也。

亦即孟子在這裏提出一個"正命"與"非正命"的問題。

　　《莊子·列禦寇》說:

　　　達大命者隨,達小命者遭。

亦即莊子在這裏提出一個"大命"、"小命"或"隨命"、"遭命"的問
題。

　　《孝經緯·援神契》說:

　　　命有三科:有受命以保慶,有遭命以謫暴,有隨命以
督行。②

亦即西漢末的緯書認爲命有三科,有"受命"、"遭命"和"隨命"。

　　《白虎通·壽命》說:

———————————————

① 《馬克思恩格斯全集》第21卷,第119頁。
② 見《禮記·祭法》孔穎達疏。

　　命者何謂也？人之壽命，天命已使生者也。命有三科以記驗，有壽命以保度，有遭命以遇暴，有隨命以應行。

王充《論衡·命義》説：

　　傳曰説命有三：一曰正命，二曰隨命，三曰遭命。正命謂本稟之自得吉也。性然骨善，故不假操行以求福，而吉自至，故曰正命。隨命者戮力操行而吉福至，縱情施欲而兇禍到，故曰隨命。遭命者行善得惡，非所冀望，逢遭於外，而得兇禍，故曰遭命。

此處如何休《左氏膏肓》、①趙岐《孟子·盡心上》注、鄭玄《禮記·祭法》注，同《白虎通》、《論衡》一樣，都用《孝經緯·援神契》説。而此説實祖莊子。而莊子、孟子二人的説法，基本上是一致的。從實質上説，孟、莊二人所説的正命、大命指的是必然性，非正命、小命指的是偶然性。但是由先秦到兩漢，誰也沒有解决它們之間的關係問題。一般人不是強調必然性一方面，從而陷入宿命論，就是強調偶然性一方面，從而否定命的存在。這一點，主要是認識上的問題，不能用有神論或無神論來解釋。

　　3.“尊命，事鬼敬神而遠之”的問題

　　這個問題很容易解决。因爲“尊命”的實質是不相信有鬼神，所以，“尊命”和“事鬼敬神而遠之”可以聯繫在一起。

　　4.“事鬼敬神而遠之”這句話應當怎樣理解

　　我認爲這句話恰好表明“尊命”是不相信有鬼神。但在當時的歷史條件下，又不願意或不能否定鬼神的存在，於是利用鬼神爲當時的政治服務。由於利用鬼神爲當時的政治服務，所以“事鬼敬神”。也由於骨子裏不相信有鬼神，所以“而遠之”。

---

　　①　見《左傳》成公十七年孔穎達疏。

二、九德

我認爲九德也是研究夏代思想應當注意的一個問題。
《尚書·立政》説:

> 古之人迪惟有夏,乃有室大競,吁! 俊尊上帝,迪知
> 忱恂於九德之行。

所謂夏的"九德",詳見於同書《皋陶謨》。原文説:

> 皋陶曰:"都! 亦行有九德,亦言其人有德,乃言曰,
> 載采采。"禹曰:"何?"皋陶曰:"寬而栗,柔而立,願而恭,
> 亂而敬,擾而毅,直而溫,簡而廉,剛而塞,强而義。彰厥
> 有常,吉哉! 日宣三德,夙夜浚明有家;日嚴祗敬六德,亮
> 采有邦,翕受敷施,九德咸事,俊乂在官,百僚師師,百工
> 惟時,撫於五辰,庶績其凝。"

《立政》是今文尚書中的一篇,向來學者認爲是可信的。王引
之解釋《立政》之篇名説:

> 政與正同。正,長也。立正,謂建立長官也。篇內所
> 言,皆官人之道,故以立正名篇,所謂"惟正是乂之"也。
> (《經義述聞》卷三)

《立政》一篇,實爲周公告誡成王應當如何官人的記錄。在這一篇
裏,提到了夏用九德官人。這個九德官人法無疑就是皋陶在《皋陶
謨》裏所説的"亦行有九德"那一段文字。我們仔細觀察這個九德
的每一德,都是相反相成,亦即有自發的辯證法思想。這個思想在
當時作爲一個任人的成功經驗來提出,自然是很可貴的。後來箕
子於周初陳《洪範》九疇時,裏邊就有三德,"一曰正直,二曰剛克,
三曰柔克"。顯然,這是在夏人九德的基礎上而又加以簡化的。這

個經驗,在歷史上一貫被人重視。我們在論述夏代思想時,自應特地表而出之。

三、《夏時》

關於《夏時》,《禮記·禮運》説:

> 孔子曰:我欲觀夏道,是故之杞,而不足徵也,吾得《夏時》焉;我欲觀殷道,是故之宋,而不足徵也,吾得《坤乾》焉。《坤乾》之義,《夏時》之等,吾以是觀之。

《論語·衛靈公》説:

> 顏淵問爲邦,子曰:行夏之時……

由上述兩條材料可以看出:第一,《夏時》是夏代的曆書;第二,從夏代這個曆書《夏時》裏,可以考見夏代的社會、政治諸問題。

關於第一個問題,《左傳》昭公十七年説:

> 梓慎曰:"……火出於夏爲三月,於商爲四月,於周爲五月。"

證明夏代所實行的曆法確實與商、周二代不同。今人還通稱農曆爲夏曆,則夏時以正月爲歲首的説法,是有根據的、可信的。

關於第二個問題,我們從《論語·堯曰》可以看出一點消息。《論語·堯曰》説:

> 堯曰:咨爾舜! 天之曆數在爾躬,允執其中,四海困窮,天祿永終。舜亦以命禹。

這裏所説的"曆數",就是《尚書·洪範》五紀所説的"曆數",它是指曆法來説的。本來堯禪位於舜,是把政權轉交給舜,爲什麼要説"天之曆數在爾躬"呢? 這一點,舊説多誤。我認爲這是由於在當時祇有政治上的最高首腦才握有向臣屬頒發朔政的權力。因此，"天之曆數在爾躬"，遂成爲執掌政權的同義語。

《周禮·春官·太史》説：

　　　　正歲年以序事，頒之於官府及都鄙，頒告朔於邦國。

《周禮》所説，可以看作朔政這種制度後世還在實行的證明。

大概《尚書·堯典》所説的"乃命羲和，欽若昊天，曆象日月星辰，敬授人時"，標誌着這個朔政制度的開始。《大戴禮·用兵》説："夏桀、商紂不告朔於諸侯。"證明這個制度在夏、商時曾經繼續實行。正因爲《夏時》是夏代的朔政所係，所以孔子才可以從"《夏時》之等"觀夏道。鄭玄注《禮運》，於《夏時》説，"其書存者，有《夏小正》"。今存《禮記·月令》和《吕氏春秋》十二紀，應是古時朔政的遺迹。

商代的思想

孔子説："殷因於夏禮，所損益可知也；周因於殷禮，所損益可知也。"（《論語·爲政》）孔子所説的"損益"，譯成今日通行的語言，應當説就是"批判繼承"。我們試就上文引述的《禮記·表記》中孔子所説的一段話來分析，不難看出，"殷人尊神，率民以事神"就是對"夏道尊命，事鬼敬神而遠之"的否定，"周人尊禮尚施，事鬼敬神而遠之"就是對"殷人尊神，率民以事神"的否定。夏商周思想的發展是合乎辯證的規律的，所以，談到商代思想，自應首先提到尊神。其次，改正朔、《坤乾》二者也有必要加以討論。現在就按照尊神、改正朔、《坤乾》這個次序，論述如下。

一、尊神

孔子説，"殷人尊神，率民以事神，先鬼而後禮"，應是殷商一代思想的最大的特點。

關於殷人尊神的事實，可以從殷墟卜辭裏得到充分證明。這一點，承趙錫元同志見告：

> 河南安陽小屯出土刻有文字的龜甲獸骨，據 1955 年出版的《殷墟發掘》統計，多至十幾萬片以上，差不多全是占卜所用。從卜辭中可以看到殷人祭鬼神用牲之數目，有多至一次“羊百”(京 4066)，“羊三百”(天 51)，“五百窜”(乙 9098)，“百牛”(掇 2.34)，“牛三百”(續 1.10.7)，“五百牛”(庫 181)，“千牛”(乙 5157)，“五十豚”(前 3.23.6)，“百豕”(掇 2.34)，“犬百”(京 4066)，“二百犬”(續 2.17.5)。並大量用人爲犧牲。其中見於不同的邦族有羌、犬、亘、尸、絴、美、[illegible]、屮、虎、[illegible]、奚，而、印等族，多的一次有“百羌”(續 1.10.7)，“羌百羌”(粹 109)，“㞢百羌”(續 2.19.3)，“伐百羌”(金 393)，“潡羌百”(庫 482)，“三百羌”(佚 570)，“羌三百”(南師 1.40)，“三百羌用”(續 2.16.3)，“用三百羌”(粟 245)，“出用百(京 1255)”，“五百”(前 7.9.2)，“五百寊用”(京 1255)，“千人”(合，301)殺祭的方法有：俎、伐、戮、戕、烄、沈、臽、潡、葡、汎、賁、卯、歲、冊、用、㞢等多種。可以看出殷人尊神先鬼已達到何等程度！

大體上説，殷商對自然崇拜，於天神有上帝、日、東母、西母、風、雲、雨、雪等等，於地祇有社、方(四方)、山、岳、河、川等等，對祖先崇拜不僅於先王、先妣有複雜的祀典，於名臣復有配享制度。列於祀典的受享名臣有伊尹、伊陟、巫咸、師盤等。《尚書·盤庚上》説：“兹予大享於先王，爾祖其從與享之。”這一條也是確切的證明。

二、改正朔

商代夏政,曾改正朔。《尚書大傳略説》説:

> 夏以孟春爲正,殷以季冬爲正,周以仲冬爲正。

又説:

> 是故周人以日至爲正,殷人以日至三十日爲正,夏以
> 日至六十日爲正。是三統三正若循連環,周則又始,窮則
> 反本。

《史記·曆書》説:

> 夏正以正月,殷正以十二月,周正以十一月。蓋三王
> 之正,若循環,窮則反本。天下有道,則不失紀序,無道則
> 正朔不行於諸侯。幽厲之後,周室微,陪臣執政。文不記
> 時,君不告朔。

根據《左傳》昭公十七年梓慎"火出於夏爲三月,於商爲四月,
於周爲五月"的説法,則《尚書大傳略説》和《史記·曆書》所説的夏
正、殷正、周正三者的不同,確然可信。《史記》説"幽厲之後","史
不記時",證以《春秋》文公十六年説"公四不視朔"和《論語·八佾》
説"子貢欲去告朔之餼羊",也是事實。但是,《尚書大傳略説》"三
王之正若循連環,周則又始,窮則反本"和《史記·曆書》所説的"三
王之正,若循環,窮則反本",則是漢人的謬説,不可信據。

《禮記·檀弓上》孔穎達疏説:

> 舜以十一月爲正,尚赤;堯以十月爲正,尚白。

又説:

> 高陽氏以十一月爲正,尚赤;帝少皞以十二月爲正,

　　尚白；黃帝以十三月爲正，尚黑；神農氏以十一月爲正，尚
　　赤；女媧以十二月爲正，尚白。

孔疏就是誤信“三統三正若循連環”之謬說，把三王之正作爲公式，
而向上逆推得出來。這完全是出於主觀臆測，毫無歷史根據，斷不
可信。

　　朔政之制，當創始於堯。《尚書·堯典》說“欽若昊天，曆象日
月星辰，敬授人時”，《論語·堯曰》說“堯曰：‘咨爾舜，天之曆數在
爾躬，四海困窮，天祿永終。’舜亦以命禹”，就是證明。夏正當即襲
用唐虞之正。爲什麼呢？因爲啓雖然是使用暴力奪取政權，然而
他所打的是禹的旗號，故不可能改正朔。商周則不然，商湯、周武
王是以革命取得天下的，爲了一新耳目，改正朔就成爲必要，因爲
朔政是政權所繫。改正朔完全是政治上的需要，自不能用宗教迷
信來解釋。

　　商代夏政，不但改正朔，還有“易服色，殊徽號，異器械，別衣
服”。這一點，《禮記·檀弓上》說：

　　　夏后氏尚黑，大事斂用昏，戎事乘驪，牲用玄；殷人尚
　　白，大事斂用日中，戎事乘翰，牲用白；周人尚赤，大事斂
　　用日出，戎事乘騵，牲用騂。

又《郊特牲》說：

　　　委貌，周道也；章甫，殷道也；毋追，夏后氏之道也。
　　周弁，殷冔，夏收。

所以《禮記大傳》說：

　　　立權度量，考文章，改正朔，易服色，殊徽號，異器械，
　　別衣服。此其所得與民變革者也。

三、《坤乾》

上文已經提到孔子欲觀殷道，之宋得《坤乾》，即用"《坤乾》之義"以觀殷道。那麼，《坤乾》是什麼東西？爲什麼用《坤乾》之義能觀殷道？這兩個問題，則是本文所要討論的内容。

鄭玄注《禮運》，於"得《坤乾》焉"下説："得陰陽之書也。其書存者，有《歸藏》。"

關於《歸藏》，《周禮·春官·太卜》説：

> 掌三易之法：一曰《連山》，二曰《歸藏》，三曰《周易》。其經卦皆八，其別皆六十有四。

又於《筮人》説：

> 掌三易以辨九筮之名。一曰《連山》，二曰《歸藏》，三曰《周易》。九筮之名：一曰巫更，二曰巫咸，三曰巫式，四曰巫目，五曰巫易，六曰巫比，七曰巫祠，八曰巫參，九曰巫環，以辨吉凶。

三易今獨存《周易》，《連山》、《歸藏》二易皆亡。既然《連山》、《歸藏》與《周易》總稱三易，并且"其經卦皆八，其別皆六十有四"，而《莊子·天下》説"《易》以道陰陽"，則鄭玄説《坤乾》是殷陰陽之書，又名《歸藏》，是可以信據的。

賈公彦《太卜》疏説：

> 《連山》易其卦以純艮爲首，《歸藏》易以純坤爲首，《周易》以純乾爲首。

觀今存《周易》很明顯是以純乾爲首。賈説《連山》易以純艮爲首，觀此書以《連山》命名，則説以純艮爲首，似屬可信。《歸藏》易既然又名《坤乾》，則説此書以純坤爲首，亦當不誤。

　　如果説《歸藏》或《坤乾》是首坤次乾，它與《周易》首乾次坤恰恰相反，這一點似非偶然，或者就是孔子所要觀察的"《坤乾》之義"。我們現在研究商代思想，理所當然地對此有深入進行討論之必要。

　　值得注意的是，漢人談到君位繼承時有所謂"殷道親親，周道尊尊"的説法。《春秋公羊傳》和何休《公羊傳解詁》也涉及這個問題。這個"殷道親親，周道尊尊"，同《坤乾》首坤次乾，《周易》首乾次坤，何其相似乃爾。這絶不是偶然的，它是我們研究殷周兩代思想不同的重要綫索。爲了深入地探討這個問題，不妨把有關的材料多徵引一些，然後並加以分析。

　　《史記·梁孝王世家》褚先生補編有：

　　　　蓋聞梁王西入朝，謁竇太后。燕見，與景帝俱侍坐於太后前，語言私説。太后謂帝曰："吾聞殷道親親，周道尊尊，其義一也，安車大駕，用梁孝王爲寄。"景帝跪席舉身曰："諾。"罷酒出，帝召袁盎諸大臣通經術者曰："太后言如是，何謂也？"皆對："太后意欲立梁王爲帝太子。"帝問其狀，袁盎等曰："殷道親親者，立弟。周道尊尊者，立子。殷道質，質者法天，親其所親，故立弟；周道文，文者法地。尊者敬也，敬其本始，故立長子。周道，太子死，立適（嫡）孫；殷道，太子死，立其弟。"

　　董仲舒《春秋繁露·三代改制質文》也談到這個問題，説：

　　　　主天法商而王，其道佚陽，親親而多仁樸，故立嗣子子，篤母弟，妾以子貴。主地法夏而王，其道進陰，尊尊而多義節，故立嗣與孫，篤世子，妾不以子稱貴號。

　　《春秋》隱公七年説：

　　　　齊侯使其弟年來聘。

《公羊傳》説：

> 其稱弟何？母弟稱弟，母兄稱兄。

何休《公羊傳解詁》説：

> 母弟，同母弟；母兄，同母兄。分別同母者，《春秋》變
> 周之文，從殷之質，質家親親，明當親厚異於群公子也。

由上引一些材料可以看出，商、周二代在君位繼承制上有明顯的不同，而這種不同，正是所謂“殷道親親，周道尊尊”的具體表現。

關於商、周二代的繼承制度的不同，還可以找到兩條材料來證明。

一條是《禮記・檀弓上》説：

> 公儀仲子之喪，檀弓免焉。仲子舍其孫而立其子，檀
> 弓曰：“何居？我未之前聞也。”趨而就子服伯子於門右，
> 曰：“仲子舍其孫而立其子，何也？”伯子曰：“仲子亦猶行
> 古之道也。”昔者文王舍伯邑考而立武王，微子舍其孫腯
> 而立衍也，夫仲子亦猶行古之道。子游問諸孔子，孔子
> 曰：“否，立孫。”

在這段文字裏，可以明顯地看出，在繼承制問題上，存在兩種互相對立的意見。具體説，以公儀仲子和子服伯子爲一方，主張“舍其孫而立其子”；以檀弓和孔子爲另一方，主張“立孫”。前者就是袁盎等所説的“殷道，太子死，立其弟”，後者就是袁盎等所説的“周道，太子死，立適（嫡）孫”。所以，公儀仲子和檀弓兩人意見的不同，正反映商周兩代繼承制的不同。

另一條是《春秋公羊傳》隱公三年解經文“癸未，葬宋繆公”説：

> ……宣公謂繆公曰：以吾愛與夷，則不若愛汝，以爲
> 社稷宗廟主，則與夷不若汝，盍終爲君矣！宣公死，繆公
> 立。繆公逐其二子莊公馮與左師勃，曰：爾爲吾子，生毋

相見,死毋相哭。與夷復曰:先君之所爲不與臣國,而納
國乎君者,以君可以爲社稷宗廟主也。今君逐君之二子,
而將致國乎與夷,此非先君之意也。且使子而可逐,則先
君其逐臣矣。繆公曰:先君之不爾逐可知矣。吾立乎此,
攝也。終致國乎與夷。莊公馮弒與夷。

……故君子大居正,宋之禍,宣公爲之也。

《史記·梁孝王世家》褚先生補編也論及此事説:

故《春秋》所以非宋宣公。宋宣公死,不立子而與弟。
弟受國死,復反之與兄之子。弟之子爭之,以爲我當代父
後,即刺殺兄子,以故國亂,禍不絶。故《春秋》曰:"君子
大居正,宋之禍,宣公爲之。"

從上述這條材料也可以看出,《春秋》反對宋宣公立弟,實際上是
《春秋》作者站在周代繼承制的立場上來反對殷代繼承制。而宋宣
公則是實行殷代的繼承制的。

應用歷史唯物主義觀點來考察上述一系列事實,可以斷言,所
謂"殷道親親",不是別的,就是重母統,反映這時還存在母權制的
殘餘。所謂"周道尊尊",也不是別的,就是重父統,反映這時父權
制已完全確立。《坤乾》首坤次乾,《周易》首乾次坤,同這個意義正
相一致。由此可見,《坤乾》首坤次乾,《周易》首乾次坤,實代表兩
種不同的思想體系,而孔子用"《坤乾》之義"來觀殷道,是有道理
的。

西周的思想和思想家

西周思想

孔子説:"殷因於夏禮,所損益可知也;周因於殷禮,所損益可

知也。"(《論語·爲政》)說明西周思想是批判繼承了夏、商二代的思想而又向前發展了的。孔子的這個說法並不是虛構的,而是有事實根據的。

《尚書·酒誥》述周公語,說:

> 古人有言曰:人無於水監,當於民監。今惟殷墜厥命,我其可不大監撫於時?

又《召誥》亦述周公語,說:

> 我不可不監於有夏,亦不可不監於有殷。

《詩·大雅·文王》說:

> 宜鑒於殷,駿命不易。

以上是西周鑒於夏、殷二代的可以信據的言論。

《禮記·檀弓上》說:

> 夏后氏用明器,示民無知也;殷人用祭器,示民有知也;周人兼用之,示民疑也。

又《内則》說:

> 凡養老,有虞氏以燕禮,夏后氏以饗禮,殷人以食禮,周人修而兼用之。

《孟子·滕文公上》說:

> 夏后氏五十而貢,殷人七十而助,周人百畝而徹(徹實際上是兼用貢、助)。

有上述這些材料,又加上孔子還說過"周監於二代,郁郁乎文哉",則周人的思想是批判繼承了夏、商二代思想之後而提出來的,是沒有問題了。

試就孔子所說的"夏道尊命,事鬼敬神而遠之","殷人尊神,率民以事神","周人尊禮尚施,事鬼敬神而遠之"這段話來考察,不難看出,"殷人尊神,率民以事神",是對"夏道尊命,事鬼敬神而遠之"的否定;"周人尊禮尚施,事鬼敬神而遠之",是對"殷人尊神,率民以事神"的否定;"周人尊禮尚施,事鬼敬神而遠之"對於"夏道尊命,事鬼敬神而遠之"來説,則是否定的否定。孔子所揭示的夏商周三代思想發展的軌迹,無疑是符合辯證的規律的,因而是可信的。

周人尊禮否定了殷人的尊神,這一點值得特殊注意。據我看,它對我們中華民族傳統精神的形成,有很大影響,不能低估。周人尊禮否定了殷人的尊神,實際上是把人們的思想從虚無縹緲的天空中,又挽回到現實的地面上來。其具體表現,就是周人特別重視倫理政治,對於宗教,雖不公開反對,但在感情上比較澹薄。周人的這種思想後來經過以孔子爲首的儒家的廣泛宣傳,遂在中華民族的思想中,深深地紮下了根子。世界上很多民族都曾狂熱地信仰某一種宗教,如佛教、伊斯蘭教、基督教等,獨有中國不是這樣。溯本窮源,不能説同周人的尊禮没有關係。

關於西周的思想,下面準備分四個題目來談談,先把"尊禮尚施"和"事鬼敬神而遠之"作爲兩個題目來談談,因爲這兩個題目代表西周思想的特點。其次,把《周易》和《洪範》分作兩個題目談談,因爲作爲思想來源,二者對後世有很大的影響。

一、尊禮尚施

《禮記·曲禮上》説:

太上貴德,其次務施報。禮尚往來,往而不來,非禮也;來而不往,亦非禮也。

這是周人尊禮與尚施並提的道理。

　　什麽是禮？《說文》說："禮，履也。"這個"履"就是踐履，用今天通用的話來說，禮就是行爲規範。周人所尊之禮，不是一般的禮，而是有它的具體的内容。《周易·序卦》談到禮的產生說：

> 有天地然後有萬物，有萬物然後有男女，有男女然後有夫婦，有夫婦然後有父子，有父子然後有君臣，有君臣然後有上下，有上下然後禮義有所錯。

這段話很不簡單，值得特殊重視。第一，它不是形而上學地看問題，而是發展地看問題；第二，它所論述的一些發展環節，基本上是符合客觀歷史實際的。

　　非常明顯，祇是有地球這個行星以後，地球上才產生出生物和無生物（萬物）。男女，即人類祇是在生物發展到一定的階段上才產生出來的。人類最初知有母不知有父，過着群婚生活，這時祇能說是有男女，不能說是有夫婦。祇有社會發展進入個體婚制以後，才能說有夫婦。有夫婦從而有父子。正是由於有了父家長制，又向前發展而進入階級社會，於是有了君臣和上下。有了君臣和上下，這時適應社會的需要，禮義才產生和發展起來。

　　《序卦》的這個觀點，也見於《禮記》一書的《昏義》和《郊特牲》。《昏義》說：

> 男女有別而後夫婦有義，夫婦有義而後父子有親，父子有親而後君臣有正。故曰：昏禮者，禮之本也。

　　《郊特牲》說：

> 男女有別然後父子親，父子親然後義生，義生然後禮作，禮作然後萬物安，無別無義，禽獸之道也。

這些材料，實際上一致認爲禮義是起源於個體婚制。這一觀點竟產生在古代，應該說，是很難得的。儘管當時還没有階級概念，然而它們已接觸到問題的本質。

恩格斯説：

> 　　在歷史上出現的最初的階級對立，是同個體婚制下
> 的夫妻間的對抗的發展同時發生的，而最初的階級壓迫
> 是同男性對女性的奴役同時發生的……個體婚制是文明
> 社會的細胞形態，根據這種形態，我們可以研究文明社會
> 內部充分發展着的對立和矛盾的本來性質。①

當然，我國古人不可能作出如恩格斯這樣精闢的、科學的論斷。然
而從基本精神來看，則是一致的。

　　周禮與殷禮不同，其特點如上文所説過的，在於殷道親親，周
道尊尊。周道尊尊的實質，不是別的，就是强化階級關係。因此，
父權、夫權、君權在周禮中受到特殊尊重。"三綱"這一概念是漢人
提出的，然其具體內容，則早在姬周已經確立了。下面再具體地談
談這個問題。

　　《儀禮·喪服》斬衰三年章説：

> 　　父。傳曰："爲父何以斬衰也？ 父，至尊也。"諸侯爲
> 天子。傳曰："天子，至尊也。"
> 　　君。傳曰："君，至尊也。"
> 　　妻爲夫。傳曰："夫，至尊也。"

這裏所説的父至尊、天子至尊、君至尊、夫至尊，非常明顯，已包含
有三綱的意思。

　　又，《禮記·喪服四制》説：

> 　　其恩厚者其服重，故爲父斬衰三年，以恩制者也。
> 　　門內之治恩揜義，門外之治義斷恩。
> 　　資於事父以事君而敬同。貴貴尊尊，義之大者也，故

---

① 《馬克思恩格斯全集》第 21 卷，第 78 頁。

爲君亦斬衰三年，以義制者也。

資於事父以事母而愛同。天無二日，土無二王，國無二君，家無二尊，以一治之者也。故父在爲母齊衰期者，見無二尊也。

《孝經·士章》説：

資於事父以事母而愛同，資於事父以事君而敬同，故母取其愛，而君取其敬，兼之者父也。

《禮記·郊特牲》説：

男子親迎，男先於女，剛柔之義也。天先乎地，君先乎臣，其義一也……出乎大門而先，男帥女，女從男，夫婦之義由此始也……婦人從人者也，幼從父兄，嫁從夫，夫死從子。夫也者，夫也，夫也者，以知帥人者也。

《儀禮·喪服》齊衰不杖期章傳説：

婦人有三從之義，無專用之道，故未嫁從父，既嫁從夫，夫死從子。故父者，子之天也；夫者，妻之天也。

《春秋穀梁傳》隱公二年説：

婦人謂嫁曰歸，反曰來歸，從人者也。婦人在家制於父，既嫁制於夫，夫死從長子。婦人不專行，必有從也。

上述四條材料，觀點完全一致。從其中心思想來看，都是論證"三綱"内容的合理性。值得注意的是，在這裏使用了恩和義、愛和敬兩對概念。實質上，恩和愛爲一類，所説的是血緣關係；義和敬爲一類，所談的是階級關係。所謂"兼之者，父也"這句話裏邊包蘊着深刻意義。實際上，正是説禮義，亦即階級，胚胎於個體婚制，而君權則是父權的進一步發展。

由此可見，周道尊尊之所以不同於殷道親親，説到底就是强化了階級關係。所謂"三綱"這一思想，應該就是周道尊尊的特點。殷道親親必不如是。

周道與殷道比較，可以説爲周道尊尊，殷道親親，但是自周道本身而言，還有一個親親與尊尊的問題。例如《禮記·大傳》説："服術有六。一曰親親，二曰尊尊……"鄭玄注説，"親親父母爲首"，"尊尊君爲首"。也就是説，所謂周人尊禮，這個禮裹邊也有一個親親尊尊的問題。鄭玄説"親親父母爲首"，表明這個親親指的是血緣關係；"尊尊君爲首"，表明這個尊尊指的是階級關係。當然，當時占主導地位的是階級關係而不是血緣關係。例如説"門外之治義斷恩"（《禮記·喪服四制》），"大義滅親"（《左傳》隱公四年），"不以家事辭王事，以王事辭家事"（《春秋公羊傳》哀公三年），都足以證明這一點。

所以，周禮對殷禮而言，可以説是尊尊而不是親親。自周禮本身而言，雖强調尊尊，但並没有廢除親親，即血緣關係在當時社會政治當中，還起相當大的作用。

《禮記·中庸》説：

> 仁者人也，親親爲大。義者宜也，尊賢爲大。親親之
> 殺，尊賢之等，禮所生也。

這段話對周人所尊的禮的具體内容講得十分清楚。仁是什麼？仁的主要内容是親親。而親親不是别的，實際上就是血緣關係。義是什麼？義的主要内容是尊賢，尊賢亦曰尊尊。而尊賢不是别的，實際上就是階級關係。這兩種關係正如實地反映當時人們的社會關係。禮是什麼？禮就是以"親親之殺，尊賢之等"爲内容的具體表現形式。馬克思恩格斯《共産黨宣言》説：

> 任何一個時代的統治思想都不過是統治階級的思
> 想。

又説：

　　人們的觀念、觀點、概念，簡短些説，人們的意識，是隨着人們的生活條件、人們的社會關係和人們的社會存在的改變而改變的。①

應用這個理論作指導來考察一下殷周二代思想的歷史，可以明顯看出，作爲統治思想的殷道親親、周道尊尊，不過是統治階級的思想。而周代的思想所以改變殷道親親而爲周道尊尊以及在尊禮的具體內容中又有親親尊尊等，正是隨着人們的社會關係和人們的社會存在的改變而改變的。當然，人們的社會關係是以人們的生活條件爲基礎的，而這一點由於不在本文討論的範圍，故暫從略。

二、事鬼敬神而遠之

　　從"事鬼敬神"來看，似相信有鬼神，而從"而遠之"來看，又似不相信有鬼神。這句話從形式上看，似乎有矛盾，然而這個矛盾恰恰是當時存在的客觀事實。那末，這個問題應當如何理解呢？這正是本文所要討論的內容。

　　首先説，姬周的統治階級，特別是作爲姬周統治階級的代表人物周公，是不相信有鬼神的，并且也不是一個宿命論者。

　　《荀子·儒效》説：

　　　　武王之誅紂也，行之日以兵忌，東面而迎太歲，至汜而泛，至懷而壞，至共頭而山隧。霍叔懼曰："出三日而五災至，無乃不可乎？"周公曰："剟比干而囚箕子，飛廉、惡來知政，夫又惡有不可焉！"遂選馬而進，朝食於戚，暮宿於百泉，厭旦於牧之野。鼓之而紂卒易鄉，遂乘殷人而誅紂。

①　《馬克思恩格斯全集》第4卷，第488頁。

這是周公不相信有鬼神的證據。

《尚書·康誥》説：

> 王曰:嗚呼! 肆汝小子封! 惟命不於常,汝念哉!

《詩·大雅·文王》説：

> 侯服於周,天命靡常,殷士膚敏,裸將於京。

從這兩條材料來看,周初統治階級的代表人物也不是宿命論者。

然而周人事鬼敬神卻是鐵一般的事實,不但有宗廟、社稷之祭,而且致祭於昊天上帝、日月星辰、風師雨師、山林川澤等等。這是什麽道理呢?

《國語·周語上》説：

> 古者先王既有天下,又崇立於上帝神明而敬事之,於是乎有朝日、夕月,以教民事君。

《荀子·天論》説：

> 雩而雨,何也? 曰:"無何也,猶不雩而雨也。日月食而救之,天旱而雩,卜筮然後決大事,非以爲得求也,以文之也。故君子以爲文,而百姓以爲神。以爲文則吉,以爲神則凶。"

從上述這兩段引文來看,雖然還不能説已經談到問題的本質,但是對周人的事鬼敬神並非真正相信有鬼神這一點,則是説得很清楚了。事實上,周人總結了夏、商二代的經驗之後,在思想上是既不尊命也不信神,而祇是尊禮。然而他們意識到在當時的歷史條件下,不能消滅宗教迷信或宣傳無神論。因爲這樣做不但不可能,而且對他們自己也沒有好處。因而想出另一種辦法,即利用鬼神來爲他們的政治服務。《國語》説"以教民事君",就説明敬事上帝明神並不是目的,目的在用它作爲一種手段或工具。《荀子》説"以文之也”,這個“以文之也”其實是一種遁詞。真正的意義,在於用它來欺騙老百姓。“百姓以爲神”,正是老百姓受了騙的證據。“君子以爲文”,就説明統治階級並不是相信它,而是利用它作爲騙人的工具。

孔子“不語怪力亂神”(《論語·述而》),“敬鬼神而遠之”(《論語·雍也》),又説過“未能事人焉能事鬼”(《論語·先進》),證明孔子這種思想就是周人的傳統思想。有人以此爲根據來批判孔子的唯心論,顯然是不正確的。

三、《周易》

《周易》在《周禮》裏與《連山》、《歸藏》並稱“三易”。《連山》易早亡,我們對它知道很少。《歸藏》亦亡,但我們知道它在思想上反映殷道親親與《周易》思想反映周道尊尊相對立。《周易》今存於世,並有所謂“十翼”,對它作了全面的、深入的闡釋。我們瞭解周人思想,它是一份寶貴的資料。

《周易》思想是通過蓍和卦表現出來的。因此,要瞭解《周易》思想,首先要瞭解蓍和卦。

《易·繫辭傳上》説:

> 是故蓍之德圓而神,卦之德方以知……神以知來,知以藏往。

又説:

> 是以明於天之道而察於民之故,是興神物,以前民用。

這兩段話實際上已經把《周易》的全部内容談得很清楚了。前一段話所談的是蓍和卦的性質和作用,後一段話所談的是蓍和卦的應用。所謂“神物”,就是指蓍來説的。“以前民用”意思是説用它來指導人們的行動。"天之道"、"民之故"是指蓍和卦所反映的思想内容,"天之道"是從自然一方面來說的,"民之故"是從社會一方面來說的。以此二者爲内容,則《周易》所反映的思想就不應不予以足够的重視。以下就把蓍和卦分作兩個問題來進行詳細的説明。

1.蓍

蓍本是蓍草,由於《周易》用它來筮,所以筮又可稱蓍。《説文·竹部》筮下説:

> 易卦用蓍也,從竹從巫。

段玉裁注説:

> 從竹者,蓍如筭也。筭以竹爲之。從巫者,事近於巫也。九筮之名:巫更、巫咸、巫式、巫目、巫易、巫比、巫祠、巫參、巫環,字皆作巫。

案段説未的。我認爲筮從竹,是因爲初時筮用竹,不用蓍,用蓍乃是後起之事。從巫,是因爲筮事起源於巫。《吕氏春秋·勿躬》説"巫咸作筮",就是證明。

《論衡·卜筮》説:

> 子路問孔子曰:"猪肩羊膊可以得兆,藋葦藁芼可以得數,何必以蓍龜?"孔子曰:"不然,蓋取其名也。夫蓍之爲言耆也,龜之爲言舊也,明狐疑之事,當問耆舊也。"

《論衡》此説,足以證明蓍是後起。

不過,段玉裁説"筮如筭",則是對的。筭是計數的工具,《漢書·律曆志》説:"其筭法,用竹徑一分,長六寸,二百七十一枚而成六觚,爲一握。"是筭用竹之證。其實,稱筭,稱策,稱籌,稱馬,名雖不同,都是一種東西。《老子》説:"善數不用籌策。"《易·繫辭傳上》説:"乾之策二百一十有六,坤之策百四十有四。"《禮記·投壺》説"執八筭興","請爲勝者立馬"。所有這些籌、策、筭、馬,都是指計數的工具而言。《禮記・曲禮上》説：“龜爲卜，筴爲筮。”筴就是策字的或字。《史記・留侯世家》有“借前箸爲大王籌之”之語，是食箸也可以作爲計算的籌碼。所以，段玉裁説“箸如筭也”，是對的。

《左傳》僖公十五年説：

> 龜，象也。筮，數也。物生而後有象，象而後有滋，滋而後有數。

這段文字説明兩個問題：一從方法來看，筮占數與龜占象不同；二從歷史來看，是先有卜，後有筮。

《易・繫辭傳上》談筮法有：

> 天一，地二，天三，地四，天五，地六，天七，地八，天九，地十。

> 天數五，地數五，五位相得而各有合，天數二十有五，地數三十。凡天地之數五十有五，此所以成變化而行鬼神也。

這段文字是説明《周易》筮法大衍之數五十有五的。

天地二字，在這裏同陰陽、奇偶用法一樣，祇是表示對立統一體的兩個方面，沒有別的意思。

爲什麼大衍之數的形成從這十個數字開始呢？這是因爲古人把這十個數字看成是一切數字的基礎，是數字觀念發展的最初階段。

《左傳》莊公十六年説：

> 不可使共叔無後於鄭，使以十月入，曰：“良月也，就盈數焉。”

杜預注説：“數滿於十。”孔穎達疏説：“閔元年傳曰：‘萬，盈數也。’數至十則小盈，至萬則大盈。”杜、孔二人的解釋，是符合古人對十和萬這兩個數的看法的。

"天數五，地數五"，是説在一至十這十個數字裏，有奇數五個，偶數五個。

"五位相得而各有合，天數二十有五，地數三十"，是説一與二相得，構成一個矛盾的統一體；三與四相得，構成一個矛盾的統一體。五與六，七與八，九與十，亦復如是。五位相得，構成五個矛盾的統一體。"而各有合"，是五個天數與五個地數分别合在一起，於是變成"天數二十有五，地數三十"。

"凡天地之數五十有五"，是説把天數二十有五與地數三十合在一起，共爲五十有五，這就是天地之數。由於《周易》筮法用它來占筮，所以稱爲大衍之數。"衍"取演變的意思。"成變化而行鬼神"，是從這個"大衍之數"的應用來説的。

《易·繫辭傳上》述筮法又説：

> 大衍之數五十（按"五十"應爲"五十有五"，脱"有五"二字），其用四十有九。

> 分而爲二以象兩，挂一以象三，揲之以四以象四時，歸奇於扐以象閏。五歲再閏，故再扐而後挂。

這段文字説的就是"大衍之數"在筮法上的具體應用。

"五十有五"，是説大衍之數的總策數。"其用四十有九"，是説用以筮時，五十有五不全用，衹用四十有九。爲什麼五十有五不全用呢？這個問題，過去京房、馬融，荀爽、鄭玄、姚信、董遇①以及王弼②、朱熹③諸人有種種不同的解説，其實都没有説對。五十有五之所以不全用，是由於全用則四營三變的結果得不出七八九六，即不能達到卜筮的預期目的。應當指出，筮法的制作，恰恰是人爲的安排，藉以反映《周易》作者的哲學思想，决不是如朱熹所説"皆出

---

① 見《周易》孔穎達疏。
② 見《周易》韓康伯注。
③ 朱熹：《周易本義》。

於理勢之自然而非人之知力所能損益也"。①

　　"分而爲二以象兩",這個"分而爲二",是把四十有九策信手分成兩部分。"象兩"是說這兩部分是象天地。《説文·一部》一下説:"惟初大極,道立於一,造分天地,化成萬物。"正是轉述《周易》這個觀點,即當未分時是一。這個一,古人通常稱爲大一、太乙,表明它是整體的一、絕對的一,而不是如數字"一二三四"的一,相對的一。在《周易》裏,這個一被稱作太極。《周易》的太極生兩儀的説法,依我看,是同列寧所説的"統一物之分爲兩個互相排斥的對立面以及它們之間的互相關聯……"這段話的精神相一致的,②即都是把一分爲二看作是事物發展的普遍規律。當然,《周易》的辯證法觀點是古老的、樸素的,不能與唯物辯證法的水平同日而語。這個一或二,原不是指某某特定的事物,然而《易·繫辭傳上》説"法象莫大乎天地",所以,在這裏"象兩"應該説是象天地。

　　附帶説明的,這裏所説的分,是信手一分。正因爲是信手一分,所以結果是什麽不能預知,即完全取決於這個信手一分的偶然性。這個偶然性,在筮法中非常重要。它正是著之所以稱爲"神物"的秘密所在。因爲得出什麽卦以及卦的吉凶悔吝,完全是由這信手一分來決定的。

　　"挂一以象三",挂一是從四十九策分而爲二以後,取出一策挂在另一處。二加一爲三。這個"象三"是象天地人三才。《易·繫辭傳下》説:

　　　　《易》之爲書也,廣大悉備,有天道焉,有人道焉,有地
　　道焉,兼三材而兩之,故六。六者非它,三材之道也。

這是"象三"是象天地人三才(亦作三材)的證明。

①　朱熹:《周易本義》。
②　《列寧全集》第 38 卷,第 408 頁。

《禮記·中庸》說：

> 唯天下至誠爲能盡其性。能盡其性，則能盡人之性。
> 能盡人之性，則能盡物之性。能盡物之性，則可以贊天地
> 之化育。可以贊天地之化育，則可以與天地參矣。

這是古人認爲人可以與天地並稱爲三才的證明。實際古人所謂天地，指的是自然界；所謂人，指的是人類社會。

“揲之以四以象四時，歸奇於扐以象閏，五歲再閏，故再扐而後挂。”在象兩、象三之後又象四時，這一思想，同本書談卦的時候說“是故《易》有太極，是生兩儀，兩儀生四象”和“是故法象莫大乎天地，變通莫大乎四時”的思想是一致的。不過，這裏多了一個“象三”，然而從《說卦》說“昔者聖人之作《易》也，將以順性命之理，是以立天之道曰陰與陽，立地之道曰柔與剛，立人之道曰仁與義，兼三才而兩之，故《易》六畫而成卦”來看，則蓍與卦的思想仍然是一致的。

“揲”的意思是數。“揲之以四”，是就“象兩”的兩部分，分別用四來數。這個四，是象四時。“歸奇於扐以象閏”的“奇”是“揲之以四”之後的餘數。這個餘數可以知道有一、二、三、四幾種情況。把這個餘數即“奇”，置於扐，就叫做“歸奇於扐”。馬融說：“扐，指間也。”[①]我以爲扐、仂、朸三字音義並同，都是零餘的意思。此處的扐，當亦由奇餘得義。

“五歲再閏，故再扐而後挂”，這個“五歲再閏”，是說在五年當中，置兩個閏月。中國古時曆法如此。“再扐”是說“象兩”有兩部分，每一部分都要揲之以四，即每一部分都有一個扐。兩部分，放有兩個扐。“而後挂”是一易已畢，將要進行再易、三易而成一爻。這一點，須與下文“是故四營而成易，十有八變而成卦”聯繫起來

---

① 《經典釋文》。

看,才能瞭解。

分二,挂一,揲四,歸奇,是爲"四營"。"四營而成易",是説經過分二、挂一、揲四、歸奇,四度經營而成爲一易。一易就是一變,三變而成一爻,十有八變而成一卦。

三變,就是於一易之後,去掉挂一和再扐的總數,把餘剩的策合攏起來,仍舊按照分二、挂一、揲四、歸奇的辦法擺弄一次,是爲再易,亦即再變。然後再去掉挂扐的總數,把餘剩的策合攏起來,仍舊按照分二、挂一、揲四、歸奇的辦法擺弄一次,是爲三易,亦即三變。這時去掉挂扐總數,把餘剩的策,用四來數,其結果得出的數一定是七八九六,就成一爻。

一卦六爻,就是經過這樣六個三變,而得出來的。

《易·繫辭傳上》又説:

> 乾之策二百一十有六,坤之策百四十有四,凡三百有六十,當期之日。二篇之策萬有一千五百二十,當萬物之數也。

這是從蓍的角度,就《周易》全書來看的。乾坤二卦的總策數爲三百六十,象期之日,即一周年。上下二篇六十四卦總策數爲萬有一千五百二十,象萬物之數。在這裏,毫無疑問,也反映作《易》者的哲學思想。

依照筮法,九是由三十六策得出的。乾卦六爻皆九,爲六個三十六,所以是"二百一十有六"。依照筮法,六是由二十四策得出的。坤卦六爻皆六,爲六個二十四,所以是"百四十有四"。

二篇六十四卦,陰陽各半。爲九的一百九十有二,爲六的一百九十有二。六是由二十四策得出的,一百九十有二乘以二十四,爲四千六百零八策。九是由三十六策得出的,一百九十有二策乘以三十六,爲六千九百一十二。四千六百零八與六千九百一十二相加,則爲萬有一千五百二十。

2. 卦

《周易》是通過蓍和卦以爲卜筮之用,同時也反映作《周易》者的哲學思想。蓍之爲用在於數。在筮法中,所有天地之數、大衍之數,分二、挂一、揲四、歸奇以及七八九六,乃至乾之策二百一十有六,坤之策百四十有四,二篇之策萬有一千五百二十,都是數。卦之爲用在於畫(即符號)。在《周易》中,所有兩儀、四象、八卦、六十四卦、三百八十四爻,都是畫。表達思想爲什麼不用文字而用數和畫呢? 蓋取其抽象性。數和畫之爲用,在這裏與代數公式之用 abcd 相似。因爲用 abcd,就可以代入任何數字,具有普遍意義。

《易·繫辭傳上》説:

> 是故《易》有太極,是生兩儀,兩儀生四象,四象生八卦。

這是談八卦在産生和形成中所經歷的幾個階段。"太極"在這裏是作爲宇宙的根源提出的。"太極"也叫"太一",表示它是整體的一、絶對的一。這一點,在上文談"分而爲二以象兩"的時候,已經談過了。應當指出,這一觀點和老子的觀點是不同的,老子説:"道生一,一生二,二生三,三生萬物。"即老子認爲道是宇宙的根源,一不是宇宙的根源,一是由道産生出來的。老子又説:"天下萬物生於有,有生於無。"老子所説的無,相當於他所説的道;所説的有,相當於他所説的一。而《周易》的觀點則不然,《周易》認爲有是無始無終,並不是無産生有。馬克思主義哲學告訴我們,空間是無限的,時間是無限的,物質是不滅的。如果認爲宇宙是由道或無産生的,就是認爲空間是有限的,時間是有限的,物質不是不滅的了。顯而易見,《周易》的觀點是唯物的,而老子的觀點是唯心的。

太極生兩儀,就是一分爲二。"生"表明是發展。"儀"有匹配的意思,《詩·鄘風·柏舟》説:"實維我儀。"毛傳:"儀,匹也。"是其證。"兩儀"表明是對立的統一。列寧説:"統一物之分爲兩個部分以及對它的矛盾着的部分的認識,是辯證法的實質。"①可以作爲太極生兩儀這一觀點的最好説明。所以,不承認《周易》有辯證法思想,是不行的。

兩儀也叫陰陽,在卦畫中用"⚋"和"⚊"兩個符號來表示。這兩個符號同物理學中用以表示陰電和陽電的"－"號和"＋"號是一樣的,没有什麼神秘可説的。陰陽這一概念在哲學上本來同矛盾一樣,是具有普遍性的。既可以象天地,也可以象夫婦、君臣、晝夜、進退等等。但是在這裏則是象天地。其意義就是下文所説的"法象莫大乎天地"。

"兩儀生四象",這個生法也是一分爲二。四象爲太陰、少陽、少陰、太陽,用符號表示則爲⚏、⚎、⚍、⚌。下文説"變通莫大乎四時",四象在這裏實際是象四時。

"四象生八卦",這個生法也是一分爲二。八卦用符號表示,爲☷、☶、☵、☴、☳、☲、☱、☰,取名爲坤、艮、坎、巽、震、離、兑、乾。由於細胞形態的"⚋"和"⚊"在八卦中的分配不同,而形成八種不同的性質。這就是《説卦傳》所説的"乾,健也。坤,順也。震,動也。巽,入也。坎,陷也。離,麗也。艮,止也。兑,説也"。用此八卦作爲公式,則可以象無窮的事物。例如《説卦傳》所説"乾爲馬,坤爲牛,震爲龍,巽爲鷄,坎爲豕,離爲雉,艮爲狗,兑爲羊;乾爲首,坤爲腹,震爲足,巽爲股,坎爲耳,離爲目,艮爲手,兑爲口"等等。王弼《周易略例·明象》説:

> 是故觸類可爲其象,合義可爲其徵。義苟在健,何必馬乎?類苟在順,何必牛乎?爻苟合順,何必坤乃爲牛?義苟應健,何必乾乃爲馬?而或者定馬於乾,案文責卦,有馬無乾,則僞説滋漫,難可紀矣。互體不足,遂及卦變,

---

① 《列寧全集》第38卷第407頁。

變又不足，推致五行，一失其原，巧愈彌甚，縱復或值，而
義無所取。

王氏此論，最爲明通。可惜，言漢易者，固執己見，置若罔聞，遂令
説《易》者重縱貤繆，延至今日，此亦學術界一大憾事。

《易·繫辭傳上》説：

八卦而小成，引而伸之，觸類而長之，天下之能事畢
矣。顯道神德行，是故可與酬酢，可與祐神矣。

這是説六十四卦的形成和應用。

這裏的"八卦而小成"，同《易·繫辭傳下》説"八卦成列，象在
其中矣"所談的是一個問題，都是在談八卦。"引而伸之，觸類而長
之"同《繫辭傳下》説"因而重之，爻在其中矣"所談的也是一個問
題，都是在談六十四卦。由八卦發展爲六十四卦，是用"因而重之"
的辦法完成的。即在八卦中每一卦上面又重以八卦，遂成六十四
卦。用宋人所説的"加一倍法"，其結果雖然也可以形成六十四卦，
然而它不是《周易》的思想。"引而伸之"同"因而重之"是一個意
思，"觸類而長之"也應同"爻在其中矣"是一個意思，是指發展爲六
十四卦之後，又假借三百八十四爻來説明問題。

"天下之能事畢矣"是説《周易》所能做到的事情，至此已達到
完成。

"顯道神德行，是故可與酬酢，可與祐神矣"，是談《周易》六十
四卦的應用。《繫辭傳上》在另一個地方説："是以明於天之道而察
於民之故，是興神物，以前民用。"這裏所説的"顯道"應包括"天之
道"和"民之故"。所説的"神德行"應該就是"前民用"，或者如《繫
辭傳下》所説的"因貳以濟民行，以明失得之報"。"可與酬酢，可與
祐神"是説把它作爲"神物"，用作卜筮之用。《易·觀卦·象傳》説
"觀天之神道而四時不忒，聖人以神道設教而天下服矣"。《周易》
作爲卜筮之書，正是以神道設教，所以不承認卜筮是一種迷信的東

西，是不對的。因爲用以卜筮而否定它的哲學内容，也是不對的。《論語・述而》說："子曰：'加我數年五十以學《易》，可以無大過矣。'""無大過"，應該就是這個以神道設教的目的所在。

在《易・繫辭傳上》裏，有孔子的一段話，對於《周易》一書的内容，闡述得最爲詳明，兹摘録如下，並略加以申釋。

> 子曰："書不盡言，言不盡意。"然則聖人之意其不可見乎？子曰："聖人立象以盡意，設卦以盡情僞，繫辭焉以盡其言。變而通之以盡利，鼓之舞之以盡神。"

> 乾坤其《易》之緼邪？乾坤成列，而《易》立乎其中矣。乾坤毁，則無以見《易》。《易》不可見，則乾坤或幾乎息矣。

> 是故形而上者謂之道，形而下者謂之器，化而裁之謂之變，推而行之謂之通，舉而錯之天下之民，謂之事業。

> 是故夫象，聖人有以見天下之賾，而擬諸其形容，象其物宜，是故謂之象。聖人有以見天下之動，而觀其會通，以行其典禮，繫辭焉，以斷其吉凶，是故謂之爻。

> 極天下之賾者存乎卦，鼓天下之動者存乎辭，化而裁之存乎變，推而行之存乎通，神而明之存乎其人。默而成之，不言而信，存乎德行。

這段話大意是說《周易》作者爲了彌補"書不盡言，言不盡意"的缺憾，所以采取了"立象以盡意，設卦以盡情僞，繫辭焉以盡其言，變而通之以盡利，鼓之舞之以盡神"等辦法。

其實，"立象"也包括"設卦"，"盡情僞"也是"盡意"。"變而通之"同《易・繫辭傳下》說《易》窮則變，變則通"是一個意思。這個"變"是說爻本不吉，可以變而爲吉。不吉，是窮；變而爲吉，是通。當然也有爻雖吉，可以變而爲凶的。不過，用《易》主要是爲趨吉避凶，所以說"變而通之以盡利"。王弼《周易略例・明卦適變通爻》

説：“夫卦者時也，爻者適時之變者也。夫時有否泰，故用有行藏，卦有小大，故辭有險易。一時之制，可反而用也，一時之吉，可反而凶也。故卦以反對，而爻亦皆變，是故用無常道，事無軌度，動静屈伸，唯變所適。”我看王弼這段話説的很好，可以用作理解“變而通之”的參考。

“鼓之舞之以盡神”這個神，就是“神物”的神，應該指蓍言。《莊子·人間世》有“鼓筴”二字，崔譔釋爲“揲蓍”，我看是對的。這裏的“鼓之舞之”，當也是指揲蓍來説的。

“乾坤其《易》之緼邪”是説《易》六十四卦已蘊藏在乾坤二卦之中。《易緯·乾鑿度》卷上説：“乾坤者，陰陽之根本，萬物之祖宗也。”這種説法非常對。“乾坤成列而《易》立乎其中矣”，和説“天地設位，而《易》行乎其中矣”，是一個意思，實際上是説《周易》六十四卦是乾坤二卦變化發展的結果。“乾坤毁，則無以見《易》”，是説完成了乾坤二卦發展變化的過程以後，《易》也不可見了。反過來説，“《易》不可見，則乾坤或幾乎息矣”。即《易》不可見，則乾坤二卦的發展變化也幾乎是止息了。

這一理解對不對呢？我看是對的。這一點，可以在《易傳》裏找到幾處證明。

第一，《繫辭傳下》説：

　　　子曰：“乾坤其《易》之門邪？乾，陽物也。坤，陰物也。陰陽合德而剛柔有體，以體天地之撰，以通神明之德。”

這個“《易》之門”同“《易》之緼”的意思，基本上相同，都是説乾坤二卦在六十四卦中的地位和作用。《繫辭傳上》在另一個地方説“是故闔户謂之坤，闢户謂之乾，一闔一闢謂之變，往來不窮謂之通”，可看作是這個門字的注腳。“一闔一闢，往來不窮”同“乾坤成列，而《易》立乎其中矣”的意思是一致的。“乾，陽物也。坤，陰物也。

陰陽合德而剛柔有體"的意思,實質上也是用另一種説法來説明"乾坤成列,而《易》立乎其中矣"的問題。又,《繫辭傳上》説:"是故剛柔相摩,八卦相盪,鼓之以雷霆,潤之以風雨,日月運行,一寒一暑,乾道成男,坤道成女。"同樣也是説明這個問題。

第二,《繫辭傳上》説:

> 乾之策二百一十有六,坤之策百四十有四,凡三百有六十,當期之日。二篇之策萬有一千五百二十,當萬物之數也。

這個乾坤之策當期之日,正説明乾坤二卦是"《易》之緼"、"《易》之門"。其餘,則是"日月運行,一寒一暑,乾道成男,坤道成女",或者説,"陰陽合德而剛柔有體"。"二篇之策",也就是六十四卦之策。"當萬物之數",也就是"以體天下之撰,以通神明之德",也就是"乾坤成列,而《易》立乎其中矣"。

第三,《序卦》説:

> 有天地,然後萬物生焉。

這個"有天地",就是指乾坤二卦來説的。"然後萬物生焉"也就是"乾坤成列,而《易》立乎其中矣"。這個"萬物"同"當萬物之數"的"萬物"是一個東西,都是説它是乾坤二卦發展變化的結果。所謂"一闔一闢謂之變,往來不窮謂之通",也是説明這個問題。例如《序卦》説:"物生必蒙,故受之以蒙。蒙者蒙也,物之稚也。物稚不可不養也,故受之以需。需者飲食之道也,飲食必有訟,故受之以訟。訟必有衆起,故受之以師。師者衆也,衆必有比,故受之以比……"這個"必……故受之……"或"不可不……故受之以……"的公式,實際上就是"一闔一闢謂之變,往來不窮謂之通"這一思想的具體反映。也就是所謂"《易》窮則變,變則通"。

《雜卦》説:

　　既濟,定也。

既濟"剛柔正而位當"應是"定也"的具體内容。這個"定也",我認爲就是乾坤二卦的發展變化到此結束,也就是"乾坤毀則無以見《易》,《易》不可見,則乾坤或幾乎息矣"。説"幾乎息",實際上是沒有息,也不可能息。這一思想在未濟一卦表現出來。未濟位於六十四卦之末,剛柔都不正,都不當位。《序卦》説:"物不可窮也,故受之以未濟終焉。"這正説明《周易》作者認爲宇宙的運動不會止息。未濟在六十四卦中所處的地位,正表明是舊的運動過程已經終結,新的運動過程又將開始。所以孔子説"或幾乎息矣",這樣説是很有分寸的。

　　"形而上者"是指抽象的東西,不能用感覺器官來認識。道是規律,它是抽象的東西,不能用感覺器官來認識,所以是形而上的。這個"形而上"同我們今日在哲學上所説的"形而上學"的"形而上",不是一回事。"形而下者"是指具體的東西,可以用感覺器官來認識。器,包括一切有形的東西,都是可以用感覺器官認識的,即都是形而下者。

　　"化而裁之謂之變",這個"化"是由舊質變爲新質。"裁"是制裁或裁成。變爲新質時,需要有一套新辦法,這套新辦法,對於舊辦法來説,就是裁。舉例説,六十四卦震下爲艮,《序卦》説:"震者,動也,物不可以終動,止之故受之以艮。""終動"就是窮,"止之"就是裁,"受之以艮"就是化。具體説,所謂"變",包括化與裁兩方面的内容。

　　"推而行之謂之通","推"字應依"寒暑相推而歲成焉"的推字作解,是推移的意思。"推而行之"就是把變了以後的東西拿來實行,這樣做就變窮爲通了。通是暢行無阻的意思。

　　"舉而錯之天下之民謂之事業",就是把變則通的東西拿來向天下之民貫徹執行。

　　"是故夫象,聖人有以見天下之賾,而擬諸其形容,象其物宜,是故謂之象”,這是對《周易》裏所使用的象這個概念的解釋。

　　“有以見天下之賾,而擬諸其形容,象其物宜”,同《史記·司馬相如傳》所説的“《易》本隱以之顯”是一個意思。賾就是隱,由於理論是抽象的,不能用感覺器官來認識,所以是“隱”。但是“擬諸其形容,象其物宜”,即用“象”表現出來,就變成“顯”了。所以《周易》裏的象,並不是任意虛構的東西,而是有客觀實際作爲它的反映對象。這個客觀實際是《周易》作者經過研究所得出的。“聖人有以見天下之賾”,其具體內容就是“仰則觀象於天,俯則觀法於地,觀鳥獸之文與地之宜,近取諸身,遠取諸物”。有人把這一點看成是唯心的東西,是不對的。

　　“聖人有以見天下之動,而觀其會通以行其典禮,繫辭焉以斷其吉凶,是故謂之爻”,這是對《周易》中的爻的説明。

　　《繫辭傳下》説:

　　　　《易》之爲書也,廣大悉備,有天道焉,有人道焉,有地道焉,兼三材而兩之故六。六者非它,三材之道也。道有變動故曰爻。

　　又説:

　　　　爻也者效天下之動者也,是故吉凶生而悔吝著也。

　　《繫辭傳上》説:

　　　　六爻之動,三極之道也。

　　又説:

　　　　《易》有聖人之道四焉:……以動者尚其變。

　　又説:

　　　　六爻之義,易以貢。

　　《繫辭傳下》説:

> 夫乾確然示人易矣,夫坤隤然示人簡矣。爻也者,效
> 此者也,象也者,像此者也。爻象動乎内,吉凶見乎外,功
> 業見乎變,聖人之情見乎辭。

綜觀上述言論可以看出,爻在《易》裏是效天下之動的。有動就產生變,有變就產生出吉凶悔吝。這一觀點同此處説的"有以見天下之動"是一致的。"觀其會通",就是觀動之會通。"會"如《莊子·養生主》庖丁所説的"每至於族"的"族","通"如庖丁所説的"彼節者有間"的"間"。用今天習用的哲學語言來説,"會"就是關節點,相當於質變,"通"則相當於量變。"典禮"是行爲規範,"觀其會通以行其典禮",是依照不同的情況采取不同的行動。

"繫辭焉以斷其吉凶",是説《周易》爻辭起的是指導人們行動的作用。《繫辭傳上》説:"吉凶者失得之象也。""得"就是成功,"失"就是失敗,"斷其吉凶"就是指出成功或失敗。

"極天下之賾者存乎卦,鼓天下之動者存乎辭,化而裁之存乎變,推而行之存乎通",是説卦、爻、變、通四者起的是不同的作用。韓康伯注説"辭,爻辭也",是對的。

"神而明之,存乎其人。默而成之,不言而信,存乎德行",是指用《易》來説的。

"神而明之存乎其人",是説用《易》則見仁見智,因人而異,如果能做到神而明之,這就在人而不在《易》了。

"默而成之,不言而信,存乎德行",同《荀子·大略》説"善爲《易》者不占",是一個意思。"默"是不聲不響,"成"是成就。"不言而信"則是"默而成之"的效驗。這是學《易》有得,使自己的一舉一動都與《易》理暗合,從而形成一個人的德行。

3.辭

《易》的應用,是先用蓍以求數,得數以定爻,累爻而成卦,因卦以成辭。因此,對蓍和卦作了説明之後,有必要再對辭的問題加以説明。

《繫辭傳上》説：

　　聖人設卦觀象繫辭焉而明吉凶。

又説：

　　繫辭焉，所以告也。定之以吉凶，所以斷也。

這就是説，繫辭是由觀象產生出來的。繫辭的作用在明吉凶，吉凶是斷語，爲什麽得吉凶，則由繫辭作説明。

　　吉凶是簡語，詳細説，應爲吉凶悔吝无咎，這幾種名稱應是自古以來即爲卜筮的專用術語，其意義當如《繫辭傳上》所説：

　　吉凶者，言乎其失得也。悔吝者，言乎其小疵也。无
　咎者，善補過也。

蔡淵説："吉凶悔吝无咎，即卦與爻之斷辭也。失得者，事之已成著者也。小疵者，事之得失未分，而能致得失者也。善補過者，先本有咎，脩之則可免咎也。"（見《〈周易〉折中》引）這樣解釋是正確的。

　　那末，根據什麽來判斷吉凶呢？用兩個字來回答，就是"觀象"。但是，怎樣觀象？觀哪些象？則不是幾個字能回答的，還需要作詳細的説明。

　　首先，要知道"卦者，時也；爻者，適時之變者也"。這就是説《周易》六十四卦中的每一卦都代表一個特定的歷史時代、時期或某一社會。一卦有六爻，爻的作用在於適時之變。

　　怎樣"適時之變"？這就需要知道《周易》裏的一些規定。這些規定就是：

　　位。一卦六爻，由下向上，爲初、二、三、四、五、上六位。

　　內、外。一個六畫卦是由兩個三畫卦重合而成，下一個三畫卦爲內，上一個三畫卦爲外。

　　比、應。兩爻相鄰的爲比。初與四，二與五，三與上，如果是異類，即陰與陽或陽與陰爲應。

承、乘。上一爻對下一爻來説爲乘,下一爻對上一爻來説爲承。陰乘陽爲逆,陰承陽爲順。

當位。初、三、五爲陽位,二、四、上爲陰位。陰爻居陰位,陽爻居陽位,爲當位;反之,爲不當位。

王弼《周易略例·明卦適變通爻》説:

> 夫應者,同志之象也。位者,爻所處之象也。承乘者,逆順之象也。遠近者,險易之象也。內外者,出處之象也。初上者,始終之象也。是故雖遠而可以動者,得其應也;雖險而可以處者,得其時也;弱而不懼於敵者,得所據也;憂而不懼於亂者,得所附也;柔而不憂於斷者,得所御也。雖後而敢爲之先者,應其始也;物競而獨安於靜者,要其終也。

王氏這樣解釋是對的。

《繫辭傳下》也有關於這類問題的説明,例如説:

> 《易》之爲書也,原始要終以爲質也。六爻相雜,唯其時物也。其初難知,其上易知,本末也。初辭擬之,卒成之終。若夫雜物撰德,辨是與非,則非其中爻不備。噫,亦要存亡吉凶,則居可知矣。智者觀其象辭,則思過半矣。二與四同功而異位,其善不同,二多譽,四多懼,近也。柔之爲道,不利遠者,其要无咎,其用柔中也。三與五同功而異位,三多凶,五多功,貴賤之等也。其柔危,其剛勝邪?

"原始要終"是就《周易》全書來説的,"原始"是説乾坤是六十四卦的開始,"要終"是説既濟未濟是六十四卦的終結。

"六爻相雜,唯其時物也",是就六十四卦的每一卦來説的,這個"六爻相雜",既表明六十四卦是六爻相雜,也表明每一卦是六爻相雜。"唯其時物"的"時",就是"卦者時也"的時。即每一卦都代表整個發展鏈條中的一個環節。"物"則是"物以群分"的物,亦即"二篇之策萬有一千五百二十,當萬物之數也"的物。"六爻相雜,唯其時物也"這句話的整個意思,是就《周易》六十四卦三百六十四爻所象徵或所反映的內容來說的。

"其初難知,其上易知,本末也。初辭擬之,卒成之終"是指每一卦的初、上兩爻來說的。《周易》作者於初爻繫什麼辭,是很難知道的。已知道初爻繫辭,則上爻繫什麼辭就容易知道了,因爲這是本末的關係。《周易》作者於初爻擬議時,已決定談某一問題,則上爻所談的不過是這一問題的完成或終了,自然就容易知道了。

"若夫雜物撰德,辨是與非,則非其中爻不備",這是就每一卦的中間四爻,即二、三、四、五這四爻來說的。"雜物撰德"是說這四爻代表極爲複雜的人物和特性,根據它們不同的關係和行動以辨別是和非。假如沒有這中間四爻,光有初上兩爻,是不完備的。

"噫,亦要存亡吉凶,則居可知矣",是說有了初、上和中間四爻,用於卜筮,其爲存亡吉凶,居然可知了。

"智者觀其彖辭,則思過半矣",這是因爲"凡彖者統論一卦之體者也,象者各辨一爻之義者也"(王弼《周易略例下》)。彖是卦辭,象是爻辭,彖是一卦的總說明,象是一卦六爻的個別說明。所以,智者即天資聰穎的人,一看過卦辭,就可以對全卦的意思有多一半的瞭解。

"二與四同功而異位,其善不同,二多譽,四多懼,近也。柔之爲道,不利遠者,其要无咎,其用柔中也","二與四"是一卦中的第二和第四兩爻。"同功"是指同居陰位。"異位"是對五而言。五象君位,所謂"卑高以陳,貴賤位矣"。二距五遠,四距五近,這是異位。總結全《易》通例,二多譽,四多懼,原因是四距五近。逼近於君,故多懼。二距五遠,所以多譽。"柔之爲道,不利遠者,其要无咎,其用柔中也",是說二處陰位,距五又遠,本是不利,然而終得无咎,原因是二柔居中。

"三與五同功而異位,三多凶,五多功,貴賤之等也。其柔危,
其剛勝邪?"這是説明三與五兩個爻的問題。三與五都是陽位,所
以是同功。"異位"是從貴賤的意義來説的。五在上,處貴位;三在
下,處賤位。"五多功",由於處貴位;"三多凶",由於處賤位。總的
來説,以陰柔處三五陽位,有危險。以陽剛處三五陽位,則能勝任
而不危。

關於《周易》文辭的特點,《繫辭傳下》也有説明。原文説:

> 其稱名也小,其取類也大,其旨遠,其辭文,其言曲而
> 中,其事肆而隱。

"其稱名也小,其取類也大"是就卦名來説的。例如卦名有井、
鼎、訟、噬嗑等等,這是"稱名也小"。然而這是用它們作爲同類問
題的代表提出的,從其意義和範圍來説,則是很大的。

"其旨遠,其辭文,其言曲而中,其事肆而隱",是就全《易》的卦
辭和爻辭來説的。大意是説卦辭、爻辭這種文字和一般的論説文、
記敘文不同,其特點是用意深遠,使辭有文采。"言"是講道理,
"事"是舉事實,講道理使用的是隱曲的語言,然而能切中肯綮;舉
事實,當然是最明顯不過了,然而裏邊蘊含着深刻的意義。

把上文總結一下,可以這樣説,《周易》是周人卜筮之書,其目
的則在於以神道設教。《繫辭傳下》説:"《易》之興也,其當殷之末
世,周之盛德邪? 當文王與紂之事邪?"這是《周易》作於周人的證
明。關於《周易》是以神道設教的説法,焦循《易圖略》早已有見及
此。我認爲《周易》以神道設教同周人事鬼敬神而遠之的思想是一
致的,表明周人並不是真的相信有鬼神,而是利用鬼神爲當時的政
治服務。

《周易》之爲用,是通過蓍、卦、辭三者來實現的。《繫辭傳上》
説:"是故蓍之德圓而神,卦之德方以知,六爻之義易以貢。"這就是
説明三者在《周易》中的不同作用。

《繫辭傳上》説：

  是以明於天之道而察於民之故，是興神物以前民用。

“神物”是指著説的。《説卦》説：“昔者聖人之作《易》也，幽贊於神明而生著。”可以看作著就是所謂“神物”的具體説明。

“明於天之道”，我們可以從著和卦所反映的哲學思想明顯地看得出來。

“察於民之故”，則在卦辭爻辭中所用以制斷吉凶的標準上可以看得相當清楚。

《繫辭傳上》説《易》與天地準，故能彌綸天地之道”以及著的“分而爲二以象兩”和卦的“《易》有太極，是生兩儀”等等，實際上這就是“明於天之道”的事實。

《説卦》説“發揮於剛柔而生爻，和順於道德而理於義，窮理盡性以至於命”，“立人之道曰仁與義”。這個道德、性命、仁義等等，也可以看作是“察於民之故”的具體内容。

關於“明於天之道”的問題，上文在著與卦兩個小標題内已經談得很多了，没有必要在這裏重複。這裏準備就“察於民之故”問題再補充一些意見。

我們知道，“殷道親親，周道尊尊”是殷周二代思想的特點，《歸藏》首坤次乾，《周易》首乾次坤，則是這一特點的具體反映。基於這個認識，則《繫辭傳》開宗明義所説的“天尊地卑，乾坤定矣。卑高以陳，貴賤位矣”，就不能等閑視之，而應看到它正是在着重説明《周易》首乾次坤和特别强調等級階級關係的嶄新意義。

首乾次坤的思想，實際上是一個綱，貫穿在《周易》全書之中。在《周易》六十四卦的卦辭和爻辭中，所有一切尊君卑臣、尊父卑子、尊夫卑妻、尊貴卑賤以及後儒所説的“扶陽抑陰”等等，都是首乾次坤這一思想在不同條件下的表現。

不僅如此，例如屯卦講立君，蒙卦講設教，訟卦講訴訟，師卦講用兵,噬嗑講用獄,以及泰後有否,剝後有復,這都是最明顯的例子。則説"察於民之故",不是没有根據的了。

當然,《周易》是卜筮之書,卜筮就不能不乞靈於神物,這是没有問題的。然而這個"神物"是在"明於天之道而察於民之故"的基礎上制作出來的。用它"以前民用",這就與一般的宗教迷信不同,而是真正能起到"前民用"即指導人們的行動的作用。

所以,應當承認,《周易》是以神道設教。我們讀《周易》,不要被表面現象所迷惑,而要看到它的精神實質。《周易》實作於周初,它真實地反映了周人的思想特點。從其内容來看,既談天道,又談人事,是相當豐富的,水平是很高的。中華民族之有《周易》,是中華民族的驕傲。有人極力否定它,醜化它,是没有道理的。

四、《洪範》

《洪範》是《尚書》中的一篇。據説周武王滅殷之後,訪問殷遺臣箕子,箕子爲周武王陳《洪範》,後人編入《尚書》。

《洪範》是大法的意思。内分九章,號稱洪範九疇。由於本篇是殷遺臣所述,古書中徵引時多稱爲《商書》。又由於它是周武王滅殷以後寫出來的,所以《尚書》把它列入《周書》。

本篇以洪範命名,表明内容無所不包。實際上它是殷周之際,箕子對中國古代科學文化所作的總結。其中談了自然的問題,也談了社會的問題,并且談了自然和社會之間的關係。具體説:

1. 五行

五行作爲表述水、火、木、金、土五種事物的概念,起源很早。《左傳》昭公二十九年蔡墨説:

　　故有五行之官,是謂五官,實列受氏姓,封爲上公,祀爲貴神。社稷五祀,是尊是奉。木正曰句芒,火正曰祝融,金正曰蓐收,水正曰玄冥,土正曰后土。

蔡墨所説"五行之官"，顯然是原始社會。又，《左傳》文公七年郤缺引《夏書》有：

> 水火金木土穀，謂之六府。

則夏代雖無五行之名，已有五行之實。可見五行這個概念並不自《洪範》始。但《洪範》説：

> 五行，一曰水，二曰火，三曰木，四曰金，五曰土。水曰潤下，火曰炎上，木曰曲直，金曰從革，土爰稼穡。潤下作鹹，炎上作苦，曲直作酸，從革作辛，稼穡作甘。

即把整個自然界用水、火、木、金、土作標誌區分爲五類，並進一步指出其不同的性質和作用，亦即把五行看成具有哲學意義，則是自《洪範》始。

2. 五事

《洪範》説：

> 五事，一曰貌，二曰言，三曰視，四曰聽，五曰思。貌曰恭，言曰從，視曰明，聽曰聰，思曰睿（睿字今文作容）。恭作肅，從作乂，明作哲，聰作謀，睿作聖。

五事是把五行的分類法推廣於人事。這種辦法雖然不見得科學，看來也是有意義的。

3. 八政

《洪範》説：

> 八政：一曰食，二曰貨，三曰祀，四曰司空，五曰司徒，六曰司寇，七曰賓，八曰師。

八政概括了當時國家的全部行政部門。

值得注意的，八政把食放在首位。古語説，"國以民爲本，民以食爲天"。《洪範》把食放在首位，證明當時已充分認識到食的重要性。

《漢書·食貨志》説：

> 《洪範》八政，一曰食，二曰貨。食謂農殖嘉穀可食之物，貨謂布帛可衣及金刀龜貝，所以分財布利通有無者也。

《食貨志》的解釋，自可信據。八政貨次於食，居第二位，正確地反映了私有制的特點。

次於食貨的是祀。從"殷人尊神，率民以事神"（《禮記·表記》）和周人説"國之大事在祀與戎"（《左傳》成公十三年）看來，則祀居第三位是符合當時的歷史情況的。

司空、司徒、司寇三者是國家執行社會職能和階級壓迫的主要工具，故次於祀而居於第四、第五、第六位。

七爲賓是處理王室與諸侯及諸侯與諸侯之間的關係的機關。八爲師，相當於後世的兵部。在階級社會衆國林立的情況下，這兩種機關是不可缺少的。由於意在對外，故二者在八政中居於最末。

4. 五紀

《洪範》説：

> 五紀，一曰歲，二曰月，三曰日，四曰星辰，五曰曆數。

五紀是天文曆法上的事，屬於自然科學範圍。天文曆法在當時最切民用，故特列爲一疇。這裏的"曆數"當即《論語·堯曰》"天之曆數在爾躬"的曆數，俱指朔政而言。《周禮·春官·太史》説：

> 正歲年以序事，頒之於官府及都鄙，頒告朔於邦國。

可能就是這個東西。

5. 皇極

"皇極"應從《洪範五行傳》作"王極"。皇、王二字雖然都是君稱，但在夏商周三代，天子例皆稱王，無稱皇者，文内有"天子作民父母,以爲天下王"即其證。

王極在《洪範》九疇中位居第五。如果説周武王訪問箕子,箕子爲陳《洪範》,則王極一疇正是箕子回答問題的中心所在。

王極的意思,略同君道。《荀子·君道》説:"君者儀也,民者影也,儀正則影正。君者槃也,民者水也,槃圓則水圓。"王極的極字,就有儀表的意思。

王極開頭一句説"王建其有極",意思就是説人君應爲臣民樹立一個儀表。

"斂時五福,用敷厥庶民,惟時庶民於汝極,錫汝保極。"意思是説,王把壽、富、康寧、攸好德、考終命等五福給與庶民,庶民就承認你這個儀表,並與你保持這個儀表。

"凡厥庶民,無有淫朋,人無有比德,惟王作極。"是説臣民没有朋比爲姦,是由於王在起儀表作用。

"凡厥庶民,有猷,有爲,有守,汝則念之。不協於極,不罹於咎,王則受之,而康而色,曰'予攸好德',汝則錫之福。時人斯其惟王之極。"這裏提出三等人有三等對待辦法:第一等是有猷有爲有守的,你要把它記在心裏;第二等是既不符合標準,也不陷入罪戾,王應該寬容它,引導它達到標準;第三等是好德形諸顏色的人,你要給它福。這樣做,王自然會成爲人民的儀表。

"無虐煢獨,而畏高明。人之有能有爲,使羞其行,而邦其昌。"是説不要欺壓孤苦的,不要懼怕顯貴的。有能力有作爲的人,要進用,使他施展。這樣,你的國家就能昌盛。

"凡厥正人,既富方穀。汝弗能使有好於而家,時人斯其辜;於其無好德,汝雖錫之福,其作汝用咎。"孫星衍説"正人"是"在位之正長",當不誤。"富"是指爵禄來説的。"穀"是有善行。這段話大意是從對待政府官員的角度來説的。認爲一般説,爵禄與事功成正比,你不肯以爵禄授人,容易使人犯罪。但是,你如果把爵禄授與品德不好的人,他也會給你做壞事。

　　"無偏無頗,遵王之義。無有作好,遵王之道。無有作惡,遵王之路。無偏無黨,王道蕩蕩。無黨無偏,王道平平。無反無側,王道正直。會其有極,歸其有極。"這就是下文所説的"王極之敷言",用韻語反復説明要正確地遵照王所指引的道路行事,共同會歸於王極。

　　"曰王極之敷言,是彝是訓,於帝其訓,凡厥庶民,極之敷言,是訓是行,以近天子之光。曰:天子作民父母,以爲天下王。""王極之敷言,是彝是訓,於帝其訓",是從人君一方面説的。"帝"應作君解,謂人君亦當不違背王極之敷言。"凡厥庶民,是訓是行,以近天子之光",是從庶民一方面説的,意謂庶民要遵行王極之敷言。"天子作民父母,以爲天下王",是《王極》一疇結語,意思是説天子爲天下王,應爲人民之父母。

　　6.三德

　　《洪範》説:

　　　　三德,一曰正直,二曰剛克,三曰柔克。平康正直,强弗友剛克,燮友柔克。沈潛剛克,高明柔克。惟辟作福,惟辟作威,惟辟玉食。臣無有作福、作威、玉食。臣之有作福、作威、玉食,其害於而家,凶於而國,人用側頗僻,民用僭忒。

三德疇分前後兩部分。前一部分專言"三德"。三德爲正直、剛克、柔克三種。三德這部分談的是教育問題,大意是承認人的稟賦不同,教育的方法在補偏救弊,長善而救其失。後一部分言人君大權不能旁落。"作威"從罰一方面説,"作福"從賞一方面説,"玉食"從生活一方面説。在這三個方面,人君都要大權獨攬,不能轉讓與人臣。如果轉讓與人臣,對國家對人民就有説不完的禍害。

　　7.稽疑

　　稽疑依靠卜筮,即乞靈於蓍龜,這一點不能不是時代的反映。

但説"汝時有大疑,謀及乃心,謀及卿士,謀及庶人(按當作"庶民",與下文一律)",證明並不是專聽命於卜筮。

8. 庶徵

《洪範》説:

> 庶徵:曰雨,曰暘,曰燠,曰寒,曰風。曰時五者來備,各以其敍,庶草蕃廡。一極備,凶。一極無,凶。
>
> 曰休徵:曰肅,時雨若;曰乂,時暘若;曰哲,時燠若;曰謀,時寒若;曰聖,時風若;曰咎徵:曰狂,恒雨若;曰僭,恒暘若;曰豫,恒燠若;曰急,恒寒若;曰蒙,恒風若。

漢時經師都用天人相感來解釋庶徵,例如《尚書大傳·五行傳》説"貌之不恭是謂不肅,厥罰恒雨"之類即是。其誤在釋"若"爲順。曾運乾《尚書正讀》説:

> 若,譬況之詞。位於句末,如《易·離卦》"出涕沱若,戚嗟若",言出涕若沱,戚若嗟也。《詩·氓》"桑之未落,其葉沃若",言其葉若沃也。本文"曰肅時雨若"猶《孟子》言"若時雨降"也。

曾氏之説,最爲得實,足破舊説之謬。實際上《洪範》"庶徵"是説肅、乂、哲、謀、聖五者是休徵,狂、僭、豫、急、蒙五者是咎徵。五休徵若時雨、時暘、時燠、時寒、時風,五咎徵若恒雨、恒暘、恒燠、恒寒、恒風。所謂"時",就是"五者來備,各以其敍"。所謂"恒",就是"一極備,一極無"。哪裏有什麽天人感應之事?

> 曰王省惟歲,卿士惟月,師尹惟日。
>
> 歲月日時無易,百穀用成,乂用明,俊民用章,家用平康。
>
> 日月歲時既易,百穀用不成,乂用昏不明,俊民用微,家用不寧。庶民惟星。星有好風,星有好雨。

日月之行，則有冬有夏，月之從星，則以風雨。

這段文字當與"五紀"參看。"王省惟歲，卿士惟月，師尹惟日"所談的就是曆數問題。王每歲頒朔，所以所省的，亦即所注意、所考慮的是一歲的事。卿士包括諸侯，每月告朔，所以所省的是一月的事。《左傳》桓公十七年説：

　　天子有日官，諸侯有日御。日官居卿以底日，禮也。
日御不失日以授百官於朝。

《左傳》所説的正是師尹省日之事。"歲月日時無易"，王和卿士、師尹各司其職，國家、人民、百穀各方面都將産生好的結果。反之，即都將産生不好的結果。

　　"庶民惟星"是説庶民爲朔政所不及，故所觀察的衹是星宿。由觀察星宿而知冬夏知風雨。冬夏風雨當然是農事所最重視的。
　　9.五福　六極
　　《洪範》説：

　　五福：一曰壽，二曰富，三曰康寧，四曰攸好德，五曰
考終命。
　　六極：一曰凶短折，二曰疾，三曰憂，四曰貧，五曰惡，六
曰弱。

五福、六極雖然是個人的事，但在《洪範》中，也應從政治上來理解。篇首説"次九曰嚮用五福，威用六極"，三德説"惟辟作福，惟辟作威"。可見，五福、六極之在《洪範》，如《周禮·天官·太宰》之有八柄。八柄"一曰爵，以馭其貴；二曰禄，以馭其富；三曰予，以馭其幸；四曰置，以馭其行；五曰生，以馭其福；六曰奪，以馭其貧；七曰廢，以馭其罪；八曰誅，以馭其過"，意思都是説人君掌握臣民的命運。

　　總的看來，《洪範》是一篇綱領性文件，它是箕子在當時對自然

社會所做出的全面的、歷史的總結。這篇作品對後世有很大影響，應當引起研究中國古代思想史同志的重視。

西周的思想家

一、周公旦

周公旦是周文王之子，周武王之弟。他在殷、周二代交替之際，對於西周政權的建立和鞏固，起過卓越的作用，對後世有深遠的影響。現在袛就有關思想方面談兩個問題。

1. 周公極重視總結歷史經驗教訓

《尚書》之《康誥》、《酒誥》和《梓材》三篇都是周公誥康叔文。《酒誥》説：

> 古人有言曰："人無於水監，當於民監。"今惟殷墜厥命，我其可不大監撫於時？

這一觀點也見於同書《召誥》。《召誥》召公述周公語説：

> 我不可不監於有夏，亦不可不監於有殷。我不敢知曰，有夏服天命，惟有歷年。我不敢知曰，不其延，惟不敬厥德，乃早墜厥命。我不敢知曰，有殷受天命，惟有歷年。我不敢知曰，不其延，惟不敬厥德，乃早墜厥命。今王嗣受厥命，我亦惟茲二國命，嗣若功。

又《詩·大雅·文王》也有類似的言論。例如説：

> 殷之未喪師，克配上帝。宜鑒於殷，駿命不易。

《論語·八佾》説：

> 子曰："周監於二代，郁郁乎文哉！吾從周。"

從上述一些材料看,周公重視總結歷史經驗教訓這一點,不但有言論,并且付諸實踐。無疑這是把歷史看作是不斷發展的,後人總是在批判繼承前人事業的基礎上繼續前進。這一思想,在西周之初,周公明確地提出來,肯定説是寶貴的。

2.周公不是宿命論者,不相信鬼神

《尚書·康誥》周公誥康叔説:

> 惟命不於常。

《禮記·大學》引此語後説:

> 道善則得之,不善則失之矣。

《詩·大雅·文王》也説:

> 侯服於周,天命靡常。

證明不但周公不是宿命論者,周初詩人受周公思想的影響,也不是宿命論者。

《荀子·儒效》説:

> 武王之誅紂也,行之日以兵忌,東面而迎太歲,至汜而泛,至懷而壞,至共頭而山隧。霍叔懼曰:“出三日而五災至,無乃不可乎?”周公曰:“刳比干而囚箕子,飛廉、惡來知政,夫又惡有不可焉?”遂選馬而進,朝食於戚,暮宿於百泉,厭旦(俞樾説:“厭旦當作旦厭。厭讀爲壓。”)於牧之野。鼓之而紂卒易鄉,遂乘殷人而誅紂。

根據這條材料來看,則周公肯定不相信鬼神。《尚書大傳》説:“周公攝政六年制禮作樂,七年致政成王。”則孔子説“周人尊禮尚施,事鬼敬神而遠之”,即有周一代思想的形成,與周公個人的思想有重大關係。因此,周公在西周的思想家中,無可爭辯地是有特殊地位的。

二、史佚

史佚也稱尹佚或尹逸,在周初與周公、太公、召公並稱四聖。其事迹和言論,雜見於《逸周書》、《大戴禮》、《禮記》、《左傳》、《國語》諸書,應該肯定,是周初一個著名的思想家。

《尚書·洛誥》有"王命作册逸祝册",王國維説:"作册,官名;逸,人名。"又説:"此云作册逸,猶他書云史佚、尹佚矣。"①

《逸周書·克殷》説:

尹佚筴曰:……乃命南宫百達、史佚遷九鼎三巫。

又《世俘》説:

武王降自車,乃俾史佚繇書於天號。

《大戴禮·保傅》説:

《明堂之位》曰,篤仁而好學,多聞而道慎,天子疑則問,應而不窮者,謂之道;道者,導天子以道者也;常立於前,是周公也。誠立而敢斷,輔善而相義者,謂之充;充者,充天子之志也;常立於左,是太公也。絜廉而切直,匡過而諫邪者,謂之弼;弼者,拂天子之過者也;常立於右,是召公也。博聞强記,接給而善對者,謂之承;承者,承天子之遺忘者也;常立於後,是史佚也。故成王中立而聽朝,則四聖維之,是以慮無失計,而舉無過事。

《史記·天官書》説:

昔者傳天數者,高辛之前重黎,於唐虞羲和,有夏昆吾,殷商巫咸,周室史佚、萇弘。

---

① 《觀堂集林·洛誥解》。

《禮記·曾子問》説：

　　　曾子問曰："下殤土周，葬於園，遂輿機而往，途邇故也。今墓遠，則其葬也如之何？"孔子曰："吾聞諸老聃曰，昔者史佚有子而死，下殤也，墓遠。召公謂之曰：'何以不棺斂於宮中？'史佚曰：'吾敢乎哉！'召公言於周公。周公曰：'豈不可？'史佚行之。下殤用棺衣棺，自史佚始也。"

以上是史佚事迹之見於古書者。

《左傳》僖公十五年説：

　　　且史佚有言曰："無始禍，無怙亂，無重怒。重怒難任，陵人不祥。"

又，文公十五年説：

　　　史佚有言曰："兄弟致美，救乏賀善，吊災，祭敬，喪哀，情雖不同，毋絶其愛，親之道也。"

又，宣公十二年説：

　　　君子曰：史佚所謂"毋怙亂"者，謂是類也。

又，成公三年説：

　　　《史佚之志》有之曰："非我族類，其心必異。"

又，昭公元年説：

　　　史佚有言曰："非羈何忌。"

《國語·周語下》説：

　　　昔史佚有言曰："動莫若敬，居莫若儉，德莫若讓，事莫若咨。"

以上是史佚的言論之見於《左傳》、《國語》二書者。

特別是史佚留有《史佚之志》，春秋時人經常把它當作經典來引用。我們雖然還不能窺見其全貌，但説史佚是西周初年一個著名的思想家，則是没有問題的。

三、史伯

史伯是西周末期人。《國語·鄭語》記有鄭桓公與史伯一段對話，其中談到和與同的問題，裏邊包含有辯證法思想，對後世有很大影響。兹特移録如下。

公（鄭桓公）曰：周其弊乎？對曰：殆於必弊者也。

《泰誓》曰：民之所欲，天必從之。

今王弃高明昭顯，而好讒慝暗昧；惡角犀豐盈，而近頑童窮固，去和而取同。

夫和實生物，同則不繼。以它平它謂之和，故能豐長而物歸之。若以同禆同，盡乃棄矣。

故先王以土與金木水火雜，以成百物。是以和五味以調口，剛四支以衛體，和六律以聰耳，正七體以役心，平八索以成人，建九紀以立純德，合十數以訓百體，出千品，具萬方，計億事，材兆物，收經入，行姟極。故王者居九畡之田收經入以食兆民，周訓而能用之，和樂如一。夫如是，和之至也。

於是乎先王聘后於異姓，求財於有方，擇臣取諫工而講以多物，務和同也。聲一無聽，物一無文，味一無果，物一不講。王將棄是類也，而與剸同，天奪之明，欲無弊得乎？

關於和同的問題，春秋時齊晏子、魯孔子也曾談過。

《左傳》昭公二十年説：

齊侯至自田，晏子侍於遄臺，子猶馳而造焉。

公曰：“唯據與我和夫！”

晏子對曰：“據亦同也，焉得爲和？”

公曰：“和與同異乎？”對曰：“異。和如羹焉。水火醯醢鹽梅以烹魚肉，燀之以薪，宰夫和之，齊之以味，濟其不及，以洩其過。君子食之，以平其心。君臣亦然。君所謂可而有否焉，臣獻其否以成其可；君所謂否而有可焉，臣獻其可以去其否。是以政平而不干，民無爭心。故《詩》曰：‘亦有和羹，既戒既平，鬷嘏無言，時靡有爭。’先王之濟五味、和五聲也，以平其心，成其政也。聲亦如味，一氣，二體，三類，四物，五聲，六律，七音，八風，九歌，以相成也。清濁、小大、長短、疾徐、哀樂、剛柔、遲速、高下、出入、周疏，以相濟也。君子聽之，以平其心。心平，德和，故《詩》曰：‘德音不瑕。’今據不然。君所謂可，據亦曰可；君所謂否，據亦曰否。若以水濟水，誰能食之？若琴瑟之專一，誰能聽之？同之不可也如是。”

《論語·子路》説：

子曰：君子和而不同，小人同而不和。

史伯、晏子、孔子三人對和同問題的看法完全一致，而首先提出的則是史伯。史伯對和同問題的論述，與春秋時晏子的論述，可謂異曲同工，精闢無比。應當承認，史伯是西周末年一個出色的思想家。

（《史學集刊》1982 年第 1、2 期）

西周在哲學上的兩大貢獻

——《周易》陰陽説和《洪範》五行説

西周在中國哲學史上有兩個巨大的貢獻,一個是存在於《周易》一書裏的陰陽説,另一個是存在於《尚書·洪範》裏的五行説。前者代表古代樸素的辯證法思想,後者代表古代原始的唯物論思想。

一、《周易》裏的陰陽

關於《周易》成書的年代,《易·繫辭傳下》説:"《易》之興也,其當殷之末世,周之盛德邪? 當文王與紂之事邪?"從本書内有"王用享於岐山"(《升卦·六四》)和"箕子之明夷"(《明夷卦·六五》)來看,這種説法是對的。《易傳》是專爲解釋《周易》而作的,裏邊對於《周易》所作的種種説明,都祇稱《易》,證明《周易》這個名稱同《周書》、《周禮》一樣,"周"字都是用來標明朝代的。所以,《周易》一書斷是西周的作品。

《周易》的思想内容,説"《易》爲卜筮之書",這是正確的事實。在《左傳》中就可以看到很多筮人應用《周易》來決定吉凶的具體例子。但是,如果因此而否定它内部包含的哲學思想,那就不能不説是表面的形而上學的看問題,因而不能看到問題的本質。《莊子·天下篇》説"《易》以道陰陽",我們認爲,這種説法真正説到了問題的本質。馬克思説:"哲學最初在意識的宗教形式中形成,從而一方面它消滅宗教本身；另一方面，從它的積極内容説來，它自己還祇在這個理想化的、化爲思想的宗教領域内活動。"①馬克思所揭示的這條原理，又一次在中國最初哲學的形成中得到證實。卜筮，無疑屬於宗教迷信的範圍，但是中國最初的哲學思想——陰陽説，就是從這個宗教迷信裏産生出來的。奇怪嗎？一點也不奇怪。它既是活生生的現實，又符合於馬克思主義理論，一個堅持唯物論的歷史學者是不應否認這一點的。

陰陽，這個古人所創造的哲學術語，就其基本意義來説，就是對立的統一，就是矛盾，就是辯證法的核心。當然，必須指出，它是古代的辯證法，是原始的、樸素的辯證法，同現代的馬克思主義的辯證法是有本質上區别的。

《周易》的思想是用六十四卦來顯示的，而六十四卦是由八卦組成的，組成八卦的元件則是陰陽兩畫，即用 -- 來代表陰，用 — 來代表陽。用 --、— 這兩個符號來代表陰陽，同用 ＋、－ 來代表數學中的正負、物理學中的陽電和陰電一樣，它的意義不在於符號本身，而在於符號所代表的東西。

《易傳》論述《周易》六十四卦的結構説："《易》有太極，是生兩儀，兩儀生四象，四象生八卦。"又説："八卦成列，象在其中矣；因而重之，爻在其中矣。"這幾句話，不大好懂，需要加以説明。

首先説，什麼叫做"太極"？"太極"又稱"大一"，即它不是一二三四等等相對的一，而是整體的一，絶對的一。《老子》説："道生一，一生二。"抛開"道生一"不管，光説"一生二"，則和《周易》太極生兩儀的觀點是一致的。《老子》所説的"一"也不是相對的一，而是絶對的一。同樣，"二"也不是一二三四的二，而是一分爲二的二。不過，從表達方式來説，《周易》更確切些。因爲"太極"本身含有絶對的意思，"儀"可以作匹配解，則"兩儀"決不是一二三四的

---

① 《馬克思恩格斯全集》第26卷，第26頁。

二,而是表示它是矛盾的統一體。所以太極生兩儀的本義,毫無疑問,就是辯證法的一分爲二。

"兩儀生四象",這個"四象",用符號來表示,就成爲☷(象太陰)、☶(象少陽)、☵(象少陰)、☴(象太陽)。很明顯,太陰、少陽兩象是兩儀中陰儀(━━)一分爲二的結果;少陰、太陽兩象,是兩儀中陽儀(━)一分爲二的結果。

"四象生八卦",這個"八卦"的符號是☷(坤)、☶(艮)、☵(坎)、☴(巽)、☳(震)、☲(離)、☱(兑)、☰(乾)。從八卦的卦畫中可以看出,八卦又是由四象一分爲二所產生的。由此可見,陰陽,即對立的統一的觀點,實是四象八卦的基礎,並貫穿在兩儀、四象、八卦之中。

《周易》把八卦看成是"小成",那末,"八卦成列,象在其中矣",是什麽意思呢? 要知道,《周易》對於八卦的處理辦法是,首先人工地給加上八個固定的名稱。即乾(☰)、坤(☷)、震(☳)、巽(☴)、坎(☵)、離(☲)、艮(☶)、兑(☱)。當然,這八個名稱同八卦畫本身是有聯繫的。根據《周易》認爲陽代表剛陰代表柔這個基本"理論",八卦的名稱實代表八種不同的性質。《説卦》説:"乾,健也;坤,順也;震,動也;巽,入也;坎,陷也;離,麗也;艮,止也;兑,説也。"正説明了這個問題。

八卦有了名稱以後,從《周易》的觀點看,這八卦就成爲一個公式,無論是自然界或者是人類社會,所有一切事物,都可以套用這個公式。《説卦》爲此舉過很多例子,如説"乾爲馬,坤爲牛,震爲龍,巽爲鷄,坎爲耳,離爲雉,艮爲狗,兑爲羊;乾爲首,坤爲腹,震爲足,巽爲股,坎爲豕,離爲目,艮爲手,兑爲口"等等。所謂"象在其中"的真正含義,就是如此。《周易》所以這樣做的目的,在於把它的理論應用於卜筮,而這一點當然是唯心的了。

"因而重之,爻在其中矣"是什麽意思呢? "因而重之"講的是六十四卦是怎麽形成的。"因"是以八卦爲基礎,"重"是在八卦的基礎上又分別重以八卦,這樣就成了六十四卦。六十四卦形成之後,則六十四卦中的每一卦不但包含八卦的卦象,還有六爻的爻象。六爻的相互關係,如王弼《易略例》所揭示的,又創造出承、乘、遠、近、內、外、初、上等等義例,因而用於卜筮,就可以說明複雜的問題了。這就是所謂"爻在其中"。

我們把涉及卜筮的部分拋開,專談《周易》的思想,可以看到,關於陰陽的觀點在《周易》一書裏,並不是偶爾閃耀出的幾朵火花,而是貫穿在一切方面的基本思想。表明《周易》的作者,已經明確地認識到這條真理,並有意識地假借卜筮的外殼把它體現出來。

關於陰陽觀點在《周易》裏的表現,並不限於上述幾個方面,還可以再談兩個例子。

1. 從《周易》六十四卦的結構來看,它是用八卦"因而重之"的方法組織起來的。因此六十四卦中的每一卦都包含八卦中的兩個卦。這兩個卦一個叫內卦,一個叫外卦,它們共處一個統一體中,這裏邊很明顯地表現出陰陽的觀點。六十四卦的排列順序從乾坤兩卦開始,到既濟、未濟兩卦結束。每兩卦自成一組。兩卦卦畫,不反則對,無一例外(例如乾☰與坤☷叫做對,因爲乾卦六畫皆陽,坤卦六畫皆陰,兩兩相對。屯䷂與蒙䷃叫做"反"。因爲把屯卦的畫倒過來看就成了蒙卦)。不消說,這裏邊也暗含對立統一的觀點。又,把六十四卦作爲一個有組織的序列來看,則以乾、坤二卦居首,既濟、未濟兩卦居末,這決不是隨便的安排,而是有意識地用以表達它的哲學觀點的。《易傳》說:"乾坤其《易》之縕耶? 乾坤成列而《易》立乎其中矣。"又說:"闔戶謂之坤,闢戶謂之乾,一闔一闢謂之變,往來不窮謂之通。"(以上均見《繫辭傳》)又說:"既濟定也。"(《雜卦》)"物不可窮也,故受之以未濟終焉。"(《序卦》)上述這些話,就是《易傳》作者對《周易》六十四卦排列次序所反映的觀點的正確說明。這些話的大意是說:《周易》六十四卦的體系,不是別的,乃是乾坤兩卦變化發展過程。如果說乾象天,坤象地,則《周易》六十四卦的乾坤兩卦,正象開天闢地之時。那末,開天闢地以前是什麽呢? 當然是混沌不分了。這個混沌不分就是太極,乾坤就是太極的一分爲二。《序卦》從"有天地而後萬物生焉"談起,這說明,乾坤就是天地。《周易》以乾坤居首,其義在象開天闢地之時。《繫辭傳》說:"天尊地卑,乾坤定矣……在天成象,在地成形,變化見矣。"也說的是這個問題。本應太極一分爲二才產生乾坤,太極不可象,故從乾坤開始。屯蒙以下,對於《周易》六十四卦安排本義來說,則是乾坤二卦變化發展的產物,"乾坤成列而《易》立乎其中矣"這段話就是說明這個問題的。《繫辭傳》於"在天成象,在地成形,變化見矣"下緊接着說:"是故剛柔相摩,八卦相盪,鼓之以雷霆,潤之以風雨,日月運行,一寒一暑,乾道成男,坤道成女。"則是對這一問題又作了一次生動、具體的說明。"乾坤其《易》之門耶"也不是別的,乃是用另一種語言說明這個問題。

《序卦》一篇,當說明兩卦相次的時候,基本上采用"……必有……,故受之以……"這樣的公式,顯然這是表示由一卦變化爲另一卦,其間有必然性。當變到最後兩卦時,既濟六爻剛柔皆正而當位(陽爻在初、三、五陽位,陰爻在二、四、上陰位),這在《雜卦》,即所謂"既濟定也"。表明從乾坤以來的變化發展,到此已是盡頭。但是同它共處一個小的環節中的未濟,就立即變成六爻剛柔皆不當位。《序卦》解釋說:"物不可窮,故受之以未濟終焉。"從既濟、未濟兩卦所處的地位,並結合《雜卦》、《序卦》兩條說明來看,我們衹能這樣說,《周易》作者之所以把既濟、未濟安排在六十四卦之末,是認爲前一過程的終結,正是後一過程的開始。六十四卦衹是作爲一個鏈條存在,從這個鏈條以前來看是無限的,從這個鏈條以後來看也是無限的。

當然,從六十四卦作爲一個鏈條的每一個環節來看,所謂"必然性",純粹出自主觀虛構,並沒有科學根據。不過,這一缺點,對於原始的、樸素的辯證法來說,是無法克服的。在當時的歷史條件下，能認識到事物是變化的，不是不變的；是發展的，不是循環的；事物發展的根本原因在於自身的矛盾性，這已經是很了不起。我們不應低估這一成就，也不應超越歷史實際而有過高的要求。

2. 從筮法來看，《易傳》有一段説明蓍、卦關係的話，説："蓍之德圓而神，卦之德方以智。……神以知來，智以藏往。"這段話的大意是説，蓍（主要表現在筮法上）和卦代表一個矛盾的兩個方面。《周禮·春官·筮人》有"三易"、"九筮"之説。今保存在《易傳》中的筮法，不知屬於哪一種。很可能從一開始，它就同《周易》有着相互依存的關係。

現將《易傳》裏講筮法的兩大段話，鈔録在下面。

"大衍之數五十有五（"有五"原缺，兹根據下文和《易緯·乾鑿度》校補），其用四十有九。分而爲二以象兩，挂一以象三，揲之以四以象四時，歸奇於扐以象閏。五歲再閏，故再扐而後挂。"

"天一地二，天三地四，天五地六，天七地八，天九地十（原在別處，我認爲是錯簡，故移在此）。天數五，地數五，五位相得而各有合。天數二十有五，地數三十，凡天之數五十有五，此所以成變化而行鬼神也。"

這就是説，筮法的第一步在先取蓍五十五莖作爲大衍之數。這個大衍之數是怎麽來的呢？自"天一地二"以下那一段文字，就是專爲這個問題所作的説明。從這段説明可以看到，蓍和卦在形式上雖然不同，但思想内容則是一致的。卦用畫來表示，蓍用數來表示，畫有－－－，取名爲陰陽；數有奇偶，取名爲天地。陰陽、天地名稱不同，在本質上是一回事，都表明相互矛盾的兩個方面。卦由兩儀發展到八卦，是爲"小成"。蓍由天一地二發展到天九地十，也可以看做是"小成"。《左傳》莊公十六年説："使以十月入，曰：'良月也，就盈數焉。'"春秋時人把十看做是"盈數"，同筮法把天一地二發展至天九地十，看做是"小成"的思想是一致的。下文的"五位相得"就是説天一與地二相得，天三與地四相得，以下可以例推。

"相得"表明兩個對立的東西共處在一個統一體中,"五位相得"表明它們是在發展中的五個相對獨立的環節。"各有合"就是說天數與天數合在一起,地數與地數合在一起,結果就成了"天數二十有五,地數三十"。天地之數共爲五十有五,就成了大衍之數。《周易》的六十四卦是由八卦因而重之構成的,筮法的大衍之數是由十個數字的奇數與偶數合在一起構成的。二者構成的方法既相似,其思想也是一致的,裏邊都貫穿着對立統一這個辯證法的基本觀點。

"其用四十有九"的意思是,當卜筮時,大衍之數五十有五不全用,祇用四十有九。其所以不全用,是因爲全用則分二、挂一、揲四、歸奇、再扐以後,不能按照預期的結果得出七八九六來。四十有九當未分時是象太極,"分而爲二"則象太極生兩儀,這裏邊也貫穿着一分爲二的辯證法思想。

總之,《周易》是爲卜筮服務的。無論卦或著,中間都夾雜着很多的迷信成分,這是不可否認的事實。但是,如果透過它的迷信外殼,而探討它的思想内容,不承認它貫穿着辯證法思想,也是不對的。

二、《尚書·洪範》裏的五行

談到《洪範》,有一個問題要先解決,即它是不是西周的作品?我認爲,儘管在文字上可能有某些訛奪,例如"王極"誤爲"皇極"等等,但認定它爲西周的作品是不容懷疑的。其理由如次:

1. 近人已經提到的春秋戰國時期的作品,如《左傳》文公五年、成公六年、襄公三年,《墨子·兼愛下》,《吕氏春秋·貴公》,《荀子·脩身》、《天論》,《韓非子·有度》等都曾引用過《洪範》裏的詞句。

2.《詩經·小雅·小旻》有"或聖或否,……或哲或謀,或肅或艾"等詞句,這裏的"聖"、"哲"、"謀"、"肅"、"艾"五個詞,和《洪範》

五事的"恭作肅,從作乂,明作哲,聰作謀,睿作聖"等五逗的下一個
詞完全相同。這決不是巧合,而是引用《洪範》的結果(鄭玄箋已見
及此)。又《尚書·呂刑》説"惟敬五刑,以成三德",這"三德",自來
都用《洪範》正直、剛克、柔克等三德來解釋,無疑是對的。這就證
明不但春秋戰國時很多書引用過《洪範》,即作於西周的《詩》、《書》
也引用過《洪範》。

有以上這樣大量的證據,怎能説《洪範》不是西周的作品呢?

現在專談《洪範》裏的五行。

五行作爲一個集合名詞來應用,並不始於《洪範》,早在原始社
會就出現了。例如《左傳》昭公二十九年有魏獻子和蔡墨的一段對
話,蔡墨説:"故有五行之官,是謂五官,實列受氏姓,封爲上公,祀
爲貴神,社稷五祀,是尊是奉。木正曰句芒,火正曰祝融,金正曰蓐
收,水正曰玄冥,土正曰后土。"又説:"少皞氏有四叔,曰重,曰該,
曰修,曰熙,實能金木及水,使重爲句芒,該爲蓐收,修及熙爲玄冥。
……顓頊氏有子曰犁,爲祝融。共工氏有子曰句龍,爲后土。"就是
證明。不過,原始社會雖然有了五行這個名詞,但是這個五行原出
於五官,五官原出於生産鬥争的需要,並沒有哲學含義。當作哲學
概念來應用,當由《洪範》開始。

五行又稱"五材"(《左傳》襄公二十七年説:"天生五材,民並用
之,廢一不可。"五材,杜預注:"金木水火土也。")、"五部"(《史記·
曆書》:"起五部。"應劭説:"五部,金木水火土也。"),表明這個"行"
字有類别的意思。爲什麽古人習慣於用"五"這個數目字來概括事
物(諸如五聲、五色、五味,乃至五帝、五霸等等),由於過去很少有
人談過這個問題,下面準備多占些篇幅來談談。

《左傳》昭公三十二年史墨答趙簡子:"物生有兩、有三、有五。"
下面隨即舉了三個例子,"天有三辰,地有五行,體有左右,各有妃
耦"作爲證明。應當指出,史墨這種説法是有科學根據的,雖然他
祇能知其當然而不知其所以然。我們今天有了民族學的知識,就

可以看出,這種思想正確地反映了人類計數知識的進程。

　　一般説,人類計數知識的發展曾經歷了這樣幾個階段:第一,知道有二。二是作爲一件整個東西的兩半來認識的。這可以從許多落後部落的語言中得到證明。《老子》説:"一生二。"這個"二"也可以作爲證明。第二,知道有三。即計數到三爲止,三以上都用"多"來代表。這也可以找到材料來證明。《老子》説:"二生三,三生萬物。"這個"三",實際上也有這個意思。第三,知道有五。這從許多語言中"五"和"手"用一個字來表示,可以證明。劉師培《左盦外集・論小學與社會學的關係》曾談到過這個問題,他説:"日本岸本氏《社會學》引告爾敦之説曰,達馬拉人之舉數也,以左手撮右手之指而計之,故數至五以上,則不能舉。觀《説文》一二三四五諸字皆有古文,而六七八九十諸字則無古文,豈非上古造字,至五而止,自五而上,上古無此語言,亦無此文字? 蓋古者以指計數,指止於五,故數亦止於五。"劉氏這段話,很有參考價值。第四,知道有十。安達曼人和其他一些落後的部落能夠計數到十,十以上的數目,就一概稱之爲"多"或"很多"可以證明。中國的《左傳》莊公十六年稱十爲"盈數",也是一證。

　　通過上述論證,可以看出,古人每用三、五等數目字概括一切,並不是偶然的。雖然我們不能説當時人們的數學概念都至三或五爲止。但它是受了更古的人的思想影響,則是沒有問題的。

　　《洪範》是對於當時社會問題進行全面總結而形成的一個綱領性文獻。由於受時代的限制,也同《周易》一樣,在正確的思想外面蒙上一層宗教迷霧。五行思想也不能避免這一點。但是總的看來,它把自然現象的無限多樣性概括爲由水火木金土五種基本元素構成,則是沒有問題的。而這一點正是原始的、自發的唯物論了。

　　《洪範》全篇共分九章,第一章講的是五行,第二章講五事,第八章講庶徵,則是把五行思想作爲一個先驗的公式而推演出來的。

　　"五行章"原文説:"一、五行:一曰水,二曰火,三曰木,四曰金,五曰土。水曰潤下,火曰炎上,木曰曲直,金曰從革,土爰稼穡。潤下作鹹,炎上作苦,曲直作酸,從革作辛,稼穡作甘。"這段文字談到五行的名稱、次序、性質和作用,但還没有涉及五行之間的關係。《左傳》昭公三十一年説"火勝金",又哀公九年説"水勝火。"《墨子·經下》説"五行毋常勝"。看來五行生克説,則是自春秋以後出現的。至戰國中期鄒衍創爲"終始五德"之説,把五行推廣於説明人類歷史的發展。《史記·孟子荀卿列傳》所謂"稱引天地剖判以來,五德轉移,治各有宜,而符應若兹"。劉歆《七略》更具體地作了説明,他説:"鄒子有《終始五德》言土德從所不勝,木德繼之,金德繼之,火德繼之,水德繼之。"顯然這是唯心主義的,毫無科學根據。但從五行説應用於醫藥方面來看,就不能説是完全唯心的,而應當承認裏邊包含有唯物的、辯證的因素。

　　總之,《周易》的陰陽説和《洪範》的五行説,在中國歷史上是有過極大的影響的。

(《哲學研究》1979 年第 6 期)

春秋人物志略 *

（……前闕）

總之，春秋是中國奴隸社會的衰落時期。在這一時期内，各階級之間和各國家、各民族之間的鬥爭都非常激烈。在這一時期的尖銳而複雜的鬥爭當中，有的階級强大了，有的階級削弱甚至消滅了；有的國家或民族强大了，有的國家或民族削弱甚至消滅了。先前的中國中原地區還是戎狄雜處，經過這一時期的鬥爭，中原地區没有戎狄了。過去的戎狄，少數被驅逐到邊地，大多數融合到了華夏族裏。鬥爭的過程，不可否認是殘酷的和痛苦的。但是應該看到，這裏邊也有歷史的必然性在起作用，也正是通過這種一次又一次的鬥爭，才形成我們今天這樣的一個統一的多民族國家。

四、春秋人物志略

寫歷史應該不應該寫人物？如果説應該寫，寫什麽樣的人物？在當前，人們的看法可能有很大的分歧。大體上説，强調黨性的，認爲歷史是人民創造的，因此要寫人物只能寫勞動人民，不能寫統治階級。如果寫了統治階級的人物，就要被説成這是歌頌或美化剝削階級，這是喪失了無産階級的立場。强調科學性的，則認爲寫歷史，應該寫客觀的歷史應該揭示歷史的發展規律，特別是應當吸

---

* 本文爲遺稿，原無標題，似爲一部書稿的遺編。按：金老曾有寫作《春秋史》計劃，此稿當爲《春秋史》一部分。

取歷史當中的經驗教訓。這樣,就不能光寫勞動人民。我認爲上述二者都有片面性,正確的做法應當是黨性和科學性的統一。

恩格斯説過:"有一點是清楚的:當人的勞動生産率還非常低,除了必需的生活資料只能提供微少的剩餘的時候,生産力的提高、交換的擴大、國家和法律的發展、藝術和科學的創立,都只有通過更大的分工才有可能,這種分工的基礎是:從事單純體力勞動的群衆同管理勞動、經營商業和掌管國事以及後來從事藝術和科學的少數特權分子之間的大分工。這種分工的最簡單的完全自發的形式,正是奴隸制。"又説:"當實際勞動的人口要爲自己的必要勞動花費很多時間,以致没有多餘的時間來從事社會的公共勞動,例如勞動管理、國家事務、藝術、科學等等的時候,必然有一個脱離實際勞動的特殊階級來從事這些事務;而且這個階級爲了它自己的利益,永遠不會錯過機會把愈來愈沉重的勞動負擔加到勞動群衆的肩上。"①正是因爲這樣,我們寫奴隸社會中在政治軍事思想文化等方面有較大影響的人物,就不能是勞動人民,而一定是或絶大多數是恩格斯所説的"少數特權分子"或"特殊階級"。這是不以人們的意識和意志爲轉移的客觀存在。硬要反對這樣做,那末,你所寫來的歷史,其結果就必然是不真實,或没有一讀的價值。

1. 管仲

管仲名夷吾,仲是其字,潁上人。少時與鮑叔牙爲友。齊襄公時,鮑叔牙事公子小白,管仲事公子糾。及襄公爲公孫無知所弒,而無知又爲雍廪所殺,小白自其先入得立,是爲齊桓公。公子糾因爭立失敗被處死,管仲被囚。後來管仲因鮑叔牙推薦,受桓公重用。

管仲治齊,主要是參其國而伍其鄙,作内政而寄軍令②,又注

---

① 《馬克思恩格斯全集》第 20 卷,第 197~198 頁。
② 詳見第一節。(按此爲金老原注,惜前文已佚)。

重發展工商業①,使齊國富强。齊桓公有了這個基礎,進而向外發展,遂得"九合諸侯,一匡天下",謀得了爲五霸首的地位。

今傳世有《管子》,假託管仲所作,其實不然。這一點,前人講了很多,已成定論。我們自不應把管仲與《管子》混爲一談。

2. 百里奚

百里奚相秦穆公,使秦穆公成霸業。百里奚在春秋時期,也是一個不可多得的政治家。不過,《史記》無傳,諸書記載頗多分歧。兹采《左傳》僖公五年、《史記·秦本紀》和《史記·商君列傳》所述,略志如下:

百里奚,又名井伯。初爲虞大夫。晉獻公滅虞,百里奚作了俘虜。晉姬嫁秦穆公,百里奚爲媵。百里奚由秦逃跑至宛(今河南省南陽縣),爲楚國鄙人所執。秦穆公知百里奚賢,本欲重贖,怕楚人不與,用五羖羊皮贖來,因號五羖大夫。百里奚相秦,謀無不當,舉必有功(《吕氏春秋·慎人》)據趙良説:"東伐鄭,三置晉國之君,一救荆國之禍,發教封内而巴人致貢,施德諸侯而八戎來服。……五羖大夫百里奚死,秦國男女流涕,童子不歌謠,春者不相杵。"(《史記·商君列傳》)趙良所説,可能有誇張成分。大體上説,當與事實相去不遠。

3. 狐偃

狐偃字子犯,因爲是晉文公重耳之舅,故又稱舅犯。晉文公爲公子時,出亡十九年,行止語默,經常聽從狐偃的意見。公子重耳歸國爲晉君後,主要也是執行狐偃的主張。應當肯定,在晉文公霸業的創立當中,倚重狐偃之力居多。

當重耳出亡之初,至柏谷,卜往齊楚。狐偃就主張不要卜。他説,齊楚路途遠,聲望高,像你這樣的窮困之人不能去。狄距我近,

---

① 　據《史記·貨殖列傳》。

同晉没有國交,又和很多的國家結成仇怨。往狄,既容易到達,又可以共患難。同時,能得到休息,借以觀察晉國和其他國家的動静。重耳同意了狐偃的説法,因選狄,不適齊楚。

重耳出亡在狄時,晉里克殺了奚齊、卓子二君,使人迎立重耳。重耳同狐偃商議,狐偃詳陳利害,結果拒絶了里克的意見。

重耳在狄十二年,狐偃認爲這時往齊楚的條件已經具備,因建議重耳離狄適齊。重耳聽從了狐偃的意見。

重耳至齊,齊桓公把他的女兒嫁給重耳,有馬二十乘。重耳因此欲終老於齊,説:"民生安樂,誰知其他?"適值齊桓公死,孝公即位,諸侯叛齊。狐偃見齊不足與有爲,乃以計强使重耳去齊,周歷衛、曹、宋、鄭、楚等國。最後,由秦歸爲晉君。

晉文公從即位至戰勝强楚,創立霸業,中間所有的重大措施都是采納狐偃的意見。《國語·晉語》作過總結説:

> 文公即位二年,欲用其民。子犯曰:"民未知義,盍納天子以示之義?"乃納襄王於周。公曰:"可矣乎?"對曰:"民未知信,盍伐原以示之信?"乃伐原。曰:"可矣乎?"對曰,民未知禮。盍大蒐備師尚禮以示之?乃大蒐於被盧,作三軍,使郤縠將中軍以爲大政,郤溱佐之。子犯曰:"可矣。"遂伐曹衛,出穀戍,釋宋圍,敗楚師於城濮,於是乎遂伯。(亦略見於《左傳》僖公二十七年)

可見晉文公之所以稱霸,是與狐偃的謀略分不開的。

4. 孫叔敖

孫叔敖是輔佐楚莊王稱霸的一個著名的政論家。《史記》不爲立傳,僅在《循吏列傳》、《滑稽列傳》中記其軼事。在先秦諸子中,如《墨子·所染》,《莊子·田子方》,《孟子·告子下》,《荀子·非相》,《吕氏春秋》之《情欲》、《當染》、《尊師》、《異寶》、《知度》、《察傳》、《贊能》,以及《韓非子》之《喻老》、《外儲説左下》等,都有稱述,然多屬一鱗一爪，不成系統。不僅如此，孫叔敖是不是楚公族蒍賈之子，他和蒍艾獵、蒍敖是不是一個人，還有爭論。

我的意見是，毛奇齡《經問》"孫叔敖自是處士"之説可取。因爲先秦諸子對比均有所載記，如《墨子·先子下》説："孫叔敖舉於海。"《荀子·非相》説："楚之孫叔敖，期思之鄙人也。"《吕氏春秋·贊能》説："期思之鄙人有孫叔敖者。"似非無據。《史記·循吏列傳》也説："孫叔敖者，楚之處士也。"期思，今河南省固始縣。楚莊王任用孫叔敖是經過人的推薦。是誰推薦的，舊説有分歧。有的説是沈尹筮①推薦的，有的説是虞丘相推薦的（《史記·循吏列傳》）。孫叔敖爲官清廉，《韓非子·外儲説左下》説："孫叔敖相楚，棧車牝馬，糲飯菜羹，枯魚之膳，冬羔裘，夏葛衣，面有饑色，則良大夫也。其儉偪下。"《史記·滑稽列傳》也稱其爲"廉吏"。《吕氏春秋·情欲》説："荆莊王好周遊田獵，馳騁弋射，歡樂無遺，盡付其境内之勞與諸侯之憂於孫叔敖。孫叔敖日夜不息，不得以便生爲故，故使莊王功績著乎竹帛，傳乎後世。"《贊能》説："荆王於是使人以王輿迎叔敖以爲令尹，十二年而莊王霸。"當系事實。又《吕氏春秋·異寶》説："孫叔敖疾，將死，戒其子曰：'王數封我矣，吾不受也。爲我死，王則封汝，必無受利地。楚越之間有寢之丘者，此其地不利，而名甚惡。荆人畏鬼，而越人信機，可長有者，其唯此也。'孫叔敖死，王果以美地封其子，而子辭，請寢之丘，故至今不失。孫叔敖之知，知不以利爲利矣。"《韓非子·喻老》説："楚莊王既勝，狩於河雍，歸而賞孫叔敖。孫叔敖請漢間之地，沙石之處。楚邦之法，禄臣再世而收地，唯孫叔敖在。"二説基本上相同。《史記·滑稽列傳》也説孫叔敖死後，"其子窮困負薪"。看來，孫叔敖非楚公族的説法，比較接近事實。

---

①　此據《吕氏春秋·察傳》。"筮"字同書，《當染》作"蒸"，《尊師》作"巫"，《贊能》作"莖"。

5. 伍員

伍員字子胥，楚人，《史記》有傳。《墨子·所染》說："吳闔閭染於伍員、文義……所染當，故霸諸侯，功名傳於後世。"《呂氏春秋·尊師》說："吳王闔閭師伍子胥、文儀。"證明闔閭之霸，其決定性因素在於任用伍員。

伍員事吳的目的，主要是爲父兄報仇。員父奢爲楚平王太子建太傅，楚平王信讒殺奢及苟。伍員由楚逃出，輾轉至吳。伍員至吳，初事吳王僚。因發現公子光有異志，乃改事公子光。進勇士專諸於公子光刺殺王僚，公子光自立，是爲吳王闔閭。伍員在吳的主要功績是伐楚。伐楚的始計，見於《左傳》昭公三十年（前513年）吳王闔閭問伐楚何爲？伍員對曰："楚執政衆而乖，莫適任患。若爲三師以肆焉，一師至，彼必皆出。彼出則歸，彼歸則出，楚必道敝。亟肆以疲之，多方以誤之，既疲而後以三軍繼之，必大克之。"闔閭從之，楚於是乎始病。"當大舉伐楚時，則又料到"楚將囊瓦貪，而唐、蔡皆怨之"，因建議與唐、蔡兩國取得聯合，闔閭采納了這個正確的意見，使用全部兵力與唐、蔡聯合伐楚，五戰至郢（楚都，今湖北省之江陵縣北之紀南城）。楚昭王出奔，取得了偉大的勝利。"吳入郢，以班處宮"（《左傳》宣公四年）。"伍子胥求昭王，既不得，乃掘楚平王墓，鞭之三百"（《史記·伍子胥傳》）。這就未免太野蠻了。

後來在對待越的問題上，伍員同闔閭子吳王夫差的主張發生衝突，被夫差迫令自殺。

6. 范蠡

范蠡字少伯，楚宛三戶人，事越王勾踐。《墨子·所染》說："越勾踐染於范蠡、大夫種，……所染當，故霸諸侯。"《呂氏春秋·尊師》說："越王勾踐師范蠡、大夫種。"證明勾踐之霸，主要在能任用范蠡。

最初，吳王夫差將伐越，爲父闔閭報仇，越王勾踐聽到消息，欲先吳未發往發之。范蠡諫，不聽，結果大敗於夫椒（今江蘇省吳縣），僅余甲楯五千保於會稽（今浙江省紹興縣）。越王勾踐從范蠡計，向吳求和，吳王許和。越因得十年生聚、十年教訓，二十二年反滅吳。勾踐滅吳，乃以兵北渡淮，與齊晉諸侯會於徐州。周元王使人賜勾踐胙，命爲伯。當是時，越兵橫行於江淮東，諸侯畢賀，號稱霸王（見《史記·越王勾踐世家》）。

越既滅吳，范蠡遂乘輕舟以浮於五湖，莫知其所終極（見《國語·越語下》）。

以上六人，都是霸佐，都是一個時期的風頭人物。他們的共同特點是多來自異國，或出身微賤，不然，也是長時期經歷過艱難險阻；對於他們所輔佐的霸王來看，一般説都是一些内作色荒、外作禽荒的公子哥兒，然而他們也有一個長處，就是任人唯賢，而不是任人唯親。總此兩點，不難看出，這正是過去歷史人物在政治鬥爭中有成功、有失敗的決定性的關鍵。

7. 單襄公

單襄公，周同姓，名朝，爲周定王卿士。他熟於掌故，善能觀人。在他聘楚假道於陳，所述見聞當中，保存了很珍貴的史料。他説：

> 火朝覿矣，道茀不可行。候不在疆，司空不視塗，澤不陂，川不梁，野有庾積，場功未畢，道無列樹，墾田若藝。膳宰不致餼，司里不授館，國無寄寓，縣無旅舍，民將築臺於夏氏。

從這段話裏可以看出，不但原始社會高辛氏時有火正，在春秋時，還是靠觀察大火（心宿二）來定季節。"火朝覿"爲夏曆十月，"疆"是邊疆，當時在邊疆上應當設候人，候人負責斥候工作並接送入境出境的賓客。時至十月，秋糧應已入倉，人民由司空監督平治道路，修築水堤，架設橋梁，在大道兩旁栽植成行的樹木。賓客到了，有膳宰供給伙食，有司里負責住處。無論野外的縣和郊內的國，都有給旅客預備的旅舍。可是單襄公所看到的陳國，官吏都不忠於職守，應當做的事情不做，而把人力浪費在給夏家搞供遊玩的建築物上去了。因此，單襄公回國後，作出判斷，陳侯不是將有大的災難，就一定會亡國。由於周定王的詢問，他又作了詳細的解釋。這次談話涉及到當時所實行的各種制度，無疑是研究古史極難得的史料。

晉楚鄢陵之戰，晉勝楚敗。晉使郤至向周王告慶。單襄公聽到郤至的自我吹噓，就立刻下斷語，說：“兵在其頸，其郤至之謂乎？”隨即作了具體地詳細地分析。以後其言果驗。

“柯陵（鄭地）之會（《春秋》成公十六年），單襄公見晉厲公視遠步高，晉郤錡見，其語犯；郤犨見，其語迁；郤至見，其語伐；齊國佐見，其語盡。”固魯成公之問，單襄公斷言“晉將有亂，其君與三郤其當之乎”，下面也作了具體地分析，並且說：“吾非瞽史，焉知天道？”顯然他是一個唯物論者。以後其言也驗。

單襄公有疾，叮囑其子頃公“必善晉周”（周，晉悼公名），並說明理由。以後晉悼公爲晉君，晉國果然又強盛起來。（以上引文俱見《國語·周語》。）

8. 太子晉

周靈王太子晉，夙慧早夭。今存《逸周書》有《太子晉》一篇，記載太子晉十五歲時曾難倒晉人叔向、師曠，語極荒誕，不可信據。但太子晉聰欽多聞，在當時是享有盛名的。

《國語·周語》說：“靈王二十二年，穀、洛鬥，將毀王宮，王欲壅之。”太子晉諫，有一大段話，談到很多古史傳說和史實記錄，極爲寶貴，以冗繁，恕不徵引。

9. 晏嬰

晏嬰字平仲,事齊靈、莊、景三世,有賢名,《史記》有傳。然但記其軼事,意思是説,欲知其詳,有《晏子春秋》在。其實《晏子春秋》不盡可信,晏嬰主要的言論和行事應以《左傳》爲據。晏嬰以儉聞名,處亂不失大節,這是他的長處。但晏嬰在朝達五十年,其時正當齊國禍亂不已。他既不能撥亂反正,又没有急流勇退,雖然時時發出一些有益的議論,但他頂多是一個有學問的人,不是政治家,不能同管仲相比。兹據晏嬰的言論,選出一段,以見一斑。

《左傳》昭公二十年説:

> 齊侯至自田,晏子侍於遄臺,子猶(梁丘據)馳而造焉。公曰:"唯據與我和夫!"晏子對曰:"據亦同也,焉得爲和?"公曰:"和與同異乎?"對曰:"異。和如羹焉,水火醯醢鹽梅,以烹魚肉,燀之以薪,宰夫和之,齊之以味,濟其不及,以洩其過,君子食之,以平其心。君臣亦然,君所謂可,而有否焉,臣獻其否,以成其可;君所謂否,而有可焉,臣獻其可,以去其否,是以政平而不干,民無爭心。故《詩》曰:亦有和羹,既戒既平,鬷假無言,時靡有爭。先王之濟五味,和五聲也,以平其心,成其政也。聲亦如味,一氣,二體,三類,四物,五聲,六律,七音,八風,九歌,以相成也,清濁大小,長短疾徐,哀樂剛柔,遲速高下,出入周疏,以相濟也。君子聽之,以平其心,心平德和。故《詩》曰:德音不瑕。今據不然,君所謂可,據亦曰可,君所謂否,據亦曰否,若以水濟水,誰能食之? 若琴瑟之專壹,誰能聽之? 同之不可也如是。"

> 飲酒樂,公曰:"古而無死,其樂若何?"晏子對曰:"古而無死,則古之樂也,君何得焉? 昔爽鳩氏始居此地,季萴因之,有逢伯陵因之,蒲姑氏因之,而後太公因之。古

者無死,爽鳩氏之樂,非君所願也。"

以上這兩段話,不但在道理上講得十分透徹,裏邊還包含有辯證的思想和唯物的思想,無疑是可貴的。

10. 胥臣

胥臣又稱曰季、司空季子。是晉文公的從亡五臣之一(五臣爲狐偃、趙衰、顛頡、魏犨、胥臣,見《左傳》僖公二十三年),曰是食邑名,司空是官名,季則是其字。以"多聞"著稱。①

當晉文公討論取懷嬴與否時,胥臣説:

> 同姓爲兄弟。黃帝之子二十五人,其同姓者二人而已。唯青陽與夷鼓皆爲己姓。青陽,方雷氏之甥也;夷鼓,彤魚氏之甥也。其同生而異姓者,四母之子,別爲十二姓。凡黃帝之子二十五宗,其得姓者十四人,爲十二姓。姬、酉、祁、己、滕、箴、任、荀、僖、姞、儇、依是也。唯青陽與蒼林氏同於黃帝,故皆爲姬姓。同德之難也如是。昔少典氏娶於有蟜氏,生黃帝、炎帝。黃帝以姬水成,炎帝以姜水成。成而異德,故黃帝爲姬,炎帝爲姜,二帝用師以相濟也,異德之故也。異姓則異德,異德則異類。異類雖近,男女相及,以生民也。同姓則同德,同德則同心,同心則同志。同志雖遠,男女不相及,畏黷敬也。黷則生怨,怨亂毓災,毓災滅姓。是故娶妻避其同姓,畏亂災也。故異德合姓,同德合義。義以導利,利以阜姓。姓利相更,成而不遷,乃能攝固,保其土房。今子於子圉,道路之人也,取其所棄,以濟大事,不亦可乎?

這段話談及遠古傳説,雖然不盡可能,但一定是得之於十口相傳,決非緯書一類向壁虛造可比,裏邊一定包含有可信因素,值得

---

① 《國語·晉語》:"欒枝貞慎,先軫有謀,胥臣多聞。"

重視。

《國語・晉語》説：

> 文公學讀於臼季三日，曰："吾不能行也，咝聞則多矣。"對曰："然而多聞以待能者，不猶愈也？"

又：

> 文公問於胥臣曰："吾欲使陽處父傅讙也而教誨之，其能善之乎？"（讙，文公子襄公名）對曰："是在讙也。蘧篨不可使俯，戚施不可使仰，僬僥不可使舉，侏儒不可使援，矇瞍不可使視，嚚瘖不可使言，聾聵不可使聽，童昏不可使謀。質將善而賢良贊之，則濟可俟。若有違質，教將不入，其何善之爲？臣聞昔者大任娠文王不變，少溲於豕牢，而得文王，不加疾焉。文王在母不憂，在傅弗勤，處師弗煩，事王不怒，孝友二虢，而惠慈二蔡，刑於太姒，比於諸弟。《詩》云：'刑於寡妻，至於兄弟，以御於家邦。'於是乎用四方之賢良。及其即位也，詢於八虞，而諮於二虢，度於閎夭，而謀於南宮，諏於蔡原。而訪於辛尹，重之以周、邵、畢、榮，億寧百神，而柔和萬民。故《詩》云：'惠於宗公，神罔時恫。'若是則文王非專教誨之力也。"公曰："然則教無益乎？"對曰："胡爲？文益其質。故人生而學，非學不入。"公曰："奈夫八疾何！"對曰："官師之所材也，戚施直鎛，蘧篨蒙璆，侏儒扶盧，矇瞍修聲，聾聵司火。童昏、嚚瘖、僬僥，官師之所不材也，以實裔土，夫教者，因體能質而利者也。若川然有原，以卬浦而後大。"

這兩段話，反映了胥臣的教育思想。他既不同意教育萬能，也不同意教育無效，而是主張因材施教。《禮記・學記》説："教也者，長善而救其失者也。"同胥臣的觀點很相似。第二段話裏邊，也包含豐富的史料。

11. 叔向

叔向，羊舌氏，名肸，叔向是其字。在晉平公時當師傅之任，有好直之稱（見《左傳》襄公二十九年）。他是當時的一個有學問的人，政治態度偏於保守，最突出的表現在鄭鑄刑書，他堅決反對。他給子產寫信說：“……昔先王議事以制，不爲刑辟，懼民之有爭心也。……夏有亂政，而作禹刑，商有亂政，而作湯刑，周有亂政，而作九刑，三辟之興，皆叔世也。……民知爭端矣，將棄禮而徵於書。錐刀之末，將盡爭之。亂獄滋豐，賄賂並行，終子之世，鄭其敗乎？”（《左傳》昭公六年）

茲還舉出兩段有代表性的言論如下。

平丘之會，齊人不肯盟。

> 叔向曰：“國家之敗，有事而無業，事則不經；有業而無禮，經則不序；有禮而無威，序則不共；有威而不昭，共則不明。不明棄共，百事不終，所由傾覆也。是故明王之制，使諸侯歲聘以志業，間朝以講禮，再朝而會以示威，再會而盟以顯昭明。志業於好，講禮於等，示威於衆，昭明於神。自古以來，未之或失也。存亡之道，恒由是興。晉禮主盟，懼有不治。奉承齊犧，而布諸君，求終事也。”君曰：“余必廢之，何齊之有？唯君圖之，寡君聞命矣。”齊人懼，乃盟（《左傳》昭公十三年）。

又：

> 宋之盟，楚人固請先歃。叔向謂趙文子曰：“夫霸王之勢，在德不在先歃。子若能以忠信贊君，而裨諸侯之闕，歃雖在後，諸侯將載之，何爭於先？若違德而以賄成事，今雖先歃，諸侯將棄之，何欲於先？昔成王盟諸侯於岐陽，楚爲荆蠻，置茅蕝，設望表，與鮮卑守燎，故不與盟。今將與狄主諸侯之盟，唯有德也。子務德，無爭先，務德

所以服楚也。"乃先楚人(《國語•晉語》)。

12. 倚相

倚相爲楚左史,楚靈王稱他爲良史,説他能讀《衛墳》、《五典》、《八索》、《九丘》(《左傳》昭公十二年)。

《國語•楚語》説:

> 左史倚相左史倚相廷見申公子亹,子亹不出,左史謗之,舉伯以告。子亹怒而出,曰:"汝無亦謂我老耄而舍我,而又謗我。"左史倚相曰:"唯子老耄,故欲見以交儆子。若子方壯,能經營百事,倚相將奔走承序,於是不給,而何暇得見? 昔衛武公年數九十有五矣,猶箴儆於國。曰:'自卿以下,至於師長士,苟在朝者,無謂我老耄而舍我,必恭恪於朝,朝夕以交戒我;聞一二之言,必誦志而納之,以訓導我。'在輿有旅賁之規,位宁有官師之典,倚几有誦訓之諫,居寢有褻御之箴,臨事有瞽史之導,宴居有師工之誦。史不失書,矇不失誦,以訓御之,於是乎作懿戒以自儆也。及其没也,謂之睿聖武公。子實不睿聖,於倚相何害?《周書》曰:'文王至於日中昃,不皇暇食。惠於小民,唯政之恭。'文王猶不敢驕。今子老楚國而欲自安也,以禦數戒者,王將何爲? 若常爲此,楚其難哉!"子亹曰:"老之過也。"乃驟見左史。

又:

> 司馬子期欲以妾爲内子,訪之左史倚相,曰:"吾有妾而願,欲笄之,其可乎?"對曰:"昔先大夫子囊違王之命諡,子夕嗜芰,子木有羊饋而無芰薦。君子曰:'違而道。'穀陽豎愛子反之勞也,而獻飲焉,以斃於鄢;芋尹申亥從靈王之欲,以隕於乾谿。君子曰:'從而逆。'君子之行,欲

其道也。故進退周旋，唯道是從。夫子木能違之欲，以之道而去荵薕，吾子經營楚國，而欲薕荵以干之，其可乎?”子期乃止。

倚相的兩段言論，對於一個人的立身行事是有益的。前一段話是說，年雖老要求自己也要嚴格；後一段話是說，年雖長，最重要的不在於順逆，而在於符合不符合原則。

13. 觀射父

觀射父是楚武王時的爲軍率的郡俘觀丁父之後，[①]事楚昭王。昭王見《周書》有“重黎絕地天通”之語，產生了誤解，因問：“若無然，民將能登天乎?”觀射父根據唯物論的觀點，詳細地用歷史事實來說明。這段話里，包括巫、覡、祝宗的起源，以及歷史上怎樣由“民神雜糅”，和在什麼時候變而爲“絕地天通”，即“乃命南正重司天以屬神，命火正黎司地以屬民”。并把當時認爲人能登天這種誤解是怎么傳播開來的，也用歷史事實講得很清楚，詳見《國語·楚語下》。不僅如此，在他回答昭王之問中，又把古代祭禮的複雜規定作了具體而詳晰的說明。這些材料，對於研究古代史都是很難得的。

14. 展禽

展禽又名獲，字季，魯公子展之後。亦稱柳下惠，柳下是其采邑，惠是其謚。孟軻稱他是“聖之和者也”(《孟子·萬章下》)。《呂氏春秋·審己》說：“齊攻魯，求岑鼎。魯載他鼎以往，齊侯弗信而反之。使人告魯侯曰：‘柳下季以爲是，請因受之。’”足見柳下惠在當時已經是很有聲望的人。

《國語·魯語》記了柳下惠的一段故事，不僅反映他是一個具有豐富的歷史知識的人，而且是一個唯物論者。原文如下。

---

① 觀丁父見《左傳》哀公十七年。

海鳥曰爰居，止于魯東門之外三日。臧文仲使國人
祭之。展禽曰："越哉，臧孫之爲政也！夫祀，國之大節
也；而節，政之所成也。故慎制祀以爲國典。今無故而加
典，非政之宜也。夫聖王之制祀也，法施於民則祀之，以
死勤事則祀之，以勞定國則祀之，能禦大災則祀之，能扞
大患則祀之。非是族也，不在祀典。昔烈山氏之有天下
也，其子曰柱，能殖百穀百蔬，夏之興也，周弃繼之，故祀
以爲稷。共工氏之伯九有也，其子曰后土，能平九土，故
祀以爲社。黃帝能成名萬物，以明民共財，顓頊修之。帝
嚳能序三辰以固民，堯能單均刑法以儀民，舜勤民事而野
死，鯀鄣洪水而殛死，禹能以德修鯀之功，契爲司徒而民
輯，冥勤其官而水死，湯以寬治民而除其邪，稷勤百穀而
山死，文王以文昭，武王去民之穢。故有虞氏禘黃帝而祖
顓頊，郊堯而宗舜；夏后氏禘黃帝而祖顓頊，郊鯀而宗禹；
商人禘舜而祖契，郊冥而宗湯；周人禘嚳而郊稷，祖文王
而宗武王。幕能帥顓頊者也，有虞氏報焉；杼，能帥禹者
也，夏后氏報焉；上甲微，能帥契者也，商人報焉；高圉、大
王，能帥稷者也，周人報焉。凡禘、郊、祖、宗、報，此五者
國之典祀也。加之以社稷山川之神，皆有功烈於民者也。
及前哲令德之人，所以爲明質及天之三辰，民所以瞻仰
也；及地之五行，所以生殖也；及九州名山川澤，所以出財
用也。非是不在祀典。今海鳥至，己不知而祀之，以爲國
典，難以爲仁且智矣。夫仁者講功，而智者處物。無功而
祀之，非仁也；不知而不能問，非智也。今茲海其有災乎？
夫廣川之鳥獸，恒知避其災也。"是歲海多大風，冬暖。文
仲聞柳下季之言，曰："信吾過也，季之之言，不可不法
也。"使書以爲三筴。

15. 子産

子産，鄭穆公子公子發字子國之子，名僑，字子產，又字子美。因此史稱國僑，又曰公孫僑。《史記》只記其軼事，列入《循吏傳》。子產博學(晉平公稱爲"博物君子"，見《左傳》昭公元年)，有政治頭腦。子產執政，不但能做到"國無盜賊，道不拾遺"，而且能巧妙地使鄭在晉楚兩大强國之間得到生存。《左傳》裏記載他的言論很多，兹選錄其有代表性的言論三段如下。

《左傳》昭公十三年説：

> 甲戌同盟於平丘，齊服也，令諸侯日中造於除。癸酉退朝，子產命外僕速張於除，子太叔止之，使待明日。及夕，子產聞其未張也，使速往，乃無所張矣。及盟，子產爭承，曰："昔天子班貢，輕重以列，列尊貢重，周之制也。卑而貢重者，甸服也。鄭伯，男也，而使從公侯之貢，懼弗給也，敢以爲請。諸侯靖兵，好以爲會。行理之命，無月不至，貢之無藝，小國有闕，所以有罪也。諸侯修盟，存小國也。貢獻無極，亡可待也。存亡之制，將在今矣。"自日以爭，至於昏，晉人許之。既盟，子太叔咎之，曰："諸侯若討，其可瀆乎？"子產曰："晉政多門，貳偷之不暇，何暇討國，不競亦陵，何國之爲？"

又，昭公十六年説：

> 宣子(晉韓起)有環，其一在鄭商。宣子謁諸鄭伯，子產弗與，曰："非官府之守器也，寡君不知。"子太叔、子羽謂子產曰："韓子亦無幾求，晉國亦未可以貳。晉國、韓子，不可偷也。若屬有讒人，交鬥其間，鬼神而助之，以興其凶怒，悔之何及？吾子何愛於一環，其以取憎於大國也，盍求而與之？"子產曰："吾非偷晉而有二心，將終事之，是以弗與，忠信故也。僑聞君子非無賄之難，立而無

令名之患。僑聞爲國非不能事大字小之難，無禮以定其位之患。夫大國之人，令於小國，而皆獲其求，將何以給之？一共一否，爲罪滋大。大國之求，無禮以斥之，何魘之有？吾且爲鄙邑，則失位矣。若韓子奉命以使而求玉焉，貪淫甚矣，獨非罪乎？出一玉以起二罪，吾又失位，韓子成貪，將焉用之？且吾以玉賈罪，不亦銳乎？"

韓子買諸賈人，既成賈矣，商人曰：必告君大夫。韓子請諸子產。曰："日起請夫環，執政弗義，弗敢復也。今買諸商人，商人曰必以聞，敢以爲請？"子產對曰："昔我先君桓公，與商人皆出自周，庸次比耦，以艾殺此地，斬之蓬蒿藜藋而共處之，世有盟誓，以相信也。曰：爾無我叛，我無強賈，毋或匄奪。爾有利市寶賄，我勿與知。恃此質誓，故能相保，以至於今。今吾子以好來辱，而謂敝邑強奪商人，是教弊邑背盟誓也，毋乃不可乎？吾子得玉，而失諸侯，必不爲也。若大國令而共無藝，鄭，鄙邑也，亦弗爲也。僑若獻玉，不知所成，敢私布之。"韓子辭玉，曰："起不敏，敢求玉以徼二罪？敢辭之。"

又，《左傳》襄公三十一年説：

子皮（鄭罕虎）欲使尹何爲邑。子產曰："少，未知可否。"子皮曰："願，吾愛之，不吾叛也。使夫往而學焉，夫亦愈知治矣。"子產曰："不可。人之愛人，求利之也。今吾子愛人，則以政，猶未能操刀，而使割也，其傷實多。子之愛人，傷之而已，其誰敢求愛於子？子於鄭國，棟也，棟折榱崩，僑將厭焉，敢不盡言。子有美錦，不使人學制焉。大官、大邑，身之所庇也，而使學者制焉，其爲美錦，不亦多乎？僑聞學而後入政，未聞以政學者也。若果行此，必有所害。譬如田獵，射御貫則能獲禽，若未嘗登車射御，則敗績厭覆是懼,何暇思獲?"子皮曰:"善哉! 虎不敏。吾聞君子務知大者、遠者,小人務知小者、近者。我,小人也。衣服附在吾身,我知而愼之。大官、大邑所以庇身也,我遠而慢之。微子之言,吾不知也。他日我曰:子爲鄭國,我爲吾家,以庇焉,其可也。今而後知不足。自今請雖吾家,聽子而行。"子產曰:"人心之不同,如其面焉。吾豈敢謂子面如吾面乎? 抑心所謂危,亦以告也。"子皮以爲忠,故委政焉。子產是以能爲鄭國。

以上三段言論,第一段表明子產是有調查研究的,故敢於堅持斗爭,終能取得勝利;第二段表明子產能注意遠者大者,堅持原則,不在强權面前低頭;第三段表明子產爲政任人有方。

16. 吴公子札

吳公子札是吳王壽夢的四子中年紀最小的一個,因此稱爲季札或季子。以食采於延陵,稱爲延陵季子;後又食州來,又稱延州來季子。

季札在春秋時期是一個富有大名的學者,能讓國,善識人。他出聘至魯國,觀周樂,能聞音知政,評隲都切中肯綮。他歷聘齊、鄭、衛、晉諸國,經識很多知名人士,特別是對於齊晏平仲、鄭子產、晉叔向都一見如故人,并對每一個人都指出應注意的問題。例如對晏平仲説:"子速納邑與政,無邑無政,乃免於難。齊國之政,將有所歸,未獲所歸,難未歇也。"對子產説:"鄭之執政侈,難將至矣。政必及子,子爲政,愼之以禮。不然,鄭國將敗。"對叔向説:"吾子勉之! 君侈而多良,夫夫皆富,政將在家。吾子好直,必思自免於難。"(詳見《左傳》襄公二十九年)他出使齊國,四來時,"長子死,葬於嬴博之間"。孔丘説:"延陵季子,吳之習於禮者也。"特地前往觀禮(見《禮記·檀弓下》)。

以上十人,除子產兼是政治家,自餘都不以政治見長,但都是

當時統治階級中最有教養的人，具有廣博的歷史文化知識，對當時
和後世有較大的影響，故特表而出之。

17. 萇弘

萇弘字叔，周大夫，長於天文曆法，當然裏邊夾雜有宗教迷信。
《史記·天官書》説：“昔之傳天數者，……周室史佚、萇弘。”萇弘即
此，生當景王、敬王時。

《左傳》昭公十一年説：

> 景王問於萇弘曰：“今兹諸侯何實吉？何實凶？”對
> 曰：“蔡凶。此蔡侯般弑其君之歲也，歲在豕韋，弗過此
> 矣。楚將有之。然壅也，歲及大梁，蔡復楚凶，天之道
> 也。”

又，昭公十七年説：

> 晉侯使屠蒯如周，請有事於雒與三塗。萇弘謂劉子
> 曰：“客容猛，非祭也，其伐戎乎？陸渾氏甚睦於楚，必是
> 故也。君其備之。”乃警戎備。九月丁卯，晉荀吴帥師涉
> 自棘津，使祭史先用牲於雒。陸渾人弗知，師從之。庚
> 午，遂滅陸渾，數之以其貳于楚也。陸渾子奔楚，其衆奔
> 甘鹿。周大獲。

18. 郭偃

郭偃亦稱卜偃，晉的掌卜大夫。《墨子·所染》説：“晉文染於
舅犯、郭偃（郭，舊作高。兹依王念孫説校改）。則郭偃不僅以卜
名。

《國語·晉語》説：“文公問於郭偃曰：‘始也，吾以治國爲易，今
也難。’對曰：‘君以爲易，其難也將至矣。君以爲難，其易也將至
焉。’”郭偃的回答裏邊有辯證法。

又，獻公問於卜偃曰：“攻虢何月也？”對曰：“童謡有之，曰：‘丙

之晨，龍尾伏辰，均服振振，取虢之旂，鶉之賁賁，天策焞焞，火中成軍，虢公其奔。'火中而旦，其九月十月之交乎？"《左傳》僖公五年述此，於"九月十月之交乎"下有"丙子旦，日在尾，月在策，鶉火中，必是時也"。

又，"惠公入而背外內之賂。輿人誦之曰：'佞之見佞，果喪其田。詐之見詐，果喪其賂。得國而狃，終逢其咎。喪田不懲，禍亂其興。'既裏、丕死，禍，公隕於韓。郭偃曰：'善哉！夫眾口禍福之門。是以君子省眾而動，監戒而謀，謀度而行，故無不濟。內謀外度，考省不倦，日考而習，戒備畢矣。'"

郭偃的職務是卜筮，而懂得"省眾而動"，這件事很不簡單。無怪《墨子·所染》把他提到一個極重要的地位。

19. 史墨

史墨又稱蔡墨，晉太史。

《左傳》昭公二十九年說：

秋見於絳郊。魏獻子問于蔡墨曰："吾聞之，蟲莫知於龍，以其不生得也，謂之知，信乎？"對曰："人實不知，非龍實知。古者畜龍，故國有豢龍氏，有御龍氏。"獻子曰："是二氏者，吾亦聞之，而知其故，是何謂也？"對曰："昔有飂叔安，有裔子曰董父，實甚好龍，能求其嗜欲以飲食之，龍多歸之。乃擾畜龍以服事帝舜。帝賜之姓曰董，氏曰豢龍，封諸鬷川，鬷夷氏其後也。故帝舜氏世有畜龍。及有夏孔甲，擾於有帝，帝賜之乘龍，河、漢各二，各有雌雄。孔甲不能食，而未獲豢龍氏。有陶唐氏既衰，其後有劉累，學擾龍於豢龍氏，以事孔甲，能飲食之。夏后嘉之，賜氏曰御龍，以更豕韋之後。龍一雌死，潛醢以食夏后，夏后饗之。既而使求之，懼而遷於魯縣，范氏其後也。"獻子曰："今何故無之？"對曰："夫物，物有其官，官修其方，朝

夕思之。一日失職,則死及之。失官不食,官宿其業,其
物乃至。若泯棄之,物乃抵伏,鬱湮不育。故有五行之
官,是謂五官。實列受氏姓,封爲上公,祀爲貴神。社稷
五祀,是尊是奉。木正曰句芒,火正曰祝融,金正曰蓐收,
水正曰玄冥,土正曰后土。龍,水物也,水官棄矣,故龍不
生得。不然,《周易》有之,在乾(☰)之姤(☴),曰潛龍勿
用。其同人(☲),曰見龍在田,其大有(☲),曰飛龍在天,
其夬(☱)曰亢龍有悔,其坤(☷)曰:見群龍無首,吉。坤
之剝(☶)曰龍戰於野。若不朝夕見,誰能物之?"獻子曰:
"社稷五祀,誰氏之五官也?"對曰:"少皞氏有四叔,曰重、
曰該、曰脩、曰熙,實能金木及水。使重爲句芒,該爲蓐
收,脩及熙爲玄冥,世不失職,遂濟窮桑,此其三祀也。顓
頊氏有子曰犁,爲祝融;共工氏有子曰句龍,爲后土,此其
二祀也。后土爲社,稷田正也。有烈山氏之子曰柱爲稷,
自夏以上祀之。周弃亦爲稷,自商以來祀之。"

又,昭公三十二年説:

　　趙簡子問於史墨曰:"季氏出其君而民服焉,諸侯與
之,君死於外,而莫之或罪也。"對曰:"物生有兩,有三,有
五,有陪貳。故天有三辰,地有五行,體有左右,各有妃
耦。王有公,諸侯有卿,皆有貳也。天生季氏,以貳魯侯,
爲日久矣。民之服焉,不亦宜乎?魯君世從其失,季氏世
脩其勤,民忘君矣。雖死於外,其誰矜之?社稷無常奉,
君臣無常位,自古以然。故《詩》曰:高岸爲谷,深谷爲陵。
三后之姓,於今爲庶,王所知也。在《易》卦,雷乘乾曰大
壯(☳),天之道也。昔成季友,桓之季也,文姜之愛子也,
始震而卜,卜人謁之,曰:生有嘉聞,其名曰友,爲公室輔。
及生,如卜人之言,有文在其手曰友,遂以名之。既而有

大功於魯，受費以爲上卿。至於文子、武子，世增其業，不
廢舊績。魯文公薨，而東門遂殺嫡立庶，魯君於是乎失
國，政在季氏，於此君也四公矣。民不知君，何以得國？
是以爲君，慎器與名，不可以假人。”

史墨爲太史，當時的史與祝宗卜的職務原屬一類，不是純粹的
史官。但觀史墨的言論，其不但徵引大量史實，還有唯物的辯證的
思想因素，這是很難得的。

20. 梓慎

梓慎，魯大夫，長於占候。

《左傳》襄公二十八年説：

春無冰。梓慎曰：“今兹宋、鄭其饑乎？歲在星紀而
淫於玄枵，以有時菑，陰不堪陽。蛇乘龍。龍，宋、鄭之星
也，宋、鄭必饑。玄枵，虛中也。枵，耗名也，土虛而民耗，
不饑何爲？”

又，昭公十七年説：

冬，有星孛於大辰，西及漢。申須曰：“彗所以除舊布
新也。天事恒象，今除於火，火出必布焉。諸侯其有火災
乎？”梓慎曰：“往年吾見之，是其徵也，火出而見。今兹火
出而章，必火入而伏。其居火也久矣，其與不然乎？火
出，於夏爲三月，於商爲四月，於周爲五月。夏數得天。
若火作，其四國當之，在宋、衛、陳、鄭乎？宋，大辰之虛
也；陳，大皞之虛也；鄭，祝融之虛也，皆火房也。星孛天
漢，漢水祥也。衛，顓頊之虛也，故爲帝丘，其星爲大水，
水，火之牡也。其以丙子若壬午作乎？水火所以合也。
若火出而伏，必以壬午，不過其見之月。”

21.裨竈

裨竈,鄭大夫。《史記·天官書》說"昔之傳天數者,……鄭則裨竈"即此。

《左傳》襄公二十說:

> 裨竈曰:"今茲周王及楚子皆將死。歲棄其次,而旅於明年之次,以害鳥帑,周楚惡之。"

又,襄公三十年說:

> 于子蟜(公孫蠆)之卒也,將葬,公孫揮與裨竈晨會事焉。過伯有氏,其門上生莠。子羽曰:"其莠猶在乎?於是歲在降婁,降婁中而旦。"裨竈指之曰:"猶可以終歲,歲不及此次也已。"及其亡也,歲在娵訾之口。其明年,乃及降婁。

以上五人,應屬於天文曆法方面的自然科學家,儘管還沒有完全從宗教迷信中解放出來。

22.伶州鳩

伶州鳩,周樂官。

《國語·周語下》說:

> 周景王將鑄無射,而爲之大林。問之伶州鳩,對曰:"臣之守官弗及也。臣聞之:琴瑟尚宮,鐘尚羽,石尚角,匏竹利制。大不踰宮,細不過羽。夫宮,音之主也,第以及羽。聖人保樂而愛財,財以備器,樂以殖財。故樂器重者從細,輕者從大。是以金尚羽,石尚角,瓦絲尚宮,匏竹尚議,革木一聲。夫政象樂,樂從和,和從平。聲以和樂,律以平聲。金石以動之,絲竹以行之,詩以道之,歌以詠之,匏以宣之,瓦以贊之,革木以節之,物得其常曰樂極,極之所集曰聲,聲應相保曰和,細大不踰曰平。如是而鑄

之金，磨之石，系之絲木，越之匏竹，節之鼓而行之，以遂八風。於是乎氣無滯陰，亦無散陽。陰陽序次，風雨時至，嘉生繁祉，人民和利，物備而樂成，上下不疲，故曰樂正。今細過其主，妨於正，用物過度，妨於財，正害財匱妨于樂，細抑大陵，不容於耳，非和也。聽聲越遠，非平也。妨正匱財，聲不和平，非宗官之所司也。夫有和平之聲，則有蕃殖之財。於是乎道之以中德，詠之以中音，德音不愆，以合神人，神是以寧，民是以聽。若夫匱財用，疲民力，以逞淫心，聽之不和，比之不度，無益於教，而離民怒神，非臣之所聞也。”王不聽，卒鑄大鐘。

見於《左傳》昭公二十一年和《周語下》還有幾段言論，俱不錄。錄此以見伶州鳩是當時一個音樂家。

23. 師曠

師曠，字子野，爲晉樂師。《孟子·離婁上》說：“師曠之聰”，證明他是歷史上公認的著名的音樂家。

《左傳》襄公十四年說：

師曠侍于晉侯（晉悼公）。晉侯曰：“衛人出其君，不亦甚乎？”對曰：“或者其君實甚。良君將賞善而刑淫，養民如子，蓋之如天，容之如地。民奉其君，愛之如父母，仰之如日月，敬之如神明，畏之如雷霆，其可出乎？夫君，神之主而民之望也。若困民之主，匱神之祀，百姓絕望，社稷無主，將安用之？弗去何爲？天生民而立之君，使司牧之，勿使失性。有君而爲之貳，使師保之，勿使過度。是故天子有公，諸侯有卿，卿置側室，大夫有貳宗，士有朋友，庶人、工、商、皂、隸、牧、圉皆有親暱，以相輔佐也。善則賞之，過則正之，患則救之，失則革之。自王以下，各有父兄子弟，以補察其政。史爲書，瞽爲詩，工誦箴諫，大夫规诲,士傳言,庶人謗,商旅於市,百工獻藝。故《夏書》曰:遒人以木鐸徇於路。官師相規,工執藝事以諫。正月孟春於是乎有之,諫失常也。天之愛民甚矣,豈其使一人肆於民上以從其淫,而棄天地之性? 必不然矣。"

又昭公八年説:

　　春,石言於晉魏榆。晉侯問于師曠曰:"石何故言?"對曰:"石不能言,或憑焉。不然,民聽濫也。抑臣又聞之曰:作事不時,怨讟動於民,則有非言之物而言。今宮室崇侈,民力彫盡,怨讟並作,莫保其性。石言,不亦宜乎?"於是晉侯方築虒祁之宮。叔向曰:"子野之言,君子哉! 君子之言,信而有徵,故怨遠於其身。小人之言,僭而無徵,故怨咎及之。《詩》曰:哀哉不能言,匪舌是出,唯躬是瘁。哿矣能言,巧言如流,俾躬處休。其是之謂乎? 是宮也成,諸侯必叛,君必有咎,夫子知之矣。"

24. 醫緩
醫緩,秦桓以時名醫。
《左傳》成公十年説:

　　公(晉景公)疾病,求醫於秦。秦伯使醫緩爲之。未至,公夢疾爲二豎子,曰:"彼,良醫也。懼傷我焉,逃之。"其一曰:"居肓之上,膏之下,若我何?"醫至,曰:"疾不可爲也,在肓之上,膏之下,攻之不可,達之不及,藥不至焉,不可爲也。"公曰:"良醫也。"厚爲之禮而歸之。

25. 醫和
醫和,秦景公時名醫。
《左傳》昭公元年説:

晉侯（晉平公）求醫於秦。秦伯使醫和視之。曰：“疾不可爲也。是謂近女室，疾蠱，非鬼非食，惑以喪志，良臣將死，天命不佑。”公曰：“女不可近乎？”對曰：“節之。先王之樂，所以節百事也，故有五節，遲速本末以相及，中聲以降，五降之後，不容彈矣。於是有煩手淫聲，慆堙心耳，乃忘平和，君子弗聽也。物亦如之，至於煩，乃舍也已，無以生疾。君子之近琴瑟，以儀節也，非以慆心也。天有六氣，降生五味，發爲五色，徵爲五聲，淫生六疾。六氣曰陰、陽、風、雨、晦、明也。分爲四時，序爲五節，過則爲菑。陰淫寒疾，陽淫熱疾，風淫末疾，雨淫腹疾，晦淫惑疾，明淫心疾。女，陽物而晦時，淫則生內熱惑蠱之疾。今君不節不時，能無及此乎？”出告趙孟。趙孟曰：“誰當良臣？”對曰：“主是謂矣。主相晉國，於今八年，晉國無亂，諸侯無闕，可謂良矣。和聞國之大臣，榮其寵祿，任其寵節，有菑禍興而無改焉，必受其咎。今君至於淫以生疾，將不能圖恤社稷，禍孰大焉？主不能禦，吾是以云也。”趙孟曰：“何謂蠱？”對曰：“淫溺惑亂之所生也。于文，皿蟲爲蠱，穀之飛亦爲蠱。在《周易》，女惑男，風落山，謂之蠱（䷑）。皆同物也。”趙孟曰：“良醫也。”厚其禮而歸之。

26. 伯樂

郵無恤（《國語》作郵無正），字伯樂，又名王良、郵良（見《唯南子·覽冥》），晉大夫。以善御著名。

《左傳》哀公二年記晉趙鞅與鄭人戰於戚。說：

將戰，郵無恤御簡子（趙鞅），衛太子（蒯聵）爲右。登鐵上，望見鄭師衆，大子懼，自投於車下。子良（郵無恤）授太子綏而乘之，曰：“婦人也。”簡子巡列，……既戰，簡子曰：“吾伏弢嘔血，鼓音不衰，今日我上也。”太子曰：“吾

救主於車,退敵於下,我右之上也。"郵良曰:"我兩靮將
絕,吾能止之,我,御之上也。"駕而乘材,兩靮皆絕。

《國語·晉語》説:

趙簡子使尹鐸爲晉陽。曰:必墮其壘培,吾將往焉,
若見壘培,是見寅(荀寅)與吉射(范吉射)也。尹鐸往而
增之。簡子如晉陽,見壘怒,曰:"必殺鐸也而後入。"大夫
辭之,不可,曰:"是昭余讎也。"郵無正進,曰:"昔先主文
子(趙武)少釁於難,從姬氏於公宮,有孝德以出在公族,
有恭德以升在位,有武德以羞爲正卿,有溫德以成其名
譽,失趙氏之典刑而去其師保,基於其身以克復其所。及
景子(趙成)長於公宮,未及教訓而嗣立矣,亦能纂修其身
以受先業,無謗於國,順德以學子,擇言以教子,擇師保以
相子。今吾子嗣位,有文之典刑,有景之教訓,重之以師
保,加之以父兄,子皆疏之,以及此難。夫尹鐸曰:思樂而
喜,思難而懼,人之道也。委土可以爲師保,吾何爲不增?
是以修之,庶曰可以鑑而鳩宗乎? 若罰之,是罰善也,罰
善必賞惡,臣何望矣。"簡子説,曰:"微子,吾幾不爲人
矣。"以免難之賞賞尹鐸。初伯樂與尹鐸有怨,以其賞如
伯樂氏,曰:"子免吾死,敢不歸祿。"辭曰:"吾为主图,非
为子也。怨若怨焉。"

27. 匠慶

魯有兩匠慶。其一是莊公時的醫師慶,見於《國語·魯語上》。
原文説:

莊公丹桓宮之楹而刻其桷。匠師慶言於公曰:"臣聞
聖王公之先封者,遺後之人法,使無陷於惡。其爲後世昭
前之令聞也,使長監於世,故能攝固不解以久。今先君儉

而君侈，令德替矣。"公曰："吾屬欲美之。"對曰："無益於君，而替前之令德，臣故曰庶可已矣。"公弗聽。

其二是襄公時的匠慶。《左傳》襄公四年說：

> 秋，定姒薨，不殯於廟，無櫬不虞。匠慶謂季文子曰："子爲正卿，而小君之喪不成，不終君也。君長誰受其咎？"初，季孫爲樹六檟於蒲圃東門之外，匠慶請木，季孫曰："略。"匠慶用蒲圃之檟，季孫不御。君子曰："志所謂多行無禮，必自及也，其是之謂乎？"

《莊子·達生》說："梓慶削木爲鐻。鐻成，見者驚猶鬼神。"注者謂梓慶即匠慶。則匠慶是木工技術高超、在當時享有盛名的一個人。

以上六人，在音樂、醫術和駕御、木工幾個方面都有專長，而且都有豐富的歷史知識和正確的思想，故選錄於此。

28. 鄧曼

鄧曼，楚武王夫人。

《左傳》桓公十三年說："楚屈瑕伐羅，鬬伯比送之。還，謂其御曰：'莫敖必敗。舉趾高，心不固矣。'遂見楚子，曰：'必濟師。'楚子辭焉。入告夫人鄧曼。鄧曼曰：'大夫其非衆之謂，其謂君撫小民以信，訓諸司以德，而威莫敖以刑也。莫敖狃於蒲騷之役，將自用也，必小羅君，若不鎮撫，其不設備乎？夫固謂君訓衆而好鎮撫之，召諸司而勸之以令德，見莫敖而告諸天之不假易也。不然，夫豈不知楚師之盡行也。'"

29. 叔向母

《左傳》昭公二十八年說：

> 初，叔向欲娶於申公巫臣氏，其母欲娶其黨。叔向

曰:"吾母多而庶鮮,吾懲舅氏矣。"其母曰:"子靈(申公巫
臣)之妻殺三夫,一君一子而亡一國兩卿矣。可無懲乎?
吾聞之甚美必有甚惡,是鄭穆少妃姚子之子,子貉之妹
也。"子貉早死無後,而天鍾美於是,將必以是大有敗也。
昔有仍氏生女,黰黑而甚美,光可以鑑,名曰玄妻。樂正
后夔取之,生伯封,實有豕心,貪婪無厭,忿類無期,謂之
封豕。有窮后羿滅之,夔是以不祀。且三代之亡,共子之
廢,皆是物也。女何以爲哉? 夫有尤物,足以移人,苟非
德義,則必有禍。叔向懼,不敢取。平公强使取之。

30. 敬姜

敬姜,魯公父穆伯之妻,公父文伯之母。

《國語·魯語下》説:

公父文伯之母如季氏,康子在其朝,與之言,弗應。
從之,及寢門,弗應而入。康子辭於朝而入見,曰:"肥也
不得聞命,無乃罪乎?"曰:"子弗聞乎? 天子及諸侯合民
事於外朝,合神事於內朝。自卿以下,合官職於外朝,合
家事於內朝。寢門之內,婦人治其業焉,上下同之。夫外
朝,子將業君之官職焉,內朝,子將庀季氏之政焉,皆非吾
所敢言也。"

又:

公父文伯退朝,朝其母,其母方績。文伯曰:"以歜之
家而主猶績,懼懺季孫之怒也,其以歜爲不能事主乎!"其
母歎曰:"魯其亡乎? 使僮子備官而未之聞耶? 居,吾語
女。昔聖王之處民也,擇瘠土而處之,勞其民而用之,故
長王天下。夫民勞則思,思則善心生;逸則淫,淫則忘善,
忘善則惡心生。沃土之民不材,淫也;瘠土之民,莫不向

義，勞也。是故天子大采朝日，與三公九卿祖識地德；日中考政，與百官政事，師尹維旅，牧相宣序民事。少采夕月，與大史司載糾天刑。日入監九御，使潔奉禘郊之粢盛，而後即安。諸侯朝修天子之業命，晝考其國職，夕省其典刑，夜儆百工，使無慆淫，而後即安。卿大夫朝考其職，晝講其庶政，夕序其業，夜庀其家事，而後即安。士朝受業，晝而講貫，夕而習復，夜而計過。無憾，而後即安。自庶人以下，明而動，晦而休，無日以怠。王后親織玄紞，公侯之夫人加之以紘綖，卿之內子為大帶，命婦成祭服，列士之妻加之以朝服，自庶士以下，皆衣其夫。社而賦事，蒸而獻功，男女效績，愆則有辟，古之制也。君子勞心，小人勞力，先王之訓也。自上以下，誰敢淫心舍力。今我寡也，爾又在下位，朝夕處事，猶恐忘先人之業。況有怠惰，其何以避辟。吾冀而朝夕修我曰：必無廢先人。爾今日胡不自安，以是承君之官，余懼穆伯之絕嗣也。"

31. 莒婦人

《左傳》昭公十九年說：

齊高發帥師伐莒。莒氏奔紀鄣（今江蘇省贛榆縣東北有古紀鄣城）。使孫書伐之。初，莒有婦人，莒子殺其夫，已為嫠婦。及老，託於紀鄣，紡焉以度而去之（去，藏也）。及師至，則投諸外。或獻諸子占（孫書）。子占使師夜縋而登。

以上四人，都是女性。前三人是有教養的人，所讀的，不但都有道理，而且裏邊包含有珍貴的史料。后一人，可能是勞動人民。她報仇的辦法雖不見得可取，然而其志可嘉。故一并選入。

32. 老聃

老聃，世通稱老子，是道家創始人，在中國歷史上有很大的影響。《史記》説："老子者，楚苦縣厲鄉曲仁里人也。（今河南省鹿邑縣東）名耳，字聃，姓李氏。周守藏室之史也。"與孔丘同時而長於孔丘，著有《老子》一書，傳於世。

從《老子》一書來看，老子的哲學屬於客觀唯心論。他認爲道是宇宙的根源，這個道没有形體，不能用視覺、聽覺、能覺認識它，所以又叫做"無"。但是它是永恒的普遍的存在，它能産生天地萬物，并且能主宰它。老子所説的道，實際上就是我們現今所説的規律。但是他所講的這個規律，不是有了事物之後才有的規律，而且認爲規律可以脱離事物而獨立存在，在没有事物以前，就已經有了規律。所以，他是一個唯心論者。

除了他認爲道（規律）是在事物之先且可以脱離事物而獨立存在這一點是錯誤的以外，其所講的道（規律）同我們所講的規律很相似，即認爲道是按照辯證的軌道向前運動和發展的。例如他所説的"反者道之動"、"禍兮福所倚，福兮禍所伏"等等，都是符合辯證法的。

老子應用辯證法作爲處事的原則，仍然有錯誤，甚至是反動。原因在於他片面地静止地强調無爲、守柔的一面，他認爲無爲可傳達到無不爲，守柔誠夠强。其實這是不正確地利用辯證法。老子的理論是"爲學日益，爲道日損，損之又損，以至於無爲，無爲而無不爲"。意思是説，做學問要求一天比一天增多，一天比一天進步；學道則不然，要求一天比一天減少，一天比一天倒退，最後減少倒退到無爲，那時，就能一躍而變爲"無不爲"。也就是説，他把學到一點東西看作是處理事物時就增加一種成見。"損之又損"就是想去掉所見成見，最後達到鑑空衡平的地步，那就什麼事物都能處理得當了，因而能達到"無不爲"。《莊子·應帝王》説："至人之用心若鏡，不將不迎，應而不藏，故能勝物而不傷。"就是這種思想的具

體說明。其實，這是欺人之談。人如果什麼也不學，那就只會和豬
一樣愚蠢，怎能"無不爲"呢？不過學有不同種學法，有食古不化的
學法，那當然是應用得不好；有的能透過現象看到本質，由實踐上
升到理論，那樣怎能把它看作是成見呢？

正由於老子在方法論上發生認識論錯誤，所以他唯心地反對
歷史文化，把倒退到"小國寡民"時代，即原始社會，作爲政治奮斗
的目標。因而是反動的。

《左傳》昭公十一年説：

> 秋，葬曹平公。往者，見周原伯魯焉。與之語，不説
> 學。歸以語閔子馬。閔子馬曰："周其亂乎？夫必多有是
> 説，而後及其大人。大人患失而惑，又曰：可以無學，無學
> 不害。不害而不學，則苟而可。於是乎下陵上替，能無亂
> 乎？夫學，殖也，不學將落，原氏其亡乎？"

《老子》説："少則得，多則惑。"這種觀點同周人的"不悦學"和
"大人患失則惑"的觀點很相似。可見，老聃的學説在當時已形成
一種思潮。《史記》"老子隱君子"的説法似不足信。

33. 孔丘

孔丘字仲尼，其先宋人。父叔梁紇爲魯聊邑大夫。《左傳》襄
公十年載有"郰人紇"，即孔丘之父。因此，孔丘有"鄹人之子"之稱
（見《論語·八佾》）。《史記》有《孔子世家》，爲匹夫作世家，足見推
崇之至。

孔丘是儒家的創始人，當時以博學著稱。他一生的大部分時
間，都從事教育事業。他標榜"有教無類"，並確實做到了這一點。
當然這與當時社會階級關系正在急劇發生變化有關，但亦不能不
承認他在推動文化發展方面所起的積極作用。

《史記·孔子世家》説："孔子以詩書禮樂教，弟子蓋三千人，身
通六藝者七十有二人。"正由於孔丘以六藝教人，所以有儒稱。《周

禮·天官·太宰》説：“儒以道得民。”鄭玄注“儒……有六藝以教民者”是其證。至於他之所以稱爲儒家，則不僅由於他以六藝教人，而是由於他把六藝思想作爲教條，而形成一種學術派別而言。所以儒不自孔丘始，孔丘以前早已存在，而儒家實以孔丘爲開山祖。

六藝是六種教學科目，但孔丘的六藝同早先的六藝不同。例如《周禮·地官·大司徒》的六藝爲“禮、樂、射、御、書、數”，而孔丘的六藝則爲“詩、書、禮、樂、易、春秋”。這是由時代不同，教學内容也不能不隨着變化。《莊子·天下》説：“《詩》以道志，《書》以道事，《禮》以道行，《樂》以道和，《易》以道陰陽，《春秋》以道名分。”《史記·滑稽列傳》説：“孔子曰：‘六藝於治一也。’《禮》以節人，《樂》以發和，《書》以道事，《詩》以達意，《易》以神化，《春秋》以道義。”這種説法是正確的。

今世所傳的儒家六經，實際上是孔丘所用以進行教學工作的教材。這些教材雖然都是舊有的東西，但是又經孔丘做過一番加工。例如《史記·儒林列傳》説：“嗟乎！夫周室衰而《關雎》作，幽、厲微而禮樂壞，諸侯恣行，政由强國，故孔子閔王路廢而邪道興，於是論次詩書，修起禮樂。”所以，孔丘關於六藝的加工，對詩書而言則是論次；論是取捨上事，次是編排上事；對禮樂則是修起；修起，表明是在遭到破壞之後，又拾遺補缺重新整修完好；至《易》則如《孔子世家》所説的，在於“序、彖、繫、象、説卦、文言”，今通稱爲《易傳》；《春秋》則是孔丘的新著，《孟子·離婁下》説：“王者之迹息而《詩》亡，《詩》亡然後《春秋》作。晉之乘，楚之檮杌，魯之春秋，一也。其事則齊桓、晉文，其文則史，孔子曰：‘其義則丘竊取之矣。’”是其事。

今人論述孔丘思想，多以《論語》一書爲依據，而忽視儒家的六經，這不但是不全面，而且是没有把握主要的東西。

孔丘的思想集中反映在《易傳》和《春秋》二書裏。

《易傳》説：“太極生兩儀。”又説：“一陰一陽之謂道。”這一點，同《老子》的“道先天地生”和“道生一”相比較，可以明顯地看出，孔丘的哲學是唯物的,而老聃的哲學是唯心的。孔、老兩家所謂道,用今天的話來説,就是規律。老聃認爲先有規律,後有事物,事物是從規律産生出來的,即規律是宇宙的根源,這無疑是倒因爲果,是唯心的。而孔丘則反是。《易傳》所謂"太極生兩儀",這個"太極"亦稱"太一"。太一就是整體的一,絕對的一,而不是一二三四等相對的一。這個一實際代表事物,表明它是宇宙的根源。太極生兩儀,不是别的,就是一分爲二。而《老子》則認爲"道生一,一生二",即在一以前,還有一個道(規律),自然這是把規律看作是宇宙的根源。《易傳》説"一陰一陽之謂道",陰陽代表事物,"一陰一陽之謂道"正説明規律是在事物的運動中産生的。《老子》的"一生二"實際也是一分爲二。這一點並没有錯,其真正錯在什麽是第一性上。目前有不少人認爲老聃的哲學是唯物的,而孔丘的哲學是唯心的,我看這是不公正的,不符合客觀實際。

孔丘在社會歷史觀上則是唯心的、形而上學的。這表現在他所作的《春秋》一書裏。

孔丘説:"其義則丘竊取之矣。"(《孟子·離婁下》)《莊子·天下》説:"《春秋》以道名分。"《史記》:"《春秋》以道義。"又説:"《春秋》禮義之大宗。"這些"義"、"名分"、"禮義之大宗"等等,説的都是什麽? 所説的都是西周時的禮義法度,即中國奴隸社會全盛時期的禮義法度,即孔丘作《春秋》是以西周的禮義法度作爲詳斷人物事件是非的標準的。這一點,同他説"周監於二代,郁郁乎文哉,吾從周"(《論語·八佾》)和"甚矣吾衰也,久矣吾不復夢見周公"(《論語·述而》)的思想是一致的。他不把中國奴隸社會的衰落、封建社會的産生,看成進步,而是看成倒退,想努力使歷史車輪倒轉,當然這是唯心的、形而上學的。

孔丘所宣揚的道德標準,例如仁、禮、和,基本上也是西周的那套東西,是奴隸主階級的意識形態,從本質上説都是爲維護奴隸社會的宗法制和分封制的政權服務的。但是他説:"學而不思則罔,思而不學則殆"(《論語·爲政》)、"師也過，商也不及……過猶不及"(《論語·先進》)等，這些思想則符合辯證法，不能輕率地加以否定。

總之，孔丘在中國歷史上是有巨大影響的人物。他的政治思想，當然不適用於今天，應當批判，但是他有廣博的歷史知識，又有豐富的教學和生活經驗，在他的身上不無可取的東西。所以對他的評價也要一分爲二，全盤否定或是如同過去全盤肯定，都是不對的，不是實事求是的態度。

34. 孫武

孫武，齊人，著有《孫子》十三篇，事迹見《史記·孫子吳起列傳》。

《孫子》是中國最早、最好的一部軍事理論叢，是春秋後期所做出的一個全面的戰爭經驗總結。其可貴的是，它不是羅列若干現象，而是從理論的高度來認識軍事規律，因此，它具有長期的廣泛的指導意義。

《孫子》軍事思想的特點，首先在於把政治，而不是單純軍事觀點放在頭等重要地位。例如《計篇》所說的"五校之計"的第一點是"道"，這個"道"實際上就是政治。只有政治做好了，才能達到他所說的"令民與上同意"，"可與之死，可與之生，而民不思危"。《謀攻篇》主張"不戰而屈人之兵"，認爲"上兵伐謀，其次伐交，其次伐兵，下政攻城"。這都是把政治放在頭等重要的例證。

其次，把辯證法的思想巧妙地應用於戰爭實際。如《計篇》說："勢者，因利而制權也；兵者，詭道也。故能而示之不能，用之而示之不用，近而示之遠，遠而示之近。利而誘之，亂而取之，實而備之，强而避之，怒而撓之，卑而驕之，佚而勞之，親而離之。攻其無備，出其不意。"都是這類例子。

其次，用兵能堅持唯物論的觀點。如《謀攻篇》說："知彼知己，百戰不殆；不知彼而知己，一勝一負；不知彼，不知己，戰必殆。"他所謂"知彼知己"就是注重調整研究。他在十三篇中,單獨把《用間》作爲專題來論述。他把間(間諜)分爲五種:1. 因間;2. 内間;3. 反間;4. 死間;5. 生間。認爲"三軍之親,莫親於間,賞莫厚於間,事莫密於間。非聖智不能用間,非仁義不能使間,非微妙不能學間之實。微哉微哉,無所不用其間也"。强調用間正是强調調查研究。這證明他的軍事思想是以唯物論爲基礎的。

最後,應當指出,其軍事學説是在總結了大量實踐經驗的基礎上建立起來的。如《虚實篇》説:"行千里而不勞者,行於無人之地也;攻而必取者,攻其所不守也;守而必固者,守其所不攻也。故善攻者,敵不知其所守;善守者,敵不知其所攻。"又説:"故形人而我無形,則我專而敵分。我專爲一,敵分爲十,是以十攻其一也,則我衆而敵寡,能以衆擊寡者,則吾之所與戰者約矣。吾所與戰之地不可知,不可知,則敵所備者多。敵所備者多,則吾所與戰者寡矣。"在《謀攻篇》説:"故用兵之法,十則圍之,五則攻之,倍則分之,敵則能戰之,少則能逃之,不若則能避之,故小敵之堅,大敵之擒也。"所有這些,如果不是總結了大量的戰爭經驗,是肯定寫不出來的。

35. 盗跖

盗跖的這個跖字,不見得是他自己所取的名字;至於盗字,則更是别人給加上去的。盗跖這兩個字本身,就表明他是中國古代統治階級所認爲的反面人物。這個人物據《荀子·不苟》説:"名聲若日月,與舜禹俱傳而不息。"可見影響是非常之大的。我們所能知道的,只是《莊子·駢拇》説:"盗跖死於東陵之上。"《史記·伯夷列傳》説:"盗蹠(跖)……竟以壽終。"至於他生在什麽時代,做了哪些事情,則不能見正式記載。《莊子·盗跖》是寓言。裏邊説他是柳下季之弟,曾與孔丘交談,這是違反歷史事實,斷不可信。但説他"從卒九千人,横行天下,侵暴諸侯,穴室樞户,驅人牛馬,取人婦女,貪得忘親,不顧父母兄弟,不祭先祖。所過之邑,大國守城,小國入保,萬民苦之"等等,顯然其目的是把他醜化,但裏邊似仍包含有可信因素。例如"空室樞戶，驅人牛馬，取人婦女……萬民苦之"，顯然是醜化部分。至說"忘親"、"不祭先祖"、"從卒九千人，横行天下，侵暴諸侯"，則應是事實。自今天看來，這些事實正反映他的革命性。今天的歷史著作，多把他作爲中國奴隸社會的奴隸暴動或起義的領袖來看待，我看是對的。

根據戰國諸子如《孟子》、《莊子》、《荀子》、《呂氏春秋》都提到他，而春秋的著作如《左傳》、《國語》等均不載，顧炎武《日錄知·周末風俗》說："自《左傳》之終，至周顯王三十五年丁亥之歲，凡一百三十三年，史文闕軼，考古者爲之茫昧。"則盜跖很可能就是生活在這個時期。

以上四人，老聃、孔丘是思想家，孫武是軍事理論家，盜跖是奴隸社會革命領袖，都是中國歷史上的有巨大影響的人物，故并述於此以終篇。

生產力與生產關係的矛盾是社會歷史發展的根本動力

　　最近一年來，我國史學界熱烈地討論社會歷史發展動力的問題。什麼是社會歷史發展的動力呢？這個問題，據我們看，馬克思主義早已解決。今天所以有必要提出這個問題，在於過去一個時期內，思想上和政治上片面地強調階級鬥爭，把階級鬥爭看作是社會歷史發展的唯一動力，因而一個緊接着一個無休止地搞政治運動。其結果，不但社會主義建設不能正常進行，而且使整個社會長期陷入災難性的動亂之中，這個教訓太慘痛了。今天，在政治上已經撥亂反正，適時地強調安定團結，而在思想理論上，人們還有不少糊塗觀念，亟需通過社會歷史發展動力的討論，加以澄清。

　　這次討論是由戎笙同志的一篇文章引起的。戎笙的文章①提出，農民戰爭不是中國封建社會的唯一動力，階級鬥爭也不是階級社會發展的唯一動力。文章認為，人類社會歷史發展的動力是生產力與生產關係的矛盾，它因時而異，有不同的表現形式。有時表現為用階級鬥爭去改變舊的、落後的生產關係以解放生產力，有時表現為用武裝鬥爭去摧毀保護舊的、落後的生產關係的上層建築為生產力的發展創造條件，有時表現為國家權力保護先進的生產關係以促進生產力的發展，有時表現為勞動人民用生產鬥爭和科

---

　　① 《祇有農民戰爭才是封建社會發展的真正動力嗎?》，載《歷史研究》1979年第4期。

學實驗去發展生產力。

我們認爲，戎笙同志的看法很有價值。儘管關於四個"有時"的概括和把"生產鬥爭"做爲一種動力的提法，尚有待於進一步推敲，但是他的基本觀點以及思考問題的方法是正確的，是符合馬克思主義的。不管人們怎麼看，這些意見對於被"四人幫"搞亂了的史學研究領域，無疑會起到撥亂反正的作用。問題是我們長期以來已習慣於搞絕對化，認定什麼東西重要，那就是絕對的重要，別的什麼都不重要。在林彪、"四人幫"橫行時期，階級鬥爭被吹成萬能的藥方，成了現實生活一切領域的永恆的主宰。在它面前，一切一切都成爲多餘的，都要迴避。這種情況不可避免地也影響到史學研究領域，階級鬥爭、農民戰爭的作用被夸大到荒謬的地步，其他歷史因素都置於不顧。甚至經濟的發展也成了階級鬥爭、農民戰爭的附屬物，遇到發展，就是階級鬥爭、農民戰爭的推動；遇到發展緩慢，就是統治階級壓迫和剝削的結果。紛紜繁複的歷史過程變成了比簡單的數學公式還簡單的公式。問題的嚴重性還在於，直至今日有人仍然堅持認爲這才是馬克思主義，誰一提出階級鬥爭、農民戰爭不是歷史發展的唯一動力，除階級鬥爭、農民戰爭以外還要考慮別的，就被認爲是貶低階級鬥爭、農民戰爭的作用，離開了馬克思主義。一些同志感到戎笙的觀點不好接受，其原因即在於此。

馬克思主義真的認爲階級鬥爭是歷史發展的唯一動力嗎？不是的。我們知道，馬克思、恩格斯、列寧誰都沒有專門論述過歷史發展動力問題，談到一些也是在論述別的問題時涉及的。因此，每一次都不可能談到動力問題的一切方面。尤其應當注意的，是他們的著作不是學位論文，而是針對現實生活所提出的問題，很多是爲了同敵人論戰而寫。馬克思、恩格斯處於無產階級革命興起的時代。列寧所面臨的問題，是如何取得無產階級革命的勝利。他們根據現實鬥爭的需要，突出強調階級鬥爭、社會革命的偉大作用,是必要的。我們要從他們著作的總的聯繫中去把握馬克思主義的思想實質,理解它的完整的思想體系,而不要熱衷於某些個別詞句。祇要我們全面地研究他們的思想,便不難發現,階級鬥爭唯一動力説並不是馬克思主義的原義。

從歷史實踐來看,三十年的現實和數千年的歷史已經無情地證明:人類社會的發展,既需要急劇的革命變革,也需要和平與穩定。革命固然是"助產婆",但"助產婆"對於嬰兒的孕育和出生後的成長,畢竟無能爲力。戎笙同志的文章,從歷史實際出發,提出階級鬥爭、農民戰爭能夠爲生產力的發展開闢道路,提供可能性,但要使生產力的發展由可能變爲現實,尚需有別的因素起作用,我們認爲,他抓住了問題的關鍵所在。我們見到的所有力主階級鬥爭、農民戰爭唯一動力説的文章,迄今尚無一篇能夠在這一點上拿出令人信服的論據來駁倒戎笙。

《光明日報》1979 年 12 月 18 日,發表了一篇題爲《農民戰争是推動中國封建社會歷史發展的動力》的文章,在堅持農民戰爭唯一動力説方面,可以説是代表作。但是即便是它,也沒有解決戎文提出的問題。文章認爲,戰國秦漢時期奴隸制殘餘的消滅,魏晉隋唐時期農奴制爲租佃制取代,均田制的衰落等等,都是農民戰爭打擊的結果。宋元明清時期,宋如果不是被蒙元所滅,而是被農民戰争推翻,中國的資本主義萌芽可能會早於西歐諸國。想要以此證明農民戰爭是中國封建社會發展的唯一動力。但這是有問題的。首先,奴隸制殘餘的消滅、租佃制的興起、均田制的衰落,每一個都是長達數百年之久的歷史過程,造成這個過程的有多種因素,其中起決定作用的,是經濟因素自身。一種生產關係當它尚未發展到熟透的程度時,任何力量也不能使它消滅。如果單靠農民戰爭能夠變革生產關係,那麼爲什麼大小數百次農民起義、農民戰爭,有的甚至明確提出過"均貧富"、"等貴賤"、"均田免糧"、"有田同耕"的口號,竟終於未能消滅封建土地所有制呢?

　　其次,資本主義萌芽出現的早晚,尤其同農民戰爭扯不上。西歐資本主義萌芽出現早,而且發展成爲典型的資本主義生産方式,可是那裏極少發生農民戰爭。我國在元朝以後有朱元璋、李自成領導的兩次大規模農民戰爭,而資本主義萌芽卻始終是萌芽。這是爲什麼呢? 原因很明顯,資本主義生産方式的産生,必須有一個小生産者被剝奪而成爲一無所有的雇傭勞動者的過程。爲什麼歐洲出現了這一過程,而中國沒出現這一過程,這要從兩者社會經濟結構的不同上去探究其根源,從農民戰爭上找不到答案。

　　文章還提出"兩個根本動力"說,說除生産力與生産關係矛盾這個根本動力外,階級社會裏還有另一個根本動力,即階級鬥爭。目的還是想證明階級鬥爭是唯一動力。這在理論上是很值得商榷的。什麼是"根本動力"? 按照馬克思主義,根本動力是在歷史過程中歸根到底起決定性作用的那個因素,即終極原因。它衹有一個,沒有兩個。恩格斯說:"經濟條件歸根到底還是具有決定意義的,它構成一條貫穿於全部發展進程並唯一能使我們理解這個發展進程的紅綫。"①恩格斯認爲,"經濟條件"在"歸根到底具有決定意義"這一點上,是"貫穿全部發展進程"的,是唯一的。他在其他任何地方都不曾說還有別的什麼因素具有這樣的作用。對於階級鬥爭,他衹說是偉大動力",而從不說是"根本動力"。

　　文章指責戎笙同志的四個"有時"的提法,沒指明哪個起決定作用,是多元論。這也說不通。馬克思主義衹承認經濟因素歸根到底起決定作用(着眼點在歸根到底),而不承認有什麼永恒的、在任何情況下都直接起決定性作用的因素(包括經濟因素在內)。恩格斯 1890 年在寫給約・布洛赫的信中申明說:"根據唯物史觀,歷史過程中的決定性因素歸根到底是現實生活的生産和再生産。無論馬克思或我都從來沒有肯定過比這更多的東西。"而且他强調

---

　　① 《馬克思恩格斯選集》第 4 卷,第 506 頁。

説，如果有人“説經濟因素是唯一決定性因素”，那就是“歪曲”，“就是把這個命題變成毫無内容的、抽象的、荒誕無稽的空話”。① 在馬克思、恩格斯看來，在歷史發展進程中，祇有經濟因素是歸根到底起決定性作用的，但是直接起決定性作用的，除了經濟因素以外，還有别的。經濟因素尚且不是唯一的決定性因素，受它制約的階級鬥争難道可能是唯一的決定性因素嗎？ 事實是：在經濟因素歸根到底起決定性作用的基礎上，諸種因素交互起作用。有時候經濟因素自身起決定性作用，有時候階級鬥争起決定性作用，有時候其他某種因素起決定性作用。馬克思主義認爲，在整個偉大的發展過程中，“没有任何絶對的東西，一切都是相對的”，②“原因和結果經常交换位置，在此時或此地是結果的，在彼時或彼地就成了原因，反之亦然”，③反對“把原因和結果刻板地、非辯證地看作永恒對立的兩極”。④ 事實確是如此，有什麽辦法呢。没有任何一種因素永遠是它起決定性作用，也没有任何一個歷史時期，祇有一種因素起作用。怎麽好説不承認階級鬥争是唯一動力就是多元論呢。硬説在動力問題上有多元論，那麽關於“兩個根本動力”的主張倒有點像。《近代史研究》創刊號上有一篇文章，也是堅持階級鬥争唯一動力説的，而且在理論上是更爲有力的一篇。不過，它的論據仍然不能令人信服。它説生産力的發展全靠社會革命推動，革命一旦解放了生産力，生産力就可以發展起來。文章舉了中外歷史上許多典型事件來證明這一點。但是，所舉事例對它的論點幫不了什麽忙，這些事例哪一個也回答不了戎笙同志提出的關於生産力的發展如何由可能變爲現實的問題。

文章認爲，英國工業革命完全是英國資産階級革命的結果。

① 《馬克思恩格斯選集》第4卷，第477頁。
② 同上，第487頁。
③ 《馬克思恩格斯選集》第3卷，第419頁。
④ 《馬克思恩格斯選集》第4卷，第502頁。

實際上並非如此,英國資產階級革命給工業革命提供了政治前提,使它的出現成爲可能。但是,工業革命之所以首先發生在英國,除資產階級革命爲它開闢了道路以外,衆所周知,還有其他原因。況且在英國,阻礙資本主義生產方式發展的封建桎梏,是逐漸打破的,社會制度的變革是在工業革命過程中最後完成的。怎麽好説政治革命是工業革命的唯一原因呢?

文章把太平天國放到一百一十年的革命鬥爭之中,從近現代歷史的總體中去考察它的作用,説它同它以後的一系列革命運動一起,解決了一個反帝反封建的歷史任務,解放了生產力。這樣做固然可以,不過如果從另一方面,即從生產力方面看,就有問題了。生產力並不因爲革命爲它開闢了道路,就一順百順,它要發展,還必須有另外一些因素發揮作用。中國革命勝利後的實際情形如何尖鋭地證明了這一點,我們每一個人都有深刻的體會。三座大山推倒了,土地改革完成了,社會主義改造實現了。僅僅由於黨的路綫、政策出現偏差,我們的經濟發展仍然遭遇到嚴重挫折。粉碎"四人幫",掃除了經濟發展的最大障礙,但是如果不是國家調整了經濟政策,變革了生產關係中某些不相適應的部分,便不可能出現目前這樣全國性的經濟繁榮局面。

太平天國及其以後的幾次政治運動没能直接推動當時的經濟發展,這個事實文章無法否認,所以祇好把它們的動力作用統統算到中國革命勝利、完成反帝反封建任務這筆總帳上,而把一百一十年當中民族工業的發生發展、生產力的進步,輕輕一筆帶過,似乎這一百一十年的經濟不值一提。然而,不提怎麽可以? 假如近代史上的經濟發展可以忽略,那麽新中國社會主義建設的物質基礎在哪裏? 難道可以以鴉片戰爭前後的經濟水平爲起點? 再説,不考慮近代工業的發生發展,中國無產階級和中國共產黨的產生便無法理解;没有無產階級和共產黨,又哪裏有中國革命的勝利可言? 可見,把歷史看簡單了,歷史是不會答應的。

　　文章還以法國革命、十月革命爲例,説歷史的發展祇表現在社
會革命推翻舊社會、舊制度,建立新社會、新制度上。社會革命使
歷史發生質的飛躍,當然是發展。但是馬克思主義認爲任何發展
都是由量變和質變的交互出現而實現的。質變是發展,量變也是
發展,没有量變也就没有質變。社會革命不可能從天而降,在它之
前必然要有一段量變的發展過程。在俄國,資本主義生産儘管比
較落後,但還是在它有了一定的發展並且進入帝國主義階段之後,
才爆發十月革命的。在西歐,近千年的中世紀歷史,是在默默無聞
的相對安穩中度過的,看來微不足道,但是没有這一千年的發展,
便不會有法蘭西民族的形成,當然也不能有 1789 年的革命。

　　文章還斷定,關於歷史發展動力,除生産力和階級鬥爭之外,
馬克思、恩格斯不認爲還需要再補充什麽。這個問題上文已經談
及,這裏再提到一點就够了。他們確實有"補充"。恩格斯晚年曾
經説:"我們在反駁我們的論敵時,常常不得不强調被他們否認的
主要原則,並且不是始終都有時間、地點和機會來給其他參與交互
作用的因素以應有的重視。""可惜人們往往以爲,祇要掌握了主要
原理,而且還並不總是掌握得正確,那就算已經充分地理解了新理
論並且立刻就能够應用它了。"[1]從這段話裏我們知道,恩格斯到
了晚年確實認爲除了主要原則之外,還有其他因素應當給予重視。
這些其他因素是什麽呢? 恩格斯 1894 年在一封信中曾經肯定,[2]
國家權力、法律、哲學、宗教、文學、藝術這些因素對經濟發展都起
積極作用。他甚至認爲,一個國家的地理基礎和外部環境對經濟
的影響也不容忽視。

　　總之,歷史的發展,"是在歸根到底不斷爲自己開闢道路的經

----

[1]　《馬克思恩格斯選集》第 4 卷,第 479 頁。
[2]　同上。

濟必然性的基礎上的互相作用"的結果。① 説階級鬥争是根本動力或者唯一動力，既不符合實際，也與馬克思主義的觀點相悖。最近二十多年的實際情形給了我們多麼深刻的教訓！階級鬥争唯一動力論給我們的思想理論造成了極大混亂，給我們的現實生活帶來了深重災難。因此，戎笙同志提出階級鬥争、農民戰争能够解放生産力，爲生産力的發展開闢道路，本能直接發展生産力，人們儘管可以不贊成，却無法把它駁倒。

有一些文章走了另一個極端，他們把生産力看作歷史發展的根本動力，并且認爲生産力的發展是由自身的内在矛盾造成的。這也不妥。從理論上看，生産力如何離不開生産關係的影響而自行發展，如何離不開生産關係而單獨成爲歷史發展的根本動力，斯大林在《蘇聯社會主義經濟問題》一書中早已闡述得一清二楚。生産力同生産關係是構成一定社會生産方式的一個事物的兩個方面，它們是對立的統一，互相依存，不可分割。有時爲了敍述的方便，才可以單獨地提那一個，在實際過程中，兩者永遠聯繫在一起。人們爲了强調生産力是根本動力，往往祇注意生産力是最活躍、最革命的因素這一點，而另一點，即生産力的任何發展都必須有一定的生産關係同它相適應，竟被忽略了。談到英國工業革命時，祇强調它的社會後果，贊賞它的偉大革命作用，而工業革命之所以産生并且在全歐洲凱歌前進，直接原因是生産關係的變化這一點則很少提及。歐洲資産階級一方面把中世紀普遍存在的小農、自由農和城市手工業者的分散、細小的生産資料加以集中和擴大，變爲大多數人共同使用的社會化的生産資料，即變爲"現代的强有力的生産杠杆"；②一方面把這些小生産者變成無産者，推向雇傭勞動市場。這才有工場手工業的發展和大工業的出現。我國因爲始終没

① 《馬克思恩格斯選集》第 4 卷，第 606 頁。
② 《馬克思恩格斯選集》第 3 卷，第 426 頁。

發生如同西歐那樣的生產關係的革命，所以雖然科學技術一度比較發達，產生了資本主義萌芽，卻終於未能出現工業革命的過程。

戎笙同志把生產力發展的直接動力歸結於生產鬥爭，這是可以商榷的。生產鬥爭主要是指人們改造自然，同物打交道的實踐活動而言，它反映不出人們在生產實踐中結成了怎樣的相互關係以及這些關係怎樣影響他們的活動。把"生產鬥爭"做爲生產力發展的動力，提法不科學，容易引起誤解，好像人們已由必然王國進入了自由王國，可以不受什麼制約，祇管幹就行了。可是事實上人們至今還做不到這一點。"人們在發展其生產力時，即在生活時，也發展着一定的相互關係"。① 人們的任何活動祇能在這"一定的相互關係"中進行。例如在我們今天的四化建設中，光提"生產鬥爭"顯然不夠，還必須解決怎樣把"生產鬥爭"搞起來以及怎樣進行"生產鬥爭"的問題。今人如此，古人進行生產鬥爭就更不會有多少自由。戎文提"生產鬥爭"的用意可以理解，但這種提法本身值得研究。

戎笙同志把階級鬥爭、武裝鬥爭、國家權力和生產鬥爭等概括爲生產力與生產關係矛盾的四種表現形式，看來也不妥當。前二者說是生產力與生產關係矛盾的表現形式還可以，後二者則顯得牽強。即使可以這樣概括，也不可能使之適用於一切社會形態。況且，這樣概括，對於研究動力問題實不必要。研究動力問題，應着力於確定什麼是根本動力，尋求在根本動力歸根到底起決定性作用的基礎上還有哪些因素起作用，弄清楚它們之間的關係。戎笙同志的本意，可能正是要說生產力與生產關係的矛盾是根本動力，其他因素在根本動力歸根到底起決定性作用的基礎上交互起作用。如果是這樣的話，就應直截了當這樣講，何必在表現形式上繞圈圈。

---

① 《馬克思恩格斯選集》第 4 卷，第 325 頁。

那麼,究竟什麼是人類社會歷史發展的根本動力？是什麼力量、什麼原因使如此複雜的人類社會,經過上下幾千年,一代一代發展到現在這個樣子？爲什麼縱橫五大洲、數以百計的大小國家,不約而同地經歷了大體相同的幾個發展階段,而發展進程卻又快慢不等呢？這曾經是一個難解的謎,馬克思以前沒有一個人能夠真正地把它解開。古代的情形不必説,就是到了近代,多少思想家、歷史家對它仍然不得要領。馬克思主義產生之前的歐洲舊唯物主義,認爲歷史變動的終極原因在於精神方面。費爾巴哈是半截子唯物主義,他把歷史看作令人不愉快的、可怕的領域,而不予問津。祇有黑格爾,這個幾乎在所有領域都起了劃時代作用的學問淵博的人,才第一次把人類社會歷史描述成爲一個有起有落、有生有滅的發展過程,并且試圖揭示這個過程的内在聯繫,找出隱藏在人們的表面動機後面的最終原因。但是,他是個唯心主義者,他沒能完成這個任務。聖西門、歐文、傅立葉三位偉大的空想社會主義者,在歷史觀上表現出某些辯證法的觀點,聖西門甚至預言政治將爲經濟所包容。由於當時資本主義經濟關係尚不甚發達,也由於他們忙於發明一套完善的社會制度方案,致使他們的思想到此未再前進。

法國復辟時期的某些歷史家如梯葉裹、米涅、梯也爾、基佐等,曾經將此問題向前推進一步。他們發現了當時法國社會的階級鬥爭現象,并且把階級鬥爭做爲理解中世紀以來法國歷史的鑰匙。一切經濟現象都應當由政治原因來解釋的古老觀念,第一次被動搖了。不過,階級鬥爭學説僅僅給解謎提供了鑰匙,要最後解開人類社會歷史發展之謎,拿到鑰匙之後還需有進一步的發現,即尋求階級和階級鬥爭的根源。

當馬克思和恩格斯把階級和階級鬥爭同生產的一定發展階段聯繫起來考察時,人類社會歷史發展的最終原因才被發現,歷史唯物主義也才終於創立。他們所以能做到這一點,除了他們的天才和博學以外，當時西歐資本主義的經濟狀況由於大工業的發展而日益成熟，是一個根本條件。在古代和中世紀，生產和經濟關係處於不發達的低級階段，奴隸制和封建制的產生極易被歸於政治原因，歸於暴力掠奪。國家的意志往往被看成最終的決定力量。大工業發展起來之後，情形就不同了。這時，經濟過程表現得比較明顯。資產階級和無產階級這兩大直接對立的階級的產生及其鬥爭，是由於純粹的經濟原因所造成，國家意志是統治階級經濟利益的集中反映，這些歷史真相，人們能够清楚地看得出來。人們有可能把自古以來隱藏在人們表面動機後面的那個根本動力揭示出來了，而它終於被揭示出來了。

　　這個根本動力是什麽？恩格斯在他晚年寫的某些信件中表述得十分明白。他說，歷史進程的歸根到底的決定性因素是"現實生活的生產和再生產"，是"經濟"，是"經濟條件"，是"經濟的前提和條件"。恩格斯所使用的這些概念的具體含義是什麽呢？我們從馬克思的《〈政治經濟學批判〉序言》和恩格斯的《費爾巴哈與德國古典哲學的終結》、《社會主義從空想到科學的發展》中知道，恩格斯所指，就是社會生產力和生產關係的矛盾運動。馬克思說："社會的物質生產力發展到一定階段，便同它們一直在其中活動的現存生產關係或財產關係（這祇是生產關係的法律用語）發生矛盾。於是這些關係便由生產力的發展形式變成生產力的桎梏，那時社會革命的時代就到來了。""我們判斷這樣一個變革時代也不能以它的意識爲根據；相反，這個意識必須從物質生活的矛盾中，從社會生產力和生產關係之間的現存衝突中去解釋。"①馬克思的話講得何等明白，社會歷史發展的根本動力就是社會生產力和生產關係之間的矛盾衝突，應該不致於產生什麽誤解。怎奈"四人幫"當道時，馬克思的這個思想不許提起。把階級鬥爭說成是決定一切

---

　　① 《馬克思恩格斯選集》第 2 卷，第 82～83 頁。

的、唯一的動力。仿佛階級鬥爭可以超歷史,可以不受經濟狀況的
制約,抓了它便一切萬事大吉。"四人幫"那麼幹,有其惡毒的用
心,自然不足奇,今天我們有人仍然堅持認爲階級鬥爭是歷史發展
的唯一動力、根本動力,便不能不令人費解。

　　恩格斯在描述資本主義經濟發展過程時,具體應用了生產力
與生產關係之間的矛盾是歷史發展根本動力的觀點。恩格斯說,
在資本主義社會,社會化的生產同資本主義占有之間的矛盾,表現
爲兩種對立,即資產階級和無產階級的對立和個別工廠中的生產
的組織性和整個社會的生產的無政府狀態之間的對立。資本主義
生產方式是在這兩種表現形式中前進的。恩格斯把個別企業中的
生產的組織性叫做"杠杆",認爲"資本主義生產方式利用這一杠杆
結束了舊日的和平的穩定狀態"。把社會的生產無政府狀態叫做
"推動力",認爲這個推動力"使大工業中的機器無限改進的可能性
變成一種迫使每個工業資本家在遭受毁滅的威脅下不斷改進自己
的機器的强制性法令"。① 在恩格斯看來,資本主義社會的階級鬥
爭狀況和生產的發展,是由社會化的生產同資本主義占有之間的
矛盾決定的。

　　有人承認生產力與生產關係的矛盾是歷史發展的終極原因,
而不承認它是動力;也有人認爲生產力與生產關係的矛盾既然是
客觀規律,不能自行創造歷史,它便不是歷史發展的動力。其實,
原因就是動力。我們討論動力問題,討論的其實就是原因。如果
說原因之外另有動力,動力之外另有原因,那麼兩者是什麼關係?
難道原因是永恒的原因,動力是永恒的動力? 在馬克思主義經典
作家的有關論述中,找不到把原因和動力看作兩回事的說法。往
往倒是把兩者做爲同一概念交互使用。恩格斯在批評舊唯物主義

---

① 《馬克思恩格斯選集》第 3 卷,第 430～431 頁。

的歷史觀時，就是將原因和動力做爲同一含義的概念交互使用的。①

　　說生産力與生産關係的矛盾運動是歷史發展的根本動力，同承認歷史是人們自己創造的，完全一致，並不矛盾。列寧在評價馬克思、恩格斯創立的歷史唯物主義時，恰恰認爲這兩點是歷史唯物主義同舊歷史觀的根本不同之處。列寧還特別指出："人們自己創造自己的歷史，但人們即人民群衆的動機由什麽決定，各種矛盾思想或意向間的衝突由什麽引起。""造成人們全部歷史活動基礎的客觀物質生活條件究竟怎樣，這些條件的發展規律又是怎樣，——馬克思對這一切都注意到了。"列寧還認爲，馬克思這樣做，給歷史研究指出了一條科學途徑，就是：把歷史當做一個十分複雜並充滿矛盾但畢竟是有規律的統一過程來研究。②

　　按照歷史唯物主義的觀點，社會歷史與自然史既不相同又相同。不同之處在於，在自然史中起作用的全是不自覺的、盲目的動力；而在社會歷史過程中，人們的活動全是有意識、有目的的。相同之處，是人們不能隨心所欲地創造歷史，"歷史進程是受内在的一般規律支配的"。③ 這一真理，在歷史過程中已經得到千百次的證明。如今我們詛咒奴隸制，說它殘暴；而在古代，它是不可避免的，甚至奴隸們自己也曾歡迎過它，因爲它可以使戰俘活下來而不被殺死。資本主義大工業開始興起時，工人對它表示歡迎，而爲工人謀劃理想未來的空想社會主義反倒得不到響應。我國太平天國在它堅決推行《天朝田畝制度》的地區，往往遭到人民的抵制和反對，在承認封建關係的地方，卻受到歡迎，那裏的生産也有所發展。1958 年有人曾想在一個早晨實現共産主義，結果以遭受嚴重挫折

① 《馬克思恩格斯選集》第 4 卷，第 244 頁。
② 《列寧選集》第 2 卷，第 586 頁。
③ 《馬克思恩格斯選集》第 4 卷，第 243 頁。

而告終。"四人幫"瘋狂推行極"左"路綫,終於把我國的經濟推向崩潰的邊緣。

爲什麽人們不能隨心所欲地創造歷史?這原因就在於生產力與生產關係的現存衝突歸根到底決定着歷史的進程。"無論哪一個社會形態,在它們所能容納的全部生產力發揮出來以前,是決不會滅亡的;而新的、更高的生產關係,在它存在的物質條件在舊社會的胎胞裏成熟以前,是決不會出現的".① 舊的生產關係的滅亡和新的生產關係的產生,不能由人們的願望決定。一個階級、一個政黨,必須順應生產力與生產關係的矛盾運動的客觀規律,提出自己能夠解決的任務。不然的話,即使像我們共產黨這樣的堅強的革命黨,也要吃苦頭,到頭來還是要按規律辦事。

肯定生產力與生產關係的矛盾是歷史發展的根本動力,是説在歷史的長河中任何偶然性始終都是受内部的隱蔽着的經濟必然性支配的。這當然不等於説,人事的活動,同經濟必然性相對而言的諸偶然性,對歷史發展都毫無意義。尤其在研究個別國家的個別時代和個別事變的歷史時,偶然性是極爲重要的。所以,馬克思主義認爲,經濟因素雖然歸根到底起決定作用,但它不是在任何情況下都起決定性作用。由它決定並受它制約的階級鬥爭、暴力革命、國家權力以及意識形態諸領域,在一定條件下也交互起決定性作用,它們也是動力。

生產力與生產關係的矛盾這個根本動力怎樣決定歷史的發展,其他因素又怎樣在它的基礎之上交互起作用,下面着重談這個問題。

我們認爲,所有這些因素對歷史的推動作用,是在社會的兩種狀態的交替中表現出來的。

辯證唯物主義告訴我們:"無論什麼事物的運動都采取兩種狀

態,相對地靜止的狀態和顯著地變動的狀態。""當着事物的運動在
第二種狀態的時候,它已由第一種狀態中的數量變化達到了某一
個最高點,引起了統一物的分解,發生了性質的變化,所以顯出顯
著地變動的面貌。"①

　　人類社會歷史的發展,也是采取這樣兩種狀態。第一種狀態,
生產關係適應或基本適應生產力的發展,社會處於相對穩定的狀
態。第二種狀態,生產力發展到一定程度,同生產關係發生衝突,
生產關係由生產力的發展形式變成生產力的桎梏。於是,馬克思
所說的"社會革命"的時代就應運而來。社會進入急劇的革命變革
即質變時期,一種社會經濟形態爲另一種社會經濟形態所代替。
然後,社會又進入第一種狀態。人類社會歷史在兩種狀態的交替
之中先後形成了原始的、亞細亞的、古代的、封建的、資產階級的和
社會主義的幾種社會經濟形態。

　　第二種狀態,即"社會革命"時代,生產關係以及同它相適應的
包括國家權力在內的上層建築,成爲生產力發展的桎梏。階級鬥
爭達到空前激烈的程度,通常爆發爲武裝鬥爭。結果,不是幾個階
級同歸於盡,便是一個階級被另一個階級所消滅。不管哪種情況,
都必然導致舊社會、舊制度的滅亡和新社會、新制度的誕生。

　　在不同國家、不同時期,社會革命所采取的形式不一樣。社會
主義取代資本主義,因爲是用公有制否定私有制,所以必然要通過
無產階級的暴力革命來實現。迄今沒有無產階級非暴力取得政權
的先例。封建社會轉變爲資本主義社會,因爲是一種私有制取代
另一種私有制,階級鬥爭的激烈程度要差一些。有的通過資產階
級領導的暴力革命來完成,如英國革命和法國大革命;有的則采取
自上而下的改良的辦法來完成,如日本的明治維新,德國和俄國走
的實際也是這種道路。由奴隸制向封建制的轉變,因爲它們之間

---

　　①　《毛澤東選集》橫排版合訂本,第306頁。

的差別最小,所表現的社會革命過程,也最不典型。全世界没有一個奴隸制國家是被奴隸革命推翻的。在西羅馬帝國,奴隸和隸農的起義雖然敲響了奴隸制的喪鐘,但是使西羅馬帝國最終歸於滅亡並在它的廢墟上建立起封建制的,是日爾曼蠻族的入侵。外族的入侵在此起了決定性作用。我國古代,由奴隸制向封建制的前進,是通過戰國時期各國的變法實現的。新興地主階級同奴隸主階級之間的階級鬥爭以及各國之間的長期戰爭,摧毀了奴隸主階級的國家政權。秦統一六國的勝利,最後完成了奴隸主政權向封建政權轉變的過程。

這三種新舊社會交替所采取的方式和所表現的激烈程度儘管各異,其實質卻都是社會革命,起決定性作用的都是階級鬥爭。

這第二種狀態,是社會歷史發展的質變過程。它由第一種狀態的量變過程準備成熟,而最終還要轉變爲第一種狀態。第二種狀態是發展,第一種狀態也是發展。兩種發展都重要。第二種狀態,解放生產力,爲生產力的發展開闢道路。生產力的發展由可能變爲現實,還有待於第一種狀態去解決。

在第一種狀態,階級鬥爭有時潛伏,有時活躍,有時甚至很激烈,但一般不采取暴力革命的形式,社會總的來看是處於相對穩定的狀態。這時候,國家權力的作用不容忽視。無產階級專政國家的動力作用,有目共睹,無須證明。以往的剝削階級的國家權力,也是社會經濟發展的重要杠杆。國家作爲一種暴力,不可能任意消滅一種所有制或者創立一種所有制。它也是一種經濟力,它除了有鎮壓被統治階級這個職能以外,還有經濟職能和社會職能。它能够保護社會的共同利益,使社會"免遭内部和外部的侵犯"。①它既然集中地代表着統治階級的經濟利益,它對於經濟的發展便不可能在局外旁觀。西歐中世紀的封建國家政權曾經用它的騎士

① 《馬克思恩格斯選集》第 4 卷,第 249 頁。

制度、公會和行會制度保護鄉村小農和城市手工業者不受侵犯。
中國封建社會的國家政權，在調整生產關係、鼓勵農業生產、防止
游牧民族侵犯以及統一管理水利方面所起的重要作用，例子是舉
不勝舉的。資産階級國家權力對於經濟發展所起的作用，更是顯
而易見。恩格斯曾說，資産階級的"國家就是通過保護關稅、貿易
自由、好的或者壞的財政制度發生作用的"。① 馬克思那句名言，
"暴力是每個孕育着一個新社會的舊社會的助産婆，它本身也是一
種經濟力"。② 正是在談到資産階級國家權力如何通過暴力手段
推行殖民制度、國債制度等，從而縮短封建生產方式向資本主義生
產方式過渡時間的時候說的。歷史上任何一個政府，即使是最專
制的政府，都要在經濟上發揮它的作用，不是順應經濟的發展，就
是阻礙經濟的發展。當它阻礙經濟發展的時候，它滅亡的時刻也
就來臨。

　　社會處於發展的第一種狀態時，特別是開始階段，生產關係適
應生產力的發展，國家權力順應經濟發展的方向起作用，這時生產
力的發展便成爲歷史前進的決定性因素。古今中外歷史毫無例外
地證明了這一點。其中最有說服力而且極少有爭議的例證，是大
家經常提到的英國工業革命。問題是自那時起至今已二百年過
去，某些資本主義國家生產力的發展並未引起無産階級革命。一
些同志對此感到困惑不解，或者以爲馬克思主義不靈了，或者索性
宣佈資本主義國家生產力的發展既然沒有引起社會革命，便可以
略而不計。這是不對的。馬克思主義是科學的理論體系，它沒有
失靈。按照馬克思主義的觀點，一切社會現象都要從生產力與生
產關係的現存衝突中去找答案，"無論哪一個社會形態，在它們所

① 《馬克思恩格斯選集》第 4 卷，第 506 頁。
② 《資本論》第 1 卷，人民出版社，1963 年，第 828 頁。

能容納的全部生產力發揮出來以前,是決不會滅亡的".① 資本主義歷史從英國革命算起,才祇有三百年,做爲一種社會經濟形態來說,不能算長。尤其當今的世界,各種因素、力量、利益交織着、衝突着,十分錯綜複雜。歷史愈來愈成爲世界性的歷史。我們堅信資本主義必將爲社會主義所代替,但是具體的歷程,我們必須想得曲折些、艱難些。

至於資本主義國家的生產力發展,沒有引起革命,算不算發展,我們認爲應當承認是發展。歷史如同江河流水,無論波濤洶涌還是風平浪静,水都在不停地前行。你祇承認革命是發展,可是革命不是可以信手拈來的花朵,任你隨意采擷,革命是風暴,沒有長期的風雲變幻,反復醞釀,它是不會來臨的。

總之,人類社會歷史歸根到底由生產力與生產關係的矛盾衝突所決定,它總是循着兩種狀態交替出現的途徑向前發展。相對穩定的發展時期,導致社會革命階級的到來,然後又是相對穩定時期。如此向前發展,直到共產主義。這就是社會歷史的實在過程。

聯繫到中國封建社會,情形也大抵如此。

在中國封建社會從秦統一到鴉片戰爭的兩千年的歷史過程中,發生過大小數百次農民起義、農民戰爭,但始終不曾發生過馬克思所說的那種社會革命。因爲中國封建社會同西歐中世紀相比,有其獨特之處。就經濟狀況而言,中國是地主和農民的對立,不是封建貴族和農奴的對立。土地可以自由買賣,繳納的是租賦,不是什一税。一直是小農業和家庭手工業相結合的自然經濟占統治地位。農民雖受殘酷壓榨,但一遇荒年,可以逃亡。在政治方面,中國封建社會和歐洲不同,一開始就有統一的中央集權的國家政權,代表着整個地主階級的利益,推行着重農抑商的政策。這兩方面的情況合起來,就造成了這樣的結果:生產關係雖迭經變化,

---

① 《馬克思恩格斯選集》第2卷,第83頁。

卻始終維持在封建的所有制的限度之内。生産力的發展，没能够使生産關係、社會制度變成它的桎梏。資本主義萌芽没能發展成爲資本主義生産方式。經濟狀況終究未趕到政治狀況前頭去。這就決定了中國封建社會的長期性。

在這裏，變成桎梏的，從根本上説，不是經濟關係和社會制度，而是上層建築中的封建王朝統治。農民戰争推翻已成爲經濟發展桎梏的舊王朝，建立新王朝；新王朝由順應經濟發展而逐漸變成阻礙經濟發展，又被另一次農民戰争所推翻。周期性重演着的革命震盪和反復出現的相對穩定，一治一亂，治亂相間，形成了中國封建社會艱難而緩慢的發展過程。這種情形，甚至古人也有所察覺。早在西漢，陸賈就曾對劉邦説過"居馬上得之，寧可以馬上治之乎"（《史記·酈生陸賈傳》）的話，朦朦朧朧地提出了治亂觀念。以後各代每每有人談及所謂"治世尚文，亂世尚武"或"武能戡亂，文能安邦"的問題。意思都是説，天下有時治有時亂，對付治與亂的辦法不能相同。

因此，確如戎笙同志所説，農民戰争不是中國封建社會發展的唯一動力。有時農民戰争起決定性作用，而有時則是别的因素起決定性作用。

社會處於急劇變革，即第二種狀態時，農民戰争起決定性作用。

這時，或者由於統治階級的超經濟剥削加重，或者由於土地兼并加劇，農民破産流亡，或者由於封建生産關係的某些方面阻礙了生産力的發展，農民不能照舊生活下去了，舊王朝不能照舊統治下去了，一直潛伏着的階級鬥争一下子爆發出來，匯成洶湧的革命巨流，向統治階級衝去。這就是農民戰争。但是，在封建社會的胎胞裏並未孕育着新的生産方式。農民階級本身不代表什麽新的生産力，他們起來鬥争，是爲了改善、鞏固和發展現有的生存條件，而不是要消滅這個條件。他們開始時往往提出使地主階級聞風喪膽的

平均主義口號,到頭來卻祇能打倒舊王朝,而不能推翻舊制度。從
這個意義上看,農民戰爭並非都失敗了。凡是打倒了舊王朝的,就
是基本勝利;有的能夠直接建立起王朝的,就是完全成功。所謂農
民戰爭的果實被地主階級篡奪或者農民領袖變質蛻化的説法,不
過是一種偏見。人們祇是説農民戰爭一次一次都失敗了,卻不説
農民戰爭究竟怎樣才算勝利。總覺得朱元璋當皇帝不應該,説他
背叛了農民階級。他不當皇帝又怎麼樣,難道當大總統嗎? 也有
人責怪李自成搞流寇主義,進北京後祇顧登基坐殿,没能把漢族地
主階級團結過來,而終爲清軍所乘。但這與其説是他的過錯,勿寧
説是他的不幸。我們不可用今日的標準去要求古代的農民英雄,
正如我們不希望三百年後的子孫依據彼時的條件胡亂地品評我們
今日一樣。

　　中國封建社會的農民起義、農民戰爭確實舉世無雙,偉大無
比。不僅次數之多、規模之大是世界歷史上所僅見,所起作用之偉
大也是世界歷史上所獨有。歐洲的農民戰爭,就其結果來説,没有
一次趕得上中國,最著名的德國農民戰爭和捷克的胡斯戰爭莫不
被封建主階級投入血泊之中。而中國農民戰爭把一個個皇冠打翻
落地,又建立起一個個新王朝,推翻舊王朝,建立新王朝,掃盪着一
切應該掃盪的舊東西,這是中國農民戰爭對歷史發展做出的了不
起的貢獻。過去人們總是回避改朝換代,以爲承認農民戰爭改了
朝換了代,就是貶低甚至誣衊了農民戰爭。其實不然,中國封建社
會就是通過新舊朝代的更迭向前發展的,没有改朝換代,兩千年的
歷史便是不可思議的。農民戰爭推翻了舊王朝,建立了新王朝,歷
史就是這樣,必然這樣。這樣説有什麼不可以?

　　問題在於一次農民戰爭之後的歷史應當怎樣評價,這一段歷
史發展的動力是什麼。

　　農民戰爭之後,社會進入相對穩定,即第一種狀態。不管新王
朝一開始注意些什麼,它遲早要轉向生產,采取輕徭薄賦、招撫流

亡、抑制豪强之類的新政策。有的朝代還推行變法，實行屯田、均田等等。通過這些措施，在封建生產方式允許的限度内調整生產關係的某些不適應的部分，從而促進生產的發展。這是基本的歷史事實，誰也無法否認。

事實相同，結論各異。史學界持"反攻倒算論"的同志堅持認爲，即使新王朝有一些改革，也是重新强加的一種剥削，是舊制度的恢復。就是説，新王朝不比舊王朝强或者甚至更壞。這就有了問題。人們不禁要問，農民到底應該怎麽辦？爲了避免地主階級的反攻倒算壓根兒不起義？農民不會同意，因爲他們無法照舊生活下去了。起義之後建立起一個使農民不受壓迫、不受剥削的新社會、新國家？不可能，因爲不但當年的農民辦不到，就是在今天，也没有誰能够給農民想出一個可行的理想國方案來。舊王朝滅亡，新王朝更壞，按照"反攻倒算論"同志的主張，農民們爲了免受"反攻倒算"的苦，最好是抵制新王朝，永遠占山爲王，把農民戰爭無限期地打下去。可惜農民們不買這個帳，因爲這樣幹下去的結果，全社會將同歸於盡。

"讓步政策論"承認封建國家政權對經濟發展所起的作用，並把這個作用統統歸於農民戰爭打擊、推動的結果，從而肯定衹有農民戰爭才是中國封建社會歷史發展的動力。這種觀點，究其根源，同"反攻倒算論"一樣，也是極"左"路綫影響所致。總是不肯承認歷史上的統治階級會幹出什麽好事，幹了什麽好事，也一定要記到農民戰爭的帳上。不然就是立場不穩，敵我不分，就是對馬克思主義的背叛。而其實，這種觀點恰恰不是馬克思主義。按照馬克思主義的觀點，任何剥削階級的國家權力，都可以朝兩個方向起作用，"或者按照合乎規律的經濟發展的精神和方向去起作用，在這種情況下，它和經濟發展之間就没有任何衝突，經濟發展就加速了。或者違反經濟發展而起作用，在這種情況下，除去少數例外，它照例總是在經濟發展的壓力下陷於崩潰"。① 不論它朝哪個方向起作用,都是它所代表的統治階級的經濟利益所決定。農民戰爭祇能在某個封建王朝違反經濟發展而起作用時,把它推翻。而且有些王朝的建立,如拓跋魏和隋朝,是民族戰爭和民族融合的結果,同農民戰爭聯繫不上。有些王朝如北宋,是在農民戰爭之後很久才建立的。這些朝代的經濟都有相當的發展。可見,新王朝采取順應經濟、鼓勵生產的政策,同農民戰爭沒有必然的內在聯繫,新王朝終歸要轉向生產,否則統治階級自身的生存也將成爲問題。

看來,在社會處於相對穩定,即第一種狀態時,封建的國家政權是經濟發展的一個重要杠杆。在一定條件下,它甚至起決定性作用。當社會出現比較安定的局面,生產關係又得到一定的調整時,生產力的發展便成爲決定性的因素。此外,民族間的戰爭和融合、中外經濟文化交流以及地理環境在某些地區某些時候所起的重要作用,也是否認不了的。這方面的情況本文限於篇幅,不擬詳談。

歷史和現實都已證明,生產力與生產關係的矛盾是歷史發展的根本動力。在它歸根到底起決定性作用的基礎上,在社會發展的兩種狀態交替中,包括階級鬥爭在內的各種歷史因素交互起作用。我們相信,這才是馬克思主義的動力觀。

(與呂紹綱、黃中業合作,《吉林大學社會科學學報》1980 年第 4 期)

---

① 《馬克思恩格斯選集》第 3 卷,第 222 頁。

論　與　史

　　論史問題的提出，是由於大家學習了馬克思主義理論，瞭解到從事歷史科學研究，必須用馬克思主義理論作指導，同時也要注意歷史實際而提出的。但是，論與史的關係應當怎樣處理，大家的看法還不一致。

　　"以論帶史"，這個提法五十年代就遭到人們的批評，認爲以論帶史，其結果必然變成以論代史。

　　在六十年代初期，又有人提出，"論從史出"。其實，這種提法也不正確。我們所說的論是指馬克思主義，而論從史出的論，乃是文章作者所得出的論，這怎能並爲一談呢？

　　此後，有人提出"論史結合"。最近有人寫文章，對此也提出了批評意見。略謂"僅僅用史論結合，也還是不能適當地表述出論史之間的相互關係。因此，這種主張並沒有清楚地回答問題，也就不能對實際的歷史研究工作，真正起到具體的幫助作用"。因而提出"史與論的關係，應當放在三個不同的範圍內，分別弄清'史'與'論'本身的涵義，分別予以解決。而後再來考察它們的總體聯繫"。文章很長，看過後，覺得問題不是解決了，而是變成更複雜、更玄虛、更難於把握。

　　我的看法，"論史結合"的提法是正確的，不容非議。論史結合實際上就是理論與實際相結合，也就是理論聯繫實際。把這個提法應用到歷史研究工作，就是說，必須用馬克思主義理論作指導，必須從歷史實際出發。

　　鄧小平同志在中國共產黨第十二次全國代表大會開幕詞中

説：“把馬克思主義的普遍真理同我國的具體實際結合起來，走自己的道路，建設有中國特色的社會主義，這就是我們總結長期歷史經驗得出的基本結論。”

我認爲，鄧小平同志所說的“基本結論”，就是理論與實際相結合。作爲方法論來説，完全適用於歷史研究。

我是研究中國古代史的。據我看，當前在中國古代史研究中，還存在不少問題，有的屬於論一方面的，有的屬於史一方面的，有的屬於論史結合的。

例如，我們研究中國奴隸社會。奴隸制這個概念不是中國固有的，而是來自馬克思主義理論。在沒有弄清楚馬克思主義理論所説的奴隸制是一種形態，還是兩種形態，以及馬克思所説“亞細亞的、古代的”應當怎樣理解以前，是很難解決中國的奴隸社會問題。這就是屬於論一方面的問題。

又如論井田制破壞的問題。有人引《國語・周語》“宣王即位，不籍千畝”作爲例證，完全不顧下文有“虢文公諫曰”一大段文字；引同書《齊語》“相地而衰征”作爲例證，完全不顧下文有“井田疇均”，顯然這是沒有系統地、認真地讀過古書的緣故。這就是屬於史一方面的問題。

古代希臘、羅馬在鄉村有大規模農業，在城市有工場手工業，所以能容納大批奴隸，而中國古代實行井田制，是小土地勞動，不能容納大批奴隸。有人用篡改史料的辦法，硬把中國奴隸社會説成同希臘、羅馬奴隸社會一樣，這種錯誤就屬於論史結合的問題。

總的看來，前二者是認識上問題，後者是方法上問題。僅僅是方法上問題，當然是好解決的。但是解決論史結合需要以解決論、史二者爲基礎，這就不容易了。目前在中國古代史研究中，既需要解決論的問題，也需要解決史的問題。比較起來，解決史的問題要更困難些。爲什麽呢？因爲我們國家是中國共產黨領導的社會主義國家。在我們國家裏，雖然不能說沒有不學馬克思主義的人，但畢竟是極少數,絕大多數都是願意學習馬克思主義的。這樣,經過一段時間,是會把馬克思主義學好,並能解決問題的。史的問題則不然。由於過去,受疑古思潮和極"左"思潮的影響,人們多視讀古書爲畏途,不是不肯接近,就是認爲古書不可信。這樣,能够不受兩種思潮的影響,認真讀古書,讀深、讀透,能解決問題,就不是一件容易的事。我們要竭盡全力,把工作做好。

(《社會科學戰綫》1983 年第 1 期)

研究中國古史必須用
馬克思主義作指導

　　解放以來,我在大學裏教中國古代史,研究中國古代史,已近四十年。我自信,這四十年來我搞的是馬克思主義史學。我也知道,四十年來中國史學研究經歷了風風雨雨,道路並不平坦。用馬克思主義做指導,研究中國歷史並不是容易的事情。但是根據我見到的整個中國史學界的發展狀況和我自己的親身體驗,我一直認為,現在還這樣認為,研究中國古代史,就像治理我們這個國家一樣,必須用馬克思主義作指導,離開馬克思主義,沒有我們的出路。

　　為什麼我說研究中國古代史必須用馬克思主義作指導呢? 從根本上說,理由在馬克思主義本身。馬克思主義是個科學體系,這個大問題,不是我這篇簡短的發言所能談的。我祇說馬克思主義的一個極其重要的組成部分即歷史唯物主義。據恩格斯在馬克思的墓前演說中說,馬克思一生有兩個發現即兩個偉大的成就,一個是經濟學上的剩餘價值學說,指出了資本家剝削勞動者的奧秘和本質,等於揭了資產階級的老底;另一個就是他發現了人類社會歷史的發展規律,創立了歷史唯物主義。歷史唯物主義宣佈人類社會的歷史是生產力與生產關係矛盾運動的歷史,也是基礎與上層建築矛盾運動的歷史。人類社會歷史儘管不能排除人為的偶然性因素的作用,但歸根結底起作用的因素是經濟。因而人類社會歷史像自然歷史一樣,是有規律的。同時提出了社會形態理論,指出人類社會合乎規律地經歷原始社會、奴隸社會、封建社會、資本主義社會和共産主義社會五種形態。這就等於宣佈資本主義社會必然滅亡的歷史命運。馬克思創立的歷史唯物主義不僅是批判的，同時也是革命的，一開始就同資産階級史學在意識形態領域站在對立面上。

一個半世紀以來，西方資産階級史學家理所當然地千方百計地抵制、對抗馬克思主義的歷史唯物主義理論，他們相信人的自由意志和無法逆料的偶然事情在歷史發展中起決定作用，所以人類社會歷史不能是有規律的和客觀的。這種歷史無規律的理論當然經不起歷史本身的檢驗。第一次大戰後前蘇聯的出現，第二次大戰後又産生一批社會主義國家，這些歷史性的變化加上斯大林的教條主義的馬克思主義受到批判以後，歷史唯物主義得到完備的解釋，除經濟因素以外其他參與交互作用的因素得到承認，逼迫西方資産階級史學家也不得不改變先前的否定、對抗態度，而采取較爲靈活的對策，承認馬克思主義史學祇能溝通、補充、汲取而不能取代。有的資産階級史學家甚至標榜自己是馬克思主義者。

遺憾的是，正當馬克思主義史學在世界範圍內行時的時候，我們卻有些同志竟説馬克思主義史學是一個學派。這顯然錯誤。我説馬克思主義史學不是一個學派，而是一大家。當今的史學祇有兩大家，即馬克思主義史學一家和資産階級史學一家。由於具體的研究方法和具體的結論不同，一大家之中可以分爲許多學派。西方資産階級史學存在五花八門的學派，是衆所周知的，前蘇聯和中國的馬克思主義史學也是分爲學派的。學派與學派的論爭是學術性的，不帶有意識形態鬥爭的性質，而兩大家的分歧則總是發生在意識形態領域這個高層次上。把馬克思主義史學降低爲一個學派的觀點，在理論上是錯誤的，在政治上是有害的，實不可取。

就我們中國史學自己的歷史狀況説，研究中國古代史也必須用馬克思主義作指導。我們是個擁有極其豐富的傳統史學和史學傳統的國家，我們出過孔子、左邱明、司馬遷、班固、陳壽、司馬光等等史學大家，我們有着在世界上可謂首屈一指的史學遺產，這些史學大家和史學遺產在史學思想上已達到相當高的水平，晚近清人的史學成就尤其不容忽視。但是他們都沒能使史學變成科學，縱然他們有時也接觸到歷史發展的某些必然性，但是由於他們不知道歷史發展的真正原因在哪裏，不可能把歷史看成是有規律的運動。

"五四"運動之後馬克思主義傳入中國，情況才發生變化。先進的中國學者開始用歷史唯物主義的觀點和方法研究中國歷史，肯定了中國古代存在過奴隸社會。解放以後的情況要分析看，五十年代初期，中國史學在馬克思主義指導下蓬勃發展，自由討論的空氣比較濃厚，思想也是活躍的，成就自然顯著。黨的十一屆三中全會以後，經過理論上的撥亂反正，封閉打開了，禁區沖破了，思想活躍了，史學界提出了許多新問題、新見解，史學研究的水平超過以往任何時候。這是一方面。另一方面，自五十年代起，開始了對某些學術性的問題過火的批判，以政治干涉學術研究，直到六十年代"文化大革命"，把吳晗的歷史劇《海瑞罷官》當作政治問題進行激烈的鬥爭，中國史學被逼進困境，幾乎奄奄一息。這些情況從正反兩方面證明，中國的史學研究遵循馬克思主義和偏離馬克思主義，結果是大不一樣的。

令人憂慮的是，目前出現了一股從右的方面反對用馬克思主義指導史學研究的思潮，所謂"史學危機論"，就是一個重要代表。十一屆三中全會以來的十年，史學研究的景況可謂極好，空氣很寬鬆，討論很自由，真正實現了"雙百"方針，成果很多，成績很大，根本不存什麼"危機"問題。"危機論"實際上是説馬克思主義的歷史唯物主義發生危機，它的理論和方法不靈了，應當用資產階級史學來取代。目的很明顯，是爲"全盤西化"，否定我們的優秀傳統文化制造輿論。

"全盤西化"的主張無論在理論上和經驗上都是荒唐的。"全盤西化"等於把一個民族變成另一個民族,也等於說一個民族它從根本上就不應當存在。西方先進的於我有用的東西,我們已經在汲取,開放的意義即在於此。但是丟掉自己優秀的東西全不要,徹底否掉自己,我們的民族還有什麼希望!《河殤》的出臺,把"全盤西化"、自我否定的思想暴露無遺。依《河殤》作者的看法,中華民族一無是處,從人種膚色到居住的黃土、飲用的黃水,都是錯的。中華民族祇有愚昧、落後、專制的傳統,別無其他。我一開始就不贊成《河殤》,我想大多數有中國血統的人都不會贊成,白皮膚的西方人也不會贊成。

　　從我個人的治學經驗說,我也堅信研究中國古史必須用馬克思主義作指導。我早年研究《周易》,許多問題理解不了,諸如《周易》作為一種哲學,為什麼要以卜筮為形式;卜筮是一種原始宗教,它為什麼會產生哲學;哲學既已產生,為什麼長期與卜筮結合在一起等等,我一直感到困惑,待到三十年代末我開始讀馬克思主義著作之後,這些問題便豁然開朗。解放以後我研究中國古史,解決一些問題,取得一些成績,從根本上說,靠的是馬克思主義的理論和方法。沒有馬克思主義做指導,我掌握的那些文獻材料或者不能解釋,或者祇是一些沒有聯繫的死東西,什麼問題也解決不了。於是我邊治史邊讀馬列書。越讀馬列書,治史越有體會;治史越有體會,馬列書越喜讀。我帶博士生、碩士生,指導他們讀書和寫學位論文,也把讀馬列書放在首位,指定必讀的馬列書,要求讀到一定的量。我認為,讓研究生粗通馬克思主義的歷史唯物主義理論和方法,對他們一生的學術生涯都是至為重要的。

　　總之,馬克思主義具有強大的生命力,馬克思主義史學家用它作指導,是不言而喻的,即使是非馬克思主義的史學家也抗拒不了它的衝撞和影響。馬克思主義和馬克思主義指導下的史學必將隨着時代的發展而發展。

(《社會科學戰線》1990 年第 1 期)

關於長沙馬王堆一號
漢墓帛畫的名稱問題

　　長沙馬王堆一號漢墓帛畫比較典型，值得重視。關於這幅帛畫的名稱，在《文物》雜志上看到三種不同的意見：有的説是"非衣"，有的説是"畫荒"，還有的説是"銘旌"。經過了仔細地研讀三種意見之後，我認爲銘旌的説法是正確的，但論證還嫌不够充分。至其餘的兩種説法則不能同意。現在就把我的意見寫在下面，參加討論。

　　唐蘭同志説："這幅帛畫就是竹簡裏的非衣。"又説："它在出土時是蓋在棺上的，又裁成衣服的樣子，可以證明確實是這件東西。所以稱爲非，就是菲字，《荀子·禮論》叫做無幬，楊倞注解釋爲'所以覆棺'。《荀子》説這樣東西是象徵'菲'的。注裏説'菲謂編草爲蔽，蓋古人所用障蔽門户者'。門也叫扉，所以門簾也叫菲，非衣等於是扉衣，是挂在門扉上的衣。和挂在墻上的叫壁衣差不多。無幬就是幠褚，幠又作荒。《禮記》講'黼荒'是'火三列黻三列'。這個非衣也還是三列，也有火黻的圖案。"

　　以上是唐蘭同志斷言這幅帛畫是竹簡裏的非衣的主要論據。我們按照唐蘭同志提供的綫索，對《荀子·禮論》和《禮記·喪大記》中有關材料作了仔細的考察。結果與唐蘭同志的看法並不是一致，而是有很大的分歧。簡言之，我們認爲"無幬"是一物，"荒"是一物，"菲"又是一物。這幾件東西都與帛畫無干，更談不上非衣的問題。兹考證如下：

　　《禮記·喪大記》説：

飾棺：

君，龍帷，三池，振容。黼荒，火三列，黻三列。素錦
褚，加帷（原作偽，兹據鄭玄注校改）荒。繢紐六。齊，五
綵，五貝。黼翣二，黻翣二，畫翣二，皆戴圭。魚躍拂池。

君，繢戴六，繢披六。

大夫，畫帷，二池，不振容。畫荒，火三列，黻三列。
素錦褚。繢紐二，玄紐二。齊，三綵，三貝。黻翣二，畫翣
二，皆戴綏。魚躍拂池。

大夫，戴，前繢、後玄。披亦如之。

士，布帷，布荒。一池，揄絞。繢紐二，緇紐二。齊，
三綵，一貝。畫翣二，皆戴綏。

士，戴，前繢、後緇。二披用繢。

鄭玄注説：

飾棺者，以華道路及壙中，不欲衆惡其親也。荒，蒙
也。在旁曰帷，在上曰荒。皆所以衣柳也。

這是説，我國古代統治階級爲了顯示他們"尊貴"的身份，不但
生前欺壓老百姓，死後還向老百姓示威，當出殯的時候，在棺材上
施設種種裝飾。有的下葬時，還把棺飾和棺材一同埋在墳墓裏。
棺飾主要是由翣、柳兩部分構成的。翣的形狀像扇子，《釋名・釋
喪制》説"齊人謂扇爲翣，此似之也"是其證。出殯時，翣在柳車旁，
有人拿着。《周禮・天官・女御》説："後之喪持翣。"下葬後，則置
於柳旁。《禮記・檀弓上》説："周人墻置翣。"鄭玄注："墻，柳衣
也。"柳的主要組成部分是帷和荒。鄭玄注説："柳象宮室。"又説：
"在旁曰帷，在上曰荒，皆所以衣柳也。"可由此瞭解其大概。齊、
池、容、魚、紐、戴、披等，都是柳的附屬品或用以聯結帷、荒和手持
以備棺的傾側。在帷、荒之内有褚，"素錦褚，加帷荒"，正説明這個
問題。出殯時，棺在車上，柳罩在棺的外面。由此可見，褚是一種

東西，荒是一種東西，翠又是一種東西，三者並非一物。荒是柳的一個組成部分，不能單獨存在。

《荀子·禮論》説：

> 無幨絲翣縷翠，其貌以象菲帷幬尉也。

這句話裏有幾個字不好懂，我們暫且不去管它們，先就好懂的考察一下。

1. 這句話的整個意思是講棺飾。這一點，可由句裏有縷、翠二字（縷同柳）和本句是在棺椁、抗折二句中間，得到證明。

2. “無幨”是棺飾之一。在《喪大記》裏，它就是“素錦褚”。素錦褚與“加帷荒”的荒，判然二物。可是，唐蘭同志先説：“無幨就是幠褚。”以下卻説：“幠又作荒。”僅僅借助於文字的通假，便把“無幠”説成是“幠荒”，完全不顧《喪大記》褚、荒爲二物的事實。這是很難令人同意的。

3. 菲，楊倞注説：

> 菲謂編草爲蔽，蓋古人所用障蔽門户者，今貧者猶然。或曰：菲當爲扉，隱也，謂隱奧之處也。或曰：菲讀爲扉，户扇也。

楊注並列三説，三説不同，但有它們的共同點：①取義都本於聲音，菲、蔽音近，菲、屏、扉音同；②都有障蔽的意思。我們再就《禮論》這句話來分析。上半句“無幨絲翣縷翠”是棺飾的幾個組成部分，下半句“菲帷幬尉”是棺飾所象的幾種日常生活用具。“尉”字不好懂。楊倞注説：“尉讀爲罻，罻網也，帷帳如網也。”未必得實，祇可備參考。縷同柳。柳象宫室，旁曰帷，上曰荒。無褚在帷荒之内，即在柳之内。以《周禮·天官·幕人》“掌帷幕幄帟綬之事”例之，則帷、荒象帷、幕，褚象幄。帷幕幄當與“菲帷幬尉”中的帷幬爲一物。所以，帷幬是幨縷之所象，可以無疑。那末，菲是什麽之所象呢？據我看，菲正象翠。爲什麽呢？因爲菲之用在於障蔽。障蔽什麽呢？應該是障蔽風日。所怕的，是被風吹着，太陽曬着。古代統治階級生時有人在旁持扇，死後因設翣作爲象徵。翣扇、户扇，其義相因。唐蘭同志釋菲爲門簾，爲扉衣，委曲與非衣牽合在一起，這也是很難令人同意的。

唐蘭同志又説："《禮記》講'黼荒'是'火三列，黻三列'。這個非衣（按，非衣應讀作帛畫）也還是三列，也有火黼的圖案。"這個説法也不符合事實。因爲，我們在帛畫上面並没有發現有"火三列，黻三列"的圖案。

綜上所述，可見唐蘭同志所説的這幅帛畫就是竹簡裏的非衣的論斷，很難成立。

陳直同志《長沙馬王堆一號漢墓的若干問題考證》一文，總的説來，寫得很好，讀了以後，受益很大。但文中對於帛畫名稱的看法，還有值得商榷的地方。

陳直同志用《禮記·喪大記》所述棺飾作根據，説："本墓所出覆棺之帛畫，應當名爲畫荒。"又説："武威墓葬中帛畫，是合銘旌、畫荒爲一體。"下面即加以論證説："據《儀禮·士喪禮》所記銘旌形式，僅幅廣三寸，書銘於末。辦護喪事者，因銘旌太狹，故將兩種體制混合爲一種産物。又，《禮記·喪服小記》云：'復與書銘，……男子稱名，婦人書姓與伯仲。'本墓帛畫，既不書姓，又不書伯仲，因此不能指爲即是銘旌。"

我不同意陳直同志的看法。理由如下：

1. 審觀《喪大記》所記，荒是柳的一個組成部分。鄭玄説"柳象宫室"，就是由於上有荒，四旁有帷，帷與荒用紐聯結在一起，遂形成房屋的樣子。荒在棺飾之中，斷不會單獨存在。

2.《儀禮·既夕禮》説："藏器於旁，加見。"鄭玄注："器：用器、役器也。見：棺飾也。……先言藏器，乃云加見，器在見内也。"證明棺飾入壙後，更名爲見。棺與見之間，中隔藏器。棺飾之荒斷不會孤零零地獨自蓋在棺上。

3.本墓《發掘簡報》説:"帛畫復蓋在内棺之上。"而内棺、中棺、外棺層層套合,中間不容有見,自然也不會有荒。

4.《喪大記》所記"畫荒"是大夫棺飾,而本墓主人爲軑侯妻。根據《禮記·郊特牲》"婦人無爵,從夫之爵"的説法,諸侯妻應用諸侯的棺飾,即應用"黼荒",而不是"畫荒"。

5.考察一下《喪大記》所記諸荒章物爲火、黻和黼,與冕服上章物相合,而與帛畫所畫的章物爲日月、交龍、龜蛇、虎、隼等等大異其趣。帛畫顯然與九旗有關,而與畫荒無涉。

6.據《士喪禮》爲銘在沐浴、飯含之前,而飾棺則在遷柩朝祖之後,中間尚有沐浴、飯含、襲、小斂、大斂、殯等一系列的繁縟禮節。這樣,勢不能合銘旌、畫荒爲一體。

7.《士喪禮》所記銘旌形式並不是當時銘旌的標本形式,而是特爲不命之士設計的仿製品。陳直同志把它看作銘旌的標本形式,這是不恰當的。不過,這個問題不是一目瞭然的,需要加以説明。

《士喪禮》説:

> 爲銘各以其物。亡,則以緇長半幅,赬末,長終幅,廣三寸。書銘於末,曰:某氏某之柩。

鄭玄注説:

> 銘,明旌也。雜帛爲物,大夫士之所建也。……亡,無也。無旗,不命之士也。半幅一尺,終幅二尺。在棺爲柩。今文銘皆爲名,末爲旆也。

應當指出,鄭玄用雜帛爲物來解釋各以其物的物是錯誤的。錯誤在於誤認普通名詞的物,爲固有名詞的物。物在這裏已變成普通名詞,意思猶如我們通常所説的旗,它具有一般性質,不能再用雜帛來解釋。

古人語言往往祇有它的具體性而缺乏綜合的概念。舉旗爲例。《周禮·春官·司常》歷述常、旂、旜、物、旗、旟、旐、旛、旌九種不同的稱號，都是固有名詞，沒有一個是普通名詞。遇到必須用普通名詞來說明問題時，就衹好借用某一個固有名詞來完成任務。如《周禮·春官》"司常"的常，《禮記·檀弓下》"銘，明旌也"的旌，以及這句話下文"以死者爲不可別已，故以其旗識之"的旗，就都是借用固有名詞來完成普通名詞的任務的具體例子。在上面所舉的這些詞句裏所使用的常、旌、旗，如仍用"日月爲常"、"析羽爲旌"、"熊虎爲旗"來解釋，不但捍格難通，也是大錯特錯。

實際上，"各以其物"的物，不但包括雜帛爲物，也包括通帛爲旜，并包括自最高級的常、旂直到最低級的旐，即包括古時統治階級內部各個等級所建的一切旗，一個"各"字正說明了這個問題。它說明每一個統治階級人物身死都用他生時所建的旗爲銘。

鄭玄注說："亡，無也。無旗，不命之士也。"這個解釋非常正確。古時制度是"禮不下庶人，刑不上大夫"。建旗的衹限於統治階級。不屬於統治階級不能建旗。不命之士又叫"庶人在官者"。他雖然已經做官，但還沒有受爵命。也就是說，他剛剛走近統治階級的大門口，還沒有摘掉庶人這頂帽子。這種人可以勉強用《士喪禮》了。但沒有旗，爲銘時，怎麼辦呢？《士喪禮》所記銘旌形式，正是爲解決這個無旗的問題，而設計出一個仿製品。把它作爲當時銘旌一個標本形式來看待，當然是不恰當的。

綜上七點，足以說明陳直同志的帛畫應名爲畫荒的說法，有進一步加以考慮的必要。

我的看法，這幅帛畫正名應爲"明旌"或"銘旌"。它是以大常之旗爲銘的。茲說明如下：

1. 從帛畫的形式來看《士喪禮》所記明旌形式不是明旌的標本形式，已如上述。但它是仿製品，應與標本形式相去不遠。因此，我們不妨應用它來驗證一下正式明旌的形制。

《士喪禮》那段記述有兩點值得注意：①它分爲緇、經兩部分。

這一點與《司常》所述"雜帛爲物"相符合。關於旜物之制見述於
《司常》，原文説："通帛爲旜，雜帛爲物。"孫詒讓《九旗古義述·釋
旜物》説："通帛者，謂以同色之帛爲縿、斿，縿與斿上下通一色也。
雜帛者，謂縿與斿異色，上下色相間雜。旜純則尊，物雜則卑。孤
爵則尊者建旜，卑者建物；表事則大者建旜，小者建物。"孫説辨旜
物之異，最爲明晰。但把縿、斿説成縿、斿，混斾斿爲一談，仍沿舊
説之誤。緇爲正幅，名縿。緅繼縿，名斾（末）。物雜則卑，正適合
於不命之士的身份。②緇的那一部分長半幅，緅的那一部分，長終
幅，廣三寸。鄭玄注説："半幅一尺，終幅二尺。"緇廣不見，是多少
呢？賈公彥疏説："經直云長半幅，不言廣，則亦廣三寸。"賈疏的意
思是説廣三寸已見下文，上文可以省略。其實，這種推斷是不對
的。於文法，祇有上文説過了，下文可以省略。哪有下文方説的，
上文可以省略的道理？據我看，緇不言廣，由於它是用整幅。整幅
亦當是二尺。這樣，緇廣二尺，長一尺；緅廣三寸，長二尺，恰呈丌
形，與帛畫的形式，基本上相同。帛畫上下用一色帛爲之，正是所
謂"通帛爲旜"，"旜純則尊"，與軑侯妻的身份亦適合。

　2.從古代旗制來看。

《周禮·春官·司常》説：

　　掌九旗之物名，各有屬以待國事。日月爲常，交龍爲
旂，通帛爲旜，雜帛爲物，熊虎爲旗，鳥隼爲旟，龜蛇爲旐，
全羽爲旞，析羽爲旌。

　　及國之大閲，贊司馬頒旗物：王建大常，諸侯建旂，孤
卿建旜，大夫士建物，帥都建旗（帥原作師，玆從王念孫校
改），州里建旟，縣鄙建旐，道車載旞，斿車載旌。

　　皆畫其象焉：官府各象其事，州裏各象其名，家各象
其號。

講述古代旗制實以上邊所引的這份材料爲最全面、最具體。

考慮到人們多不熟悉，現就我個人體會，略作説明如下。

①旗的名稱有九，爲常、旂、旜、物、旗、旟、旐、旞、旌。在九旗中，常、旂、旗、旟、旐，孫詒讓稱爲"五正旗"，是旗的大別，上面各有特殊的章物（日月、交龍等）作爲標誌。

②旜、物二旗是就五正旗的旗身是用通帛或用雜帛來區分的。旗身上下一色即爲通帛之旜，旗身上下色不一樣即爲雜帛之物。

③旞、旌二旗是就竿首注旄不同來區分的。竿首注旄用全羽的叫旞，竿首注旄用析羽的叫旌。

④或建旜，或建物，以尊卑作爲去取的標準。常、旂是王和諸侯所建，爲尊，有旜無物，即都用通帛。旐是縣鄙所建，爲卑，有物無旜，即都用雜帛。旗、旟二旗，有旜有物。孤卿建旜，大夫士建物；帥都建旜，鄉家建物。

⑤旗、旟異建，當與職事有關。軍吏建旗，帥都建旗，軍吏、帥都俱是軍職。百官建旟，州里建旟。百官、州里都管民政。

⑥旂、旌異建，以用途爲去取的標準。道車載旞，旂車載旌當與《禮記·曲禮上》所説的"武車綏旌，德車結旌"一致。武車、旂車都是兵車，德車、道車都是乘車。

⑦屬是旗的細別。在具體應用時，光有大別不行，還要有細別。《周禮·夏官·大司馬》説："辨旗物之用。"旗物是大別上的事。又説："辨號名之用。"號名是細別上的事。"皆畫其象焉"以下，所談的都是細別。

説明到此爲止，現在應該回到本題。

就這幅帛畫來看，⌐形的上寬部分是旗的正幅，叫緣。《爾雅·釋天》："纁帛緣。"鄭玄《周禮·春官·巾車》注："正幅爲緣。"是其證明。⌐形的下窄部分叫旆。《士喪禮》作末，鄭玄注説："今文末爲旆。"《爾雅·釋天》説"緇廣充幅，長尋曰旐，繼旐曰旆"是其證明。

鄭玄《儀禮·覲禮》注説："大常緣首畫日月。"孫詒讓《九旗古義述》説："正章必畫於綏。"我們回過頭來看看這幅帛畫,綏首所畫的主要内容,不正是日月嗎?

《禮記·郊特牲》説："祭之日,王被袞以象天,……旂十有二旒,龍章而設日月,以象天也。"《覲禮》説："天子……載大旂,象日月、升龍、降龍,出拜日於東門之外。"鄭玄注説："大旂,大常也。王建大常,綏首畫日月,其下及旒,交畫升龍、降龍。"鄭玄注中的旒應改爲斾,交畫的説法也不確,其他都是對的。我們再看看這幅帛畫,綏首日月的下面,不正是畫了兩條龍嗎?

我們再看看這幅帛畫丆形的下窄部分,即旗之斾,最爲顯眼的,是兩條長終幅的龍,兩龍中間交在一起。這不正是"交龍"嗎? 不正是畫在斾上的龍嗎? 對綏上兩龍而言,這不正是降龍嗎?

仔細看看這幅帛畫的下窄部分,還會看到有兩龜一蛇;還會看到在兩龜的背上各立一鳥,雙目圓睜,分明是隼;還會看到在兩龍相交處的上部有對立的兩隻虎。難道這都是偶然的裝點,與九旗的章物没有關係嗎?

孫詒讓《九旗古義述》説："正章必畫於綏,附章或有畫於斿者。"斿誤,應作斾。這幅帛畫的下窄部分所畫的交龍、龜蛇、虎、隼,不應看作大常的附章嗎?

既然説"日月爲常",又畫了交龍、龜蛇等附章,這個道理同五冕服中的袞冕服一樣。袞冕服又稱龍袞,事實上,它不但畫龍,兼備山、華蟲、火、宗彝、藻、粉米、黼、黻等八章。孫詒讓著《周禮正義》總結出一條原則,説："此經自一命至九命,咸上得兼下,下不得僭上。"(《大宗伯》正義)正説明了這個道理。

金榜《禮箋·九旗》根據《爾雅·釋天》説"纁帛綏,素升龍於綏",斷定"大常纁色,象中黄之色",這一點與這幅帛畫質地的顔色也正相符合。

這幅帛畫下垂四個飄帶,從旗制看,應名爲斿,斿字亦作游或旒。斿與斾,在這幅帛畫裏,可以看得非常清楚,完全是不同的兩種東西,但自鄭玄以來,都重紕貤繆,無能正其誤者。例如,杜預:《左傳》昭公十三年注説:"斿,游也。"郭璞《爾雅·釋天》注説:"繆,衆旒所著。"陳祥道《禮書》卷一三一説:"旒亦曰斿。"以及孫詒讓釋旜、物説:"通帛者,謂以同色之帛爲繆、斿。……雜帛者,謂繆與斿異色。"等等,都不辨斿、斾,把二者混爲一談。其實,旒與冕旒的旒,爲用相同,都是下垂爲飾,並以旒數多寡表示地位的高低。而斾則是繼繆的那部分。舊説之誤,應據此實物糾正之。

帛畫頂端邊沿包有一根竹棍。這根竹棍,從大常之旗的角度來看,它正起弧的作用。《禮記·明堂位》説:"魯君孟春乘大路,載弧韣,旂十有二旒,日月之章,祀帝於郊。"鄭玄注:"弧,旌旗所以張幅也。其衣曰韣。"是其證明。

綜上所述,證明這幅帛畫是以大常之旗爲銘的明旌,實爲無可爭辯的事實。

3. 從帛畫的尺寸來看

《周禮·春官·司常》賈公彥疏説:"按《禮緯》云:'天子之旌高九仞,諸侯七仞,大夫五仞,士三仞。'按《士喪禮》:'竹杠長三尺。'則死者以尺易仞。天子九尺,諸侯七尺,大夫五尺,士三尺。其旌尺亦以尺易仞也。"這份材料所説的各種尺寸不一定可靠,祇可供參考。但《周禮·夏官·節服氏》説:"六人,維王之大常。諸侯則四人。"證明常、旂的尺寸確實是很長,并且是有差等的。

唐蘭同志説,這幅帛畫"合漢尺九尺的樣子"。這個九尺的樣子的帛畫與一丈二尺的非衣説是一個東西,當然吃力。但若把它看作大常明旌,則九尺的長度,吻合無間。這是這幅帛畫爲以大常之旗爲銘的明旌又一有力的證明。

4. 關於銘的問題

陳直同志説:"《禮記·喪服小記》云:'復與書銘,……男子稱名,婦人書姓與伯仲。'本墓帛畫,既不書姓,又不書伯仲,因此不能指爲即是銘旌。"銘是明旌的一個重要的、不可缺少的特徵。没有銘,當然不能稱爲明旌了。問題是這個銘是否一定如《喪服小記》所說稱名或書姓與伯仲呢？我看不一定。

歷史是不斷發展的。前人習見的東西,年深月久,到了後人手裏,往往會變成難題目。研究歷史,如不去努力撥開重重誤解迷霧,就很難瞭解若干事物的本來面目。關於銘這個概念的內容也是有發展變化的。據我看,銘這個概念原來是有它的確定的含義的。但隨着時代的變化,後來又產生三種新解,從其本來的含義來看,也可以說是三種誤解。

①認爲,祇有書曰某氏某,即稱名,或書姓與伯仲才是銘。《喪服小記》的說法,即屬此類。

②釋銘爲刻。鄭玄《禮記・祭統》注說:"銘謂書之刻之以識事者也。"這種說法,至少是已開了釋銘爲刻的先河。

③認爲敘事屬誌,韻語屬銘,把墓誌銘分而爲二。歐陽修論尹師魯墓誌銘云志言云云,銘言云云,即屬此類。

其實,銘這個概念的本來含義實以《禮記・祭統》"銘者,自名也"之說爲最確。《說文・金部》不錄銘字。於《口部》,名字下說:"名,自命也。從口夕。夕者冥也,冥不相見,故以口自名。"《士喪禮》鄭玄注:"今文銘皆爲名。"證明銘與名二字通用。明旌之銘,正是冥不相見的自名。

明旌之銘既以自名爲義,而自名的方式實多,並不以書曰某氏某爲限。

《周禮・夏官・司勛》說:"凡有功者,銘書於王之大常。"《韓非子・大體》說:"故致至安之世,……雄駿不創壽於旗幟,豪杰不著名於圖書,不錄於盤盂。"這兩條材料證明什麼呢？證明了爲銘於旌旗,並不是喪葬的特典,古人也用之以"計功"、"稱伐"。旗幟之爲用與圖書、盤盂正等。這樣,怎能瞭解爲都寫上一個"某氏某"了事呢？

長久以來,人們還有一種誤解,即認爲,自名必須用文字說明。

實則並非如此，古人更多的乃是用圖繪示意。舉證如下：

《周禮·夏官·大司馬》説：

> 仲夏，教茇舍，……辨號名之用：帥以門名，縣鄙各以
> 其名，家以號名，鄉以州名，野以邑名，百官各象其事，以
> 辨軍之夜事。

又，仲秋教治兵，於辨旗物之用，歷數了"王載大常，諸侯載
旂"，直至"百官載旐"之後，又説："各書其事與其號焉。"《大司馬》
職這條材料和"仲夏，教茇舍"所説的"辨號名之用"那條材料，再加
上《司常》所説的國之大閲，"皆畫其象焉"那條材料，這三條材料所
談的是一個問題。如用《士喪禮》的説法，這個問題，也可以説就是
爲銘的問題。

古人於喪葬之禮用明旌，也同用明器一樣，都是象生時爲之。
生時所建之旗有號名，故喪葬也要爲銘各以其物，做一個明旌。所
以，這個銘，不是別的，就是《大司馬》"辨號名之用"的號名，也就是
《司常》"各有屬"的屬。《大司馬》説"帥以門名"等等許多名字，也
就是《士喪禮》爲銘各以其物的銘。銘、名二字是可通的。《司常》
説"皆畫其象焉"，這正是古人爲銘多用圖繪示意的一個鐵證。

即以"帥以門名"爲例來説吧！這個"以門名"應當怎麼理解
呢？我看以門名就是以門銘，也就是説，用軍將所居住的國中某一
個城門爲畫象的内容。鄭玄於"帥以門名"注説："古者軍將蓋爲營
治於國門。魯有東門襄仲，宋有桐門右師。"惠士奇《禮説》更申其
義説："宋有澤門皙，吳有胥門巢，晉有下門聰，秦有橫門君，趙有廣
門官，春秋戰國皆然。"這些是帥以門名的最好的説明。

《孫子·軍爭》説："視不相見，故爲旌旗。"考慮到人眼對於遠
物的辨別能力，用畫象當然要比用文字强得多。

從上邊一些論證，可以看出，爲銘不一定稱名或書姓與伯仲，
畫象也是爲銘的一種方式。這幅帛畫裏所畫的拄杖老年婦女，正

是墓主人的寫真，也正是書銘於末（旆）。爲銘用畫象，不書曰某氏某，不但不能否定它是明旌，毋寧説，較之書曰某氏某更爲隆重，更能顯示出這個列侯夫人的"尊貴"。所以，陳直同志否認它是明旌的説法，是值得商榷的。

古者，"王建大常，諸侯建旂"，爲什麼墓主人是列侯妻，不建旂，而建常呢？這祇能説是上僭王禮。蓋自戰國以來，我國社會發生了很大的變化，到漢初，周禮已漸趨破壞，失去原來的約束力了。

這幅帛畫的内容非常豐富，並不是祇有大常章物和墓主的寫真，那末，其餘的東西應怎麼理解呢？毛主席教導我們，看問題要看問題的本質方面、主流方面。這幅帛畫的本質方面、主流方面，我們認爲就是大常章物和墓主的寫真。因爲，祇有它們才是決定這個事物的名稱和性質的東西。我們已經抓住了它們，瞭解了它們，這個問題就算是解決了。其餘的東西，不在本題範圍之内，自可從略。

一九七三年三月十三日

（《社會科學戰綫》1978 年第 1 期）

對馬雍《論長沙馬王堆一號漢墓出土帛畫的名稱和作用》一文的意見

　　近來在各種刊物上讀到不少談論長沙馬王堆一號漢墓帛畫的名稱和作用的文章,覺得馬雍這篇文章寫得比較好。作者認爲這幅帛畫的名稱是銘旌,我過去也曾寫文章這樣主張,今天,我依舊認爲這個意見是正確的。但作者在具體論證問題時,有些地方值得商量;至於對銘旌作用的說法,恐怕實際並非如此。現就我個人不成熟的看法提幾點意見。

　　第一,作者説:"先秦時代,'銘旌'已別稱爲'旐'。"

　　又説:"漢代以後,'旐'則成爲通稱。""銘旌亦稱'丹旐'。"

　　又説:"就色彩言,古代的銘旌以緹色染其末,後以絳繒爲之,所以有'丹旐'之稱。這幅帛畫亦以絳色染其質底,與銘旌的底色相符。"

　　我的看法:

　　1. 先秦時代,銘旌和旐始終是兩個不同的概念。旐固然可以作爲銘旌,銘旌卻決不能稱爲旐。

　　在説明這個問題之前,應當指出,作者援引《士喪禮》把"爲銘各以其物"的"物"理解爲"旌旗上的徽志",也不確切。因爲《士喪禮》這句話所説明的是用什麼東西爲銘的問題。非常明顯,爲銘只能在旌旗之上,而不能在旌旗的徽志之上。所以,這個"物"字,鄭玄用"雜帛爲物"的"物"來注釋固然不對,而作者用"章物"的"物"來解釋也不確切。正確的説法應當是,"物"在這裏是作爲旌旗的公名來使用的。這種用法,同"銘旌"的"旌"、《司常》的"常"、"九旗”的“旗”等例,都是借用專名爲公名。

爲什麼《士喪禮》首先要說這個問題呢?這是因爲當時的社會是階級社會,而且這個社會存在的階級爲列寧所指出的“等級的階級”,不是“非等級的階級”。即在這個社會裏,不但存在階級,而且在一個階級內部,還存在各種不同的等級。這種等級上的差別,在當時極其鮮明、具體地貫徹於一切典禮之中。當然,也一定在銘旌上面表現出來。正由於銘旌必須反映等級差別,所以,哪一個等級應用哪一種銘旌就需要加以說明。《士喪禮》說“各以其物”就是各以其旗。這個“各”字,包括統治階級中的所有等級。具體說,也當如《周禮·春官·司常》所記述的,如王以大常,諸侯以旂,孤卿以旜,大夫、士以物,等等。

基於上述見解,我認爲作者據《禮記·檀弓》“設旐,夏也”,斷言“先秦時代‘銘旌’已別稱爲‘旐’”是值得商量的。我認爲“設旐”只是説明用旐爲銘旌,並不能證明銘旌已別稱爲旐。旐的特點是:(1)畫龜蛇於正幅(緣)。《司常》說:“龜蛇爲旐”是其證。(2)色緇(黑),《爾雅·釋天》說“緇廣充幅,長尋,曰旐”是其證。《檀弓》說“設旐,夏也”當與“夏后氏尚黑”之說有關。用旐爲銘,同用常、旂、旗、旟爲銘一樣,正是“爲銘各以其物”,不能因此就說銘旌已別稱爲旐。

2. 漢代以後,銘旌通稱“旐”,亦稱“丹旐”,這是事實。但應當指出,這些名稱的産生實出於後人對古書的誤解,否則,就等於宣傳了錯誤的東西,是無助於問題的解決的。

稱銘旌爲“丹旐”,尤爲大誤,作者謂始於王褒。王褒是詩人,追求藻飾,偶易銘旌爲“丹旐”以與“素帳”屬對,固無足深論。後人震於王褒之名,以訛傳訛,亦不足怪。我們今天討論學術問題,則必須實事求是,決不容許視而不見,采取不負責任的態度。

《爾雅·釋天》說:“緇廣充幅,長尋,曰旐;繼旐曰旆”;《士喪禮》:“經末”即是“經旆”,鄭注:“今文…末,爲旆也”是其證。對於古代旗制來説，綏正幅，也稱"旗身"，是主要的部分；斾是附屬部分。旃之得名，正由於綏。綏畫龜蛇，帛緇色，爲旃的兩大特徵，是稱旃的決定性因素。怎能丟開綏緇不管，但舉"牼末"而稱爲"丹旃"呢？《左傳》定公四年説："分康叔以大路，少帛綪茷。""少帛"即是小白，白是殷商時綏的正色，少表明它是雜帛之物。"綪"，赤色；"茷"同斾，也就是説小白之斾也是赤色。假如但據"綪茷"，也把小白稱爲"丹旃"，這怎能説得通呢？《士喪禮》所記的銘旌只是爲無旗的不命之士特製的，就當日的銘旌制度而言，它並不是銘旌標本形式，而是一種等外品。當日的正式銘旌，按照等級差別，有的用旃，有的用物。旃爲"通帛"，綏（正幅）與斾（末）同色；物爲"雜帛"，綏與斾異色。假如軍帥銘旌，依禮宜用大旗。大旗一名"大白"，爲旗之旃，綏與斾都是白色。這樣，它既不是旃，也没有牼，"丹旃"之稱，從何説起？所以以"丹旃"稱銘旌，實出於後人對古書的誤解。

3. 就色彩言，這幅帛畫與《士喪禮》所記銘旌全然不同。作者"相符"的説法是與事實相矛盾的。

《士喪禮》所記銘旌是上緇下牼，於古旗制爲雜帛之物，而這幅帛畫則上下一色，於古旗制爲通帛之旃。這幅帛畫質地的顏色正名應爲纁。《爾雅·釋器》説："一染謂之縓，再染謂之赬（牼），三染謂之纁。"《周禮·考工記·鍾氏》説："染羽……三人爲纁，五人爲緅，七人爲緇。"緇、緅和纁分明是三種不同的顏色，怎能混爲一談，説這幅帛畫與《士喪禮》所記銘旌的底色"相符"呢？

我認爲這幅帛畫是以大常之旗爲銘，它在銘旌等級中爲最高的一級；而《士喪禮》所記的銘旌連最低的一級也夠不上，只能稱它爲"等外品"。二者相比自然有很多地方不同，正不必曲爲彌縫。大常的顯著特點爲：（1）綏（正幅）畫日月；（2）綏與斾一色，爲通帛之旃；（3）帛色纁。《司常》説"日月爲常"，又説"通帛爲旃"；孫詒讓《九旗古義述》説"敍爵則尊者建旃，卑者建物"；金榜《禮箋·九旗》據《爾雅·釋天》"纁帛綏，素陞龍於綏"説"大常纁色，象中黄之色也”,皆其證明。這幅帛畫完全具備了上述三個特點,其爲大常銘旌無疑。

第二,作者説:“就正規制度言,銘旌與乘車之旌在圖飾上並無區别,所不同者,只是銘旌的下端要加書某人之柩的題詞而已。”

又説:“上段所畫爲墓主人的象,這就是死者神明的寄託,並非生前的生活寫照。”

又説:“下段所畫包括有神話故事在内,其内容雖已失傳,但顯然與《楚辭》上所説的‘鴟龜’故事有關。按《楚辭·天問》云:‘鴟龜曳衡,鯀何聽焉? 順欲成功,帝何刑焉?’各家舊注對‘鴟龜’均不得其解。我們見到這幅帛畫才恍然大悟。”接着作了詳細論證,因文長,不具引。

我的看法:

1. 古代不但銘旌有銘,乘車之旌也有銘。銘旌的銘正是由乘車之旌的銘演變而來的。當然,乘車之旌的銘没有稱“柩”的道理。

兹就乘車之旌有銘這一點考證如下:

《周禮·春官·司常》説:“常九旗之物名,各有屬以待國事。”

鄭玄注説:“物名者,所畫異物,則異名也。屬謂徽識也。《大傳》‘爲之徽號’,今城門僕射所被及亭長着絳衣,皆其舊象。”

我認爲鄭玄釋“物名”是對的;釋“屬”就不對了。其所以不對在於,不顧上下文義,節外生枝,把本來是旗上的東西説成了人身上的東西。同在一個句子裹邊,“物名”是九旗的物名,“屬”怎會是被於人身的東西呢? 難道“各有屬”的“各”字,不是九旗的各,而是人的各嗎? 鄭注顯然不是原文“屬”字本義。

實際上,“物名”又稱“旗物”,爲旌旗之大别;“屬”又稱“號名”,爲旌旗之細别。《孫子·軍爭》説:“視不相見,故爲旌旗。”就實際應用來看,只有大别、細别二者兼備,然才能完成旌旗的任務。

例如《司常》説:“日月爲常,交龍爲旂,熊虎爲旗,鳥隼爲旟,龜蛇爲旐。”這裹的日月、交龍、熊虎、鳥隼、龜蛇,就都是物;常、旂、旗、旗、旐，就都是名。合起來則爲“物名”，或“旗物”。《司常》説：
“頒旗物。”又《夏官·大司馬》説“辨旗物之用”，兩職所説的“旗
物”，實際與這裏所説的“物名”具有同一的内容。

　　例如，《司常》説：“皆畫其象焉：官府各象其事，州里各象其名，
家各象其號。”《大司馬》説：“辨號名之用：帥以門名，縣鄙各以其
名，家以號名，鄉以州名，野以邑名，百官各象其事。”兩職所説的正
是九旗之“屬”，也就是“號名”，也就是銘。《士喪禮》注説：“今文銘
皆爲名。”證明銘、名字通。“帥以門名，縣鄙各以其名，家以號名，
鄉以州名，野以邑名，百官各象其事”，等等。所有這些“名”，顯然
都是生時乘車之旐的銘；而《士喪禮》的“某氏某”，則爲死者銘旐的
銘。明旌實同明器一樣，都是象生時爲之，不能認爲“銘”是銘旌的
特典，乘車之旐但有章物而没有銘。

　　2.墓主人的象是生前的生活寫照，不是死者神明的寄托。

　　《司常》説“皆畫其象焉：官府各象其事，州里各象其名，家各象
其號”，正是古人以畫象爲銘的確據。乘車之旐以畫象爲銘，銘旌
也必以畫象爲銘，自然没有什麽可以奇怪的了。《士喪禮》所説的
銘旌書“某氏某”，乃是爲不命之士擬制的一種最簡陋、最低級的書
銘方式，不應視爲通例，反疑以畫象爲銘是特殊、是不正規。

　　由於古人乘車之旐和銘旌皆以畫象爲銘，自然就不能説墓主
人的象“是死者神明的寄托，並非生前的生活寫照”。

　　3.帛畫下段所畫的兩個鳥是隼，不是鴟。隼與交龍、虎、龜蛇
都是大常之旗的附章。兩龜應與一蛇合起來看，是畫在旗上的章
物之一，與《楚辭》上所説的“鴟龜”故事無涉。

　　鴟是貓頭鷹，隼是鶻。鴟和隼的顯著區别在於，鴟頭兩側有毛
角，而隼無毛角。

　　《莊子·秋水》曾兩次提到鴟，其一説：“鴟得腐鼠。”又一説：
“鴟夜撮蚤，察毫末，晝出，瞋目而不見丘山。”從莊子所説的鴟的屬
性來看，它定是貓頭鷹。今通行本“鴟夜撮蚤”作“鴟鵂夜撮蚤”。

王引之説："正文鵂字涉《釋文》内'鴟鵂鷅'而衍。《埤雅》引此已誤。《釋文》：'鴟，尺夷反。崔云：鴟，鵂鷅。'而不爲鵂字作音，則正文内無鵂字明矣。《淮南·主術篇》亦云：'鴟夜撮蚤。'"

《詩·大雅·瞻卬》："爲梟爲鴟。"鄭玄箋説："梟、鴟，惡聲之鳥。"《史記·賈誼傳》："鸞鳳伏竄兮，鴟梟翱翔。"鴟梟二連文與鸞鳳二字連文一樣，表明它們是同類的東西。

至鵰則不然。《詩·小雅·四月》："匪鶉匪鳶。"毛傳："鶉，鵰也。鵰、鳶貪殘之鳥也。"

《説文·鳥部》隼下説："雞或从隹一。一曰鶉字。"段注："按此鶉字，即鷻字，轉寫混之。《詩·四月》鶉，《釋文》云：'字或作鷻'可證。"

又《鳥部》鷻下説："雕也。"段注："《隹部》曰：'雕，鷻也。'今《小雅·四月》：'匪鶉'，鶉字或作鷻'。毛曰：'鷻'，雕也。'……經典鶉首、鶉火、鶉尾字當爲鷻。"

以上就是鴟是貓頭鷹，隼是鵰；帛畫中龜背上的鳥是隼，而不是鴟的證明。

《司常》説："日月爲常、交龍爲旂……熊虎爲旗、鳥隼爲旟、龜蛇爲旐。"證明古代旌旗的章物，計有日月、交龍、熊虎、鳥隼、龜蛇等五種。審觀這幅帛畫，很明顯是五章具備。可以於日月爲正章，畫於縿首作爲大常之特徵；其餘畫於斾的交龍、虎、隼、龜蛇都是附章，亦爲大常所必備。

《儀禮·覲禮》説："天子乘龍，載大斾，象日月，陞龍、降龍出拜日於東門之外。"鄭注："大斾，大常也。王建大常，縿首畫日月，其下及斿交畫陞龍、降龍。"孫詒讓《九旗古義述》説："正章必畫於縿，附章或有畫於斿者。"

按鄭、孫説畫於斿（斿、旒字通）都誤。斿均當改爲斾。斾字亦作"末"，是附屬於縿的，所謂"繼旒曰斾"，如，這幅帛畫丁形的上寬部分爲縿，下窄部分爲斾。至斿則是四個飄帶，所以下垂爲飾，並以旒數多寡辨別等級的高卑，正如冕之有旒。斾可畫，旒不可畫，故鄭、孫二家之說並誤。又，鄭說：“交畫陞龍、降龍。”亦誤。鄭意“交龍”爲“一象其陞朝，一象其下復”。其實“陞龍、降龍”應如帛畫所示：陞龍、降龍都是兩條龍；陞龍爲兩龍相向，降龍爲兩龍相交。陞降原以對立成義。但鄭說：大常縿首畫日月，其下及斾畫陞龍、降龍；孫說：正章必畫於縿，附章或有畫於斾者，則確切不可移易。

實際上，《覲禮》所述，只是舉其炎炎大者，並不是把大常的正章、附章列舉無遺。古代大常之旗應如帛畫所示，不僅有日月、陞龍、降龍，亦當有虎、隼、龜蛇。

這樣說有什麼根據呢？

孫詒讓《周禮·春官·大宗伯》“壹命受職”正義說：“此經自一命至九命，咸上得兼下，下不得僭上。”這個“上得兼下，下不得僭上”確實是古代禮制的一條普遍應用的原則。例如，五等冕服中的衮冕服，雖號稱“龍衮”，事實上卻是九章具備，並非只有龍章。大常於諸旗爲最尊，自不能但畫日月正章，亦必兼畫交龍、虎、隼、龜蛇等章，體現上得兼下的原則。

作者於上文已經承認“交龍圖”與《司常》所述旌旗的章物有關，可是在這裏卻不承認龜蛇也是旌旗章物之一，而把隼、龜合并一起，說成“鴟龜”，以與《楚辭》相比附。不僅如此，還由“鴟龜”而引出一個“鮌”來，更由“鮌”而引出“水府之神”、“水府之怪”，彷彿這段帛畫內容已經全部能夠說明了。但是經過仔細的考察以後，覺得這段論證是有很多問題的。例如，（1）論證的基礎、前提是“鴟龜”的說法有問題；（2）畫中的裸體巨人很難說它是鮌；（3）杜預說：“鮌……歷殷、周二代，又通在群神之數，並見祀”的說法，亦不確。孔疏例不破注，曲爲廻護，引《禮記·祭法》爲證，其實《祭法》之文全本《魯語》。《魯語》“鮌鄣洪水而殛死”與“夏后氏郊鯀”，兩處所說的原是一件事，上文即爲下文作注脚，不能用爲殷、周二代祀鮌的證明。《左傳》“三代祀之”，只是申說“夏郊”，不應膠執“三代”說定包括殷、周在内；(4)從鯀神"化爲黃熊，以入於羽淵"不能得出鯀爲"水府之神"的結論；(5)西漢初期人爲什麽對鯀如此崇拜，很難想象。總之，我認爲這一大段論證問題很多，難以成立。

三、作者説："《禮記·檀弓》又云：'銘，明旌也。以死者爲不可別已，故以其旗識之。'鄭玄注'明旌'爲'神明之旌'。然則銘旌的意義不僅在於標志棺柩而已，它還具有代表死者神明（靈魂）的作用。按《儀禮·士喪禮》'祝取銘置於重'下孔疏云：'必且置於重者，重與主皆是録神之物故也。''重'是神明寄托之木，'銘'是神明寄托之旌，兩物均與神明有關。這就表明銘旌是一種具有宗教意義的'神物'，不同於任何一般的旗幟。"

又説："就作用言，銘旌是一種具有迷信色彩的'神物'，它的作用之一是爲了作爲死者神明的寄托、標志死者的靈魂以示區別。"

又説："銘旌是古代統治階級用來標志儀制的禮器之一。它一方面顯示了這些貴族們妄圖死後靈魂升天的愚昧思想，另一方面顯示了他們要表達死後仍然占據統治地位的反動階級意識。我們從馬王堆一號漢墓出土的帛畫可以充分看出這兩個方面的具體反映。"

我的看法：

1. 鄭注："神明之旌"意思在於説明明旌是"鬼器"，不是"人器"，同明器稱明一樣並不含有"代表死者神明（靈魂）的意義"。

《檀弓》説："孔子曰：之死而致死之，不仁，而不可爲也。之死而致生之，不知，而不可爲也。是故竹不成用，瓦不成味，……其曰明器，神明之也。"鄭注："言神明，死者也。神明者，非人所知，故其器如此。"

《檀弓》又説："孔子謂：爲明器者，知喪道矣，備物而不可用也。……其曰明器，神明之也。"鄭注："神明者，異於生人。"

《檀弓》又説："夫明器，鬼器也；祭器，人器也。"

綜上所述，可見，鄭注"明旌"爲"神明之旌"，正本"明器"之明

・ 4014 ・ 金景芳全集

説。"神明"以正確含義,是説它"異於生人",是"死者",怎能把它解釋爲代表死者的神明或靈魂呢? 果真如此,那末,明器的明又當怎麼理解? 是不是也代表死者靈魂? 一所墓葬,明器多得很:都代表死者靈魂嗎? 顯然是説不通的。

2. "重"與"銘"在喪禮中是具有不同作用的兩種東西。"重"可以説是"神明寄托之木","銘"不能説"是神明寄托之旌"。

《檀弓》説:"重,主道也。"鄭注:"始死,未作主,以重主其神也。重,既虞而埋之;乃後作主。"古代喪、祭之禮,根據當時對於靈魂的理解,都設置依神之物。大體上説,喪中設重,虞祭埋重作桑主,練祭埋桑主作栗主,重與之皆以依神。《禮記・坊記》説:"子云:祭祀之有尸也,宗廟之有主也,示民有事也。""有事"就是用作禮拜的對象。孔疏説:"重與主皆是録神之物",這個解釋無疑是正確的。死者靈魂只能設想聚於一處,既然有重以依神,同時怎能又用銘旌依神呢? 這是決不會有的事。

3. 銘旌的作用與重、主不同,它不代表死者的靈魂;因而也不能説有顯示死後靈魂升天思想這一個方面。

古代社會的統治階級非常重視喪、祭之禮。《禮記・昏義》説"夫禮,始於冠,本於昏,重於喪、祭,尊於朝、聘,和於射、鄉,此禮之大體也"是其證明。我們不妨就現存有關古代喪、祭之禮的記載認真地考察一下,看看裏邊存在不存在死後靈魂升天的思想?

喪禮:始死有"復"。鄭玄《三禮》注凡遇到這個"復"一律都用"招魂復魄"來解釋。《檀弓》説:"復,盡愛之道也,有禱祠之心焉。"可見"復"乃是古人根據他們對魂、魄的見解而舉行的一種儀式。《左傳》昭公七年説:"人生始化曰魄。既生魄,陽曰魂。"這一段話可以代表我國古時對於魂、魄問題的一般理解。大體上説,依照他們的見解,人的靈魂和肉體(魄)是不能分離的。一旦靈魂離開了肉體,就名爲死。始死而"復",是設想已經離開肉體的靈魂,會被招回,重返肉體,獲得復活。關於復的儀式也有等級的差別。《士喪禮》説："升自前東榮,中屋,北面,招以衣,曰:皋!某復,三。"這是士復的儀式。《檀弓》説："君復於小寢、大寢;小祖、大祖;庫門、四郊。"這是諸侯復的儀式。《周禮·天官·夏采》説："冕服復于大祖,以乘車建綏復于四郊。"這是王復的儀式。在這裏,自始至終也看不到有"死後靈魂升天"的思想。

重與主是依神的,也可以説是代表死者的靈魂的。但禮是埋重作桑主,埋桑主作栗主,栗主最後藏於廟,作爲時祭、殷祭的對象。在這裏,自始至終也看不到有"死後靈魂升天"的思想。

《檀弓》記延陵季子葬其長子於嬴、博之間,説："既封,左祖,右還其封,且號者三,曰:骨肉歸復於土,命也;若魂氣則無不之也!無不之也!"孔子觀後,贊歎説："延陵季子之於禮也,其合矣乎?"在這個禮裏,也看不出到"死後靈魂升天"的思想。

《周禮·春官·大宗伯》説："掌建邦之天神、人鬼、地祇之禮以佐王建保邦國。"下面談到"以吉禮事邦國之鬼、神、祇"時,於事天神説"以禋祀,祀昊天上帝;以實柴,祀日、月、星辰;以槱燎,祀司中、司命、風師、雨師";於事人鬼説"以肆獻祼,享先王;以饋食,享先王;以祠,春享先王;以礿,夏享先王;以嘗,秋享先王;以烝,冬享先王"。證明我國古代於天神、人鬼、地祇之祭,是界劃分明、不相混淆。即便是統治階級的最上層,例如對所謂"先王",也是作爲人鬼處理,看不到有"死後靈魂升天"的思想。

《禮記·郊特牲》説："祭之日,王被衮以象天;戴冕璪十有二旒,則天數也……旂十有二旒,龍章而設日月,以象天也。"由此可見,大常上端畫日月、龍章確實是象天。但象天之意義實別有在,怎能了解爲顯示死後靈魂升天呢?

以上各點,不一定對,還希作者和關心這幅帛畫的同志們批評指正。

1973 年 4 月 24 日
(未發表,據手稿整理。整理者:舒星)

甲子鈎沉

　　《世本·作篇》説"大撓作甲子",《吕氏春秋·勿躬》説同。所謂甲子即後世所説的干支,甲是甲乙丙丁戊己庚辛壬癸的略稱,子是子丑寅卯辰巳午未申酉戌亥的略稱。據《吕氏春秋·尊師》"黄帝師大撓"和《世本》宋衷注大撓"黄帝史官"的説法,知大撓是黄帝時人。那末,黄帝時人"作甲子"這一説法是否可信呢? 我們認爲不可信。因爲我們仔細翻檢古代文獻,知道干支紀日的方法在黄帝時不可能産生,最可信的説法是産生於帝堯時期。

　　這個問題須首先從十干與十二支説起。

　　十干即甲乙丙丁戊己庚辛壬癸,古人叫"十日"。十二支即子丑寅卯辰巳午未申酉戌亥,古人叫"十二辰"。這在文獻中有明確記載。《左傳》昭公七年説:"天有十日。"杜預注:"甲至癸也。"《周禮·秋官·硩蔟氏》説:"以方書十日之號,十有二辰之號,十有二月之號,十有二歲之號,二十八星之號,縣其巢上則去之。"《周禮·春官·馮相氏》説:"掌十有二歲、十有二月、十有二辰、十日、二十八星之位,辨其敍事以會天位。"鄭玄注並謂:"日謂從甲至癸,辰謂從子至亥。"《國語·楚語下》:"十日、十二辰以致之。"韋昭注:"十日,甲至癸。十二辰,子至亥。"古人有時也把十日叫做"浹日",把十二辰叫做"浹辰"。如《周禮·天官·大宰》云:"挾日而斂之。"挾是浹的假借字,"挾日"即"浹日"。又如《國語·楚語下》云:"遠不過三月,近不過浹日。"韋昭注:"浹日,十日也。"又如《左傳》成公九年:"浹辰之間而楚克其三都。"杜預注:"浹辰,十二日也。"孔穎達疏:"浹爲周匝也。浹辰謂周子亥十二辰,十二日也。"

那末,"十日"、"十二辰"的實質是什麼? 這個問題是至關重要的,恰是解決甲子起源於何時的前提。

應該知道,十干既然叫"十日",它一定與太陽有關。所謂"十日",並非説天上有十個太陽。古代確實有天上有十個太陽之説,如《莊子·齊物論》説:"昔者十日並出,萬物皆照。"《淮南子·本經訓》援以爲喻云:"逮至堯之時,十日並出,焦禾稼,殺草木,而民無所食。"堯乃使羿"上射十日"。高誘注:"十日並出,羿射去九。"這是神話,不是事實,但必有事實作依據。這個神話的事實依據顯然是人們對太陽的認識。《淮南子》把"十日並出"定在堯時,似乎並非出於偶然。又,爲什麼説"十日並出",而不説九日、十一日呢? 恐怕與"浹日"即自甲至癸的"十日"有關。是先有自甲至癸的"十日",然後有"十日並出"的神話。

自甲至癸之"十日"不是説天上有十個太陽,那麼是説什麼呢? 是説隨着季節的變化,太陽生發養育萬物的作用有所不同。古人給太陽的不同季節的不同作用劃分爲十種,各取一名,依次是甲乙丙丁戊己庚辛壬癸。十名各有確定的含義,甲有甲的含義,乙有乙的含義。從所取名稱的含義看,"十日"不是十個太陽,是一個太陽的十個名稱。

甲乙丙丁戊己庚辛壬癸這十個名稱有什麼含義呢?《漢書·律曆志》説:"出甲於甲,奮軋於乙,明炳於丙,大成於丁,豐茂於戊,理紀於己,斂更於庚,悉新於辛,懷任於壬,陳揆於癸。"《漢志》語焉不詳,鄭玄《月令》注講的要明白些。

《月令》:"孟春之月,日在營室,昏參中,旦尾中,其日甲乙。"鄭玄注:"乙之言軋也。日之行,春東從青道,發生萬物,月爲之佐。時萬物皆解孚甲,自抽軋而出,因以爲日名焉。乙不爲月名者,君統臣功也。"孔穎達疏:"云'月爲之佐'者,以日月皆經天而行,月亦從青道。陰佐於陽,故云'月爲之佐'。"

《月令》:"孟夏之月,日在畢,昏翼中,旦婺女中,其日丙丁。"鄭玄注："丙之言炳也。日之行，夏南從赤道，長育萬物，月爲之佐，萬物皆炳然著見而强大，又因以爲日名焉。"

《月令》："中央土，其日戊己。"鄭玄注："戊之言茂也，己之言起也。日之行四時之間，從黄道，月爲之佐。至此，萬物皆枝葉茂盛，其含秀者抑屈而起，故因以爲日名焉。"

《月令》："孟秋之月，日在翼，昏建星中，旦畢中，其日庚辛。"鄭玄注："庚之言更也，辛之言新也。日之行，秋西從白道，成熟萬物，月爲之佐，萬物皆肅然改更，秀實新成，又因以爲日名焉。"

《月令》："孟冬之月，日在尾，昏危中，旦七星中，其日壬癸。"鄭玄注："壬之言任也，癸之言揆也。日之行，冬北從黑道，閉藏萬物，月爲之佐，時萬物懷任於下，揆然萌芽，又因以爲日名焉。"

關於《漢書·律曆志》"出甲於甲"一段文字。除《月令》鄭注以外，《月令》孔疏又有補充説明。孔疏説："'出甲於甲'，則甲是孚甲也。又云'奮軋於乙'，則乙軋也。又云'明炳於丙'，則丙炳也。又云'大成於丁'，則丁成也。又云'豐茂於戊'，則戊茂也。又云'理紀於己'，則己理也，謂正紀綱也。又云'悉新於辛'，則辛新也。又云'懷任於壬'，則壬任也。又云'陳揆於癸'，則癸揆也，謂之陳列可揆度也。"

關於《月令》鄭注"乙不爲月名者，君統臣功也"一語，孔疏云："月既佐日，同有甲乙之功，今獨以甲乙爲日名，不以乙爲月名，故云'君統臣功'，謂日也。日統領月之功，猶若君統領臣之功，以爲己功。"

《漢志》、《月令》鄭注、孔疏訓釋十干的含義，意見不盡一致，例如己字鄭訓起，孔訓理。但是這並不重要，重要的是他們都認爲十干是日在一年之不同季節中所起不同作用的名稱。這就是説，十干的實質不是别的，是太陽。没有人們對太陽運行規律的瞭解，十干則無從産生。還有，他們都注意到太陽與月亮的關係，有太陽則不能没有月亮，然而太陽是主，月亮是副。這一點也極重要。又，把日的名稱規定爲十個,符合古人喜歡盈數的觀念。①

古人把子丑寅卯辰巳午未申酉戌亥叫做"十二辰",這辰字的含義應如《左傳》昭公七年士文伯(伯瑕)與晉侯對話所説:"何謂辰?對曰,日月之會是謂辰。"日月之會是什麼?杜預注:"一歲日月十二會,所會謂之辰。"意謂一年之中太陽與月亮相會十二次。太陽繞地球一周(實際是地球繞太陽一周)的時間是一個太陽年,即365日又四分之一日。在這一年中月亮與太陽會十二次,一會叫做一辰。《月令》"孟春之月"孔疏對辰的解釋至爲明晰:"日行遲,一月行二十九度半餘。月行疾,一月行天一匝三百六十五度四分度之一。過匝更行二十九度半餘,逐及於日而與日會,所會之處謂之辰。"

這裏有一點須特別注意,所謂日月之會,主詞是月不是日,是月亮趕太陽與太陽會。就是説,辰的主角是月亮。故《大戴禮記・易本命》説"日數十","辰主月"。"日數十",上文已有詳述。"辰主月"的月是指月亮而言,非謂一年十二個月之月份。清人王聘珍注云:"辰主月者,十二辰建十二月也。"所言極是,是説辰以月亮爲主,月亮一年與太陽會十二次之十二辰恰好分配在十二個月份上。《周禮・大師》鄭玄注説,十一月辰在星紀,十二月辰在玄枵,正月辰在娵訾,二月辰在降婁,三月辰在大梁,四月辰在實沈,五月辰在鶉首,六月辰在鶉火,七月辰在鶉尾,八月辰在壽星,九月辰在大火,十月辰在析木。這就是一歲之十二會。十二個月份裏,辰(月亮與太陽相會)在不同的位次上。一辰三十度又九十六分度之四十二,其名稱爲正月建寅,二月建卯,三月建辰,四月建巳,五月建午,六月建未,七月建申,八月建酉,九月建戌,十月建亥,十一月建

---

① 古人以十、萬爲盈數。盈數是吉利的,故視盈數爲良數。《左傳》莊公十六年:"不可使共叔無後於鄭,使以十月入。曰良月也,就盈數焉。"杜預注:"數滿於十。"孔穎達疏:"《易・繫辭》云,天一地二天三地四天五地六天七地八天九地十,至十而止,是數滿於十也。"《左傳》閔公元年:"卜偃曰……畢萬之後必大,萬盈數也。"

子，十二月建丑。子丑寅卯等十二辰名當初都有一定的含義。《月令》孔疏云："按《律曆志》云'孳萌於子'，則子孳也。又云'紐牙於丑'，則丑紐也。又云'引達於寅'，則寅引也。又云'冒茆於卯'，則卯冒也。又云'振美於辰'，則辰振也。又云'己盛於巳'，則巳己也。又云'咢布於午'，則午咢也。又云'昧薆於未'，則未昧也。又云'申堅於申'，則申堅也。又云'留孰於酉'，則酉留也。又云'畢入於戌'，則戌畢也。又云'該閡於亥'，則亥該也。"

《世本》說"大撓作甲子"，"作甲子"是什麼意思呢？漢末蔡邕作《月令章句》說："大撓探五行之情，占斗綱所建，於是始作甲乙以名日，謂之幹；作子丑以名日，謂之枝。枝幹相配，以成六旬。"（《後漢書·律曆志》劉昭注引》）五行問題不在本文題內，今置不論。"占斗綱所建"，實際是觀察推算日月運行。"作甲乙以名日"，是說用甲乙等十個字作爲太陽運行在一年的不同時間裏所起不同作用的名稱。簡單說，就是用甲乙等十個字作爲太陽之名。"作子丑以名日"，王先謙《後漢書集解》引盧文弨說："日當爲月。"孫詒讓《周禮正義》晢蔟氏職引，日徑作月。按作月是。"作子丑以名月"，是說用子丑等十二個字作爲月亮在一年之中與太陽十二次相會的名稱。簡單說，就是用子丑等作爲月亮之名。"枝幹相配，以成六旬"，是說把十干和十二辰搭配起來，作爲一年三百六十六日之日的名稱。十與十二的最小公倍數是六十，故六十日一循環，爲一甲子。

蔡邕把"作甲子"解釋爲"占斗綱所建"（其實就是《堯典》說的"曆象日月星辰"）、以幹名日與以枝名月和幹枝相配以紀日這三個層次，是對的。錯在他對《世本》把"作甲子"屬黃帝臣大撓的名下深信不疑。辨證這個問題是本文主旨，後面要集中討論。

稱"十日"爲幹，"十二辰"爲枝，始見於蔡氏《月令章句》，前此未見諸記載。將"十日"喻爲樹之幹，"十二辰"喻爲樹之枝，很恰當。這就更加證明古人確實認爲甲乙等"十日"是日之名，子丑等

“十二辰”是月之名。後世人將幹枝簡化爲干支，干上冠以天字而稱天干，支上冠以地字而稱地支。稱“天干”有道理，因爲天的主體是太陽，而古人往往指太陽稱天。稱“地支”則無理可言，因爲“十二辰”指稱月亮的運行，與地球無涉。

　　古人雖以“枝幹相配，以成六旬”的辦法紀日，但是在對待上枝幹是有別的。《月令》有“元日”、“元辰”之名。元者善也，“元日”者吉日也，“元辰”者良辰也。這説明古人有時從十干的角度選擇好日子，有時從十二支的角度選擇好日子。鄭玄注“元日”説：“謂以上辛郊祭天也。”注“元辰”説：“蓋郊後吉辰也。”郊天選擇辛日，是從十干考慮問題。郊祭之後開始耕田，選擇亥日，是從十二支考慮問題。爲什麽郊天看十干而耕田看十二支？孔疏引盧植、蔡邕云：“郊天是陽，故用日。耕藉是陰，故用辰。”是知古人視甲乙等“十干”爲陽，視子丑等十二支爲陰。視爲陽的是太陽，視爲陰的豈不就是月亮。

　　又，《左傳》昭公九年：“辰在子卯，謂之疾日。”杜預注：“疾，惡也。紂以甲子喪，桀以乙卯亡。故國君以爲忌日。”日人竹添光鴻《左氏會箋》：“子卯不樂者，痛亡國以戒子孫也。”又，《玉藻》：“子卯稷食菜羹。”又，《士喪禮》：“朝夕哭，不避子卯。”又，《左傳》成公九年：“浹辰之間而楚克其三都。”謂十二天之内楚國攻陷莒三城。據此四條材料，知古人凡遇不幸之事，擇日或紀日皆側重於子丑等“十二辰”，而不計“十日”爲何。道理似乎亦在“十二辰”本是月亮之名，屬陰。

　　現在可以回到本文開頭提出的論斷上，即甲子不是黃帝時人大撓所作，而是出於堯時。據上所述，我們已經知道所謂甲子是運行中的日月的名稱，必是人們對日月運行有所認識之後的產物，在人們尚不知日月運行爲何物的時候是無從談起的。因此，解決甲子究竟作於何時這個問題的關鍵在於弄清楚古代中國人在什麽時候對日月運行的規律有所認識，并且建立了天的概念。

　　根據文獻記載,古代中國人對日月運行的規律有了確切的認識,而且據此制定了新的曆法即陰陽曆,肯定是在帝堯之時。那末,帝堯之前呢? 帝堯之前,尤其是黃帝之時,人們是使用火曆即觀察大火(心宿二)的運行規律以確定耕種和收穫季節的。春秋的概念或可能有,冬夏則還不知。至於年的概念、四時的概念、一年三百六十六日的概念、閏月的概念,一概都不知道。當然日出日落、寒來暑往這些自然現象不會看不見,但是不認識。《左傳》襄公九年:"古之火正,或食於心,或食於咮,以出內火。是故咮爲鶉火,心爲大火。陶唐氏之火正閼伯居商丘,祀大火而火紀時焉。"《詩·豳風·七月》記"七月流火";《夏小正》記八月"辰則伏",九月"內火";《月令》記六月"昏火中";《尸子》記"燧人察辰心而出火",這些記載無不表明遠古時期中國人對天上大火的依賴。當時的部落聯盟的管理機構設有專職官員火正,負責觀察大火的行踪。《國語·鄭語》説"黎爲高辛氏火正","命之曰祝融"。高辛氏就是帝嚳。據《世本》,帝嚳是黃帝的曾孫。帝嚳時尚且設有專司火曆的官員火正,黃帝時實行火曆當無問題。以火紀時而不知日月星辰爲何物的人當然不可能發明"十日"、"十二辰"。故説黃帝時人"大撓作甲子",是沒有根據的,殊不足信。

　　隨着歷史的發展,人們逐漸把注意力轉移到日月星辰上。這一重大進步大體上開始於顓頊、帝嚳之時。《國語·楚語下》:"顓頊受之,乃命南正重司天以屬神,命火正黎司地以屬民。"既有了天的概念,便可能對日月運行有所認識,但是仍與神牽混不分。這是顓頊時的情況。至帝嚳,則知"曆日月而迎送之"(《大戴禮記·五帝德》)。① 曆是觀察。迎送不是簡單地看日出日落,内裏實含有測察日影偏正,尋求春分秋分的意義。

---

　　① 《國語·魯語上》:"帝嚳能序三辰以固民。"《禮記·祭法》:"帝嚳能序星辰以著衆。"與《大戴禮記·五帝德》之帝嚳"歷日月而迎送之"句文異而意同。

正式宣告以觀測日月運行規律爲主的新曆法的產生,則是在帝嚳之後的帝堯時代。《尚書・堯典》説:"乃命羲和,欽若昊天,曆象日月星辰,敬授人時。"這話的意義比"曆日月而迎送之"豐富得多,確切得多。第一,有了專職的官員羲和主管此事,而先前沒有。第二,先前對日月祇是曆和迎送而已,現在則根據天道自然的規律,以二十八宿經星(當時對二十八宿還認識不全)爲背景,觀測並推步日月相會的軌迹。第三,先前知道曆和迎送日月,並未形成新曆法,仍使用火曆。現在制定了新曆法,實行觀象授時,而且由於掌握了日月運行的規律而產生了年、月、日、四時、閏月的概念。人們認識了太陽,也認識了月亮,知道了太陽與月亮運行中的關係,形成了自然之天的天概念。祇有到了這時,人們才有可能給太陽取出甲乙等十個名稱和給月亮取出子丑等十二個名稱來,進而才有可能將甲子搭配起來紀日。

所以我們説甲子並非作於黃帝時代的大撓,而是產生於帝堯之時。除上述根據外,還有幾條顯證,如《吕氏春秋・勿躬》云:"羲和作占日,尚儀作占月。"作有始的意思,作占日,即開始觀測太陽;作占月,即開始觀測月亮。占日占月之説與《堯典》"曆象日月星辰"恰相符合。

又如《山海經・大荒南經》云:"羲和生十日。"《大荒西經》:"帝俊妻常羲,生月十有二。""生十日",非謂生出十個太陽,是説創造出太陽在一年運行中不同表現的十個名稱,即十干。"生月十有二",亦非謂生出十二個月亮,是説創造出月亮一年中十二次與太陽相會的十二個名稱,即十二支。羲和即《堯典》"乃命羲和"之羲和。羲、儀聲近,常羲即常儀。帝俊即帝嚳。《吕氏春秋・勿躬》"尚儀作占月",畢沅注:"尚儀即常儀。古讀儀爲何,後世遂爲嫦娥之鄙言。"羲和,有《堯典》"乃命羲和"爲證,是帝堯時人,無可懷疑。常儀,據《世本》帝嚳次妃"娵訾氏之女曰常儀"的記載,絶非黃帝時人而距堯爲近,也無可懷疑。因此,我們認爲説羲和與常儀作甲子，合情合理。《世本》説"大撓作甲子"，缺乏根據。《史記·曆書》索隱引《世本》作"黄帝使羲和占日，常儀占月"，斷不可信。羲和、常儀不是黄帝時人，占日占月亦非黄帝時事。

附帶申明一點。古代在很長的時間内人們實行以觀察大火爲内容的火曆。以"曆象日月星辰"爲内容的陰陽曆前發於顓頊、帝嚳之時，正式形成於帝堯時代。但是新的陰陽曆產生之後，舊的火曆並未立即消失，事實上是兩種曆法雙軌並行。所以在陰陽曆產生之後文獻中關於火曆的記載仍時有出現。《左傳》昭公十七年："火出，於夏爲三月，於商爲四月，於周爲五月。"十八年："夏五月，火始昏見。"説明直至春秋時代人們還在應用火曆。《堯典》"曆象日月星辰，敬授人時"的人字，是有講究的。有人説"敬授人時"應作"敬授民時"，非是。在先秦文獻中，人、民二字含義是有區別的，如《皋陶謨》："在知人，在安民。"又如《詩·假樂》："宜民宜人。"顯然人、民不同義，人指上層人士，民指庶民百姓，二字不可隨意置换。"敬授人時"，是説把新的陰陽曆頒發給各級上層人士施行，而不頒發給庶民百姓，因爲民間依舊實行古老的火曆。《尚書·洪範》説"王省惟歲，卿士惟月，師尹惟日……庶民惟星"和《周禮·春官·大史》説"正歲年以序事，頒之於官府及都鄙，頒告朔於邦國"，就是證明。《堯典》"敬授人時"，應是中國古代朔政制度的源頭，《洪範》和《周禮·大史》的話則是朔政制度的具體化。《公羊傳》文公六年"不告朔也"句下何休注云："禮，諸侯受十二月朔政於天子，藏於太祖廟，每月朔朝廟，使大夫南面奉天子命，君北面而受之。"天子每歲制定十二月朔政，應即《洪範》説的"王省惟歲"。諸侯每月朔朝廟，應即《洪範》説的"卿士惟月"。《左傳》桓公十七年説"天子有日官，諸侯有日御。日官居卿以底日，禮也。日御不失日以授百官於朝"。所謂"日御不失日以授百官於朝"，應即《洪範》説的"師尹惟日"。

《洪範》"庶民惟星"一語説明庶民百姓在帝堯制定新曆以後仍

然靠着星星進行生產生活,不在朔政範圍之内。他們使用觀察星宿的老辦法以知風雨寒暑,春播秋收。在帝堯之前,不知日月之行,不知歲、月、日,不知一歲三百六十六日,沒有朔政制度,無論上層人士或庶民百姓,大家都一律"惟星"。那時候既不認識日月,取不出"十日"、"十二辰"的二十二個名稱來,也因沒有一年三百六十六日的概念,而不需要用甲子紀日。就是説,在黄帝之時,一方面沒有產生甲子的可能,一方面也沒有紀日之必要。説黄帝時"大撓作甲子",是不可信的。

　　(與吕紹綱合作,《傳統文化與現代化》1993 年第 2 期)

古籍考證五則

一、蓋十世希不失矣

　　《論語·季氏》説："天下無道,則禮樂征伐自諸侯出。自諸侯出,蓋十世希不失矣。"何晏《集解》解釋説："孔曰:'希,少也。周幽王爲犬戎所殺,平王東遷,周室微弱,諸侯自作禮樂,專行征伐,始於隱公,至於昭公十世失政,死於乾侯矣。'"後世多以何説爲是。我認爲何氏依誤文作解,不可從。文内"十世"當爲"七世",是形近之誤。《左傳》昭公二十五年記宋人樂祁説:"政在季氏三世矣,魯君喪政四公矣。"杜預釋"四公"爲宣、成、襄、昭,是對的。又,昭公三十二年記晉人史墨説:"魯文公薨,而東門遂殺嫡立庶,魯君於是乎失國,政在季氏,於此君也,四公矣。"是魯君失政在宣公時,而不是在昭公時。由隱公至宣公恰是七世,而不是十世。

　　不僅如此,何晏釋"孔子曰:'禄之去公室五世矣'"説:"鄭曰:'言此之時,魯定公之初。'魯自東門襄仲殺文公之子赤而立宣公,於是政在大夫,爵禄不從君出,至定公爲五世矣。"是何氏亦謂魯君失政自宣公始,不自昭公始。何氏釋"十世"不過憚於聖人之尊,不敢致疑,衹是隨文曲解罷了。

　　根據上述論證,則《論語》"十世希不失"應爲"七世希不失"。

二、士　田

《周禮·地官·載師》説：“以宅田、士田、賈田任近郊之地，以官田、牛田、賞田、牧田任遠郊之地。”關於“士田”，過去有兩種不同的解釋。

1.鄭司農説：“士田者，士大夫之子得而耕之田也。”2.杜子春説：“士讀爲仕。仕者亦受田，所謂圭田也。《孟子》曰：‘自卿以下，必有圭田，圭田五十畝。’”江永説：“近郊七種之田，皆農田外之閑田。農田自近郊以外皆有之，不定在近郊遠郊，故不言。下經近郊什一，遠郊二十而三，則農田在其中矣。”孫詒讓《周禮正義》同意江説。

我認爲鄭、杜説誤，江説亦不可從。這裏“士田”的士，應依《國語·齊語》“士鄉十五”的“士”作解，士是有軍籍的軍士。《齊語》在“士鄉十五”下説：“公帥五鄉焉，國子帥五鄉焉，高子帥五鄉焉。”把這段話與下文“五鄉一帥故萬人爲一軍，五鄉之帥帥之。三軍故有中軍之鼓，有國子之鼓，有高子之鼓”相對照，就可以看得非常清楚，這個士鄉的士，定是由軍士的士得名。

從《周禮》本書來考察，《地官·大司徒》説：“令五家爲比，使之相保；五比爲閭，使之相受；四閭爲族，使之相葬；五族爲黨，使之相救；五黨爲州，使之相賙；五州爲鄉，使之相賓。”《小司徒》説：“乃會萬民之卒伍而用之。五人爲伍，五伍爲兩，四兩爲卒，五卒爲旅，五旅爲師，五師爲軍，以起軍旅，以作田役，以比追胥，以令貢賦。乃均土地以稽其人民而周知其數。上地家七人，可任也者家三人。中地家六人，可任也者二家五人。下地家五人，可任也者家二人。凡起徒役，毋過家一人，以其餘爲羨，唯田與追胥竭作。”伍兩卒旅師軍與比閭族黨州鄉相應，證明會萬民之卒伍在六鄉中，每一家有一人服兵役，所謂“凡起徒役毋過家一人，以其餘爲羨”，無疑這是士田之所以稱士的由來。但是，又説均土地，稽人民，地有上、中、下，家有七人、六人、五人，則這個士田，雖以士名，實際也是農田。

由此可見，不但鄭司農説士田是"士大夫之子得而耕之田"和杜子春説"士讀爲仕，仕者亦受田，所謂圭田也"是錯誤的解釋，江永"近郊遠郊七種之田，皆農田外之閑田"的説法，也是錯誤的。江永説："下經近郊什一，遠郊二十而三，則農田在其中矣。"這話並没有錯，不過這個農田應該就是士田，並不在士田以外。《孟子·滕文公上》"國中什一使自賦"所説的，實際上也就是這個士田。《左傳》成公十五年説："民將叛之，無民孰戰?"證明當時執干戈衛社稷，乃是國人的天職。《國語·周語》説"三時務農，而一時講武"，就是指國人説的，並不是農民以外，又有一批職業兵。

三、夫圭田無徵

《禮記·王制》説："古者，公田藉而不稅，市廛而不稅，關譏而不徵，林麓川澤以時入而不禁，夫圭田無徵。"關於"夫圭田無徵"，鄭玄注説："夫猶治也。徵，稅也。《孟子》曰：'卿以下必有圭田。'治圭田者不稅，所以厚賢也。此則《周禮》士田以任近郊之地，稅什一。"孔穎達疏説："夫圭田無徵者，夫猶治也，畿內無公田，故有圭田。卿大夫士皆以治此圭田，公家不稅其物，故云無徵。必云圭者，圭潔白也，言卿大夫德行潔白，乃與之田。此殷禮也。殷政寬緩，厚重賢人，故不稅之，周則兼通士稅之。故注云，《周官》之士田以任近郊之地，稅什一。"

我認爲鄭玄解釋"古者"、"圭田"和"夫"字都誤。孔疏墨守疏不破注的陋習，隨文解義，無所發明。實際上"圭田"的"圭"，不應釋爲"潔白"。焦循《孟子正義》説："《説文·田部》云：'畦田五十畝。曰，畦從田，圭聲。'段氏玉裁《説文解字注》云：'畦留夷與揭車。'王逸注：'五十畝曰畦。'……《孟子》曰：'圭田五十田。'然則，畦從圭田,會意兼形聲與？孫氏蘭《輿地隅説》云:‘《孟子》圭田,或以圭訓潔,非也。《九章・方田》有圭田求廣從法,有直田截圭田法,有圭田截小截大法,凡零星不成井之田,一以圭法量之。圭者,合二句股之形。井田之外有圭田,明係零星不井者也。’此上二説,與趙氏異……若然,則圭田不以潔取義,正指不能成井者而言。不能成井,則以五十畝爲一畦,畦之數又由即圭形而稱焉者也。《史記・貨殖列傳》云:‘千畦薑韭。’《集解》引徐廣云:‘一畦二十五畝。’《文選》注引劉熙注‘病於夏畦’云:‘今俗以二十五畝爲小畦,以五十畝爲大畦。’然則餘夫二十五畝,亦即蒙上圭田而言。”

　　按焦氏據孫蘭《輿地隅説》等諸家之説,斷言“圭田不以潔取義,正指不能成井者而言”,基本上是對的。祇是“不能成井”應改爲“不能成夫”。因爲當時分配土地是以一夫即百畝爲一個單位,不是以一井爲一個單位。五十畝是一個單位的二分之一,二十五畝是一個單位的四分之一,圭田則是爲它們所取的特定名稱。這種分配土地的辦法同恩格斯《馬爾克》所説“現在,這塊土地,由於分遺產、出賣種種原因,已經大小不等了,但舊有的整塊土地,仍舊是一個單位,根據這個單位,才能決定這塊土地的二分之一、四分之一、八分之一等等的大小”完全一致。可見這裏也存在着規律,否則不會如此巧合。

　　圭田的圭既不以潔白取義,則圭田自然不以卿大夫以下之田爲限。所以,鄭玄不但釋“圭田”是錯誤的,釋“夫”字也是錯誤的。這個“夫”字實是農夫的夫,包括正夫、餘夫在内。餘夫二十五畝是圭田,例如《周禮・地官・遂人》“萊五十畝”應當也是圭田。則“夫圭田無徵”正確的解釋應爲凡分田不足一個法定單位的,都不征税。

　　“古者”應依《王制》本文内“古者以周尺八尺爲步,今以周尺六尺四寸爲步”的“古者”爲例作解,不應解爲“殷禮”。

四、斾

古代旗制有緣,有斾,緣是旗的正幅,斾是繼緣者。故緣爲旗身,斾是旗尾。然而注釋家如鄭玄、杜預、陳祥道、孫詒讓等皆誤以斾爲旒(亦作斿、游),不可不辨。

例如鄭玄於《儀禮·覲禮》"天子乘龍,載大斾,象日月,升龍、降龍,出拜日於東門之外"下注説:"馬八尺以上爲龍。大斾太常也。王建太常緣首畫日月,其下及斿交畫升龍、降龍。"杜預於《左傳》昭公十三年"建而不斾"下注説:"建立旌旗,不曳其斾。斾,游也。"陳祥道《禮書》卷一三一説:"斿亦曰斾。"孫詒讓《九旗古義述》釋"旝、物"説:"通帛者,謂以同色之帛爲緣、斿……雜帛者,謂緣與斿異色。"

其實,旗之斿與冕旒之旒爲用相同,都是下垂爲飾,並以旒數多寡表示政治地位的高低,而斾則是繼緣的那部分。《爾雅·釋天》説:"緇廣充幅長尋曰旐,繼旐曰斾。"《儀禮·士喪禮》説:"爲銘各以其物。亡,則以緇長半幅經末,長終幅,廣三寸。"鄭玄注説:"今文銘皆爲名,末爲斾也。"芳按:《爾雅》説:"緇廣充幅長終幅曰旐。"這個旐就是《周禮·春官·司常》"龜蛇爲旐"的旐。由於九旗的正章必畫於緣,所以,這裏所説的旐,就是旐旗的緣。"繼旐曰斾"也就是繼緣曰斾。《士喪禮》的"以緇長半幅"實際上是對這個銘旐的緣的説明,"經末"則是對這個銘旐的繼緣部分,即斾的説明。至於旒,無論《周禮·春官·巾車》的"十有二斿"和《爾雅·釋天》的"練旒九",都不是繼緣的部分,與斾判然二物。

孔穎達《左傳》昭公十三年疏,釋杜注"建立旌旗,不曳其斾。斾,游也"説:"《釋天》云:'緇廣充幅長尋曰旐,繼旐曰斾。'郭璞曰:'帛續旐末爲燕尾者。'然則旐謂斿身,斾謂斿尾,斾綴於旐,本是相連之物,非別體也。而不曳其斾,當纏結於于頭,蓋如《禮記》所云'德車結旌也'。《釋天》又云,'練旒九',《周禮》所謂'九游'、'七游',游即是斿,故云斿,游也。然郭氏既云'斿繼於旒,今之燕尾',即斿是旒末。然天子十有二游並屬於一幅之廣,於理不可。蓋游數多者旁綴於縿,如今之旗是也。其軍前之斿,如郭璞之説。"按孔疏一則説,"斿綴於旒,本是相連之物,非别體也";再則説,"天子十有二游並屬於一幅之廣,於理不可"。是孔穎達已明知斿不是游。不過,他牢固地爲疏不破注的陋習所囿,不得不故作游移之詞以曲從注義罷了。

五、古者生無爵,死無謚

　　《儀禮・士冠禮》於《記》説:"以官爵人,德之殺也,死而謚,今也。古者,生無爵,死無謚。"按這段話亦見載於《禮記・郊特牲》。鄭玄於《士冠禮》注説:"殺猶衰也。德大者爵以大官,德小者爵以小官。今,謂周衰,記之時也。古,謂殷。殷士生不爲爵,死不爲謚。周制以士爲爵,死猶不爲謚耳,下大夫也。今記之時,士死則謚之,非也。謚之由魯莊公始也。"

　　我認爲《士冠禮記》這段話,對於瞭解古代爵謚制度,非常重要。可惜,鄭玄都做了錯誤的解釋。其實,這段話是泛論爵謚,並不專爲士發。鄭説"'古謂殷'"是對的。"今"則謂周,並不謂"記之時"。《禮記・檀弓上》説:"幼名、冠字,五十以伯仲,死謚,周道也。"是其確證。"德之殺"的"殺"應依隆殺之殺作解,意思説以官爵人是衰世之事。鄭釋殺爲等衰之衰,用以説明爵是有等級的,顯然不是記文的原意。

　　《記》文總的意思是説殷時生無爵,死無謚;周時生有爵,死有謚,爵謚乃是周人新創的制度。"生無爵,死無謚"意在説爵以施之生,謚以施之死,二句是平列的,没有因果關係,不能理解爲生有爵的,死就有謚。

(《天津社會科學》1984 年第 2 期)

古籍考辨四題

一、《周易》産生的前提條件

《周易》本是三易之一。在《周易》前還有《連山》、《歸藏》二易。不過二易久亡。從"其經卦皆八,其別皆六十有四"(《周禮·春官·太卜》)來看,三易是相同的,在筮法上三易也有相通之處(《周禮·筮人》)。因此,今天談三易有困難,不妨光談《周易》。

《周易》從形式上看,是卜筮之書。而其內容則實是高深的哲學著作。光是這一點就足以使人感到驚奇,在全世界恐怕獨一無二,無怪乎近年在國內外有一種"《周易》熱"。

人們研究《周易》,大抵都首先注意《易》的作者問題。例如,有人說伏羲氏始作八卦,有人說"易"原出於"河圖"、"洛書",這種爭論長達二千餘年,並沒有徹底解決問題。

我的意見可以換一個辦法,即不尋求是某一個人,或某一個神,而是看看產生它的前提條件。因爲一切事物,都很難說不需要前提條件,祇是偶然間冒出來的。

例如,《連山》、《歸藏》、《周易》三易,"其經卦皆八",這個八經卦顯然是乾、坤、震、巽、坎、離、艮、兌八卦。其詳當如《說卦傳》所說:乾,健也。坤,順也。震,動也。巽,入也。坎,陷也。離,麗也。艮,止也。兌,說也。乾爲馬,坤爲牛,震爲龍,巽爲鷄,坎爲豕,離爲雉,艮爲狗,兌爲羊;乾爲首,坤爲腹,震爲足,巽爲股,坎爲耳,離爲目,艮爲手,兌爲口。乾,天也,故稱乎父。坤,地也,故稱乎母。

震一索而得男，故謂之長男；巽一索而得女，故謂之長女。坎再索而得男，故謂之中男；離再索而得女，故謂之中女。艮三索而得男，故謂之少男；兌三索而得女，故謂之少女。以及"乾爲天"，"坤爲地"，"震爲雷"，"巽爲木爲風"，"坎爲水"，"離爲火"，"艮爲山"，"兌爲澤"等等。

　　值得注意的，經卦八的乾坤兩卦是乾爲天，坤爲地。所謂天地，當然是自古以來就有的。但是，人對天地的認識卻不是始終如一的。例如《國語・楚語》説："顓頊受之，乃命南正重司天以屬神，命火正黎司地以屬民。"就是説，當時是實行火曆，觀察心宿二以定季節，還不知道天有"四時行焉，百物生焉"的功能，而錯誤地認爲天是神的世界，地是人的世界。也就是説，當中國實行火曆時，不可能産生三易八經卦之乾爲天，坤爲地。因爲《易傳》所説"有天地然後萬物生焉"，"乾陽物也，坤陰物也。陰陽合德而剛柔有體，以體天地之撰，以通神明之德"，"法象莫大乎天地，變通莫大乎四時"，"大哉乾元，萬物資始，乃統天"，"至哉坤元，萬物資生，乃順承天"等等，顯然都不是實行火曆時所有事。祇有帝堯"欽若昊天，曆象日月星辰，敬授人時"，即制定新曆法以後，才可能有這樣的天地。因此，我認爲三易的産生不能在帝堯以前。此其一。

　　從《易傳》所述的筮法來看，必須首先建立"大衍之數"，然後才進行所謂"四營"。而建立大衍之數是由"天一地二天三地四天五地六天七地八天九地十"開始的，即把十看作是盈數，以爲它有涵蓋一切的意義。把十視爲盈數，見《左傳》莊公十六年："不可使共叔無後於鄭，使以十月入，就盈數焉。"杜預注："數滿於十。"孔穎達疏："《易・繫辭》云'天一地二天三地四天五地六天七地八天九地十'，至十而止，是數滿於十也。閔元年《傳》曰：'萬，盈數也。'數至十則小盈，至萬則大盈。"前蘇聯學者柯斯文《原始文化史綱》説："在許多落後部落的語言中，'二'這個數目僅僅意味着一件東西的兩半。"又説："這些部落從事計數時，往往祇能到三爲止。"又説：

"安達曼人和其他一些落後的部落能夠計數到十，十以上的數目就一概稱之爲'多'或'很多'。"①證明人類的數學知識也有一個發展過程。"數至十爲小盈，至萬爲大盈"，實際上是説明十和萬這兩個數目字標誌着數學知識兩個發展階段。筮法説："二篇之策萬有一千五百二十，當萬物之數也。"這個萬，無疑也有大盈的意義。我國古人什麽時候開始知道這個大盈的萬字，已不可考。但是《堯典》有"協和萬邦"，證明《周易》這種筮法的産生至遲應在帝堯時。

又筮法於"四營"説："分而爲二以象兩，挂一以象三，揲之以四以象四時，歸奇於扐以象閏，五歲再閏，故再扐而後挂。"我們知道，堯制新曆，才有"期三百有六旬有六日，以閏月定四時成歲"。因此，這樣的筮法不可能産生在帝堯以前。此其二。

又《繫辭傳》説："乾坤其《易》之緼耶！乾坤成列而《易》立乎其中矣。乾坤毁則無以見《易》；《易》不可見，則乾坤或幾乎息矣。""乾坤其《易》之門耶？乾陽物也，坤陰物也。陰陽合德而剛柔有體，以體天地之撰，以通神明之德。""在天成象，在地成形，變化見矣。是故剛柔相摩，八卦相蕩，鼓之以雷霆，潤之以風雨，日月運行，一寒一暑，乾道成男，坤道成女。"以及《序卦傳》篇首説："有天地然後萬物生焉。"篇末説："物不窮也，故受之以未濟終焉。"篇中説："盈天地之間者唯萬物，故受之以屯。屯者盈也，屯者物之始生也。物生必蒙，故受之以蒙。蒙者蒙也，物之穉也。物穉不可不養也，故受之以需。需者飲食之道也，飲食必有訟，故受之以訟。……有過物者必濟，故受之以既濟。"很明顯，從上述這些詞句中可以看出《周易》一書自始至終是貫穿着辯證法思想的。中國的辯證法思想最初出現於何時，亦不可考。但《論語‧堯曰》説："堯曰：'咨爾舜：天之曆數在爾躬，允執其中，四海困窮，天禄永終。'舜亦以命禹。"我看這個"允執其中"，可能就是辯證法思想最初出現的

————————
　　① 張錫彤譯，人民出版社，1955 年，第 164 頁。

事實。堯、舜、禹三人以天下相傳,別的什麼都不講,惟獨講一個中
字,而且在中字上還加"允執"二字,即牢牢地掌握,這是簡單的事
嗎? 不但此也,《孟子·離婁下》還說:"湯執中,立賢無方。"證明這
個中字意義極端重大。祇有《禮記·中庸》說:"仲尼曰:'君子中
庸,小人反中庸。君子之中庸也,君子而時中;小人之反中庸也,小
人而無忌憚也。'"《孟子·盡心上》說:"楊子取爲我,拔一毛而利天
下,不爲也;墨子兼愛,摩頂放踵利天下,爲之。子莫執中。執中爲
近之。執中無權,猶執一也。所惡執一者,爲其賊道也,舉一而廢
百也。"才是正確的理解。什麼是"時中"?《孟子·萬章下》說:"孔
子之去齊,接淅而行。去魯曰:'遲遲吾行也,去父母國之道也。'可
以速而速,可以久而久,可以處而處,可以仕而仕,孔子也。……孔
子聖之時者也。"這是孟子對孔子時中思想最正確的說明。什麼是
有權的中?《孟子·離婁上》說:"淳于髡曰:'男女授受不親,禮
與?'孟子曰:'禮也。'曰:'嫂溺則援之以手乎?'曰:'嫂溺不援,是
豺狼也。男女授受不親,禮也;嫂溺援之以手者,權也。'"這就是孟
子對有權的中的說明。總之,不論時中也好,有權的中也好,都是
說明這個中不是固定不變的,而是隨時間和條件的不同爲轉移的。
毫無疑問,這正是辯證法思想。如果說最初提出"允執其中"的是
帝堯,那麼,《周易》的辯證法思想不可能產生在帝堯以前。此其
三。

　　綜上所述,可見過去認爲《易》產生於伏羲、神農等等說法,都
是不足信據的。

二、《尚書·皋陶謨》"五辰"應爲三辰説

　　《尚書·皋陶謨》說:"撫於五辰,庶績其凝。"這個"五辰"很難
理解。因爲在古文獻中從來不見有五辰字樣。《僞孔傳》釋爲"言
百官皆撫順五行之時"。孔穎達疏説:"'五行之時'即四時也。《禮

運》曰'播五行於四時'。土寄王四季,故爲五行之時也。"二孔本是
曲説,然而長期以來卻不見有人糾正。其實《皋陶謨》原文明白地
説四時可也,爲什麼偏要説五行之時呢? 而況《左傳》昭公三十二
年説"天有三辰,地有五行"。同樣,《國語·魯語上》也有"及天之
三辰,民所以瞻仰也。及地之五行,所以生殖也"的説法,是古人認
爲五行屬地,與天之四時無關。《禮運》雖有"播五行於四時"之説,
但《禮運》成書顯然是在《左傳》、《國語》二書之後,自不能用以説明
《尚書·皋陶謨》。我的意見,原文"五辰"應是"三辰","五辰"係傳
寫之誤。因爲"三辰"屢見於古籍。除前引二條外,如《左傳》昭公
十七年説"三辰有災",桓公二年説"三辰旂旗"。特別是《國語·魯
語上》説:"帝嚳能序三辰以固民。"韋昭注:"三辰日月星,謂能次序
三辰以治歷明時,教民稼穡以安也。"聯繫《尚書·堯典》"歷象日月
星辰,敬授人時",可知"三辰"就是日月星。所以,我認爲"五辰"應
是"三辰"之誤。

三、《尚書·洪範》篇首之"天"與"帝"都應釋爲君説

　　《周易》和《洪範》二書產生於我國三千年以前,一個是高深的
哲學著作,一個是完備的政治學著作,可稱雙璧。它們是我國最古
老、最寶貴的歷史文化遺產,惜後人多不能正確理解。

　　我認爲正確地理解《洪範》篇首的"天"和"帝"二字,是正確地
理解《洪範》全篇文字的關鍵。

　　《洪範》篇首説:"惟十有三祀,王訪於箕子。王乃言曰:'嗚呼,
箕子! 惟天陰騭下民,相協厥居,我不知其彝倫攸敍?'箕子乃言
曰:'我聞在昔,鯀陻洪水,汩陳其五行。帝乃震怒,不畀洪范九疇,
彝倫攸斁。鯀則殛死,禹乃嗣興,天乃錫禹洪範九疇,彝倫攸敍'"。

　　上述這段話在《洪範》全文中起序言的作用,意在説明《洪範》
所由作。"惟十有三祀"是記時。"王訪於箕子",是説周武王訪問

殷遺臣箕子,向他請教。"王乃言曰:'嗚呼,箕子!'"是説武王發言時,先長嘆。呼箕子之名,表明事關重大,請箕子特別注意。"惟天陰騭下民,相協厥居。""陰騭"當是古時成語,已不傳,很難理解。《史記・宋微子世家》作"陰定"。《經典釋文》馬融於陰下説:"覆也。"於騭下説:"升也,升猶舉也,舉猶生也。"也不一定對。我認爲"天"應依《爾雅・釋詁》"林、烝、天、帝、皇、王、后、辟、公、侯,君也",釋爲君。《詩・大雅・板》:"天之方難,無然憲憲。天之方蹶,無然泄泄。"鄭玄箋"天,斥王也",是其證。周武王這句話大意是説,我爲天子,有統治天下人民,使人民各得其所的責任。"我不知其彝倫攸敍",大意是説,我不知道怎樣使官民之間能達到秩然有序。前人釋"天"爲天地之天,是絶大的錯誤。"箕子乃言曰"以下是箕子將要回答武王問題,先講一段故事。講這段故事的用意,可能如《禮記・曲禮上》所説"必則古昔稱先王",是箕子的自謙。"我聞在昔"的意思正是"必則古昔稱先王"。"鯀陻洪水,汨陳其五行",是説鯀治洪水,用築堤攔水的辦法,違反五行水潤下的本性,所以没有成功。"帝乃震怒",這個"帝",顯然是人帝,即帝舜。鄭玄説:"帝,天也。"是錯誤的。"不畀洪範九疇,彝倫攸斁",是説舜不給鯀大法九章,倫常因而紊亂。實際是説帝舜没有傳位與鯀。"鯀則殛死,禹乃嗣興,天乃錫禹洪範九疇,彝倫攸敍。"是説鯀治水失敗,被放逐致死。禹繼父鯀治水,取得成功。帝舜於是給與禹大法九章,倫常於是有了秩序。實際是説帝舜傳位與禹。這裏的"天"也應釋爲君,即帝舜。而偽孔傳竟説:"天與禹洛出書,神龜負文而出,列於背,有數至於九,禹遂因而第之,以成九類,常道得以次敍。"何等誣妄!乃後世竟相傳不絶,不見有人攻難,可慨也夫!

實際上《洪範》是我國遠古一部完備的、系統的政治學著作。全書九疇,以"王極"("王極"通作"皇極",誤,應從《尚書大傳》作"王極")一疇爲中心。"王極"的"王建其有極",是説王應成爲其親屬、大臣以及庶民的標準、表率。九疇的"五行"、"五事"、"八政"、

"五紀"四疇,是先由地説起,然後説人,説天。"三德"則是對《尚書·皋陶謨》九德的概括,作爲培養人才、遴選人才的總綱。"稽疑"帶有時代的特徵,在當時,這是不可缺少的。"庶徵"的"肅,時雨若;乂,時暘若"等"若"字是比況之詞,前人以順釋之,牽扯到天人感應,實是莫大的錯誤。"五福"、"六極"一疇,相當於賞罰、刑德,是天子所持的二柄,亦極爲重要。

四、孟子"夫婦有别"説質疑

《孟子·滕文公上》説:"飽食暖衣,逸居而無教,則近於禽獸。聖人有憂之,使契爲司徒,教以人倫,父子有親,君臣有義,夫婦有别,長幼有敍,朋友有信。"這裏所説的"使契爲司徒"分明是根據《尚書·堯典》(《僞古文尚書》作《舜典》)。《堯典》原文説:"帝曰:'契!百姓不親,五品不遜。汝作司徒,敬敷五教,在寬。'"《左傳·文公十八年》述此事説:"舜臣堯……舉八元,使布五教於四方,父義、母慈、兄友、弟恭、子孝。"孟子説"教以人倫,父子有親,君臣有義,夫婦有别,長幼有敍,朋友有信",很明顯是對原文作了改動。那麽,這樣改動對不對呢?我看,基本上是對的。原因是堯舜時代,中國處在原始社會末期,當時社會還是以血族團體爲基礎。把"敬敷五教",説成是"父義、母慈、兄友、弟恭、子孝"等五種血緣之間的關係,是符合當時社會的發展水平的。孟子生在戰國,戰國很早以前就是文明社會,文明社會的標誌是已經有了國家。有了國家以後,社會上人與人之間的關係複雜得多。孟子改用父子、君臣、夫婦、長幼、朋友五種關係來説明,也是對的。那麽,爲什麽説"基本上是對的",而不説完全對呢?這是因爲我對"夫婦有别"的説法有疑問。

我讀《禮記》,見《昏義》説:"男女有别而後夫婦有義,夫婦有義而後父子有親,父子有親而後君臣有正。故曰:昏禮者,禮之本也。"《郊特牲》説："男女有别然後父子親，父子親然後義生，義生然後禮作，禮作然後萬物安。無別無義，禽獸之道也。"都説"男女有別"，而不説"夫婦有別"。相反，於《昏義》説："婦至。壻揖婦以入，共牢而食，合卺而酳，所以合體同尊卑以親之也。"《儀禮·喪服傳》説："父子一體也，夫妻一體也，昆弟一體也。父子首足也，夫妻牉合也，昆弟四體也。"怎能説"夫婦有別"呢？

可能有人説"夫婦有別"就是"男女有別"，夫婦也是男女嘛！我不同意這個説法。我認爲這兩種説法大不一樣。關於"男女有別"這種説法的提出，當在由群婚制向個體婚制過渡的時代。原來在群婚制下，男女之間的性行爲是没有限制的。一旦進入個體婚制就不同了，這時除了結成配偶成爲正式夫婦以外，所有男女一律不准有性行爲，這就叫做"男女有別"。因此，我認爲在個體婚制下，説"男女有別"是對的，説"夫婦有別"就成問題了。

《禮記·曲禮上》説："男女不雜坐，不同椸枷，不同巾櫛，不親授。嫂叔不通問，諸母不漱裳，外言不入於梱，内言不出於梱，女子許嫁纓，非有大故不入其門，姑姊妹女子子已嫁而反，兄弟弗與同席而坐，弗與同器而食。父子不同席，男女非有行媒不相知名，非受幣不交不親。"所有上述規定，我認爲不是別的，就是爲了男女有別。"男女有別"的真實意義説穿了就是嚴防異性之間發生性行爲，如果説上述規定也包括夫婦在内，豈不是笑話。

我國先賢極端重視"男女有別"，他們把"男女有別"看作是禮義産生的根源，人與禽獸區別的標誌。《曲禮上》説："鸚鵡能言，不離飛鳥；猩猩能言，不離禽獸。今人而無禮，雖能言，不亦禽獸之心乎？夫唯禽獸無禮，故父子聚麀。是故聖人作爲禮以教人，使人以有禮知自別於禽獸。"《易·序卦傳》説："有天地然後有萬物，有萬物然後有男女，有男女然後有夫婦，有夫婦然後有父子，有父子然後有君臣，有君臣然後有上下，有上下然後禮義有所錯。"《郊特牲》説："男女有別然後父子親，父子親然後義生，義生然後禮作，禮作然後萬物安。無別無義，禽獸之道也。"《荀子·王制》説："水火有氣而無生，草木有生而無知，禽獸有知而無義，人有氣有生有知亦且有義，故最爲天下貴也。"就是證明。

那麼，先賢重視男女有别有没有真理性？我認爲有。因爲它與恩格斯所説的"在歷史上出現的最早的階級對立，與個體婚制下的夫妻間的對抗的發展是同時發生的。而最初的階級壓迫是同男性對女性的奴役同時發生的……個體婚制是文明社會的細胞形態"幾乎完全一致。① 所謂"夫婦有義"就包含有對抗和奴役在内，所以，我認爲先賢重視男女有别具有真理性。

孟子號稱亞聖，他的言論對後世影響極大。最明顯的例子，《毛詩》的開卷第一篇《關雎》，本是結婚的詩歌。篇内"君子好逑"，"寤寐求之"，"寤寐思服"，"琴瑟友之"，"鐘鼓樂之"等等，都是描繪夫妻間相親相愛的情狀。乃《毛傳》、《鄭箋》偏要强調夫婦有别，《毛傳》説："雎鳩，王雎也。鳥摯而有别。"《鄭箋》説："摯之言至也，謂王雎之鳥雌雄情意至，然而有别。"毛、鄭這種迂腐之見，顯然是受孟子的影響。

吴檢齋先生是近世"三禮"名家。我讀《吴承仕文録》，見有《五倫説之歷史觀》一文，其中頗多創見。但是他説："在封建時代'有土者皆爲君'——《喪服傳·鄭義》，故一人可以事多君，喪服先父後君，而孟子從之，且於'舊君反服'之義，深致不滿，此種思想，完全是當時社會情態之反映。一到郡縣時代，天子獨尊於上，不仕則已，仕則必仕於天子，無所逃於天地之間，故從秦漢以來，幾乎有先君而後父的趨勢。在'禮三本'中，本來是'天、地、先祖、君、師'，到後來乃變爲'天、地、君、親、師'，胡培翬講《喪服》要改'爲君'之'義服'爲'正服'（本來是爲父正服，爲君義服）即是極端尊君思想的表現。《中庸》的五達道，首君臣而次父子，實與封建時代的理論及事

———————
① 《馬克思恩格斯全集》第21卷，第78頁。

實不甚適應，這也是《中庸》不能先於《孟子》的一個旁證罷。"

　　吳檢齋先生根據《中庸》"五達道"先君臣而後父子，《孟子》"五倫"說先父子而後君臣，斷言"《中庸》不能先於《孟子》"。我不同意這個意見。因爲君臣、父子排列先後，是偶然現象，不涉及本質問題，而把"夫婦有別"列入五倫之中，則涉及本質問題。其實《中庸》所以收入《小戴禮記》中，是因爲它是"七十子後學者所記"，他們都是直接有聞於孔子的。而況《中庸》又是孔子之孫子思所著，他們決不會說出"夫婦有別"來。祇有生在戰國的孟子，儘管他"私淑孔子"，終與七十子後學者有別。孟子不能區別"男女有別"與"夫婦有別"的差異，是不足怪的。但是說《中庸》不能先於孟子，則我不能同意。

　　　　　　　　　　　　　　　　（《歷史研究》1994 年第 1 期）

中國傳統思想文化與 21 世紀

我對中國傳統思想文化與 21 世紀這個題目很感興趣。我認爲它站得高、看得遠、想得深。現在提出來應該説很及時,很有必要。

問題想從鄧小平同志説"十年最大的失誤是教育","主要是思想政治教育",及"一手硬一手軟"談起。我認爲鄧小平同志這個論斷,非常正確,也非常深刻。從表面上看,大家似都理解,實際上大家並不見得都理解。例如,一談到思想政治,大家總是同解放前黨的思想政治工作聯繫起來考慮。其實,革命時期與建設時期的思想政治有不同的内容。革命時期的思想政治主要在推倒三座大山,即推倒帝國主義、封建主義和官僚資本主義,主要在破。今天則不然,我們今天是建設社會主義,主要在立。

從歷史唯物主義的觀點來看,人類社會歷史在發展當中,始終貫穿着人與物、社會與自然、精神與物質、生產力與生產關係、基礎與上層建築兩個方面的問題。革命導師恩格斯講兩種生產的理論,也是説人要生存,一方面要有"種的蕃衍",另一方面還要吃飯、穿衣,有住處,即要有生活資料的生產。二者缺一不可。

所謂"一手硬,一手軟",據我理解,是説在物的方面,在生產力方面,在基礎方面工作做了很多,很好;而在人的方面,生產關係方面,上層建築方面,做得不夠,且不好。據我看,長期以來,腦體倒挂,重理輕文,不能改正,就説明這個問題。影響所及,社會風習如下,人與人之間的關係很不正常。所崇尚的不是孝悌忠信、禮義廉恥等那些傳統的道法,而是一切向錢看。青少年犯罪的特别多。

尤其小説、戲劇、電影、電視引進一些資產階級腐朽的東西，更推波助瀾。須知，社會主義建設也同其他新事物的成長一樣，不是有一種可能，而是有兩種可能。即弄好了可以達到預期的目的，弄不好還會出現種種不如人意的問題。

　　我常想，過去孫中山鬧革命是進步的。因爲他想改變封建主義爲資本主義，資本主義比封建主義進步了。我認爲“五四”時期一些進步人士提倡科學與民主，實際上他是向往資本主義。今天不同了。今天我們建設社會主義，比資本主義更先進了。其所以先進，最顯著的表現在，資本主義國家是由資產階級領導，資產階級唯利是圖，它祇能爲資產階級服務，爲個人服務。而社會主義國家則由無産階級領導，無産階級沒有個人利益，很自然它能爲社會主義服務，爲人民服務。過去或者説當前也好，國際間人們所經常看到的是霸權主義、强權政治、侵略擴張、幹涉他國内政，這是資産階級的本性決定的。我們的外交政策就不是這樣，我們主張建立各個獨立自主的國家，在不分大小、貧富、强弱，一律平等的基礎上，真正按照和平共處五項原則來建立相互之間的政治關係和經濟關係，不消説這也是無産階級的本性決定的。我們説資本主義國家落後，社會主義國家先進，恰恰是在這些地方。諾貝爾獎金獲得者楊振寧博士在新加坡談話時指出，美國現在存在危機主要在於它是以個人主義爲核心。這種説法，説明他看問題能看到本質。他不是在美國居住多年又有很高的理論水平，是不能作出如此精湛的論斷的。

　　毛澤東同志説：十月革命一聲炮響，給我們送來了馬克思主義。我看這種説法祇説了問題的一方面，還有另一方面，這就是馬克思主義是外來的，光有馬克思主義而中國沒有合適的土壤，馬克思主義還是不能在中國生根開花結果。中國共產黨以馬克思主義理論爲指導，領導中國革命，取得了偉大勝利，充分證明中國是有建設社會主義的合適土壤。正因爲這樣，所以鄧小平同志主張建設有中國特色的社會主義。建設有中國特色的社會主義,更說明中國有建設社會主義合適的土壤。那末,中國建設社會主義合適的土壤是什麼呢? 談到這裏就涉及中國的傳統思想文化問題。

　　關於中國傳統思想文化問題,近年來學術界爭論很大。主要傾向是認爲中國傳統思想文化是建設社會主義的沉重包袱,它衹起阻礙作用,不起促進作用,因而必須全盤否定。我不同意這種看法,我認爲他們並没有對中國傳統思想文化作過考察和分析研究,衹是在上面貼上一個封建標簽,就武斷地認爲一無是處,以爲必須把它作爲垃圾看待,全部清除掉。其實,封建是一個歷史的概念。人類社會歷史在長期發展中曾經歷過五種社會經濟形態,每一種社會經濟形態在當時的歷史條件下,都是必然的、合理的。恩格斯曾經説過:"用一般性的詞句痛罵奴隸制和其他類似的現象,對這些可恥的現象發泄高尚的義憤,這是最容易不過的做法。可惜,這樣做僅僅説出了一件人所周知的事情,就是這種古代的制度已經不再適合我們目前的情況和由這種情況所決定的我們的感情。但是,這種制度是怎樣產生的,它爲什麼存在,它在歷史上起了什麼作用,關於這些問題,我們並没有因此而得到任何的説明。"[1]恩格斯這段話説的很對。可見,對封建制度光發泄高尚的義憤不行,應對它作仔細的分析。如果經過仔細分析,就會發現在它裏邊存在着許許多多寶貴的東西。

　　中國有五千多年的歷史,談到中國的傳統思想文化,實在太豐富了,真可以説"遽數之不能終其物,更仆未可終也"。那末,今天,想要在這篇文章裏談到它,怎麼辦呢? 據我看,衹能舉出它的代表,扼要地談一談。那末,歷史人物太多了,哪一個人可以做爲代表呢? 據我看,儘管過去許多年一直批孔,今天要舉出一個可以作爲中國傳統思想文化代表的人物,非孔子莫屬。我之所以這樣説,

　　[1]　《馬克思恩格斯全集》第20卷,第199頁。

並不是我個人的私見,而是舉世公認的,有歷史和現實的事實可作
證明。其一是,中國自秦以後,二千多年,凡是治世,所有取得政權
的統治者,他們想使社會能長時期安寧有秩序,沒有不尊崇孔子的
(包括入主中原的遼、金、元、清幾個少數民族在內);其二是,現今,
海外各國,特別是日本、南朝鮮、新加坡,都崇尚儒學,視孔子為聖
人。有上述這樣的事實作證明,即便有人想否認,我看也否認不了
的。

　　那末,作為中國傳統思想文化代表人物——孔子,他的思想和
學說有哪些內容呢?

　　應當指出,孔子是中國歷史上偉大的政治家、思想家和教育
家,要求全面地談,決不是在短時間祇用三言兩語就能談清楚的。
這樣就祇能大略地談。現在我準備先就孔子思想和學說的要點談
一談。

　　《周易·說卦傳》說:"立人之道曰仁與義。"《莊子·天道》說:
"孔子往見老聃,繙十二經以說,老聃中其說曰:'大謾,願聞其要。'
孔子曰:'要在仁義。'"我們知道《易大傳》是孔子作的,應該代表孔
子的思想。《莊子》書多寓言,它所記述的不見得實有其事。然而
這種說法,徵之孔子遺著,則是符合實際、可信的。因此,可以斷言
孔子思想和學說的要點是仁義了。

　　"仁義道德"這幾個字在中國古代人中,實際已變成了口頭禪,
人人能講一套。但是,"仁義道德"這幾個字的確切含義是什麼?
我看能說出的並不多。為了較詳細地說明這個問題,我先舉出韓
愈《原道》開篇一段話在這裏談一談。《原道》開篇說:"博愛之謂
仁,行而宜之之謂義,由是而之焉之謂道,足乎己無待於外之謂德,
仁與義為定名,道與德為虛位,故道有君子小人,而德有凶有吉。"
我看《原道》開篇對仁義道德這幾個概念的解說,基本上是對的。
缺點是不夠精確,科學性不強。因為孔子說:"仁者人也。"(《禮
記·中庸》)《呂氏春秋·愛類》說:"仁於他物,不仁於人,不得為

仁。不仁於他物，獨仁於人，猶若爲仁。仁也者，仁乎其類者也。”
《孟子·盡心上》説：“君子之於物也，愛之而弗仁；於民也，仁之而
弗親。親親而仁民，仁民而愛物。”證明孔子使用仁這個概念，衹限
於人類。對物則衹能稱愛，不能稱仁。説“博愛”，顯然包括物在
内，這樣説就不夠精確。説義是“行而宜之”是對的，但這個“宜”，
主要是指什麽説的，没有交代清楚。“由是而之焉之謂道”是説由
仁義行叫做道，這個説法也是對的。但與下文説“道有君子小人”
似相矛盾，因爲小人不由仁義行，也不能不叫做道。説“足乎己無
待於外之謂德”同説“德者得也，行道而有得於心也”、“德者道之
舍”一樣，也是對的。但是，好似也是説由仁義行叫做德，這樣就與
下文説“德有凶有吉”發生矛盾。説“仁與義爲空名，道與德爲虚
位”非常對。“空名”是説仁義是一個確定的名稱，不包括不仁不
義。“虚位”則不然，“虚位”説道包括君子小人，德包括凶吉不是固
定的。我認爲説道有“君子小人”是引據《周易·泰卦·象傳》的
“君子道長，小人道消”，否卦《象傳》的“小人道長，君子道消”。説
“德有凶有吉”是引據《左傳·文公十八年》説：“孝敬忠信爲吉德，
盗賊藏奸爲凶德。”

　　關於仁義的正確的解釋，應以《中庸》孔子答哀公問政説“仁者
人也，親親爲大；義者宜也，尊賢爲大，親親之殺，尊賢之等，禮所生
也”爲最可據。

　　“仁者人也”的解釋，從文字學來説，仁、人二字音同，古時又是
一個字。例如《論語·雍也》説“井有仁焉”，仁就是人。所以這個
解釋是對的。但是，古時的書籍，如《逸周書·本典》説：“與民利者
仁也。”《墨子·經下》説：“仁者愛也。”即都釋仁爲愛、利，没有釋爲
人的。釋仁爲人，應自孔子始。這一點，應該看作是孔子的特識，
説明他是從全體人類社會的高度看問題的。因爲人類社會衹有相
親相愛，才能生存和發展。如果不是相親相愛，而是相殘殺、相侵
奪，就不能很好地生存發展，相反，還會滅亡。所以，有人稱孔子的

學説爲仁學，我看，其實就是人學。

"親親爲大"是什麽意思呢？我看這是説"親親"在仁裏是最大的事情，因爲它是人類產生仁這個道德的起點。《禮記·大傳》在"親親"下鄭玄注説："親親父母爲首。"《孟子·離婁上》説："仁之實事親是也。"所以溯本窮源説，則人類之有仁與愛實自父母與子女的親愛開始。

《禮記·效特牲》説："男女有别然後父子親。"實際上這是説群婚時代知有母不知有父，即如《禮記·曲禮上》所説"夫唯禽獸無禮，故父子聚麀"。這時還談不到仁，談到仁，是自"男女有别然後父子親"開始，亦即自個體婚制出現時開始。恩格斯説："個體婚制是文明社會的細胞形態。"①看來中國儒書與恩格斯的説法不謀而合，證明真理衹有一個。《孟子·離婁下》説："先聖後聖，其揆一也。"是對的。

"親親爲大"還有另一意義，這就是説有爲大必有爲小。當然這個爲小是與爲大比較來説的，並不是真小。這個爲小是什麽？它就是《孟子·盡心上》所説的"仁民"，也就是《孟子·梁惠王上》所説的"老吾老以及人之老，幼吾幼以及人之幼"，即把仁推廣於全人類。

"義者宜也"，"宜"是適宜，即合適、恰當。那末，這個合適、恰當是指什麽説的呢？據我看，這是説社會中每一個人，其所處的地位高下必須與其才德相一致，即使有才有德的人居高級的地位，少才少德或無才無德的人居低級的地位。好像排隊一樣，個大的排在前頭，個小的排在末尾，中間也要按照大小分前後。衹有這樣社會才有秩序，否則就亂套了。一亂套社會就不安寧，不安寧人就將遭殃。《荀子·王制》説："夫兩貴之不能相事，兩賤之不能相使，是天數也。勢位齊而欲惡同，物不能澹則必爭，爭則必亂，亂則窮矣。

---

①　《馬克思恩格斯全集》第 21 卷，第 78 頁。

先王惡其亂也,故制禮義以分之,使有貧富貴賤之等,足以相兼臨者,是養天下之本也。"就説明這個問題。人有年齡、體力、智力種種差別,祇有承認這種差別,而予以適當的安排,社會才會安寧,才會有秩序。

"尊賢爲大"是説所謂義,首先是尊賢,即要使賢人居高位。不能對賢不賢一例看待。《孟子·公孫丑上》説:"賢者在位,能者在職。"又説:"尊賢使能。"那麽,什麽是賢?什麽是能?《周禮·鄉大夫》於"三年則大比,考其德行道藝而興賢者能者"下,鄭玄注説:"賢者,有德行者。能者,有道藝者。""德行"就是《周禮·大司徒》所説的"一曰六德:知、仁、聖、義、忠、和;二曰六行:孝、友、睦、姻、任、恤"。"道藝"就是該條下所説"三曰六藝:禮、樂、射、御、書、數"。當然在賢能中還有差別。總之,要使賢能較高的居高位,較低的居低位,職位的高低與賢能的高低相一致,這就是宜,也就是義。

仁與義二者之間有没有關係?我看是有的。《禮記·禮運》説:"仁者義之本也。"《郊特牲》説:"父子親然後義生。"實際上仁與義互相對立,又互相滲透。《論語·里仁》説:"唯仁者能好人能惡人。"《禮記·喪服四制》説:"門内之治恩揜義,門外之治義斷恩。"同篇説:"恩者仁也。"可見仁者不僅能好人,也能惡人,惡人不就是義嗎?"門内之治恩揜義",顯然是説門内之治不是不要義,而是爲恩所揜。"門外之治義斷恩",是説門外之治不是不要恩,而是因爲義而割斷恩了。所以仁與義二者是辨證的關係。在《易·説卦傳》裏説"立人之道曰仁與義",與"立天之道曰陰與陽,立地之道曰柔與剛",同時提出來的。如果説仁與義代表孔子的人生觀,那末,孔子的人生觀是受他的世界觀所指導的。

"親親之殺、尊賢之等,禮所生也。"這是説親親與尊賢都是按照親疏遠近、貴賤尊卑分層次有等級的。把這個層次等級具體化,用行動或某種物質表現出來,就是禮。所以,禮不是别的,它乃是以仁義爲内容的表現形式。《孟子·離婁上》説："禮之實，節文斯二者是也。""斯二者"就是上文所説的仁義。"節文"是什麽呢？以喪禮爲例，"文"就是喪服有斬衰、齊衰等服制，"節"就是喪期有三年、一年等期限。《禮記·三年問》説："三年之喪，何也？曰：稱情而立文，因以飾群，别親疏貴賤之節。"這是對節文二字的正確解釋。所以，節文實際上就是表現形式。而這裏所説的"稱情"的情則是指内容來説的。

《禮記·郊特牲》説："父子親然後義生，義生然後禮作，禮作然後萬物安。"可以看出禮的重要性。所以孔子平生大講仁義，然而付諸實踐，不能不講禮。孔子的弟子顔淵談及孔子的教導，説："博我以文，約我以禮。"（《論語·子罕》）問仁於孔子，孔子説："克己復禮爲仁。"（同上《顔淵》）就是證明。

《禮記·曲禮上》説："夫禮者所以定親疏、決嫌疑、别同異，明是非也。"這是古人對禮的一種説法。《周易·履卦·大象》説"上天下澤履，君子以辨上下，定民志"這是古人對禮的又一種説法。總之，古人制禮的目的是辨明親，疏貴賤，使人能安於所處的地位，而不要作非分之想。

古人所説的禮，實際上是爲全社會的人制定一種行爲規範。正因爲這樣，所以有謂"經禮三百，曲禮三千"至爲繁縟。① 據《禮記·昏義》上説，大體上可分爲八種，即所謂"夫禮始於冠，本於昏，重於喪、祭，尊於朝、聘，和於射、鄉，此禮之大體也"。這八種就是：冠禮、昏禮、喪禮、祭禮、朝禮、聘禮、射禮、鄉飲酒禮。

在《論語》中孔子説過："能以禮讓爲國乎，何有？"（《里仁》）又説："道之以政，齊之以刑，民免而無耻。道之以德，齊之以禮，有耻且格。"（《爲政》）《禮記·禮運》説："故壞國、喪家、亡人，必先去其禮。"可見，禮在一個國家裏何等重要！ 不過，禮有時代性。時代不

---

① 《禮記·禮器》。《中庸》則説"禮儀三百，威儀三千"。

斷前進，禮也必須不斷改造。孔子説："殷因於夏禮，所損益可知也。周因於殷禮，所損益可知也。其或繼周者，雖百世可知也。"（《論語·爲政》）孔子所説的"損益"實際上是説對待歷史文化遺産，既要批判繼承，又要有新的創造。由此可見某些人全盤否定中國傳統思想文化是没有道理的。不但與馬克思主義理論相抵觸，與孔子的思想和學説也格格不入。

如果説仁義對於孔子來説，屬於人生觀。他的人生觀是受他的世界觀指導的，那末，他的世界觀是什麽？據我看，他的世界觀既是唯物的，又是辯證的。當然，與馬克思辯證唯物主義有本質的不同。孔子的唯物與辯證法是素樸的、原始的，而馬克思的辨證唯物主義則是科學的、高級的，但從其性質來看則是一致的。

我用唯物論和辯證法來説明孔子的世界觀是根據孔子所作的《易大傳》來説的。因爲《易大傳》的内容很豐富，又不好懂，我不準備在這裏引用。我現在僅引用《論語》和《孟子》兩條材料作説明。《論語·陽貨》説："子曰：天何言哉！四時行焉，百物生焉，天何言哉！"這句話明確地説"百物生"是由於"四時行"。而"四時行"原是上天的自身的變化，没有上帝鬼神存在的餘地，所以是唯物論。這一點與《周易序卦傳》説"有天地然後萬物生焉"的觀點完全一致。《孟子·萬章下》説："孟子曰：伯夷，聖之清者也。伊尹，聖之任者也。柳下惠，聖之和者也。孔子，聖之時者也。"孟子把"聖之時"看作是孔子的特點。《論語·微子》記述孔子評論伯夷、叔齊、虞仲、夷逸、朱張、柳下惠、少連等七人之後也説："我則異於是，無可無不可。"我認爲這個"無可無不可"，就是孟子所説的"聖之時"。因爲自形而上學者看來，可就是可，不能變成不可；不可就是不可，不能變成可。祇有持辨證觀點的人，才知道可能變成不可，不可能變成可。孟子用"可以速而速，可以久而久，可以處而處，可以仕而仕"來説明孔子是聖之時，無疑他是説孔子是有辯證的觀點的。

孔子思想當然不能和馬克思主義相提並論。但是，辨證唯物主義是馬克思的世界觀,而孔子的世界觀是唯物的、辯證的。從性質來看,是一致的。在社會問題上,馬克思是革命導師,最終目的是建設共產主義,解放全人類。孔子固然不能稱爲革命導師,但孔子思想以仁義爲核心,主張人類都相親相愛,永久過着安寧有秩序的生活。這種思想雖然與馬克思主義不同,總應該説是相似的。而且孔子在中國是土生土長,紮的根子很深。現在我國正建設社會主義,我看利用孔子思想爲社會主義服務,是合適的。

當然,在孔子思想中不能没有與社會主義不相容的東西。我認爲對中國傳統思想文化應作具體分析,其中有時代性的東西應當批判,其中有真理性的東西就應當繼承。

可能有人説,過去長期批孔,今天忽然對孔子説了不少好話,還想讓他爲社會主義服務,不矛盾嗎? 我説不矛盾。我舉出一個大家熟悉的例子。傅作義將軍未起義時,爲國民黨服務,我們調集幾十萬大軍打他。他起義後,我們不但不打了,反而重用他並給予他優厚待遇,這能説是矛盾嗎?

在舊社會,孔子服務得最好,所以被尊爲聖人,作爲偶像來崇拜。"五四"時期進步人士以及共產黨人爲了推翻舊社會的統治,所以不能不批孔。而今日中國是在社會主義,孔子思想對建設社會主義有利,爲什麽不可以利用呢?

現在可以回過頭來再談談"十年最大的失誤是教育","主要是思想政治教育"以及"一手硬一手軟"問題。根據歷史唯物主義的觀點來看,經濟是基礎,思想政治是上層建築。我體會上層建築的範圍所包括甚廣。而我國多年來,思想政治教育祇由少數政治理論教師負責,所講的祇限於幾本馬列主義的書,範圍未免太狹窄了。又,國家設立中國科學院、社會科學院,分明都是講科學的。而從政府文件和新聞媒介來看,一提到科學,實際都是自然科學,不包括社會科學在内。中國科學院舊有學術委員,近日又增加二百人,而社會科學院建國初與自然科學院在一起,曾設有學術委員，後來頻有缺額，未聞遞補。凡此種種，都説明十年來的工作確實是一手硬一手軟。在物的方面、基礎方面、生產力方面不可否認是做出很大的成績，而在人的方面、上層建築方面、生產關係亦即人際關係方面，不但做得不夠，簡直像沒有放到眼裏。我體會鄧小平同志所説的正是這樣的問題。當然，自鄧小平同志把問題提出以後，黨和政府極爲重視，很快就行動起來，采取很多具體措施，並且已取得不小的成績，例如，懲貪、掃黃、除六害等，都是爲人民所歡迎的、有重大影響的工作。然而據我看，還未能從根本上改正過來。今後仍應繼續提高認識，變一手硬一手軟爲兩手都硬。這樣我們的社會主義建設肯定會更好更快地向前發展。

將來 21 世紀是什麽樣子？我今年已經滿八十九周歲了，很可能我是看不見的。然而我還願意談談我的看法。

從目前來，兩個超級大國結束冷戰，握手言和，當然是好事，然而天下並不太平，從天下大勢來看，資本主義侵略擴張、幹涉別國內政的本性一日不改變，天下就一日不會安寧。

中國有十一億多人口，有九百多萬平方里土地，並有幾千年光輝燦爛的歷史，今日正在中國建設社會主義。儘管現在我們的綜合國力比之發達國家還有不小的差距，但如果發揚我們民族自尊心和自信心，發憤圖強，努力不懈，將來是大有希望的。

應當承認，我們現在在物的方面已經做得不錯，當然在人的方面做得還有不足之處。不過，一經認識，加以改正，將來在人的方面工作與在物的方面工作會並駕齊驅的。祇是，應當認識，對人的工作比之對物的工作困難、複雜得多，在這一點上是不應掉以輕心的。中國現在由中國共產黨領導，堅持四項基本原則，在人的方面工作大方向是不會錯的。然而把它具體化，即落到實處，卻不是一件簡單的事。大體上説，現在中國對人的工作可取的有三種經驗：一、革命戰爭時期的經驗；二、引進的西方經驗；三、中國固有的經驗。我認爲，所有這些經驗，都不應全盤肯定或全盤否定，而要用

辯證唯物主義的觀點作具體分析。一般地說,我們對革命戰爭時
期的經驗、引進的西方經驗肯定的多,否定的少;對中國固有的經
驗則相反,即否定的多,肯定的少。其實,在這裏就存在問題。例
如革命戰爭時期的經驗當是成功的經驗,是好的。然而革命與建
設有本質的不同,顯然,以"階級鬥争爲綱"的經驗就不宜在建設時
期應用。西方經驗主要是發達國家的經驗,確實有很多可取之處。
然而,它裏邊有也有以個人主義爲核心的一些反動的、腐朽的東
西,是要不得的。中國固有的經驗,有人説没有了,有的祇是在書
本上。我不同意這種看法,我認爲還有,祇是人們視而不見罷了。
例如,日軍侵華,犯下了滔天的罪行,特別是南京大屠殺,慘絶人
寰。像這樣野獸不如的行爲,能不令人怒髮衝冠,想食其肉而寢其
皮嗎? 然而日人投降以後,在僞滿任職的日本軍政人員,當逃回本
國時,忍心地抛下了幼小的嬰兒。而我們中國的老百姓竟不念舊
惡,精心撫育,使之長大成人,像烏雲那樣的並不是個別的人。這
是一種什麼心腸呢? 古人説"禮失而求諸野",這不是中國傳統思
想文化的最鮮明的反映嗎? 還有,我們老一輩的無産階級革命家,
制定對外的政策,一曰重和平,二曰講信用。我看這裏邊也有中國
傳統思想文化的因素。有人會説這是無産階級的本性決定的,我
看這種説法不一定對。同樣是無産階級領導的國家,撕毁合同、醉
心擴張的,也不乏其人。

　　古人説:"移風易俗莫善於樂,安上治民莫善於禮。"現在我國從禮
來看,已蕩然無存了。從樂來看,最行時的是所謂"歌星"、"影星"。特
別是在古典文學方面,多年來就有《紅樓夢》熱,近年又加上《金瓶梅》
熱。我看把這些東西放到主要地位,對移風易俗,都不見得有好處。
總之,我國今後能變一手硬一手軟爲兩手都硬,到 21 世紀的時侯我們
中華民族在國際事務中一定能夠發揮很大的作用。

　　(《"中國傳統文化與 21 世紀"國際學術研討會論文集》,1992
年 1 月)

論中國傳統文化

我是學先秦史的,經過多年研究,我認爲可稱爲中國傳統文化的,無有過於下述三事,一爲堯則天,二爲禹敷土,三爲堯舜禹三世相傳的允執其中。

首先,説堯"則天"。《論語・泰伯》説:"子曰:'大哉! 堯之爲君也。巍巍乎! 唯天爲大,唯堯則之。蕩蕩乎! 民無能名焉。巍巍乎其有成功也,焕乎其有文章。'"孔子對堯的則天,極口稱贊,把所有最美好的詞句,幾乎都用上了。那末,什麽是則天呢? 朱熹《論語集注》説:"言物之高大,莫有過於天者,而獨堯之德,能與之準,故其德之廣遠亦如天之不可以言語形容也。"我認爲朱説非是。孔子稱贊堯的則天,並不是稱贊堯之德,而是稱贊堯之事,則天不是形容而是事實。這個事實,詳見《尚書・堯典》的自"乃命羲和,欽若昊天,曆象日月星辰,敬授人時"至"期三百有六旬有六日,以閏月定四時成歲,允釐百工,庶績咸熙"一大段文字。所謂"唯天爲大,唯堯則之",就是指堯命羲和,"欽若昊天,曆象日月星辰,敬授人時"。即堯之時,用測算天體上太陽、月亮、星宿的辦法制定新曆。改變了以火記時,瞭解到天體運行一個周期爲三百六十六日,并且用閏月來確定春夏秋冬四時,形成一個今天所稱的太陽年。堯依照這個新曆來部署工作,其結果是"允釐百工,庶績咸熙",即孔子所稱贊的"巍巍乎其有成功也,焕乎其有文章"。堯依照新曆部署工作的辦法,爲後世實行朔政制度的權輿。今存的《夏小正》、《月令》,當即後世實行朔政制度的遺迹。《論語・八佾》説:"子貢欲去告朔之餼羊。子曰:'賜也! 爾愛其羊,我愛其禮。'"孔子所説的禮,就是朔政制度之禮。

至春秋魯文公之世,朔政制度已廢棄不行。然而中國自堯以來,歷代對星曆都有專官掌管。翻開現行的"二十五史"可以看到每一斷代史大抵都有關於天文、律曆的書志。所以,堯則天一事,作爲中國傳統文化來説,可謂源遠流長,不應低估。

不僅如此,古代有郊天、祭社稷、祭宗廟之事。依禮,是天子郊天,諸侯祭社稷,卿大夫祭宗廟。據我推斷,宗廟之祭,應始於氏族時期的祖先崇拜;社稷之祭,應始於部落時期的地方神;郊天之祭,應始於國家出現的前夜。堯作爲部落聯盟首長,既則天行事,《尚書·皋陶謨》又有"天工人其代之"的説法。後世帝王可稱天(見《爾雅·釋詩》、《詩·大雅·板》)或天子,很可能就是自堯開始。中國帝王稱天子,從形式上看,與耶穌稱上帝的兒子很相似。但西方所謂上帝的兒子是神,而中國所謂天子不是神,而是人。因爲中國自堯以來所謂天是物質的,而西方的所謂上帝不是物質的。正因爲這樣,中國歷史上每一個王朝,對一切宗教,如佛教、基督教、伊斯蘭教等,基本上一視同仁,然而教主没有做皇帝的。當然,中國帝王也奉祀鬼神,如天神、地祇、人鬼、物魅等等。但是,如《國語·周語上》所説:"古者先王既有天下,又崇立於上帝明神,而敬事之,於是乎有朝日夕月,以教民事君。"即中國帝王事鬼神,裏邊有個政治問題,不能完全看成是信仰問題。我看這一點很重要,因爲它牽涉中華民族的民族性問題。

説堯則天的天是物質的,可由《禮記·郊特牲》説"郊之祭也,迎長日之至也,大報天而主日也"得到證明。因爲"四時行焉,百物生焉"之天,主要是由於太陽正射、斜射所起的作用。

《論語·堯曰》説:"堯曰:'咨爾舜! 天之曆數在爾躬。'"朱熹《論語集注》説:"曆數,帝王相繼之次第,猶歲時節氣之先後也。"顯然,這是鄒衍《終始五德之運》謬説的翻版,實屬大誤。清人劉寶楠《論語正義》説:"《書·堯典》云:'天命羲和,欽若昊天,曆象日月星辰,敬授人時。'曆象、曆數詞意並同。《洪範》:'五紀:一曰歲,二曰月,三曰日,四曰星辰,五曰曆數。'曆數是歲月日星辰運行之法。"我認爲劉氏釋曆數是正確的。但對於"天之曆數在爾躬"全文的意義,尚未涉及。而這一點十分重要,因爲它是堯招呼舜所要談的主要內容。從字面上看,它是説,制定朔政的責任落到你身上了。實際是説,舜即將接替堯的帝位職務。

其次,説禹"敷土"。《尚書·禹貢》説:"禹敷土,隨山刊木,奠高山大川。"《詩·商頌·長發》説:"洪水茫茫,禹敷下土方,外大國是疆,幅隕既長,有娀方將。"《荀子·成相》説:"禹傅土,平天下。"是禹敷土,分別見於《書》、《詩》及《荀子》,證明這個事實是傳自在昔,決非虛構。然而,對禹敷土的理解,舊説頗不一致。例如《尚書》僞孔安國傳説:"禹布治九州之土。"《經典釋文》引馬融説:"敷,分也。"《詩·商頌·長發》鄭玄箋説:"禹敷土,正四方,定諸夏,廣大其境界之時,在娀氏之國,亦始廣大。"我看衆説紛紜,鄭説爲長。蓋敷土,是廣大其境界之謂。據我理解,禹敷土,當是禹治水的副產物。大概洪水茫茫的時候,堯舜禹的部落聯盟,僅僅偏處於冀州一隅,其他兗、青、徐、揚、荊、豫、梁、雍八州,還存在很多自然長成的、互相封閉的氏族、胞族、部落或部落聯盟等等以血緣爲紐帶的大大小小共同體。由於禹所處的部落聯盟文化水平較高,力量較強,於是以治水爲契機,禹遂采取兩手即和平與戰爭的辦法。例如《呂氏春秋·貴因》説:"禹之裸國,裸入衣出。"對裸國,就是采取了和平的辦法。《尚書·皋陶謨》(僞古文《尚書》作《益稷》)説:"苗頑弗即工。"而征有苗,就是采取了戰爭的辦法。結果把這些大大小小的共同體都發動起來奔赴治水這一個共同的目標。當洪水平定之後,在當時的條件下,提出了一個敷土即善後的問題。《左傳》襄公四年記辛甲《虞人之箴》説"茫茫禹迹,畫爲九州",《詩·商頌·長發》説"洪水茫茫,禹敷下土方"及《尚書·禹貢》所説的"禹敷土",都屬於這個問題。當時禹能不能把這些大大小小的共同體與自己的部落聯盟合并在一起,形成一個像秦始皇那樣統一的大帝國呢? 不能。其所以不能,是歷史條件決定的。因爲當時是原始社會,第一,如恩格斯所説:"血緣親屬關係是聯盟的真實基礎。"①第二,如馬克思《摩爾根〈古代社會〉一書摘要》所説:"阿兹特克聯盟並没有企圖將所征服的各部落并入聯盟之内,因爲在氏族制度之下,語言上的分歧是阻止實現這一點的不可克服的障礙;這些被征服的部落仍受他們自己的酋長管理,並可遵循自己古時的習慣,有時有一個貢物征收者留駐於他們之中。"②《尚書•禹貢》兖、青、徐、揚、荆、豫、梁、雍八州都交納貢物,而冀州獨無,正説明這個問題。《左傳》哀公七年説:"禹合諸侯於塗山,執玉帛者萬國。"亦當與此有關。諸侯是用後世的名稱,實際應是氏族酋長或部落酋長。萬,也不是實數,《左傳》閔公二年説:"萬,盈數也。"説萬國祇言當時參加會議的人員很多罷了。

前些年,有人對《禹貢》提出疑義。如顧頡剛有《〈禹貢〉作於戰國考》,陳夢家説:"《禹貢》不早於戰國。"郭沫若説:"中國古代的疆域祇在黄河的中部,就是河南、直隸、山西、陝西的一部分的地方。直隸、山西的北部是所謂北狄。陝西的大部分是所謂西戎。黄河的下游是所謂東夷。長江流域的中部都還是所謂蠻荆,所謂南蠻。淮河流域是所謂淮夷、徐夷。而在《禹貢》裏面所謂荆州、青州、揚州、徐州等等,居然已經畫土分貢,這是絕對不可能的事實。"(《中國古代社會研究》)我認爲上述這幾家説法,都不能成立。因爲《禹貢》是講舜禹時期的地理的,而不是講舜禹部落聯盟所擁有的疆域。所謂"禹合諸侯於塗山"略如今日之開聯合國大會,它與春秋盟會參加者都是周室諸侯,迥然不同。《禹貢》九州怎能與秦漢的郡國相提並論呢?

①　《馬克思恩格斯全集》第 21 卷,第 109 頁。

②　馬克思:《摩爾根〈古代社會〉一書摘要》,人民出版社,1965 年,第 151 頁。

　　不過,自傳統來看,如《漢書·地理志》以及《水經注》、《元和郡縣志》、《大清一統志》等的編錄,不能不說是仰遵《禹貢》之遺法,無怪顧、陳、郭諸君不能別白啊!

　　最後,說"允執其中"。《論語·堯曰》說:"堯曰:'咨爾舜! 天之曆數在爾躬,允執其中,四海困窮,天禄永終。'舜亦以命禹。"這一段話應是《尚書》佚文,爲《論語》保存下來的,至爲珍貴。"堯曰:'咨爾舜!'"是說堯將傳帝位於舜,呼舜與他談話。"天之曆數在爾躬",實際是說舜即將接替堯的職務。"允執其中"是叮囑舜,做一切工作都要牢牢地掌握這個工作的中。"四海困窮,天禄永終"是說如果你管下的人民窮困,你的帝位亦隨之終結,永遠不復返了。"舜亦以命禹",是說舜傳位於禹時,也照樣把這句話向禹講了。在這段文字中"允執其中"是關鍵。堯舜禹三世遞傳帝位,在向自己的接班人作交代的時候,別的都不講,衹講"允執其中"四個字,何等重要! 宋人根據僞古文《尚書·大禹謨》有"人心惟危,道心惟微,惟精惟一,允執厥中"一段話,說是"十六字心傳",固然有誤,而認爲"允執其中"是中國最古老、最優秀的傳統文化之一,則是對的。唐人韓愈作《原道》說:"堯以是傳之舜,舜以是傳之禹,禹以是傳之湯,湯以是傳之文武周公,文武周公傳之孔子,孔子傳之孟軻,軻之後不得其傳焉。"這種說法,看來也不是全無根據。因爲"湯執中,立賢無方",見於《孟子·離婁下》;孔子說過"君子而時中",見於《禮記·中庸》;孟子說過"執中爲近之",見於《孟子·盡心上》。又《中庸》說:"仲尼祖述堯舜,憲章文武。"如果把這些材料聯繫起來看,韓愈的說法,似亦可以成立。

　　中,如此重要,那末,中的全部意義是什麼? 我認爲,孔子之孫子思作《中庸》就是專爲解決這個問題的。《中庸》的本義是說中之用。因爲中是一個方法論問題,方法重在應用。光從方法一方面看,當然是主觀的。但在應用時,主觀需要適應客觀的情況,而客觀情況是不斷變化的,既有正常情況,也有特殊情況。因此,這個中，實具有兩種含義：其一，在《中庸》裏名之爲中；其二，在《中庸》裏名之爲和。《中庸》對中的兩種含義，作了精確、全面的闡釋。它説："喜怒哀樂之未發謂之中，發而皆中節謂之和。中也者天下之大中也，和也者天下之達道也。致中和，天地位焉，萬物育焉。"這段文字在當時可能人人皆知。然而經歷了千餘年的陵谷變遷，即便是漢、宋兩位大儒鄭玄和朱熹也不能做正確的解釋了。例如，鄭玄説："中爲大本者，以其含喜怒哀樂，禮之所由生，政教自此出也。致，行之至也。位，猶正也。育，生也，長也。"殊不確切。朱熹説："喜怒哀樂，情也；其未發，則性也。無所偏倚，故謂之中。發皆中節，情之正也，無所乖戾，故謂之和。大本者天命之性，天下之理皆由此出，道之體也。達道者循性之謂，天下古今所共由，道之用也。此言性情之德，所以明道不可離也。致，推而極之也；育者，遂其生也。"尤爲支離。

　　我認爲，"喜怒哀樂之未發謂之中"，是説喜與怒是對立的兩端，不是中；哀與樂是對立的兩端，不是中。然而當它們未發，即還沒有表現出來的時候，則不偏向於喜怒哀樂任何一方面，這就叫做中。"發而皆中節謂之和"，是説喜怒哀樂已經表現出來的時候，它們雖然不是不偏不倚之中，然而皆中節，即皆中節度，主觀與客觀相適應，做得恰當、正確，這就叫做和。例如，《孟子·離婁上》説："淳于髡曰：'男女授受不親，禮歟？'孟子曰：'禮也。'曰：'嫂溺則援之以手乎？'曰：'嫂溺不援，是豺狼也。男女授受不親，禮也；嫂溺援之以手者，權也。'"從這段對話可以看出中與和的關係。即在正常情況下，男女授受不親是禮所規定的，《禮記·孔子燕居》説："禮所以制中也。"男女授受不親就是禮之中。但在嫂溺的情況下，再實行男女授受不親的禮，就等於見死不救，故必須援之以手。嫂溺援之以手，在形式上違反禮，而在實質上最符合禮。因爲權衡輕重，不能不這樣做。所以，孟子名之爲權，而這正是《中庸》所説的和。"中也者天下之大本也，和也者天下之達道也。"這是認爲中、和這兩個概念具有普遍意義。"中也者天下之大本也",是說不偏不倚、無過不及之中,是天下所有人做一切工作的根本方法。"和也者天下之達道也",是說發而皆中節的和,如嫂溺援之以手之類,是天下所有人適應一切情況四通八達的道路。"致中和,天地位焉,萬物育焉",是說如果把中和做到圓滿無缺,就等於有了一個新天地,萬物因此都能獲得生育、成長,如本書下文所說:"萬物並育而不相害。"

如果說堯舜禹三世相傳的中,如《中庸》所說有兩種含義,中同時也包括和,那末,這個中作爲方法論來說,就不是固定不變的,而祇要隨着時間、條件的不斷變化而轉移。這是什麼思想? 應該說,這就是辯證思想。那末,作爲傳統文化,韓愈說:"軻之後不得其傳焉。"對不對呢? 我看,這不見得對。湯與文、武、周公、孔子、孟子不必說,我看《國語·鄭語》史伯說:"夫和實生物,同則不繼。"證明史伯懂辯證法。《左傳》昭公二十年說:"公(齊景公)曰:'惟據與我和夫!'晏子對曰:'據亦同也,焉得爲和?'公曰:'和與同,異乎?'對曰:'異。'"(此下有一大段說明,茲省略。)證明晏子也懂辯證法。其他如老子、莊子、孫武、孫臏等,都精通辯證法。這就不應該說"軻之後不得其傳焉"了。如果一定說不得其傳,我看秦火後差不多。即便是秦火後,漢初,如賈誼《過秦論》結語說:"仁義不施,而攻守之勢異也。"我看他也懂辯證法。如陸賈說:"居馬上得之,寧可以馬上治之乎? 且湯武逆取而以順守之,文武並用,長久之術也。"我看他也懂辯證法。如果說不得其傳,我看《後漢書·胡廣傳》京師諺說:"天下中庸有胡公。"把中庸竟看作是庸庸碌碌的同義語,這就真正不得其傳了。

(《中國文化》1995 年第 1 期)

子 學 編

《周易》與老子

一、總説

一、孔子與老子,爲我國歷史上兩大哲人。《周易》與《老子》,爲我國哲學上兩大經典。二、承學之士,直視《老》、《易》爲千古二大啞謎。三、《老》、《易》屬哲學,以研究普遍原理爲職志。四、孔子哲學純出於《易》,老子哲學與《易》,大異其趣。

孔子與老子,爲我國歷史上兩大哲人。《周易》與《老子》,爲我國哲學上兩大經典。以其人格之偉大,思想之精深,遂乃皋牢百代,獨步千古;二千年來,百家羣籍,浩如烟海,沿流溯源,幾無不以此二書爲其本根,學者有志於中國哲學,固舍此莫由也。惟以其書詞簡旨隱,不易喻曉,兼以國人崇奉二哲,有如神明,坐是益增神秘氣氛,承學之士,直視同千古二大啞謎,羣思致力以求解決,而説者愈多,其義愈晦。王輔嗣、周茂叔諸人,混而同之,不倫不類,已不足式;而方士、道士者流,更以五行干支、丹鼎符籙之説相附益,尤滋迷惑。晚近因受科學漸染,國人憬然以舊説爲非,而敢於疑古,妄造臆説,亦數見不鮮。如:疑《易》爲前世逸編,甚至詆爲初民崇拜生殖器之遺迹,而以革命唯物等義歸諸《老子》,率皆逞臆而談,不足爲訓。良以《老》、《易》二書本屬哲學,以研究普遍原理爲職志,寄旨圓通,不落形迹,非知考辨古代名物制度,其得失易於察見;故淺嘗者,可以隨意附會,而覃精者不易窮其奧窔。余於治

《易》之餘，兼論孔老。蓋孔子哲學純出於《易》，而老子哲學則與《易》大異其趣。以下即本此旨疏證之。

二、老子之哲學基礎

一、《周易》所注意者，在有；《老子》所注意者，在無。
二、老子之哲學，以無作出發點。三、老子哲學屬"唯心"。

《周易》、《老子》二書，觀察宇宙現象，認爲變動不居，而此變動不居之運行，恒表現正反兩種性態，此點則同。惟對於宇宙現象，所以變動不居，其主因何在？解釋乃大違異。蓋《周易》所注意者，在有。而《老子》所注意者，在無。

《易·繫辭傳》曰：

是故易有太極，是生兩儀。

又：

一陰一陽之謂道。

又：

陰陽不測之謂神。

又：

天地成位，而易行乎其中矣。

又：

形而上者，謂之道。形而下者，謂之器。化而裁之，謂之變。推而行之，謂之通。舉而措之天下之民，謂之事業。

據上所引，可知《周易》言有，不言無；言陰陽天地，不言陰陽天

地以前。其所謂"兩儀"，即"太極"也。"陰陽"，即"道"也，亦即
"神"也。蓋"太極"象其全，而"兩儀"象其分。陰陽言其粗，而"道"
"神"言其精。所謂"形而上者"，非他，猶今語抽象也；"形而下者"
非他，猶今語具體也。太極圖說"無極而太極"，朱熹曰："無極即是
無形。""太極即是有理。"純本老莊，與《易》無涉。

《老子》曰：

> 天下萬物生於有，有生於無。

又：

> 無名，天地之始；有名，萬物之母。

又：

> 有物混成，先天地生，寂兮寥兮，獨立而不改，周行而
> 不殆，可以爲天下母；吾不知其名，字之曰道。

又：

> 玄牝之門，是謂天地根。

又：

> 道沖而用之或不盈，淵兮似萬物之宗，……吾不知誰
> 之子，象帝之先。

又：

> 道生一，一生二，二生三，三生萬物。

案老子言"有生於無"，其哲學即以無作出發點。全書盛贊無
之功用，而論及"天地始"、"天地根"、"帝之先"。反覆形容，謂名則
"無名"，形則"寂兮寥兮"，而用則"獨立而不改，周行而不殆，可以
爲天下母"，"淵兮似萬物之宗"，"字之曰道"。蓋其所謂道者，乃
"先天地生"，而爲宇宙現象變動不居之主因。與《易》之以"一陰一

陽"之自生自成、自變自化謂之道,以"陰陽不測"之或正或反,莫測端倪謂之神者,迥然不侔。蓋《易》之哲學基礎在有,而老之哲學基礎在無。老子之哲學,謂"有生於無",以無爲第一位。其所謂無者,無存在,無名象,而有推動宇宙之大力,則老子非唯心論者而何?《周易》之哲學,謂"一陰一陽之謂道","陰陽不測之謂神",是以"陰陽"爲本體,"道"與"神"爲由,此"陰陽"本體所產生之動能,則《周易》非唯物論者而何? 時人不察,乃自老子爲唯物主張,亦可謂"偏其反矣"。

三、老子哲學之應用(一)①

一、老子哲學應用於人生,則在"無爲"。二、"無爲"之精義,即"以本爲精,以物爲粗","秉要執本,清虛以自守"。三、老子之政教主張,在"無爲"、"自然",實以"執古之道,以御今之有"一語爲根荄。

老子之哲學基礎在"無",其應用於人生社會方面,則在"無爲"。"無爲"者,因循自然以爲功,己身無所作爲也。此點與《易》之精神絕異。蓋老子以"無"爲宇宙根源,目"無"爲最高、最大、最完善之原理,應用之則爲"無爲"。"無爲"之精義,即莊子所謂"以本爲精,以物爲粗"(《天下》),《漢書·藝文志》所謂"秉要執本,清虛以自守"也。而《周易》則以"有"爲宇宙本體,其最高原理,如"時中……"等,皆由此"有"之變動發展進程中,悟證而得。其主要精神,端在"裁成天地之道,輔相天地之宜,以左右民"。對老子言,則應稱爲"有爲",蓋《易》之精義,在隨時用中。而何事爲要爲本,何事爲精爲粗,殊難克指,自不能如老子之可以秉之執之也。

___

① 老子以"無"爲宇宙之根源,亦即其宇宙觀,實爲構成其哲學體系之基礎。

老子云：

是以聖人處無爲之事，行不言之教。

……常使民無知無欲，使夫智者不敢爲也，爲無爲則無不治。

愛民治國，能無爲乎。

三十輻共一轂，當其無，有車之用；埏埴以爲器，當其無，有器之用；鑿户牖以爲室，當其無，有室之用。故有之以爲利，無之以爲用。

執古之道，以御今之有；能知古始，是謂道紀。

道常無爲而無不爲，侯王若能守之，萬物將自化。

吾是以知無爲之有益。不言之教，無爲之益，天下希及之。

清静爲天下正。

故聖人云："我無爲而民自化，我好静而民自正，我無事而民自富，我無欲而民自朴。"

人法地，地法天，天法道，道法自然。

功成事遂，百姓皆謂我自然。

以輔萬物之自然，而不敢爲。

道之尊，德之貴，夫莫之命而常自然。

道之出口，淡乎其無味，視之不足見，聽之不足聞，用之不足既。

以上所引，爲老子之政教主張，在"無爲"、"自然"之證。要而言之，乃以"執古之道以御今之有"一語爲根荄，故尊而名之曰"道紀"。"道紀"也者，道之統宗，道之要領也。《藝文志》謂道家"秉要執本，清虚以自守"，蓋即本此，而吾謂老子之政教主張，乃自其宇宙觀而來，亦所深信不疑者也。

四、老子哲學之應用（二）

一、《周易》重分別，老子貴玄同。二、孔子有意以爲
仁，老子不仁而任道。

老子之政教主張，在"無爲"、"自然"，故以"見素抱樸"、"得
一"、"抱一"、"玄德"、"玄同"爲貴，而反對聖智、仁義、禮法技巧。
此點與《周易》尤大相徑庭。蓋《周易》之政治哲學，在制作。而其
制作之精神，則在分別是非邪正、親疏貴賤，故甚重聖智、仁義、禮
法、技巧。而老子則尚"無爲"，故不重分別，而以"玄同"、"玄德"爲
貴，聖智云云，自所鄙棄。茲各引原書比較證明之。

《易·大象》：

雲雷屯。君子以經綸。

地上有水，比。先王以建萬國，親諸侯。

澤上有水，節。君子以制度數，議德行。

風行天上，小畜。君子以懿文德。

山下出泉，蒙。君子以果行育德。

山下有風，蠱。君子以振民育德。

天在山中，大畜。君子以多識前言往行，以畜其德。

水洊至，習坎。君子以常德行習教事。

明出地上，晉。君子以昭明德。

山下有水，蹇。君子以反身修德。

山上有木，漸。君子以居賢德善俗。

以上十一條，爲《易》重制作文爲之證。

《易·大象》：

上天下澤，履。君子以辨上下，定民志。

天與火，同人。君子以類族辨物。

火在水上，未濟。君子以慎辨物居方。

火在天上，大有。君子以遏惡揚善，順天休命。

天下有山，遯。君子以遠小人，不惡而嚴。

以上五條，爲《易》重分別之證。

《老子》云：

故令有所屬，見素抱朴，少私寡欲。

道常無名朴；雖小，天下莫能臣也。侯王若能守之，萬物將自賓。

化而欲作，吾將鎮之以無名之朴。

朴散則爲器，聖人用之則爲官長，故大制不割。

昔之得一者：天得一以清，地得一以寧，神得一以靈，穀得一以盈，萬物得一以生，侯王得一以爲天下貞。

載營魄抱一，能無離乎？

是以聖人抱一，爲天下式。

生而不有，爲而不恃，長而不宰，是謂玄德。

挫其銳，解其分，和其光，同其塵，是謂玄同。

故不可得而親，不可得而疏，不可得而利，不可得而害，不可得而貴，不可得而賤，故爲天下貴。

故從事於道者，同於道；德者，同於德；失者，同於失。同於道者，道亦樂得之；同於德者，德亦樂得之；同於失者，失亦樂得之。

聖人無常心，以百姓心爲心。善者，吾善之，不善者，吾亦善之；德善。信者，吾信之；不信者，吾亦信之；德信。聖人在天下，歙歙然爲天下渾其心，百姓皆注其耳目，聖人皆孩之。

以上十二條，爲老子尚"見素抱朴"、"得一"、"玄德""玄同"而反對分別之證。其言"失者同於失"、"不善者，吾亦善之"、"不信者，吾亦信之”，其主張亦可謂趨於極端也矣。

《老子》云：

> 天地不仁，以萬物爲芻狗；聖人不仁，以百姓爲芻狗。天地之間，其猶橐籥乎？虛而不屈，動而愈出。

> 大道廢，有仁義；慧智出，有大僞；六親不和，有孝慈；國家昏亂，有忠臣。

> 絕聖棄智，民利百倍；絕仁棄義，民復孝慈；絕巧棄利，盜賊無有。

> 絕學無憂。唯之與阿，相去幾何？善之與惡，相去何若？

> 上德不德，是以有德；下德不失德，是以無德。上德無爲，而無以爲；下德爲之，而有以爲。上仁爲之，而無以爲；上義爲之，而有以爲。上禮爲之，而莫之應，則攘臂而扔之。故失道而後德，失德而後仁，失仁而後義，失義而後禮。夫禮者，忠信之薄，而亂之首。前識者，道之華，而愚之始。

> 上下多忌諱，而民彌貧；民多利器，國家滋昏；人多伎巧，奇物滋起；法令滋彰，盜賊多有。

> 古之善爲道者，非以明民，將以愚之。民之難治，以其智多。故以智治國，國之賊；不以智治國，國之福。

> 天下神器，不可爲也。爲者，敗之；執者，失之。

> 爲者敗之，執者失之，是以聖人無爲，故無敗；無執，故無失。

以上九條，爲老子反對聖智作爲之證。

孔老主張，根本不同之處，即前者有意以爲仁，後者不仁而任道也。

五、老子之行爲原理

　　老子有見於宇宙之現象,其變動之軌迹,常爲一進一退,一得一失,一安一危,一存一亡,一成一缺,一損一益,一寒一熱,一靜一躁,一新一敝,一先一後,一榮一辱,一禍一福之一正一反兩種作用。以至於剛柔也,强弱也,雌雄也,白黑也,美惡也,善不善也,巧拙也,辯訥也,明昧也,上下也,大小也,長短也,曲全也,枉直也,窪盈也,多少也,夷類也,種種形性,罔不呈積極、消極相對的兩種現象。而此兩種現象,又常互相倚伏,得之後,常爲失;禍之後,常爲福,彼乃歸納之,得一原則,曰:"反者道之動,弱者道之用。"因人之情也,皆好榮而惡辱,好白而惡黑,好雄而惡雌;……彼乃告之以"知其雄,守其雌","知其白,守其黑","知其榮,守其辱"以坐待"雄"、"白"、"榮"之自來,此點與《周易》亦截然不同。蓋《周易》亦知宇宙現象變動之軌迹,爲一陰一陽,而其意旨乃在扶陽抑陰,"遏惡揚善",所謂"必有事焉",以求達吾之目的,而非如老子之無所事事,坐以待之,恪守"天之道不爭而善勝,不言而善應,不召而自來"之自然法則也。故易之取象,以陰爲柔、爲小、爲小人、爲賤、爲不當、爲失實,以陽爲大、爲剛、爲君子、爲貴、爲富、爲實;其位也,柔乘剛曰逆,柔承剛曰順;而泰、否、剥、復諸卦,無不視陰陽之消長,以定時會之隆污";"履霜堅冰""碩果不食"諸爻,莫不因剛柔之去來,而判辭旨之憂喜,此與老子大異其趣也。

　　老子曰:

　　是以聖人後其身而身先,外其身而身存。

　　曲則全,枉則直,窪則盈,敝則新,少則得,多則惑,是以聖人抱一爲天下式。

　　知其雄,守其雌,爲天下谿;爲天下谿,常德不離,復歸於嬰兒。知其白,守其黑,爲天下式;爲天下式,常德不忒，復歸於無極。知其榮，守其辱，爲天下谷；爲天下谷，常德乃足，復歸於樸。

故建言有之，明道若昧，進道若退，夷道若纇。上德若谷，大白若辱，廣德若不足。建德若偷，質直若渝，大方無隅。大器晚成，大音希聲，大象無形，道隱無名。

物或損之而益，或益之而損。

大成若缺，其用不敝。大盈若沖，其用不窮。大直若屈，大巧若拙，大辯若訥。躁勝寒，靜勝熱，清靜爲天下正。

禍兮福之所倚，福兮禍之所伏。……正復爲奇，善復爲妖。

柔弱勝剛强。

守弱曰强。

以天下之至柔，馳騁天下之至堅。

人之生也柔弱，其死也堅强；萬物草木之生也柔脆，其死也枯槁。故堅强者死之徒，柔弱者生之徒。

弱之勝强，柔之勝剛，天下莫不知，莫能行。

牝常以静勝牡。

江海之所以能爲百谷王者，以其善下之，故能爲百谷王。是以欲上民，必以言下之；欲先民，必以身後之。

我有三寶，持而保之。一曰慈，二曰儉，三曰不敢爲天下先。慈，故能勇。儉，故能廣。不敢爲天下先，故能成器長。今舍慈且勇，舍儉且廣，舍後且先，死矣。夫慈，以戰則勝，以守則固，天將救之，以慈衛之。

按此條"慈故能勇"，自來皆以儒書之義解之，恐不然，蓋老子之所謂勇，即下文"勇於敢則殺，勇於不敢則活"之勇也，非"殺身成仁"、"舍生取義"之比，不可不辨。

功遂身退，天之道。

知足不辱，知止不殆，可以長久。

治人事天，莫若嗇。夫唯嗇，是爲早服；早服，謂之重積德；重積德，則無不克；無不克，則莫知其極；莫知其極，可以有國；有國之母，可以長久。是謂深根固柢長生久視之道。

眾人熙熙，如享太牢，如春登台；我獨泊兮，其未兆；沌沌兮，如嬰兒之未孩；儽儽兮，若無所歸。眾人皆有餘，而我獨若遺，我愚人之心也哉！沌沌兮。俗人昭昭，我獨昏昏。俗人察察，我獨悶悶。澹兮其若海，飂兮若無止。眾人皆有以，我獨頑以鄙。我獨異於人，而貴食母。

以上十九條，皆老子應用其"反者道之動，弱者道之用"之例證。蓋彼實恪守"天之道，不爭而善勝，不言而善應，不召而自來"之自然法則者也。

六、老子爲利己主義

一、老子之目的，唯在利己，而不計及是非善惡。二、老子固非無意於天下者。三、老子之澹泊，實乃大貪；"不敢爲天下先"，乃正取天下之陰謀；其末流衍爲法家、兵家，亦勢所必至。

老子以"無"爲宇宙之根源，其應用於人生也，則爲"無爲"、"自然"，而自處於卑弱，《漢志》所謂"秉要執本，清虛以自守，卑弱以自持"者也。其目的，唯在於利己，而不計及是非善惡；與《易》之"和順於道德而理於義，窮理盡性以至於命"（《說卦》）之旨，大相刺謬。茲據其書以證之。

《老子》曰：

故從事於道者，同於道；德者，同於德；失者，同於失。

聖人無常心，以百姓心爲心。善者，吾善之；不善者，吾亦善之；德善。信者，吾信之；不信者，吾亦信之，德信。

執怨以德。

以上三條，爲老子不計是非善惡之證。

功成而弗居，夫唯弗居，是以不去。

非以其無私邪？故能成其私。

夫唯不爭，故無尤。

夫唯不爭，故天下莫能與之爭。

以其不爭，故天下莫能與之爭。

名與身孰親？身與貨孰多？

重爲輕根，静爲躁君。……奈何萬乘之主，而以身輕天下？輕則失根，躁則失君。

以其終不自爲大，故能成其大。

是以聖人終不爲大，故能成其大。

取天下常以無事，及其有事，不足以取天下。

將欲取天下而爲之，吾見其不得已。

以正治國，以奇用兵，以無事取天下。

治人事天莫若嗇。……莫知其極，可以有國；有國之母，可以長久；是謂深根固柢，長生久視之道。

夫樂殺人者則不可得志於天下矣。

是以欲上民，必以言下之；欲先民，必以身後之。是以聖人處上而民不重，處前而民不害，是以天下樂推而不厭。

是以聖人云："受國之垢，是謂社稷主；受國不祥，是爲天下王。"

以上十六條，爲老子以利己爲終極目的之證。蓋其言"是以不

去”，“故能成其私”，“故無尤”，“故天下莫能與之爭”，“名與身孰
親？”，“奈何萬乘之主而以身輕天下”，“故能成其大”……皆以一己
之利害，爲其去取之權衡；而稱“取天下”者凡三，“得志於天下”者
一，“可以有國”者一，“欲上民”、“欲先民”者各一，“社稷主”、“天下
王”者各一，於以知老子固非無意於天下者，第不肯以天下害其耳。
故老子之澹泊，實乃大貪；其“不敢爲天下先”，乃正取天下之陰謀；
其末流衍爲法家兵家，亦勢之所必至也。

七　老子爲陰謀家

一、老子屢稱於水，而好談兵。二、《老子》全書，皆從
得失利害處著眼。三、老子無民主思想。

老子尚陰謀，懷殺機，而以無爲爲藏身之固。故屢稱於水，而
好談兵。其爲人也，當厚貌深情，天性冷酷，與《周易》一派之人生
哲學，背道而馳，判若涇渭。蓋在《易》，坎爲水、爲險、爲陷，凡困、
塞、訟、師諸卦，皆取義於水；而離爲火、爲麗、爲明，凡同人、大有、
豐、晉諸卦，皆取義於火，其喜陽憎陰、好明惡隱之情，昭然若揭。
孔子曰：“俎豆之事，則嘗聞之矣；軍旅之事，未之學也。”（《論語·
衛靈公》)故孔子之書，絕少言及兵爭之事，而老子則不然。其言
曰：

上善若水，水善利萬物而不爭，處眾人之所惡，故幾
於道。
天下莫柔弱於水，而攻堅強者，莫之能勝，其無以易
之。
以上兩條，爲老子稱水之證。
以正治國，以奇用兵。
將欲歙之，必固張之；將欲弱之，必固強之；將欲廢

之，必固興之；將欲奪之，必固與之；是謂微明。

魚不可脫於淵；國之利器，不可以示人。

善爲士者，不武；善戰者，不怒；善勝敵者，不與；善用人者，爲之下；是謂不爭之德，是謂用人之力。

用兵有言：吾不敢爲主而爲客，不敢進寸而退尺。是謂行無行，攘無臂，扔無敵，執無兵。禍莫大於輕敵；輕敵，幾喪吾寶。故抗兵相加，哀者勝矣。

勇於敢則殺，勇於不敢則活。

天下之至柔，馳騁天下之至堅。

故大國以下小國，則取小國；小國以下大國，則取大國。

以道佐人主者，不以兵強天下，其事好還。師之所處，荆棘生焉，大軍之後，必有凶年。

夫佳兵者，不祥之器，物或惡之，故有道者不處。不得已而用之，恬澹爲上。勝而不美，而美之者，是樂殺人；夫樂殺人者，則不可以得志於天下矣。

天下有道，卻走馬以糞；天下無道，戎馬生於郊。

以上十一條，爲老子談兵之證。蓋《老子》全書，皆從得失利害處著眼，不以陰謀術數爲諱，與孔子之必辨事之邪正善惡者迥殊。《漢志》稱其爲"君人南面之術"，不爲無見，而時人乃以革命民主說之，亦可謂不思也已。

八　結論

一、老子之修養方法在冥悟。二、老子哲學與《易》不同處，爲：《易》爲唯物的、積極的、進步的、社會的、實證的哲學；老爲唯心的、消極的、保守的、個人的、內省的哲學。三、《易》《老》皆自成體系，爲中國哲學二大宗派之開山。

　　老子之修養方法在冥悟,與孔子之重實證亦異。兹仍引據原書以證之。

　　《老子》曰:

　　　　故常無欲,以觀其妙;常有欲,以觀其徼。

　　　　不出戶,知天下;不闚牖,見天道;其出彌遠,其知彌少。是以聖人不行而知,不見而名,不爲而成。

　　以上兩條,爲老子修養方法重冥悟之證。

　　綜觀本篇所述,可得結論如下:

　　1.老子以“無”爲宇宙之根源,亦即其宇宙觀,實爲構成其哲學體系之基礎。

　　2.其方法,則爲“無爲”。如何無爲? 即以“抱一”、“抱樸”爲體,以“玄德”、“玄同”爲用。因而反對一切制作,一切分別。

　　3.其目的,在於利己。夫既無爲,如何利己? 緣彼知“反者道之動,弱者道之用”,因而“卑弱以自持”,以俟福利之自來。其結果乃流爲權謀術數,而有助於法家與兵家。

　　4.其修養方法,重冥悟,而輕實證。

　　老子哲學,與《易》不同處略言之,則易爲唯物的、積極的、進步的、社會的、實證的哲學,而老子則爲唯心的、消極的、保守的、個人的、內省的哲學。內容雖異,要皆自成體系,不愧爲中國哲學二大宗派之開山也。

(東北大學《志林》學刊,1944 年 5 月)

老子的年代和思想

一、老子的年代

在老子的年代這一問題上，晚近學者有許多不同的見解，直到現在還沒有一致的結論。本文爲篇幅所限，不能一一論列，祇就此較重要的，略談一談。

首先，請把《史記·老子列傳》錄出，因爲這是記述老子事迹的最重要的材料。全文如下：

> 老子者，楚苦縣厲鄉曲仁里人也。名耳，字聃，姓李氏，周守藏室之史也。孔子適周，將問禮於老子。老子曰：“子所言者，其人與骨皆已朽矣，獨其言在耳。且君子得其時則駕，不得其時則蓬累而行。吾聞之，良賈深藏若虛，君子盛德，容貌若愚，去子之驕氣與多欲，態色與淫志，是皆無益於子之身。吾所以告子，若是而已。”孔子去，謂弟子曰：“鳥，吾知其能飛；魚，吾知其能游；獸，吾知其能走。走者可以爲罔，游者可以爲綸，飛者可以爲矰。至於龍，吾不能知，其乘風雲而上天。吾今日見老子，其猶龍邪！”
>
> 老子修道德，其學以自隱無名爲務。居周久之，見周之衰，迺遂去。至關，關令尹喜曰：“子將隱矣，彊爲我著書。”於是老子迺著書上下篇，言道德之意五千餘言而去。莫知其所終。
>
> 或曰：“老萊子亦楚人也，著書十五篇，言道家之用，

與孔子同時云。"

　　蓋老子百有六十餘歲,或言二百餘歲,以其修道而養壽也。

　　自孔子死之後百二十九年,而史記周太史儋見秦獻公,曰:"始秦與周合,合五百歲而離,離七十歲而霸王者出焉。"或曰儋即老子,或曰非也,世莫知其然否。

　　老子,隱君子也。老子之子名宗,宗爲魏將,封於段干。宗子注,注子宫,宫玄孫假。假仕於漢孝文帝,而假之子解爲膠西王卬太傅,因家於齊焉。

　　世之學老子者則絀儒學,儒學亦絀老子,"道不同,不相爲謀",豈謂是耶? 李耳無爲自化,清静自正。

上述文字,依我看,"莫知其所終"句以前,是《史記》原文;自"或曰老萊子"以下至末,則爲讀史者附記的異聞,後因輾轉鈔寫,誤混爲一。理由如下:

　　1. "李耳無爲自化,清静自正"二語,上下無所附麗,顯然是摘取史公《敍傳》中語,匯鈔於此(《史記會注考證》引萬承蒼語,已見及此)。

　　2. 周太史儋之語,見於《周、秦本紀》,又見於《封禪書》,此處云云,即由彼處鈔來。所説"史記周太史儋"的"史"字,即指《史記》本書而言。

　　3.《仲尼弟子列傳序》,老子與老萊子分述,證明司馬遷並不認爲老子與老萊子爲一人。即此處説:"老萊子,亦楚人也。"也是認爲老子與老萊子爲二人。把老萊子闌入《老子傳》中,明係讀史者所爲無疑,蓋也是附記於末,以備參考。

　　4. "老子之子名宗"一段文字,應是自某氏譜牒録入。《漢書·張湯傳贊》説:"馮商稱張湯之先,與留侯同祖,而司馬遷不言,故闕焉。"可見漢世敍述世系,已多傅會,馬班不取,正見其卓識。"老子之子名宗"一段文字,定非史記原文。後人不察,反以此段文字爲可靠,用它推算老子年代,竟得出老子是戰國人的結論,實屬大誤。

近人不相信老子是孔子前輩,不相信《老子》書是老聃作,其所持理由主要有下述幾點:

1.《老子》書反對禮,與《禮記·曾子問》所述老聃語,思想不一致;

2.《墨子》和《孟子》書中未談及老子;

3.《老子》書有"偏將軍"、"上將軍",不是春秋時制度;

4.《老子》書提到"仁義"、"尚賢",故應在墨子、孟子以後;

5.《老子》書"離""兒"、"疵"、"爲"、"雌"、"知"爲韻,與《楚辭·九歌·少司命》以"離"和"辭""旗""知"叶及《韓非子·揚權》以"離"和"知"、"爲"叶相合,與《周易》和《詩經》的"爲"、"離"皆在歌韻,"爲"必讀"譌","離"必讀"羅"不合;

6.戰國前無私家著述。

其實,上述這六條理由,都有問題,都不能用做確定老子年代的根據。兹逐一剖辨如下:

關於第一條理由的提出,是根據這樣一個前提出發的,即反對禮的人一定不精通禮。其實,這一前提本身是有問題的。應當說,這是形而上學地看問題,不是辯證地看問題;是唯心的,不是唯物的。事實上,歷史裏有很多精通某種學説或制度的人,卻正是反對這種學説或制度最力的人,這不但不奇怪,倒是極合理的。因爲,這樣正符合歷史發展規律,具體的歷史並不是"較若畫一",而是充滿矛盾的。"五四"以來,文學上的改革,應推魯迅爲大師,如果認爲魯迅不懂舊文學,那就未免可笑。老聃的懂禮,應看作與魯迅懂舊文學同例。祇有盲從的人,才對他所不懂的東西,努力加以反對。肯定説老子是有獨立見解的人,不是盲從的人。因此,他既精通禮,同時又反對禮,這一點也不奇怪。

關於第二條,墨子和孟子的書裏不談老子,這祇能説老子學説在當時影響不大,不能證明老子的人與書不存在。老子學説所以影響不大，是可以理解的。因爲，"其學以自隱無名爲務"，不似孔墨之栖栖道路，席不暇暖，突不得黔，聚徒説教，爲當世顯學。

關於第三條，《老子》書裏有偏將軍、上將軍，這跟《史記》裏有揚雄語一樣，都是後人竄入的。這個問題，早在王弼注《老子》時，即已看出（宋晁説之《老子王弼注跋尾》説："弼知'佳兵者不祥之器'至於'戰勝以喪禮處之'，非老子之言。"）。明焦竑《老子翼》引王純甫説也有"此章自'兵者不祥之器'以下，似古之義疏渾入於經者，詳其文義可見"之語。經注混亂，古書多有，戴震校《水經注》，即以能辨別經注得名，我們怎可據《老子》書有"偏將軍"、"上將軍"，便斷定它成於戰國時呢？《史記》有揚雄語（《司馬相如傳贊》），難道我們可以據此説《史記》作於東漢，司馬遷爲東漢人嗎？

人們提出第四條理由，是根據這個前提出發的，即"尚賢"是墨子的新發明，墨子以前，不會有人提到"尚賢"；"仁義"是孟子的"專賣品"，孟子以前，不會有人提到"仁義"。其實，這也是形而上學地看問題，孤立地看問題，祇看到問題的一面，沒有看到另外一面。即祇看到墨子和孟子兩家學説的特點，而沒有看到他們還須以前人所積累下來的思想材料爲前提。馬克思説："人們自己創造自己的歷史，但他們這種創造工作並不是隨心所欲，並不是在由他們自己選定的情況下進行的，而是在那些已直接存在着、既有的、從過去承繼下來的情況下進行的。"（《路易•波拿巴政變記》）所以，以"尚賢"爲思想核心，特別地強調它；以"仁義"爲思想核心，特別地強調它，這是墨子、孟子所獨有的，至於把仁義或尚賢這兩個字連綴在一起來用，則不能認爲前此絕對不會有。因爲，墨、孟的思想，就是從既有的思想材料中發展而來的。推類而言，老子好説"道"，孔子好説"仁"，荀子好説"禮"，韓非子好説"法"，我們一方面要肯定他們的獨創，一方面也要知道這些獨創的東西，是離不開其先行的思想材料的。如果認爲，老子以前不會有人説"道"，孔子以前不會有人説"仁"，這不但與事實不符，在理論上（當然是辯證唯物主義的理論,不是形而上學的、唯心主義的理論)也是不許可的。實際周代社會的正統思想是"尊尊"、"親親"並重。"親親"爲仁,"尊尊"爲義,"尊尊"包括尚賢在内。"尊尊"、"親親"思想表現在等級制度上,即是禮。孔子言仁,孟子言仁義,基本上是對舊有制度持擁護的態度;老子反對禮,墨子强調尚賢,基本上是對舊有制度持改革的態度。各家所使用的名詞概念,儘管在内容解釋上,容有某些出入,應該肯定,這些都是原來就有的,不是某一個人所新創的。而且也不可能新創,因爲,他們的創造工作,不能在由他們自己選定的情況下進行,而是必須在那些已直接存在着、既有的、從過去承繼下來的情況下進行啊!

　　關於第五條理的提出,是根據這一前提,即古韻"離"、"爲"在歌部,今韻"離"、"爲"在支部,而屈原賦正是處在轉變的交界。實在,這個前提,是有問題的。第一,這是認爲字的音讀不同,僅僅由於時代不同,别無其他原因。其實,這個看法是不全面的。應該承認,方國不同,也是音讀不同的原因之一。第二,用屈原賦作例證,肯定了戰國中期以後,"離"、"爲"二字有讀入支部的事實,這是對的。但是,即在這裏畫一道綫,説"離"、"爲"二字讀入支部,是由這時開始,這就有問題了。因爲,音讀的變化,不是突然的,很難在哪裏畫定一條界綫。縱令勉强畫一條界綫,這條界錢畫在屈原賦時,也是没有根據。因爲,古文獻留傳到現在,祇是原來的很小一部分,而這很小的一部分中,有韻的,並確知其應讀入某韻的字,又占其中很小一部分。例如,"離"字,今天能確知其音讀的,在《易經》裏祇二見,即《離卦》九三"日昃之離"和《小過》上六"飛鳥離之";在《詩經》裏祇三見,即《新臺》的"鴻則離之"、《黍離》的"彼黍離離"和《湛露》的"其實離離"。"爲"字,今天能確知音讀的,在《易經》裏祇一見,即《革卦·初九·象傳》:"鞏用黄牛,不可以有爲也。"在《詩經》裏,例子較多,凡十見。即《北門》(《北門》三見)、《相鼠》、《兔爰》、《緇衣》、《澤陂》、《北山》、《鳲鳩》、《抑》等詩。我們根據這些材料,祇能説當時一般都把"離"、"爲"二字讀入歌部,不能做全稱肯定,更不能説從《易》《詩》的時代起,到屈原賦中間,"離"、"爲"二字都讀入歌部。因爲,我們所能掌握的材料極爲有限,絕大部分還空白着。《韓非子》説過"無參驗而必之者,愚也;弗能必而據之者,誣也",我們要想不犯愚、誣的錯誤,就不應該説"離"、"爲"二字音讀由歌轉支是由屈原賦開始。(其實,《離騷》"離"和"化"叶,"離"也讀"羅";《老子》三十七章"爲"和"化"叶,六十四章"爲"和"貨"、"過"叶,"爲"也讀"譌"。我們既不能認爲屈原的《離騷》是春秋作品,也無法説《老子》的三十七章和六十四章是戰國時所作。)因而,這條理由是不能決定老子的年代的。

至於第六條戰國前無私家著述這個命題,祇能因爲有老子是戰國前的私家著述這個事實而被否定,它沒有否定老子是戰國前私家著述的效力。提出這條理由,顯然是想利用"丐辭"以詭辯求勝,最不能令人滿意。

此外,還有人據《史記》太史公談《論六家要指》一文説:"道家後起,故能乘各家之長。"這個説法,實誤解了司馬談的原意。司馬談原文説:"道家使人精神專一,動合無形,贍足萬物。其爲術也,因陰陽之大順,采儒墨之善,撮名法之要,與時遷移,應物變化。"這一段話,主要在説明道家"無不爲"。而這個"無不爲",乃是"無爲"的結果,而不是有爲的結果。如果把"因"、"采"、"撮"等字,看得太死,説道家真的曾經向陰陽、儒、墨、名、法諸家學習過,那就與道家的根本思想——無爲相違背,那就大錯了。還有這樣一種説法,即"現在所有的以爲老子之書是晚出之諸證據,若祇舉其一,則皆不免有邏輯上所謂'丐辭'之嫌,但合而觀之,則《老子》一書的文體、學説及各方面之旁證,皆可以説《老子》是晚出,此則必非偶然也"(《古史辨》第四册,四二一頁,馮友蘭先生語)。這種説法,很容易使人聯想到古人所謂"衆口鑠金,積毀銷骨"來。越是有這種情況,案情就越是重大可疑。正直的人,祇應窮個究竟,爲雪沉冤,而不能草率定讞，使構陷者快意。

其實，《老子》書是老聃所作，由在《韓非子》有《解老》、《喻老》兩篇，並在《内儲說下》和《六反》兩篇中引《老子》書中語，俱標明老聃，已得到確鑿的證據。其他先秦書，如《荀子·天論》說：“老子有見於詘（屈），無見於信（伸）。”《吕氏春秋·不二》篇說：“老耼貴柔。”《重言篇》說：“故聖人聽於無聲，視於無形，詹何、田子方、老耼是也。”二書所說的老子或老耼，審其思想，可斷言即是《韓非子》所說的老子或老聃。

又，《吕氏春秋·當染》篇說：“孔子學於老聃、孟蘇、夔靖叔。”老聃一名，又見於同書的《貴公》、《去尤》兩篇，按其思想也與《韓非子》所言老聃一致。《莊子》書裏稱述老聃處更多，并有孔子與老聃對話計七次（《天地》、《天道》、《天運》、《田子方》、《知北游》，其中《天運》一篇對話三次）。誠然，對話的内容，未必實有其事，因爲《莊子》書是“寓言十九”。但是，老聃和孔子這兩個人物，則無可置疑，因爲《莊子》書是“重言十七”。祇强調《莊子》的“寓言”，而忘了，或故意隱瞞《莊子》的“重言”，把《莊子》裏的老聃看作是子虛烏有，這是不公允的。

《禮記·曾子問》和《史記·孔子世家》都説孔子問禮於老聃，如與《吕氏春秋·當染》和《莊子》諸篇參證，這個事實，自屬可信。《莊子·天下篇》所攝述的老聃思想和一些詞句，如與今行世的《老子》書相核對，知是一書無疑。總之，我們所要知道的，是《老子》書的作者和年代。這個問題，實際在先秦諸書已有確切的解答，僅僅是詳略互有不同，找不出一條相反的證據。我們如果還肯重視證據，就没有理由説上述諸書記載完全不可靠，獨有我們的主觀臆測可靠。那末，《老子》書是老聃作，老聃與孔子同時而年輩稍長，這個事實，實不容懷疑。

二、老子的思想

1. 老子的世界觀

老子是無神論者,在老子思想裏,已經看不見一點鬼神術數之學的痕迹,確如夏曾佑所説:"至老子遂一洗古人之面目。"(《中國古代史》第一篇第二章第五節)老子思想的出現,標誌着中國哲學思想的發展進入了一個新的階段,即哲學已經從意識的宗教形態中解放出來。老子肯定是哲學家,不是宗教家,但他是唯心主義的哲學家。以下略引《老子》原文,加以説明。

老子説"道法自然"(二十五章),這就充分證明他是無神論者。所謂"自然",是説自己如此,不是另外有某種東西使令它如此。這樣,顯然就没有"神"的存在的餘地,這是老子思想的進步的一面。《老子》書裏説"天地不仁,以萬物爲芻狗"(五章),"天道無親,常與善人"(七十九章),"天地之間,其猶橐籥乎! 虚而不屈,動而愈出"(五章)等等,都是由上述這一觀點出發。老子所説的"天地",略如今日我們所説的"自然界";老子所説的"道",略如今日我們所説的"發展規律"。老子認識到自然界是變動不居的,并且認識到這個變動不居,不是亂雜無章,也不是隨心所欲,而是遵循着客觀的、不以人們(或其他想象的東西,如鬼神、上帝等)的意識或意志爲轉移的規律來發展的。正因爲這樣,所以,他説"天地不仁","天道無親"。這個"不仁"、"無親",並不是説它如何殘忍、無情,而是指出它的客觀性質。意思是説,不能用仁不仁或親不親的詞句來説明。"芻狗"和"橐籥"兩個比喻,也是闡明這個問題。 芻狗是用草紮成的狗,古人在禱祭時用它,用完就把它丢棄,毫不顧惜。《莊子·天運》篇説:"夫芻狗之未陳也,盛以篋衍,巾以文繡、尸祝齋戒以將之;及其既陳也,行者踐其首脊,蘇者取而爨之而已。"正是描述當時實際情况。可見,"以萬物爲芻狗"是説萬物在發展過程中,從發生、發展到消滅,也跟芻狗的經歷一樣。所謂"四時之序,成功者去",已陳的芻狗,正是成功者去。從芻狗本身看,雖然前後的遭遇大相懸殊,而自禱祭者説來,何嘗有私意存乎其間。先前的"齋戒以將之",並不是有什麽仁恩;後來的"踐其首脊",也並不是有什麽仇恨。同樣,萬物變化的有盛有衰,我們也衹能説是遵循客觀發展規律,並没有什麽親疏厚薄於其間。"橐籥",是古人冶鑄時用以鼓風的東西。"虛而不屈,動而愈出",説明風的發生,是因於自然。"虛而不屈",是説虛時不是真空(屈的意思是竭,竭是竭盡了,所以可用真空來解釋);"動而愈出",是説越動風出來的越多。就是這樣一"虛"一"動",往復不已,風就不斷地生出來了,並不是有人在製造它。這比喻萬物的發生、發展,也完全受自然的規律支配,並不是有超自然的東西在主宰它。以上,是老子思想的正確的方面,亦即他比以前哲學著作都或多或少夾雜鬼神術數之學爲進步的地方。

但是,根據以上所述,我們是不是就可以説老子是唯物主義者呢? 我認爲不可以。因爲,老子在"道"與"天地",即發展規律與物質的關係這個問題上,是認爲道"先天地生"(二十五章),即認爲發展規律是第一性,物質是第二性,這就決定了他是唯心主義的哲學家。

《老子》書中談"道"的地方非常多,"道"是老子學説的核心,後世稱老子這一派學者爲"道家",正是由於這個緣故。因此,我們研究老子思想,有必要首先對於"道"字的含義,作認真的考察。

"道"是什麽? 在《老子》書裏爲回答這一問題,曾寫了如下三段文字:

①十四章(分章,不是《老子》書原有的,但是,對引述上,實有許多方便,故本文仍襲用之)

> 視之不見名曰夷,聽之不聞名曰希,搏之不得名曰微,此三者不可致詰,故混而爲一。其上不皦,其下不昧。

繩繩不可名，復歸於無物。是謂無狀之狀，無物之象，是謂惚恍。迎之不見其首，隨之不見其後。執古之道，以御今之有。能知古始，是謂道紀。

②二十一章

孔德之容，惟道是從。道之爲物，惟恍惟惚。惚兮！恍兮！其中有象；恍兮，惚兮！其中有物；窈兮，冥兮！其中有精，其精甚真，其中有信，自古及今，其名不去，以閲衆甫。吾何以知衆甫之狀哉？以此。

③二十五章

有物混成，先天地生。寂兮寥兮，獨立而不改，周行而不殆，可以爲天下母。吾不知其名，字之曰道，强爲之名曰大。大曰逝，逝曰遠，遠曰反。故道大，天大，地大，王亦大，域中有四大，而王居其一焉。人法地，地法天，天法道，道法自然。

綜上所述，可見老子所謂“道”，第一，是惚兮恍兮，寂兮寥兮，視之不見，聽之不聞，搏之不得。就是說，它沒有顏色，沒有聲音，沒有形體，空空洞洞，人們不能用感覺器官認知它。所以，有時也把它叫做“無”（四十章“天下萬物生於有，有生於無”）或“無名”（一章“無名，天地之始”）。第二，是“獨立而不改”，“自古及今，其名不去”，“迎之不見其首，隨之不見其後”。就是說，它是永恒的，無始無終的。所以，有時又稱它是“常”（十六章“夫物芸芸，各復歸其根。歸根曰靜，是謂復命。復命曰常，知常曰明”，常即指道）。第三，是“周行而不殆”。就是說，道有普遍性，“無所不在”（《莊子·知北游》篇曾對此有精闢的發揮），所以，又說“道者萬物之奧”（四十二章）。第四，是“其中有象”，“其中有物”，“其中有精”，“其中有信”，“可以爲天下母”。就是說，萬物是道所產生的，所以又說“道生一，一生二，二生三，三生萬物”（四十二章），“天下萬物生於有，有生於無”（四十章），“道生之，德畜之，物形之，勢成之”（五十一章）。這就是説，精神是第一性，物質是第二性。總之，老子所謂“道”，是抽象的，不是具體的；是指精神、運動或發展規律，而不是指物質。老子認爲世界統一於“道”，即統一於精神、運動或發展規律。他認爲天地是道的產物，即物質是精神的產物。所以他是唯心主義者。

有人抓住“道之爲物”和“有物混成”，這兩個“物”字，説老子所謂“道”，是物質的，老子是唯物論者。這個説法，實際是歪曲的解釋。應該指出，上述兩個“物”字的用法，同我們通常説“精神之爲物”或“思想這個東西”一樣，祇説明它是現實的、存在的，並不表明它是與精神對立的物質。正如狄慈根説：“精神與物質至少有一點是共同的，即它們都是存在着的。”這一點是正確的。但是把思想叫作物質的，這就向混淆唯物主義與唯心主義方面走了錯誤的一步。① 況且老子明明説“復歸於無物，是謂無狀之狀，無物之象”，爲什麼我們硬要説“道”是物質的呢？ 如果“道”是物質的，那末，老子所説“天之道”（九、七十七、八十一章），“人之道”（七十七章），“聖人之道”（八十一章），“古之道”（十四章），“有道者”（二十四、三十一章），“以道佐人主者”（三十章），“爲道日損”（四十八章），“古之善爲道者”（六十五章），“道者萬物之奥”（六十二章）等等，將如何解釋？ 難道也可以用道是物質的意義來解釋嗎？ 或者能説這些“道”字，不同於“道之爲物”那個“道”字的意義呢？ 無論如何都説不通。顯然，“道”是物質的解釋，是歪曲的、錯誤的。

2. 老子的無爲論

正由於老子是唯心主義的哲學家，所以，在方法論上，他主張“無爲”（三、十、三十七、四十三、六十三章），而崇尚“玄同”（五十六

① 列寧：《唯物主義與經驗批判主義》，人民出版社，1956年，第247頁。

章)。

老子的無爲論,並不是簡單地叫人們什麽事情也不要做,而是認爲這是達到什麽事情都能做好的必要的、唯一的方法,即所謂"無爲而無不爲"(三十七、四十八章)。"無爲"和"無不爲",顯然是兩個正相反對的概念,爲什麽由"無爲"能達到"無不爲"呢?要明白這個道理,需要知道老子立論的兩個前提。老子立論的第一個前提,是認爲世界上不會有兩個絕對相同的事物,因而,不可能有一個到處可以應用的辦法。在他看來,學到知識不但無益而且有害,知識越多,成見越深,知識不但不能應付我們不可預料的未來事物,而且妨礙了我心本有的"若鏡"的光明。第二個前提,是認爲我心本有照見一切事物、處理一切事物的能力,學習的結果,一點不能使這個本能有所增加,而袛能使它傷損。正因爲這樣,所以老子説:"爲學日益,爲道日損,損之又損,以至於無爲,無爲而無不爲。"(四十八章)"爲道日損"的"損",是損什麽呢?這就是《莊子・刻意》篇所説的"去知與故"和《大宗師》篇所説的"墮肢體,黜聰明,離形去知"。茲把《刻意》和《大宗師》裏這兩段全文移録如下,以供參考。

《刻意》篇説:

> 聖人之生也天行,其死也物化,静而與陰同德,動而與陽同波;不爲福先,不爲禍始,感而後應,迫而後動,不得已而後起。去知與故,循天之理。

《大宗師》篇假借孔顔對話説:

> 顔回曰:"回益矣。"仲尼曰:"何謂也?"曰:"回忘仁義矣。"曰:"可矣,猶未也。"他日,復見,曰:"回益矣。"曰:"何謂也?"曰:"回忘禮樂矣。"曰:"可矣,猶未也。"他日,復見,曰:"回益矣。"曰:"何謂也?"曰:"回坐忘矣。"仲尼蹴然曰:"何謂坐忘?"顔回曰:"墮肢體,黜聰明,離形去

金景芳全集

　　知，同於大通，此謂坐忘。"仲尼曰："同則無好也，化則無
　　常也，而果其賢乎？丘也，請從而後也。"

　　"墮肢體"，就是"离形"；"黜聰明"，就是"去知"。"离形去知"，
也就是"去知與故"。"知"是知識，"故"是習慣（"故"字含義，當依
《莊子·達生》篇"吾始乎故"，"吾生於陵而安於陵，故也"作解）。
在當日"知"指仁義而言，"故"指禮樂而言。"去知與故"，就是《莊
子·天道》篇所謂"退仁義"，"賓（擯）禮樂"。至"循天之理"，"同於
大道"，則是描述"損之又損，以至於無爲"時的情況。

　　爲什麽"無爲"而能"無不爲"呢？這個道理，最好還借用莊子
的話來說明。《莊子·應帝王》篇說："至人之用心若鏡，不將不迎，
應而不藏，故能勝物而不傷。"這"若鏡"，正是形容"無爲"時的心理
狀態，宋理學家所謂"鑒空衡平"、"廓然而大公"，實本於此。"將"
是送，"不將不迎"是說事情做過去，心裏不留戀；事情還沒來，心裏
不盤算。《莊子·刻意》說"不思慮，不豫謀"，可看作"不將不迎"
的注脚。"應而不藏"，是說事情怎樣來，就怎樣應付，應付終了，心
裏依舊如鏡虛空，不留一點痕迹。宋理學家所謂"因物付物"，"物
來而順應"，實本於此。司馬談說："道家無爲，又曰無不爲，其實易
行，其辭難知，其術以虛無爲本，以因循爲用。"（見《史記自序》）這
個"以虛無爲本"，就是"其用心若鏡"。"以因循爲用"就是"不將不
迎，應而不藏"。莊子說："古之真人，其寢不夢，其覺無憂。"（《大宗
師》。《刻意》略同）則正是由"不將不迎，應而不藏"按照邏輯引伸
出來的結論。

　　由此可見，老子崇尚"玄同"、"玄德"（五、五十一、六十五章）、
"抱一"（十章）、"抱朴"（十九章）、"清静"（四十五章），屢稱贊"嬰
兒"、"赤子"，說："專氣致柔，能嬰兒乎？"（十章）"常德不離，復歸於
嬰兒。"（二十八章）"含德之厚，比於赤子。"（五十五章）而極力反對
學習，輕視實踐，竟說："絕學無憂。"（二十章）"絕聖棄智，民利百
倍；絕仁棄義，民復孝慈；絕巧棄利，盗賊無有。"（十九章）說："不出

戶，知天下；不闚牖，見天道。其出彌遠，其知彌少。"（四十七章）
等，這是不足怪的。因爲他認爲人們的本能是完善的，圓滿具足，
毫無缺欠。人們祇能努力保全這個本能，使它不遭受損害，而不能
設想更使本能有所增益。所以，他教人所走的，正是與常人所走的
相反的道路。常人都教人如何"學"，如何"爲"，而他卻教人"學不
學"（六十四章），"爲無爲"（三、六十三章）。老子所說的"玄同"、
"玄德"、"一"、"朴"、"嬰兒"、"赤子"等等，實際是用不同的詞句和
例子，從各方面來表述人們的本能。他過分地誇大了本能的作用，
認爲完全不需要學習，不需要實踐，就能够把事事做好。學習、實
踐，在老子看來，不但是多餘的，而且是有害的。這個極端荒謬的
論點，充分暴露他的唯心主義哲學的本質。

　3. 老子的貴柔論

　《漢書·藝文志》論道家，稱其"秉要執本，清虛以自守，卑弱以
自持"。《莊子·天下》篇和《吕氏春秋·不二》篇，則專以"貴清"歸
之關尹，"貴柔"歸之老聃（《莊子·天下》篇說："關尹曰：'在己無
居，形物自著；其動若水，其靜若鏡，其應若響，芴乎若亡，寂乎若清
……'老聃曰：'知其雄，守其雌，爲天下谿；知其白，守其辱，爲天下
谷。人皆取先，己獨取後，曰受天下之垢；人皆取實，己獨取虛，無
藏也故有餘，歸然而有餘……'"《吕氏春秋·不二》篇說："老聃貴
柔，關尹貴清。"）。今觀《老子》書，知"無爲"、"柔弱"實所並重。言
"無爲"，即所謂"貴清"，亦即所謂"清虛以自守"；言"柔弱"，即所謂
"貴柔"，亦即所謂"卑弱以自持"。老子的無爲論已見上，兹復闡述
老子的貴柔論。

　老子說："知其雄，守其雌，爲天下谿。"（二十八章）"柔弱勝剛
强。"（三十六章）"天下之至柔，馳騁天下之至堅。"（四十三章）"守
柔曰强。"（五十二章）"人之生也柔弱，其死也堅强，萬物之生也柔
脆，其死也枯槁。故堅强者，死之徒，柔弱者，生之徒。"（七十六章）
"天下莫柔弱於水，而攻堅强者，莫之能勝，其無以易之。弱之勝

强，柔之勝剛，天下莫不知，莫能行。"(七十八章)等等，這都是他鼓吹貴柔的證據。

老子貴柔論的提出，也是以其認識論爲基礎的。老子説："反者道之動，弱者道之用。"(四十章)可爲確切的證明。關於"反者道之動"的原理，在《老子》書中會用很多生動實例予以闡明。最顯著的，如説："曲則全，枉則直，窪則盈，敝則新。"(二十二章)"重爲輕根，静爲躁君。"(二十六章)"將欲歙之，必固張之；將欲弱之，必固強之；將欲廢之，必固興之；將欲奪之，必固與之。"(三十六章)"禍兮福之所倚，福兮禍之所伏；……正復爲奇，善復爲妖。"(五十八章)"天之道，其猶張弓與！高者抑之，下者舉之；有餘者損之，不足者補之。"(七十七章)"天下皆知美之爲美，斯惡已；皆知善之爲善，斯不善已。"(二章)等等都是。這表明老子已認識到自然界和人類社會是變動不居的，并且認識到這個變動是循着正反兩面互相轉化的規律進行的。老子的貴柔論，正是把他的認識論應用於具體實踐。他教人"守柔"、"守雌"、"守辱"、"處眾人之所惡"等等，總之，教人常自處於不利的方面，使在變動的過程中，好嚮有利的方面轉化，從而能達到其長期地享有最大的利益。這是貴柔論的具體。

貴柔論的缺點：第一，它衹教人涓潔等待，缺乏主動性、積極性。這一缺點是跟他的無爲論聯繫着的。第二，貴柔論雖然以"反者道之動"的觀點爲基礎，即以素樸的、辯證的觀點爲基礎，但是，貴柔的實質卻是形而上學的。因爲他想長期停留在某一種狀態上，而不知道這是不可能的。這個想法本身，就是形而上學的觀點，不是辯證的觀點。

4. 老子的政治思想

老子著書立説的主旨，並不是單純地爲發揮哲理，申述觀點，而是爲了實現其政治理想。這點，不但老子如此，先秦思想家無不如此。最可注意的，是老子所進行説教的對象，並不是一般人，而是當時的王侯，即最上層的統治者。例如説："是以聖人處無爲之事，行不言之教。"（二章）"是以聖人之治，虚其心，實其腹，弱其志，強其骨，常使民無知無欲，使夫智者不敢爲也。"（三章）"聖人不仁，以百姓爲芻狗。"（五章）"是以聖人後其身而身先，外其身而身存，非以其無私邪，故能成其私。"（七章）"是以聖人爲腹不爲目，故去彼取此。"（十二章）"是以聖人抱一爲天下式。"（二十二章）"是以聖人終日行，不離輜重，雖有榮觀，燕處超然。奈何以萬乘之主，而以身輕天下？"（二十六章）"是以聖人常善救人，故無棄人，常善救物，故無棄物；是謂襲明。"（二十七章）"聖人用之，則爲官長。"（二十八章）"是以聖人去甚，去奢，去泰。"（二十九章）"是以聖人不行而知，不見而名，不爲而成。"（四十七章）"聖人無常心，以百姓心爲心。……聖人在天下，歙歙爲天下渾其心，百姓皆注其耳目，聖人皆孩之。"（四十九章）故聖人云："我無爲而民自化，我好静而民自正，我無事而民自富，我無欲而民自樸。"（五十七章）"是以聖人方而不割，廉而不劌，直而不肆，光而不耀。"（五十八章）"是以聖人終不爲大，故能成其大……是以聖人猶難之，故終無難矣。"（六十三章）"是以聖人無爲故無敗，無執故無失，……是以聖人欲不欲，不貴難得之貨；學不學，復衆人之所過。以輔萬物之自然，而不敢爲。"（六十四章）"是以聖人處上而民不重，處前而民不害，是以天下樂推而不厭。"（六十六章）"是以聖人被褐懷玉。"（七十章）"聖人不病，以其病病，是以不病。"（七十一章）"是以聖人自知不自見，自愛不自貴，故去彼取此。"（七十二章）"是以聖人猶難之。"（七十三章）"是以聖人爲而不恃，功成而不處，其不欲見賢。"（七十七章）"是以聖人云：受國之垢，是謂社稷主；受國不祥，是爲天下王。"（七十八章）"是以聖人執左契，而不責於人。"（七十九章）"聖人不積，既以爲人己愈有，既以與人己愈多。……聖人之道，爲而不争。"（八十一章）綜觀《老子》五千言，後人分爲八十一章中，言"聖人"計二十九次，審其義蘊，都是指有位的聖人，而不是僅指有德的聖人。這個聖人，實際就是侯王的榜樣。不但此也，諸如説："古之善爲士者，微妙玄通，深不可識。"（十五章）"上士聞道，勤而行之；中士聞道，若存若亡；下士聞道，大笑之，不笑不足以爲道。"（四十一章）"善爲士者不武。"（六十八章）這些"士"字，也是指侯王，不是指一般人。蔣錫昌《老子校詁》引《詩》："殷士膚敏。"《毛傳》："殷士，殷侯也。"證明士也是君，是正確的。餘如明白説出侯王的地方，更不必説了。正因爲老子所進行説教的對象，是當時的侯王，所以《老子》書裏的政治氣氛，實相當濃厚。有人認爲老子無意於政治，那是錯誤的見解。不過，老子對於政治，所持的觀點和所走的路綫，跟一般思想家卻是大不相同，甚至可以説相反。老子的政治主張跟他的哲學觀點分不開的。他主張無爲，反對一切禮義法度，制作施設。他的最高理想是"小國寡民"的社會，即所説："小國寡民，使有什伯之器而不用，使民重死而不遠徙。雖有舟輿，無所乘之；雖有甲兵，無所陳之。使人復結繩而用之。甘其食，美其服，安其居，樂其俗，鄰國相望，雞犬之聲相聞，民至老死不相往來。"（八十章）恩格斯説過"最卑下的利益——庸俗的貪慾、狂暴的情慾、卑劣的吝嗇，對共有財産之自私自利的掠奪——揭開了新的、文明的階級社會；最可鄙的手段——偷竊，暴力，狡詐，毀傷了舊的没有階級的氏族制度，以至把它引向崩潰。"[1]老子生當春秋末葉，親眼看着階級社會的上述情況，而感到極端痛苦，幻想用一種辦法，使脱離上述情況，而回到"古昔氏族制度之純樸的道德高峰"。[2] 這是他創立學説的主要原因和根本企圖。然而他錯了，歷史的規律，不是主觀願望所能改變的；另方面，原始社會也並不如老子所想象的那樣美好，而是更爲貧困痛苦。所以，老子這種想法是唯心的、反動的，違反歷史發展規律，絶對没有實現可能。

---

① 《家庭私有制和國家的起源》，人民出版社，1954 年，第 94 頁。
② 同上。

　　老子也曾提出實現其政治理想的具體方法。這個方法，爽直地説，就是愚民政策。他會毫無掩飾地説："古之善爲道者，非以明民，將以愚之。民之難治，以其智多。故以智治國，國之賊；不以智治國，國之福。"（六十五章）他認爲"禮者，忠信之薄而亂之首；前識者，道之華而愚之始。"（三十八章）"民多利器，國家滋昏；人多伎巧，奇物滋起；法令滋彰，盜賊多有。"（五十七章）因此，他主張"不尚賢"，"不貴難得之貨"，"不見可欲"（三章），"絶聖棄智"，"絶仁棄義"，"絶巧棄利"（十九章）。他要求"其政悶悶，其民淳淳"（五十八章），以最終實現其"小國寡民"的理想。這個辦法，更鮮明地反映他的思想的荒謬與反動。

　　5.小結

　　綜上所述，我們可以這樣肯定：老子是無神論者，他已認識到辯證法的重要規律——正反兩面互相轉化的規律。但他還是唯心主義的哲學家。最重要的證據是，他認爲"道"是第一性，"天地"是第二性，即精神是第一性，物質是第二性。尤其在他的方法論的"無爲"、"貴柔"和他的政治最高理想的"小國寡民"，更確切地證實他是唯心的，并且是反動的、反歷史主義者。

　　　　　　　　　　　（東北人民大學《史學集刊》1956年第2期）

也談關於老子哲學的兩個問題

最近於幾種刊物上讀到一些討論老子問題的文章，不禁見獵心喜，我也願意談談我對於這個問題的看法。我的看法基本上是同馮友蘭先生《關於老子哲學的兩個問題》(1959 年 6 月 12、13 日《人民日報》)一文的看法對立的，因此即用上題命篇。還望馮先生和與馮先生見解相同的同志們不吝指正。

首先談第一個問題，即《老子》書的年代和它與老子的關係問題。

馮友蘭先生在所著《關於老子哲學的兩個問題》一文裏，承認了老子即老聃，與孔子同時或稍前，并且也承認了《老子》這部書所講的哲學思想其中有一部分是屬於老子本人。祇是他不承認屬於老子本人這一部分是《老子》書的主要的和基本的思想，相反，他認爲那是比較不重要的。正因爲這樣，所以他主張《老子》書出於戰國中期或者稍後。他的這種主張是根據他的《老子》書的主要的和基本的思想不屬於老聃本人而屬於老聃的後學的觀點來確定的。至於爲什麼《老子》書的主要的和基本的思想有屬於老聃本人或屬於老聃的後學的爭論呢？顯然這是由於認爲《老子》書不是老聃親手寫的所引起的。

其實，先秦諸子書絕大部分都是出於後學所記述。如果說還有本人親手寫的，那祇是極爲個別的現象。例如，《墨子》、《孟子》、《莊子》都不是墨子、孟子、莊子本人親手寫的，至少書裏的文字大部分不是本人親手寫的。這個事實應爲大家所公認，不須加以論證。是不是因此我們在哲學史上敍述墨子、孟子、莊子各家的哲學思想時,可以不根據《墨子》、《孟子》、《莊子》説話,或者把上述各書的哲學思想移到上述諸子以後一個時期來敍述呢? 誰都知道這樣做是不可以的,而且事實上也没有人這樣做。那末,爲什麽獨於敍述老子的哲學思想時要這樣做呢?《韓非子》書裏有《解老》、《喻老》兩篇,並在《内儲説下》説:"其説在老聃之言失魚也。"在《六反》説:"老聃有言曰:'知足不辱,知止不殆。'"在《難三》説:"老子曰:'以智治國,國之賊。'其子産之謂矣。"其他如《荀子·天論》篇説:"老子有見於絀,無見于信。"《吕氏春秋·不二》篇説:"老聃貴柔。"《去尤》篇説"老聃則得之矣。"《重言》篇説:"故聖人聽於無聲,視於無形,詹何、田子方、老耽是也。"又《莊子·天下》敍述老聃的思想和所引用的若干詞句都與《老子》書的思想與詞句相吻合。難道這些都不能説明《老子》書與老聃本人的關係是多麽密切嗎?

誠然,馮先生所以那樣主張,還有他的若干理由和根據的。馮先生所持的理由和根據之一,即"《老子》書裏説:'不尚賢,使民不爭。''尚賢'是墨子所提出的政治鬥爭的口號。老子説'不尚賢',是反對墨家的政治口號,同墨家樹立一個對立面"。馮先生這種説法,據我所知,確實是迷惑了一些人。今天我們指出馮先生這種説法不對,可能有人感到奇怪,甚至會有人自發地起來替馮先生辯護。這好像古時説,太陽圍繞着大地旋轉,人都相信。當有人説,不是太陽圍繞大地旋轉,而是地球圍繞太陽旋轉的時候,人們就感到奇怪,不容易接受。然而事實畢竟是事實,最後人們終於相信了是地球圍繞太陽旋轉,而不是太陽圍繞大地旋轉。這正反映了現象與本質的關係。我們認識問題貴能認識問題的本質而不爲表面現象所迷惑。

現在回到本題,我們需要認真地考察一下,墨子爲什麽提出"尚賢"來作爲政治鬥爭的口號? 他鬥爭的對象是什麽? 應該説,墨子提出"尚賢"作爲政治鬥爭的口號,是針對着當時社會落後的政治制度的。當時社會所實行的落後的政治制度的基本精神,是所謂"親親、尊尊"。實行"親親、尊尊"的具體情況,恰如《墨子·尚賢》篇裏所指出的,是"王公大人、骨肉之親、無故富貴、面目美好者,則舉之"。墨子鬥爭目的,是要改變這種不合理的制度,而代替之以"以尚賢使能爲政"(《墨子·尚賢中》)。具體説,即"不黨父兄,不偏富貴,不嬖顔色"(同上),而重任"厚乎德行,辯乎言談,博乎道術者"(《尚賢上》)和"有力者疾以助人,有財者勉以分人,有道者勸以教人"(《尚賢下》)的制度。亦即把官常貴、民終賤的政治,改變爲"官無常貴,民無終賤"(《尚賢上》)的政治。因此,墨子提出"尚賢"的口號,並没有一般的意義,僅僅適用於政治領域之内。這是由於墨子清楚地知道當時的王公大人"有一牛羊之財不能殺,必索良宰;有一衣裳之財不能制,必索良工"和"有一罷馬不能治,必索良醫;有一危弓不能張,必索良工"(《尚賢下》)。即當時的王公大人在殺牛羊、製衣裳、治罷馬、張危弓等等方面,都早已知道尚賢,不須墨子提出這個口號作鬥争。墨子提出"尚賢"這個口號,僅僅是爲了作政治鬥争之用,並不涉及其他範圍。我們認清這一點以後,試再考察一下,《老子》書裏所説的"不尚賢,使民不争",有没有主張"親親、尊尊"的意義? 是不是祇適用於政治領域之内? 顯然,無論由誰來回答,都是否定的。應該承認,《老子》書裏的"不尚賢",乃是從一般意義來講的。如借用今天的事情作比喻,那不過是不叫人們選模範、選先進工作者罷了。意思是説,如果分出誰好誰歹,就會産生争端。這與墨子提出"尚賢"的口號,僅僅是爲了作政治鬥争之用,實大不相同。怎能説"老子'不尚賢',是反對墨家的政治口號,同墨家樹立一個對立面"呢? 墨子的"尚賢"確實是政治鬥争口號,而老子的"不尚賢",則同"不貴難得之貨"一例,都是爲了宣傳他的"無爲"、"玄同"的觀點。如果説"不尚賢"是反對墨家的政治口號,那末,"不貴難得之貨"又是反對哪家的口號呢? 我們有什麽理由能把"尚賢"兩個單字聯成一詞,説成僅僅是墨子能做得到,在墨子以前就没有人能做得到呢? 總之,我認爲,馮先生用這條材料來證明《老子》書晚出，是不能成立的。

馮先生還有另一個理由和根據，即，"老子主張'絕仁棄義'。墨子和孟子注重仁義，把'仁'、'義'平列地提出來。老子主張'絕仁棄義'，這也是同他們樹立一個對立面"。依我看，馮先生這個提法的本身已露出破綻來，因爲墨子的注重仁義和孟子的注重仁義，顯然不是具有同一的內容，怎能並爲一談？誰都知道，墨子以"兼愛"爲仁，以"非攻"爲義，而孟子則以"親親"爲仁，不反對"義戰"。所以，儘管兩家都標榜仁義，而彼此相攻，如水火不相容。馮先生在這個問題上的提法，也反映了是應用形而上學的方法看問題，祇從問題的表面現象着眼，而沒有更進一步看看問題的本質。其實，《老子》書裏"絕仁棄義"，在文法上顯而易見是與"絕聖棄智"、"絕巧棄利"等詞句平列的，證明老子是把"仁"、"義"看同"聖"、"智"、"巧"、"利"一例，沒有什麼獨特之處。"仁"、"義"、"聖"、"智"、"巧"、"利"等等，實代表一切名相、一切差別。這個名相、差別，在老子以前早已存在（這是千真萬確的事實，不勞舉例證明）。老子反對它們，正是爲了宣傳他的"無爲"、"玄同"的觀點。怎能看到這裏出現"仁"、"義"二字，便認爲是同墨、孟兩家樹立一個對立面呢？老子主張"無爲"、"玄同"，反對"仁"、"義"，反對"聖"、"智"，反對"巧"、"利"，反對……如果説是同誰樹立一個對立面的話，那他就是同所有（包括往古來今）主張"有爲"、"分別"的哲學家、科學家、政治家、文學家、藝術家等等樹立一個對立面。怎能單單舉出墨、孟兩家來，説是同他們樹立一個對立面呢？可見，馮先生這一條理由也是不能成立的。

當然，我們並不否認今日傳本《老子》書裏邊有後世羼入的詞句。例如，"兵者不祥之器，非君子之器，不得已而用之。恬澹爲上，勝而不美。而美之者，是樂殺人。夫樂殺人者，則不可以得志於天下矣。吉事尚左，凶事尚右。是以偏將軍居左，上將軍居右，言以喪禮處之。殺人衆多，以悲哀泣之，戰勝則以喪禮處之"。這

一段文字，即非《老子》原文。不過，這同《史記·司馬相如傳》有揚
雄語一樣，顯然是傳鈔之誤。這種例子，古書多有，並不妨礙我們
說《老子》書傳自老聃，爲老聃之書。

馮先生主張《老子》書晚出還有"從大處看"的"三點"理由。

第一點，是"從先秦的一般的學術發展的情況看"。馮先生說：
"從清朝的章學誠開始，歷史學界都逐漸承認了一個關於先秦的學
術發展的規律。那就是，在孔子以前'無私人著作之事'，私人著作
是跟着私人講學來的。在奴隸主貴族統治的時代，文化和學術都
掌握在貴族手裏。他們所養的許多有知識的奴隸，實際上掌握了
學術文化，他們不是以私人資格，而是以統治者或國家的名義掌握
的。這就是所謂'學在官府'，到了奴隸主貴族的統治開始崩潰以
後，這才有私人講學的事情。"

上述這段文字，無疑是馮先生提出第一點理由的重要根據。
我們讀了這段文字以後，發現其中還有如下的問題。

第一，馮先生所要說明的是"無私人著作之事"，即屬於公、私，
或者說是集體、個人的問題。而所證明的，則是"學在官府"，"文化
和學術都掌握在貴族手裏"。這乃是階級的問題，即文化和學術掌
握在誰的手裏，是掌握在統治階級的手裏，還是掌握在被統治階級
的手裏的問題。公、私的問題與階級的問題是有區別的，因而馮先
生所要說明的和所證明的並不是一回事。這種做法，在邏輯上是
犯了偷換論題的錯誤。

第二，馮先生說，"在奴隸主貴族統治的時代，文化和學術都掌
握在貴族手裏"，這話無疑是對的。但在下文緊跟着又說："他們所
養的許多有知識的奴隸，實際上掌握了學術文化"，這話怕是錯了。

中國奴隸社會，到底有什麽特點？以至上下限應劃在哪裏？
現在史學界還正在爭論，沒有解決。不過，依我的不成熟的看法，
中國春秋時代基本上是這樣：當時社會大體上分爲兩個對立的階
級：1. 奴隸主階級；2. 奴隸階級。那時的人們一般都稱奴隸主爲

"君子"，稱奴隸爲"小人"。君子與小人的重大差別在於："君子勞心，小人勞力。"①不過應在這裏補充説明一點，即勞心與勞力的差別爲階級社會所共有，但是中國奴隸社會的勞心與勞力的差別則有它的獨具的特點。簡單説，第一，當時整個社會的人們截然劃分爲兩部分：一部分（占大多數的部分）單純從事於體力勞動（勞力），另一部分（占少數的部分）單純從事於腦力勞動（勞心。當然這裏也包括有"飽食終日，無所用心"的人）。第二，這兩部分人都是世襲的、固定的，即所謂"官常貴，民終賤"，與血緣有密切聯繫，非有特殊原因不能改變。第三，人身依附的程度最大，前一部分人完全爲後一部分人所占有（至當時社會之所以具有如上特點，則是由於當時的生産力水平所決定的）。

　　正由於當時社會有如上述的情況，所以才有"學在官府"之事，亦即"學術和文化都掌握在貴族手裏"。那末，馮先生又説："他們所養的許多有知識的奴隸，實際掌握了學術文化。"豈不是自相矛盾，不符合於客觀實際情況嗎？

　　"學在官府"祇能説明奴隸階級不掌握學術文化，即没有奴隸著作之事，並不能説明奴隸主没有私人著作之事。相反，馮先生所舉的例子，如《論語》、《墨子》都是學生們所記述的孔、墨的講話，並不是孔、墨的正式著述等等，這種情況，倒是有了私人講學以後才出現的。在私人講學還没有發生以前，就祇能有本人自撰的著作，不可能有學生們記録老師講話的著作。儘管春秋時代的私人正式著作很多失傳，但是，我們知道《詩》三百篇和《書經》裏的許多篇都是保存下來的私人著作。周公、史佚等，都是歷史上有名的著作家。怎能説孔子以前没有私人著作呢？依我看，如果把這一條，即"在孔子以前無私人著作之事"，看成是什麽"發展的規律"，應該説，這條規律是不存在的。因而馮先生所提出的這個"第一點"理

---

① 　金景芳：《中國奴隸社會的階級結構》，《歷史研究》1959 年第 10 期。

由是不能成立的。

　　馮先生的"第二點"理由,説是"從思想鬥争的觀點看"。大致是這樣,先用"一種思想遇見異己的思想,特别是敵對的思想,一定要鬥争",作爲固定的公式來證明孔子、墨子和孟子都絶對不能與老子的思想和平共處。然後再用《論語》、《墨子》和《孟子》諸書裏"都没有跟老子的思想作鬥争,甚至都没有提到老聃的名字",來反證《老子》書裏的思想不是老聃的思想。我們暫且不談實質,單從方法上看,就可以看出上述這種論證方法是有問題的。第一,從大前提來看,馮先生所應用的這個理論,一般説自然是正確的。但是,具體的情況十分複雜,如果把這個理論絶對化,把它當作僵死的公式來使用,就要發生錯誤。因爲我們不能設想一個思想家在任何條件下,對於任何不同於自己的思想,都進行鬥争。鬥争的方式有各種各樣,我們不能設想一切思想鬥争,都有文章,或有言談記録發表,而這些文章和言談記録又一定都保存下來,留傳於後世。如果這樣設想,那就近於武斷,那就是把或然的東西當作必然的東西來看待,那就一定要犯錯誤。第二,從結論來看,馮先生所使用的是反證的方法,正是把大前提所包含的内容絶對化了。其實,1. 思想鬥争發展爲"百家争鳴",這是戰國時期階級鬥争在新的形勢下所出現的一種情況。我們不應把它看成是一般的規律,硬套在春秋末期的思想鬥争上。2. 老子之學是"以自隱無名爲務",不同於孔、墨兩家的聚徒講學,到處求售,所以,他的學説傳播比較慢,是可以理解的。3. 在墨子時,儒家已爲當代"顯學";在孟子時,"楊朱、墨翟之言盈天下";同時又由於儒、墨兩家的政治觀點和主張正面衝突,即前者主張守舊,後者主張革新。因此,在戰國初期和中期,儒、墨之争最爲劇烈。至於其他各家則都不是主要論敵,在儒、墨兩家書中,提到也好,不提到也好,都没有重大關係。可是馮先生卻完全不考慮上述這些具體的問題,祇根據《墨子》、《孟子》書裏都没有提到老子,和《論語》書裏雖然提到老、彭,但没有進行鬥爭，便認爲當時《老子》書不存在。這是何等冒險的論證！莊子與孟子約生於同時，二人都曾經到過梁國，然而《孟子》書裏没有提到莊子，《莊子》書裏也没有提到孟子。是不是因爲《孟子》書裏没有提到莊子，我們就可以斷言莊子不存在，或説《莊子》書裏的思想不是莊子本人的思想呢？或者應用同樣的方法，因爲《莊子》書裏没有提到孟子，就證明孟子不存在，或説《孟子》書裏的思想不是孟子本人的思想呢？顯然，都是不可以的。如果硬要那樣做，我想也不應當有人贊同。因爲一部書裏提到某人的名字，我們可以根據它來證明有這個人；一部書裏没有提到某人的名字，我們就不可以根據它來證明没有這個人，這個道理很簡單。可見，馮先生的這種論證方法，是有缺點的。因而馮先生所提出的這個第二點理由，是没有多大價值的。

　　馮先生的"第三點"理由，説是"從先秦哲學思想的發展看"。也是應用形式邏輯三段論法，即大前提是"一切事物的發展都是從低級到高級，從簡單到複雜"小前提是《老子》書裏所講的東西與先秦其他諸子比較是"高級"、"複雜"，結論斷定《老子》書是百家爭鳴以後出現的。這個論證，從形式上看，雖然没有問題，而在實質上則是錯誤的。其錯誤在於，在小前提裏把大前提的低級、簡單的概念偷换爲"具體"、"特殊"，把"高級"、"複雜"的概念偷换爲"一般"、"概括"。實際上，低級、簡單與具體、特殊，高級、複雜與一般、概括，並不是完全相等的。不僅不完全相等，有時還會完全相反。恩格斯有如下一段話："當我們對自然、人類歷史或我們自己的精神活動進行靜心考察時，那末，我們首先看到的，便是種種聯繫和交互作用無限糾纏錯綜的情景，……其中各個細節暫時都多少退居到次要地位，我們對於運動、轉變與聯繫注意得較多，而對於發生運動、轉變與聯繫的東西則注意得較少。這個原始幼稚但實質上正確的世界觀，是爲古代希臘哲學所固有并且初次由赫拉克利特明白地陳述出來：一切都存在，同時又不存在，因爲一切都在流動，一切都在經常變化,一切都處在不斷產生和不斷消滅的過程中。
這種見解雖然正確地表明了現象全部情景的一般性質,但它卻不
够來解釋這一般情景所由構成的細節,而我們若不知道這些細節,
便不能明白一般情景。……因此對自然界進行精確研究的萌芽,
最初祇是在亞歷山大裹亞時代的希臘人那裹才開始發展起來,而
後來在中世紀時又由阿剌伯人繼續發展下去。"①

　因原文較長,故引時略有删節,不知是否能作到基本上無損原
意。恩格斯這一段話是在説明什麽問題呢? 正説明了人的認識史
的發展有這樣一種情況,即先看到"一般情景",然後進入看到"其
中各個細節",即先有一般、概括,而後進入具體、特殊。《老子》書
所談的問題如與《墨子》、《孟子》、《莊子》、《荀子》、《韓非子》諸書所
談的問題相比,正確的説,前者正是看到"一般情景",應爲"簡單"、
"低級",而後者則是看到"其中各個細節"(當然,這乃是兩相比較
的説法,並不是把它們看成相當於恩格斯所説的"阿剌伯人"的階
段),乃是"複雜"、"高級"。馮先生在論證問題時,竟於小前提中偷
换了大前提概念的内容,因而作出與客觀事實完全相反的結論。

　總之,馮先生論證第一個問題時所提出的全部論點,無論從内
容上或從方法上來看,都是有問題的。大體説,開頭的兩個論據,
都是光看現象不看本質;後面的"從大處看"三點,則都是形而上學
的看問題,其中有的部分還犯了"偷换論題"和"偷换概念"的錯誤。
其實,馮先生早已説過:"現在所有的以爲《老子》之書是晚出之諸
證據,若祇舉其一,則皆不免有邏輯上所謂'丐辭'之嫌。"②但是,
馮先生卻並没有因此而放棄他的"《老子》是晚出"的主張。原因何
在呢? 是不是《老子》書的作者和年代,本來就有問題呢? 不是的。
如前所述,在《莊子》、《荀子》、《韓非子》、《吕氏春秋》諸書裹,都有

---

① 《馬克思恩格斯文選兩卷集》第 2 卷,第 129—130 頁。
② 《古史辨》第 4 册下編,第 421 頁。着重點是引者所加的。

明確的記載。由戰國經秦、漢、三國、兩晉、南北朝、隋、唐、五代到
北宋初年，歷代相傳，一直没有異説。首先提出問題的是北宋中世
的陳師道（1053—1101），他説：“世謂孔、老同時，非也。孟子辟楊、
墨而不及老，荀子非墨、老而不及楊，莊子先六經，而墨、宋、慎次
之，關、老次之，莊、惠終焉。其關、楊之後，孟、荀之間乎？”（《後山
先生集》第二十二《理究》）師道之後，學人著述中，間或也有談到這
個問題的，但爲數極少。祇有到了 1922 年以後的一二十年間，才
成爲學術界集中爭論的重要問題之一。我們爲了能把問題認識得
更清楚，不但要看討論的問題本身，還要看討論問題時所處的歷史
年代。《能改齋漫録》説：“慶曆（1041—1048）以前，多尊章句注疏
之學，至劉原甫爲《七經小傳》始異諸儒之説，王荆公修《經義》，蓋
本於原甫。”證明在北宋中葉學術界出現一種標新立異的風尚，師
道之説應是受了這個風尚的影響。至 1922 年以後一二十年間的
學術界，大家都知道當時是被一種“疑古”的浪潮統治着。當然，不
能否定“標新”、“疑古”也有積極的一面，因爲它可以解放思想，使
不受舊説、成見的束縛，但是如果不根據實事求是的精神，而祇是
憑主觀推測、任意武斷，那就如同治絲而棼一樣，適足以制造混亂，
不會有什麽好處。應該指出，主張《老子》書晚出，並不是因爲老早
已存在這個問題，必須加以解決，而祇是在作翻案文章。翻案，當
然是可以的，但是必須拿出有力的證據來。没有有力的證據，而祇
是捕風捉影，以想象代替事實，這樣，案是翻不了的。因此，我認爲
《老子》書的思想，仍應定爲老聃的思想，其時代在春秋末期而不在
戰國中期或末期。

　　現在談第二個問題，即老子的哲學思想，究竟是唯物主義的或
是唯心主義的問題。

　　當前主張老子是唯物主義者的人們，對於老子的輕視經驗和
實踐這一點，多認識不足。值得特別提出的，就是老子的這種輕視
經驗和實踐，並不是一般的輕視，而是達到了極端，竟然達到了公

開反對經驗和實踐的地步。例如，他説："不出户，知天下；不窺牖，
見天道。其出彌遠，其知彌少。"（四十七章）又説："絕學無憂。"（二
十章）又説："絕聖棄智，民利百倍；絕仁棄義，民復孝慈；絕巧棄利，
盜賊無有。"（十九章）又説："古之善爲道者，非以明民，將以愚之。
民之難治，以其智多。故以智治國，國之賊；不以智治國，國之福。"
（六十五章）等等，都是確證。老子如此輕視經驗和實踐，我們怎能
認爲僅僅是思想方法中的缺陷，而同他的世界觀無關？

　　毛澤東同志説："任何知識的來源，在於人的肉體感官對客觀
外界的感覺，否認了這個感覺，否認了直接經驗，否認了親自參加
變革現實的實踐，他就不是唯物論者。"（《實踐論》）又説："如果以
爲理性認識可以不從感性認識得來，他就是一個唯心論者。"（同
上）毛澤東同志這個經典性的指示，應該引起我們重視。

　　我們試進一步來考察一下，老子的輕視經驗和實踐，到底同他
的世界觀有沒有聯繫。

　　《老子》書開卷第一章，頭一句便説："道可道，非常道。"實際上
這句話已經充分表述了他的客觀唯心主義觀點，而這種觀點正同
他的輕視經驗和實踐是一致的。

　　我們從"道可道，非常道"這句話裏，可以明顯地看出，老子是
把道分爲兩種：一種是"非常道"，即可道的道；另一種是"常道"，即
不可道的道。老子在這兩種道當中，特別看重哪一種，經常強調哪
一種呢？無疑爲後者，即"常道"。老子認爲："常道"的道，是根本
的；"非常道"的道，是派生的。兩種道如果説可以統一起來的話，
那末，老子是認爲統一於"常道"，而不統一於"非常道"。這正反映
了老子的唯心主義的世界觀。

　　什麼叫做"常道"？什麼叫做"非常道"？如使用當時的語言來
説明，"非常道"實兼德而言，"常道"不兼德而言；"非常道"的道，在
物之中，"常道"的道在物之外。

　　關於道與德這兩個概念的含義，《管子·心術》篇有很好的解

釋(按,《管子·心術》篇原爲先秦道家遺説,被後人編入《管子》中)。《心術》篇説:"虚無無形謂之道,化育萬物謂之德。"又説:"德者道之舍,物得以生。"又説:"故德者,得也。得也者,其謂所得以然也。無爲之謂道("無"前有"以"字,兹從俞樾校删),舍之之謂德,故道之與德無間,故言之者不别也。間之理者,謂其所以舍也。"上述文字大意是説,道與德二詞,在一般用法上没有什麽分别,這是因爲道固然就是道,德與道也有密切聯繫(所謂"道之與德無間")。二者的區别,衹争一個"舍"字(所謂"間之理者,謂其所以舍也")。即道之爲道,無"舍";德之爲道,有"舍"(所謂"虚無無形謂之道"和"德者道之舍")。此處"舍"字的用法,同一般説"神不守舍"的"舍"字用法一樣,都應作房舍、宿舍解。

　　"非常道"所以是兼德而言,是因爲這種道有"舍"。如用今日的哲學概念來説明:道是規律。有"舍"的道,是説明這種規律存在於物質客體之中。例如《老子》書裏所説的"天之道"(九、七十三、七十七、八十一章)、"人之道"(七十七章)、"聖人之道"(八十一章),《莊子》書裏所説的"在螻蟻"、"在稊稗"、"在瓦甓"、"在屎溺"的道(《知北游》)等等,都是這種道。正由於它是個别的道、特殊的道,即依老子的看法,這種規律是存在於物質客體之中,所以它是"可道",它是"非常道"。"非常道"乃是説明它的特殊性、多樣性和不穩定性。至"常道",則不兼德而言,即這種道無"舍"。什麽是無"舍"之道?依老子的看法,這種規律,是離開了物質客體而單獨存在着。《老子》書裏所説的"有物混成,先天地生,寂兮寥兮,獨立而不改,周行而不殆,可以爲天下母,吾不知其名,字之曰道"(二十五章),"道生一,一生二,二生三,三生萬物"(四十二章),"道之爲物,惟恍惟惚"(二十一章)等等,都是指這種道而言。古人稱"天地"猶如我們今天説"自然界"。"先天地生",正説明這種道是第一性的,并且説明它是没有物質客體而單獨存在的東西。"寂兮寥兮,獨立而不改,周行而不殆",是説明它的抽象性、絶對性和普遍性。"可以爲天下母”，則説明它是宇宙的根源。正因爲這樣，所以，老子認爲它是“常道”，是不可道的道。

　　我們知道，“規律是對象和現象在自己的運動中表現出來的必然的、本質的、内在的、穩定的聯繫”，①離開物質客體而單獨存在的規律是不可想象的。承認没有物質客體也會有規律存在，事實上等於承認没有物質也會有運動存在。列寧曾明確地指出：“重要的是：想象没有物質的運動的這種意圖偷運着和物質分離的思想，而這就是哲學唯心主義。”②老子正是認爲物質和規律，亦即物質和運動，可以分離，并且認爲規律是第一性的，物質統一於規律。老子具有這樣的哲學觀點，我們怎能説他是唯物主義哲學家？

　　老子説“道可道，非常道”，跟先秦名家所提出“白馬非馬”的命題很相似，實質上這反映老子對於抽象和具體，單一、特殊和普遍的關係的看法。實際老子所説的“非常道”是具體的、特殊的道，所説的“常道”是抽象的、普遍的道。在抽象和具體的關係的問題上，老子並不是把感性認識和理性認識看成是統一的認識過程中的兩個階段，而是以爲理性認識可以不從感性認識得來，認爲概念是獨立地、不依賴於現實事物而存在，概念是現實的創造者。在單一、特殊和普遍的關係的問題上，老子不瞭解特殊的事物是和普遍的事物聯結的，普遍性即存在於特殊性之中，無個性即無共性，而是把普遍絶對化，認爲普遍先於單一並創造單一。毫無疑問，老子的這個哲學思想是客觀唯心主義，而與唯物主義無共同之處。

　　正因爲老子認爲規律可以離開物質客體而單獨存在，規律是第一性的；認爲概念是獨立地、不依賴於現實事物而存在，概念是現實的創造者；把普遍絶對化，認爲普遍先於單一並創造單一。也

----

　　①　（前蘇聯）羅森塔爾、施特拉克斯主編：《唯物辯證法的範疇》，三聯書店，1958年，第163～164頁。

　　②　《列寧全集》第14卷，人民出版社版1957年，第283頁。

就是説，老子的世界觀是客觀唯心主義的。所以，他必然輕視經驗和實踐，這是無可懷疑的。

下面還補充説明幾個問題。

一、“道生一”問題

老子説：“道生一，一生二，二生三，三生萬物，萬物負陰而抱陽，沖氣以爲和。”（四十二章）這裏“道”字的含義與“天之道”、“人之道”、“聖人之道”等等詞句中的“道”字含義不同，而與“先天地生”的“道”字含義一致。即它是所謂“常道”，它是絕對的、普遍的、第一性的道。這個道字當然也應解釋爲規律，但是它卻沒有物質性。因爲這樣的規律，客觀上是不存在的。“道生一”的過程，是無生有的過程，而不是有生有的過程。老子在另一處説：“天下萬物生於有，有生於無。”（四十章）這“有生於無”可以看作是“道生一”的注脚。所謂“無”，就是“道”，也就是規律；所謂“有”，就是“一”，也就是自然界。所以，“道生一”這個命題，實反映老子對精神與自然界的關係問題的看法。關於道是怎樣生一、生萬物的呢？老子另在二十一章又作了詳細的描述。他説：“道之爲物，惟恍惟惚。惚兮恍兮，其中有象；恍兮惚兮，其中有物；窈兮冥兮，其中有精；其精甚真，其中有信。自古及今，其名不去，以閲衆甫。”實際這一段過程的描述，完全是虛構的、唯心的，沒有科學根據。因爲，事實上“無”不能生“有”，精神不能生自然界。馮友蘭先生根據這段文字中有“其中有物”斷言“道本身也必然基本上是物質性的東西”，這是不正確的。

“道生一”這個命題裏的“一”，在《老子》書裏，有時也可以稱爲“有”，爲“無名”，爲“朴”，爲“天地之始”。總之，是表述這時自然界已被創造出來，但是它還處在極原始的階段，渾渾沌沌，囫圇一團，沒有剖判，不可稱道。大抵稱“有”是對“無”來説的，稱“無名”是對

"有名"來説的,稱"樸"是對"器"來説的,稱"天地之始"是對"萬物之母"來説的。"一生二,二生三"這兩個命題裏的"二"、"三"兩字是指着什麽來説的呢?從《老子》本文説:"萬物負陰而抱陽,沖氣以爲和",可以看出:"二",是指着"陰"、"陽"來説的;"三",是指着"陰"、"陽"和"和"來説的。《莊子·田子方》篇説:"至陰肅肅,至陽赫赫,肅肅出乎天,赫赫發乎地,兩者交通成和,而物生焉。"正本《老子》爲説而又進一步加以闡發。"三生萬物"後,萬物的本身也都具有"三",這就是所謂"萬物負陰而抱陽,沖氣以爲和"。陰、陽在《老子》書裏,有時也可以稱爲"營、魄","和"有時也可以稱爲"一"。本書十章説:"載營、魄抱一,能無離乎?"這章裏所説的"營、魄"就是陰、陽,"一"就是"和"。營、魄也可以稱爲魂、魄,《左傳》昭公七年,子產説:"人生始化曰魄,既生魄,陽曰魂。"是其證。《老子》三十九章説:"昔之得一者,天得一以清,地得一以寧,神得一以靈,谷得一以盈,萬物得一以生,侯王得一以爲天下貞,其致之。天無以清將恐裂,地無以寧將恐發,神無以靈將恐歇,谷無以盈將恐竭,萬物無以生將恐滅,侯王無以爲貞將恐蹶。"("爲貞"原作"貴高",兹據宋范應元本校改)這章裏的"一"字,吳澄釋爲"沖虛之德",是對的。"沖虛"就是和,本書所謂"沖氣以爲和"是其證。"一",也可以稱爲道,又可以稱爲德。因爲"德者道之舍,物得以生"(《管子·心術》已詳前),所以,單從"一"來説,可以稱爲道。但如從"得一"來説,則應稱爲德。《莊子·天地》篇説:"泰初有無無,有無名,一之所起。有一而未形,物得以生謂之德。"這段文字如與《老子》對照來看,則對於上述若干名詞概念的內容及其相互間的關係,就更容易瞭解。應該説:"無無"是指着道説的,"無名"是指着一説的。"物得以生",其所得的東西是什麽?當然是一,這一點從本文內就可以知曉,得一就可以稱爲德了。所謂"德也者,得也,其謂所得以然也"(《管子·心術》)就是闡明這個意思。《老子》四章説:"道沖而用之或不盈。"可作和爲道的證明。不過,應該知道,這個道,依老子的觀點,它是可道的道,不是常道,同"道生一"的道,還有很大的差別罷了。

二、道與德問題

關於道與德的問題,上文已經講了一些。不過祇據《管子·心術》篇來解釋的,是否符合於《老子》書的本義,沒有說明,需要在這裏加以補充。

《老子》說"道者,萬物之奧"(六十二章),說"道生之,德畜之,物形之,勢成之,是以萬物莫不尊道而貴德"(五十一章),說:"孔德之容,惟道是從"(二十一章)等等,我們如就這些詞句仔細加以分析,不難看出,《老子》書中道、德二詞正確的含義及其相互間的關係。

什麼叫做"道者,萬物之奧"呢? 吳澄解釋得比較好。他說:"室西南隅之奧,尊者所處,故以譬道之最貴也。"提出"室西南隅之奧"來,已經接觸到問題的實質。不過,還沒有達到如《管子·心術》篇所說"德者,道之舍,物得以生"那樣明確透闢。實際老子用室奧作譬,正認爲道存在於萬物之中,亦即規律存在於物質客體之中,同奧在室中一樣。《左傳》昭公十三年說"國有奧主",《論語·八佾》"王孫賈問曰:'與其媚於奧,寧媚於竈',何謂也"等等,這些,都是老子同時人恒用室奧作譬的例證。

"道生之,德畜之,物形之,勢成之",這裏的"道"字與"道生一"的"道"字所表述的是一個東西,即都是想象沒有物質還能够存在的一種充滿神秘性的東西。"德畜之"的德字卻不然,在老子思想中,它乃是道生了一以後,在新的情況下,所起的名字。它意味着這時道已經有居留的處所了。"德"字從得立義,它不同於道,在於它是"道之舍"。萬物的生命於這時起源。《莊子·天地》篇說"未形者有分,且然無間謂之命",所闡明的就是這個問題。正因爲老子認爲萬物的生命起源於這時,以後將由此不斷地向前發展,所以說"德畜之"。

"孔德之容,惟道是從",與"德者道之舍"的意思相符,尤爲明顯。"容"是容受、容納,其義正同於舍。

總起看來,《管子・心術》篇所解釋的道、德二詞的含義,深得老子神髓。我們應用它來理解老子思想,不但是容許的,而且是必要的。《老子》又稱《道德經》,道與德這兩個概念在《老子》書中占着特殊重要的地位。我們必須正確地瞭解了它們,才能夠正確地掌握住老子哲學思想的核心與實質。

根據馬克思主義唯物主義的正確觀點,認爲任何規律都是運動的規律,物質和運動是彼此不可分的,没有運動的物質和没有物質的運動,都是不可思議的。運動是物質的固有屬性,是物質的永恒的存在形式。但是,我們從上面關於道與德問題的分析,可以看出老子的觀點卻與此相反,他不但認爲道是在物質之外存在着的規律,而且認爲德也是規律居留於物質之中,還保持着可以分離的關係。不僅如此,他還認爲道是絶對的、根本的、德是相對的、派生的。顯然這是唯心主義的觀點。儘管老子是無神論者,但是老子所謂道的實質,在某種程度上,可以說還與古人所謂靈魂一脈相通。恩格斯說:"在遠古的時候,人們還没有關於人體構造的任何概念,還不會解釋夢裏的現象,所以就有了這樣一種想法,以爲他們的思維與感覺並不是他們身體的活動,而是一種什麽獨特的東西——靈魂的活動,這種靈魂居留在人體之内,在人死後就離開肉體了,——自從那時候起,人們就不得不深思到這種靈魂對外界的關係。要是靈魂在死亡之際就與肉體分離而繼續活着,那末便没有絲毫的理由去設想靈魂還有什麽單獨的死亡了。關於靈魂不死的觀念就是這樣發生的。"[1]請看,如果把老子所說的"道",改用

---

[1]　恩格斯:《費爾巴哈與德國古典哲學的終結》,人民出版社,1955年,第18～19頁。

"靈魂"來代替,豈不是更直接、更容易瞭解嗎?"靈魂"可以設想"不死","道"同樣也可以設想"獨立而不改"。"靈魂"可以設想居留在人體之內,"道"同樣也可以設想是"萬物之奧"。當然,老子的思想是哲學思想,比較"靈魂不死"的想法和說法是大大地前進了,但是它並沒有完全擺脫"靈魂不死"那種錯誤想法的痕迹,它與哲學唯物主義之間還存在着本質上差別,則是不容懷疑的。

三、有名與無名問題

《老子》開卷第十章,先說:"道可道,非常道。"以下緊接着又說:"名可名,非常名。無名,天地之始;有名,萬物之母。故常無欲,以觀其妙;常有欲,以觀其徼。此兩者,同出而異名,同謂之玄。玄之又玄,衆妙之門。"這段文字,各家有不同的斷句。這個問題必須解決。因爲它不是細節的問題,而是關係到對於所討論的根本問題的看法問題。

1."無名,天地之始;有名,萬物之母"二句,有人讀爲"無,名天地之始;有,名萬物之母",對不對呢? 我認爲不對。理由如下:

老子在本章章首並列提出兩個問題:一個是討論道的問題,另一個是討論名的問題。在第一個問題裏,所談的對象是抽象的規律。他是把規律分爲兩種:一種是普遍的規律,即所謂'常道'(他之所以是錯誤的、是唯心的,在於他把這一種規律給絕對化、神秘化了);另一種是特殊的規律,即所謂"非常道"。在第二個問題裏,他所談的對象是具體的事物。同樣,他也把事物分爲兩種:一種是"常名",一種是"非常名"。道與名二者的關係,是既有區別,又有聯繫。區別在於,前者是虛無(《管子·心術》所謂"虛無無形謂之道"),後者是實有(《管子·心術》所謂"物固有形,形固有名。……名者,聖人之所以紀萬物也")。聯繫在於,依老子的觀點,一方面,"常道"雖然在事物之外,但它能創造整個自然界,並能支配整個自然界；"非常道"則就在個別事物之中存在着，它能支配個別事物。另一方面，不管"常名"也好，"非常名"也好，都是道所創造的，并且是服從於道的支配。這就是老子把道與名二者並列提出來加以討論的道理。爲什麼説此下兩句，以"無名"、"有名"爲讀是對的，"無"、"有"爲讀不對呢？第一，以"無名"、"有名"爲讀，是申釋'常名'與"非常名"的問題，緊承上文，文意聯貫。如以"無"、"有"爲讀，則是討論有無的問題，雖然我們不能説上文不存在這個問題，但是没有在字面上看見，忽然闌入，覺得突兀。第二，"無名"可以説是天地之始，至"無"，依老子的觀點，祇能説是天地之先，不能説是天地之始。顯然，"始"所表述的是一種東西本身的發展階段上的問題，而"先"所表述的乃是兩種東西之間的序列的問題。"無名"與"天地"，同在"有"的範疇以内，同"無"有本質上差別，怎能並爲一談，説："無，名天地之始。"又，"有名"與"無名"是相對立義，"有名"指剛從"無名"發展到"有名"的階段而言。萬物由這時産生，所以可以説"有名，萬物之母"。至"有"，則早在天地之始時既已是有，爲什麼在天地之始之後，才説"有，名萬物之母"呢？第三、請藉助於《莊子》來説明。《莊子·齊物論》篇説："古之人，其知有所至矣。惡乎至？有以爲未始有物者。至矣，盡矣，不可以加矣。其次，以爲有物矣，而未始有封也。其次，以爲有封焉，而未始有是非也。"莊子所述的三個階段，與老子的觀點正相符合。"未始有物"相當於老子所謂"無"或"道"；"有物而未始有封"，相當於老子所謂"一"、"無名"。老子有時也稱爲"樸"、"玄"和"玄同"等等。"封"，是封疆界限，用這個詞來表述彼此間的區別。正由於"未始有封"，所以是"一"，是"無名"，是"天地之始"。也正由於"有物"，所以它不是"無"。"有封而未始有是非"，相當於老子所謂"有名"、"二"、"萬物之母"。如果説是"有，名萬物之母"，在文理上就難通了。綜上三點理由，可見以"無名"、"有名"爲讀是對的，以"無"、"有"爲讀是不對了。"有名，萬物之母"，是釋上文的"非常名"。因爲，"可名"則有名，有名則千品萬彙，蕃變無方，所以是"非常名"。"無名，天地之始"是釋上文的"常名"，因爲不可名則無名，無名則終始如一，沒有更改，所以是"常名"。

2."故常無欲，以觀其妙；常有欲，以觀其徼"二句，應於兩"欲"字處點斷，不應於"無"、"有"二字處點斷。理由如下：

老子說這兩句話的意義，在告人以"觀妙"、"觀徼"的方法。"妙"與"徼"是兩個互相對立的概念。"妙"古作眇（從畢沅說），"徼"應從敦煌唐人寫本殘卷作"曒"。"妙"是幽玄，有深遠莫測之意；"曒"是分明，有彰明較著之意。十四章說"其上不曒，其下不昧"，"曒"與"曒"字同，"昧"與"妙"義同。二十章說"俗人昭昭，我獨昏昏"，"昭昭"正是形容"曒"，"昏昏"正是形容"妙"。"觀妙"是觀"無名"，觀"無名"是想要認識"天地之始"是什麽樣子。"觀曒"是觀"有名"，觀"有名"是想要認識"萬物之母"是什麽樣子。當然，依老子的觀點，在"妙"與"曒"裏邊，都有道的作用。所以"觀妙"、"觀曒"同時，也就是觀道。不過，老子是特別強調"觀妙"一面。這也同他在道的問題上，特別強調"常道"一樣，都貫串着他的唯心主義哲學觀點。"無欲"與"有欲"是老子認識"無名"和"有名"的兩種方法。《老子》本書十六章說："致虛極，守靜篤，萬物並作，吾以觀復。"三十七章說："無名之樸，夫亦將無欲。"五十六章說："塞其兌，閉其門，銼其銳，解其分，和其光，同其塵，是謂玄同。"五十七章說："我無欲而民自樸。"等等，這些詞句，都可以作爲我們瞭解老子用"無欲"、"觀妙"的一種參考。所謂"致虛"、"守靜"、"塞兌"、"閉門"等等，是"無欲"的功夫。"無名"、"樸"、"玄同"和"妙"，是一種東西。《莊子》書裏所說的"吾喪我"（《齊物論》）、"坐忘"（《大宗師》）、"形若槁骸，心若死灰"（《知北游》）等等，是達到"無欲"的境界。誠然，老子是反對有欲的。但是反對有欲不等於否認有欲，也正因爲事實上有欲存在，所以老子主張無欲才有意義，這是極其明顯的道理。如仍然用《莊子》來說明，如上所述，"吾喪我"是"無欲"時的情況,則同書"其寐也魂交,其覺也形開,與接爲構,日以心鬥"(《齊物論》)正是"有欲"時的情況。又如用莊子所描繪的"地籟"作此方:則"萬竅怒呺"是"有欲","衆竅爲虛"是"無欲"。(並見《齊物論》)不過,在這裏有一個問題,應該引起我們注意,即老子的"觀妙"、"觀曒"所要認識的是什麼呢?應該如上文所説,是"天地之始"與"萬物之母",即客觀世界。但是,實際上,他所認識的乃是"無欲"、"有欲",即主觀世界。老子是以對於主觀世界的認識來代替對於客觀世界的認識。毫無疑義,這是唯心主義的認識論。

　　以上,就是我對於老子這兩句話的簡單解釋。這個解釋是以"無欲"、"有欲"爲讀的。假如以"無"、"有"爲讀,情況就不同了。首先説老子這兩句話用古代文法慣例爲證來説明,祇能得出:"常無欲以觀其妙"猶云"常以無欲觀其妙","常有欲以觀其徼"猶云"常以有欲觀其徼"的結論,[①]不能得出"常無欲以觀其妙"猶云"欲以常無觀其妙","常有欲以觀其徼",猶云"欲以常有觀其徼"的結論。關鋒、林聿時兩同志"論老子哲學體系的唯心主義本質"一文的基本觀點,我們是同意的。但他們對《老子》這兩句的讀法,同意高亨先生《重訂老子正詁》的論點,以"常無"、"常有"連讀,認爲"對此,高亨先生有很深刻的分析和論據",我們卻不同意。爲了解決問題,不應嫌麻煩,現在不妨把高先生的全部論據抄來,然後加以分析。原文如下:"《論語·里仁》篇曰:'吾道一以貫之。'猶云吾道以一貫之也。《陽貨》曰:'君子義以爲上。'猶云君子以義爲上也。《禮記·禮運》篇曰:'禮,先王以承天之道,以治人之情。'猶云先王以禮承天之道,以禮治人之情也。《左傳》僖公四年傳:'楚國方城以爲城,漢水以爲池。'猶云楚國以方城爲城,以漢水爲池也。《淮南子·氾論》篇曰:'仁以爲經,義以爲紀。'猶云以仁爲經,以義爲

---

　　① 束世澂《老子研究法》已見及此,詳見《"國立"東南大學校刊》第十三號,兹自蔣錫昌《老子校詁》轉引。

紀也。其例甚多，不可歷舉。此類句法本書中亦恒有言之。六十
一章曰：‘大國以下小國，則取小國。小國以下大國，則取大國。’猶
云以大國下小國則取小國，以小國下大國則取大國也。六十七章
曰：‘夫慈，以戰則勝，以守則固。’猶云夫以慈戰則勝，以慈守則固
也。七十七章曰：‘孰能有餘以奉天下。’猶云以有餘奉天下也。”高
說就是這樣。

　　下面請加以分析。於文法：“以”爲關係詞，也有稱爲介詞或前
置詞的。在關係詞“以”的後面應有補詞。補詞也有稱爲司詞的。
中國古代漢語補詞，例倒置在關係詞“以”之前，如《老子》本書這兩
句話和高先生所舉諸例都是。我們如果把古代漢語補詞倒置的語
法，改成通常的語法，結果怎樣呢？即以高先生所舉的頭一個例子
來說吧。“吾道一以貫之”應爲“吾道以一貫之”，那末，“常無欲以
觀其妙”豈不是恰恰應爲“常以無欲觀其妙”嗎？怎會得出“欲以常
無觀其妙”呢？如果說，這個改成“欲以常無觀其妙”是正確的，那
末，爲什麽不把“吾道一以貫之”改成“一以吾道貫之”呢？把“欲”
字故意提到前頭，是什麽道理呢？難道老子平時主張“無欲”，而當
“觀妙”的時候，就這樣要倚靠“欲”來解決問題嗎？無論如何是說
不通的。其實，不僅高先生所舉的頭一個例子不能證明他所要證
明的東西，所有那些例子都不能證明他所要證明的東西。祇有《禮
運》“禮，先王以承天之道，以治人之情”這個例子好像與高先生所
要證明的東西有相似之處。但是，應該知道，“先王”是一句中的主
語，可以提到前頭，并且必須提到前頭，而“欲”則非主語可比，自然
不能提到前頭。所以高先生以“常無”、“常有”連讀的論點，是不正
確的，是不能據依的。其次，老子這兩句話的重心，在於兩個“觀”
字。假如以“常無”、“常有”爲讀，就是用“常無”、“常有”來觀。這
個觀的主人是誰？當然，是有意識的人了。從文法上講，在這裏是
把它省略。“無”、“有”二字，於文法爲同動詞。同動詞“無”、“有”
的後面，須有賓詞。不管這個賓詞省略與否，總歸是有的。那末，

這裏同動詞“無”、“有”的賓詞，如果説不是“欲”，又是什麼呢？令人費解。又次，上文已經講過，“妙”、“徼”是頂接“無名”、“有名”來説的，“無名”、“有名”又是頂接“常名”、“非常名”來説的。總之，都是談有，而不是論無。如果説用“常無”來“觀妙”，也是説不通的。

總結上文，我們應當得出這樣結論，即以“無欲”、“有欲”爲讀，是對的；以“無”、“有”爲讀，是錯了。

關於“此兩者，同出而異名，同謂之玄。玄之又玄，衆妙之門”的讀法和解釋，向來也有不同的見解。兹爲避免煩瑣，不復加以論駁，僅就我個人的看法，解説如下：

“此兩者”，實指“妙”和“徼”而言，亦即指“無名”和“有名”而言。“同出而異名”的“同出”，是説它們同出於道，同出於無；“異名”是説它們的字不一樣，即有的叫做“妙”，有的叫做“徼”，有的叫做“無名”，有的叫做“有名”。但是“無名”與“有名”，“妙”與“徼”，本來是一個東西，祇由於發展階段上不同，才使用兩個名字來表述它們。正因爲這樣，所以，依然可以把它們統一起來，這就是“同謂之玄”的道理。統一於“玄”，實際上是統一於“妙”，而不是統一於“徼”。十五章説：“古之善爲士者，微妙玄通，深不可識。”是“玄”、“妙”義同之證。“玄”，是“妙”和“徼”二者的統一體。但是，爲什麼獨統一於“妙”，而不統一於“徼”呢？這跟老子於“無欲’、“有欲”二者，獨强調“無欲”；於“道”與“物”二者，獨强調“道”；於“有”與“無”二者，獨强調“無”一樣，正反映他的哲學唯心主義觀點。“玄之又玄，衆妙之門”是説明生萬物以後的情況。五十二章説：“天下有始，以爲天下母。既得其母，以知其子。”大體上我們可以這樣説：“玄”包括“妙”和“徼”，亦即所謂“一小天地”，相當於物類的個體。“玄之又玄”是母可以生子，子又可以爲母，如是，生生不已，每一個玄之中，都具有一個妙；無數個玄之中，即具有無數個妙。所以説“玄之又玄，衆妙之門”，意思是説，萬物就是這樣產生和發展的。

《老子》開卷的頭一章，確實是全書的綱領。我個人的見解像上文所說過的那樣，對不對，願意提出供大家討論。

四、老子哲學思想中有沒有唯物主義因素

　　我們說老子哲學思想是唯心主義的，並不等於說老子的言論中沒有若干正確部分，也同老子輕視經驗和實踐，以至於公開地反對經驗和實踐，並不妨礙他應用很多在經驗和實踐中取得的知識來論證問題。例如，二章說："天下皆知美之爲美，斯惡已；皆知善之爲善，斯不善已。故有無相生，難易相成，長短相較，高下相傾，音聲相和，前後相隨。"八章說："上善若水。"十一章說："三十輻共一轂，當其無，有車之用。埏埴以爲器，當其無，有器之用。鑿戶牖以爲室，當其無，有室之用。故有之以爲利，無之以爲用"。二十二章說："曲則全，枉則直，窪則盈，敝則新，少則得，多則惑，是以聖人抱一爲天下式。"二十三章說："希言自然。故飄風不終朝，驟雨不終日。"二十四章說："企者不立，跨者不行。"三十六章說："將欲歙之，必固張之；將欲弱之，必固强之；將欲廢之，必固興之；將欲奪之，必固與之，是謂微明。"四十章說："反者道之動，弱者道之用。"等等，諸如此類，不勝枚舉，這都是應用經驗和實踐所取得的知識來論證問題的例子。但是，我們能不能根據上述的這些例子，來證明老子是唯物主義者呢？肯定說，是不能。其所以不能在於，他不是用唯物的觀點對待這些問題，而是用唯心的觀點對待這些問題，即不是認爲理性認識依賴於感性認識，而是顛倒了事實，把理性認識强調到不適當的地位，竟認爲"道（規律）沖而用之或不盈，淵兮似萬物之宗"（四章），"天法道"（二十五章），"大道氾兮其可左右，萬物恃之而生而不辭"（三十四章），"道者，萬物之奧"（六十二章），即認爲理性先於感性而存在，它並且是一切變化發展的根基、源泉。顯然，這是唯心主義觀點的具體表現。當然，發現規律，這是人類思維的長期抽象活動的結果。老子承認客觀規律，并發見了

若干重要規律,在哲學史上的功績是永遠不會泯滅的。也正由於
承認規律,所以,他不相信有鬼神。這都是他的進步的地方。但
是,由於發見了若干客觀規律,認識了規律有指導人們行動的重要
意義,因而把規律"片面地、夸大地、過分地發展(膨脹、擴大)爲脱
離了物質、脱離了自然、神化了的絕對。"①則是錯誤的、唯心的。
列寧説:"僧侣主義(=哲學唯心主義)當然有認識論的根源,它不
是没有根基的,它無疑是一朵不結果實的花,然而卻是生長在活生
生的、結果實的、真實的、全能的、客觀的、絕對的人類認識這棵活
生生的樹上的一朵不結果實的花。"②我看用列寧的話來説明老子
的哲學思想,是最恰當不過的。老子的輕視經驗和實踐,同他的哲
學唯心主義有直接聯繫。我們探討老子的哲學思想,而對於老子
的輕視經驗和實踐這一點,熟視無睹或重視不够,其結果必然迷失
方向,誤入歧途,這是没有什麽奇怪的。

(《吉林大學人文科學學報》1960 年第 1 期)

---

① 列寧語。列寧:《哲學筆記》,人民出版社,1957 年,第 365 頁。
② 同上。

論老子思想

先秦古籍如《禮記・曾子問》、《莊子・天下》、《韓非子・内儲說下》都祇稱老聃或老耼，不稱李耳。則老聃當是以老爲氏，其名爲聃。《史記・老子列傳》說老子是楚苦縣厲鄉曲仁里人，爲周守藏史。與孔子同時而年輩稍長，故史稱孔子問禮於老聃。司馬遷說："世之學老子者則絀儒學，儒學亦絀老子，‘道不同不相爲謀’，豈謂是邪！"老子爲道家之祖，孔子爲儒家之祖，儒道兩家的思想是根本對立的。

老子所以稱爲道家，主要在於他把道作爲整個思想的基礎核心。因此，我們研究老子，首先應當瞭解老子的所謂道是什麼東西。當前學術界對作爲老子思想基礎核心的道字，有很多解釋。到底哪一種說法對呢？我看最關鍵的問題在於對《老子》"道可道，非常道"這一章應有正確的理解。

我的看法，《老子》所說的"道可道，非常道"裏邊隱含着一個常道不可道的意思在內。同樣，"名可名，非常名"裏邊也隱含有一個常名不可名的意思在內。從《老子》這段話的整個意思來看，他是把道分爲兩種的：一種是不可道的常道，另一種是可道的非常道。同樣，他也把名分爲兩種：一種是不可名的常名，另一種是可名的非常名。

舉例子說，《老子》說"天之道，不爭而善勝"，說"天之道其猶張弓與！高者抑之，下者舉之；有餘者損之，不足者補之"，這些道都是什麼呢？用今日科學的語言來表達，就是規律。《老子》所說的這些道，第一，是變動不居的；第二，這個變動總是向相反的方向轉化。這不是規律是什麼呢？《莊子·知北游》所説的道在螻蟻、在稊稗、在瓦甓、在屎溺，這些道也是規律。任何把它解釋爲精神性的東西的説法，都是不對的。

那末，上面所説的這些道，在《老子》所區分的常道與非常道，屬於哪一種呢？我認爲這些都屬於非常道一種。實際上《老子》所説的非常道，是具體的道、特殊的道，亦即具體的規律、特殊的規律。例如天之道、螻蟻之道，就是具體的道、特殊的道。正因爲它是具體的道、特殊的道，所以它是非常道。非常道，是説它是變化無方、多種多樣的。下文的非常名，是爲了説明這個非常道而立説的。那末，常道是什麼呢？常道是與非常道相對立的。就是説，它不是具體的道、特殊的道，而是抽象的道、一般的道。把道字譯成規律，常道就是抽象的規律、一般的規律。《老子》的這種分析，同名家的"白馬非馬"的命題十分相似。實際上，名家所説的"白馬"，是指具體的馬，所説的"馬"是指抽象的馬。正因爲《老子》所説的常道是指抽象的道，所以這個道才能是《老子》所形容的"道之爲物，惟恍惟惚，惚兮恍兮，其中有象；恍兮惚兮，其中有物；窈兮冥兮，其中有精；其精甚真，其中有信。自古及今，其名不去，以閲衆甫"，才能是《老子》所形容的"視之不見名曰夷，聽之不聞名曰希，搏之不得名曰微，此三者不可致詰，故混而爲一，其上不皦，其下不昧，繩繩不可名，復歸於無物，是謂無狀之狀，無物之象，是謂惚恍"。

老子所以是唯心論者，並不在於他區分常道與非常道，也不在於他所説的道是"絕對精神"，而在於他認爲非常道是由常道產生的。他把常道看成是宇宙的根源，例如他説："有物混成，先天地生，寂兮寥兮，獨立而不改，周行而不殆，可以爲天下母，吾不知其名，字之曰道。"又如他説"天下萬物生於有，有生於無"，"道生一，一生二，二生三，三生萬物"，都是他的這一觀點的具體表述。在"道可道"章，他説"無名萬物（通行本作"天地"，今據馬王堆漢墓帛書改)之始,有名萬物之母",也是申述這一觀點。

事實上,抽象的東西是從具體的東西之中抽取、概括出來的,抽象不能産生具體;一般即寓於特殊之中,一般不能産生特殊。即以道是規律而論,規律存在於運動之中,而運動與物質密不可分。世界是運動着的物質。没有運動的物質或者没有物質的運動,都是不可思議的。而老子卻認爲規律可以離開物質而獨立存在,規律能産生物質。很明顯,這是主觀臆造,客觀上是不存在的。所以,老子肯定是一個唯心主義的哲學家。

老子之所以是唯心主義哲學家,是由於他對抽象與具體、一般與特殊、運動與物質的關係的看法是錯誤的。但是,他能區分抽象與具體、一般與特殊、運動與物質,並企圖説明它們之間的關係,這一點,從認識的發展史來看,還是有積極意義的,應當肯定。

老子認識物質是不斷運動的,並看出這個運動是遵照對立統一和轉化的規律向前發展的,證明老子思想有辯證法因素。

例如《老子》説:"天下皆知美之爲美,斯惡已;皆知善之爲善,斯不善已。故有無相生,難易相成,長短相形,高下相傾,音聲相和,前後相隨。"在這段話裏,實際上是用很多實例來闡明事物的矛盾性質。美與惡,善與不善,有與無,難與易等等都是互相依存的,失去一方,另一方就不存在。

又如《老子》説:"曲則全,枉則直,窪則盈,敝則新,少則得,多則惑。"説:"禍兮福之所倚,福兮禍之所伏,孰知其極。"説:"將欲歙之,必固張之;將欲弱之,必固强之,將欲廢之,必固興之;將欲取之,必固與之。是謂微明。"説:"天之道其猶張弓與,高者抑之,下者舉之;有餘者損之,不足者補之。"在這些話裏可以充分看出,老子是認識了辯證法的向對立面轉化的規律的,并且能運用這一規律。

但是從老子所説"知其雄,守其雌","知其白,守其辱"(此據《莊子·天下》)以及"反者道之動,弱者道之用"等等話語中不難看出，老子儘管認識辯證法，但在實際運用時，並没有完全擺脱掉形而上學。《漢書·藝文志》説"道家秉要執本……一清虚以自守，卑弱以自持"。這秉、執、守、持幾個字以及《老子》所説"抱樸"、"抱一"的抱字，都説明在老子的思想裏還存在形而上學。而這個形而上學的思想是同他的唯心主義哲學思想有聯繫的。

老子唯心主義的哲學思想表現在政治上，不但不是進步的，反而主張倒退，倒退到"小國寡民"的原始社會。

他説："古之善爲道者，非以明民，將以愚民之。民之難治以其智多，故以智治國，國之賊；不以智治國，國之福。"

又説："其政悶悶，其民淳淳；其政察察，其民缺缺。"

又説："俗人昭昭，我獨昏昏；俗人察察，我獨悶悶。"

又説："故聖人云，我無爲而民自化，我好静而民自正，我無事而民自富，我無欲而民自樸。"

因此，老子的理想國是"小國寡民"。他説："小國寡民，使有什伯之器而不用，使民重死而不遠徙，雖有舟車，無所乘之；雖有甲兵，無所陳之。使人復結繩而用之，甘其食，美其服，安其居，樂其俗，鄰國相望，鷄犬之聲相聞，民至老死不相往來。"把這種政治主張拿來在奴隸社會衰落時期的春秋去説教，無疑是非常落後了。

老子的唯心主義哲學思想表現在文化教育上則爲取消主義。

他説："絶學無憂。"説："絶聖棄智，民利百倍；絶仁棄義，民復孝慈；絶巧棄利，盗賊無有。"

又説："不出户，知天下；不窺牖，見天道。其出彌遠，其知彌少。"

又説："爲學日益，爲道日損，損之又損，以至於無爲，無爲而無不爲。"

老子這種思想無疑是荒謬的。但是也要看到，他並不是白痴，也不是瘋子，而是有一套理論的。這一套理論，對後世還産生過很大影響，不但對道家的莊子有影響，對儒家的荀子和法家的申不害、韓非也有不同程度的影響。

　　老子這一套理論具體表現在"爲道日損"上。爲什麽説"爲道
日損"呢？他所説的"損"，是損什麽呢？這個問題，在《莊子》書中
有具體的説明。用莊子的觀點來説，老子所要損的，有兩個東西。
一個是"知"，一個是"故"。"知"就是知識，"故"就是技術。《莊
子•刻意》説："静而與陰同德，動而與陽同波。不爲福先，不爲禍
始，感而後應，迫而後動，不得已而後起，去知與故，循天之理。"又
《大宗師》説："墮肢體，黜聰明，離形去知，同於大通，此謂坐忘。"這
裏所説的"去知與故"和"離形去知"就是《老子》所説的"日損"，日
損的結果，便是老子所説的"無爲"。在《莊子》則稱爲"心齋"（《莊
子•人間世》）、"坐忘"（《莊子•大宗師》）、"喪我"（《莊子•齊物
論》）。這種狀態也就是《漢書•藝文志》所説的"清虚以自守"，宋
人所説的"廓然而大公"。

　　"無爲"爲什麽能够變成"無不爲"呢？這個道理，在《莊子》書
中也有説明。《莊子•應帝王》説："至人之用心若鏡，不將不迎，應
而不藏，故能勝物而不傷。"這就是説，日損的結果，能使心像鏡子
一樣。"將"是送，"迎"是接，"不將不迎"，就思想來説，就是"不思
慮，不預謀"（《莊子•刻意》）。用鏡子作比喻，就是經常保持空虚。
"應而不藏"，用宋人的話説，就是"物來而順應"或"因物付物"。用
鏡子作比喻，就是物來即照，物去不留餘迹。法家之所謂術或刑
名，實際上就是吸取老子的這套理論。《荀子•解蔽》篇所倡導的
"虚一而静"也是吸取老子的學説而加以改造的。荀子説："心未嘗
不藏也，然而有所虚；心未嘗不兩也，然而有所謂一；心未嘗不動
也，然而有所謂静。"也就是説，荀子是在承認有"藏"、有"兩"、有
"動"的前提下，而主張虚一而静的。這就與老子的觀點有本質上
的不同。

　　毛澤東同志説："人的正確思想祇能來源於實踐，又要到實踐
中去受檢驗。一個閉目塞聽，同客觀外界完全絶緣的人是無所謂

認識的。"老子正是用閉目塞聽,同客觀外界完全絕緣的辦法來談認識的,所以老子的所謂認識,衹能是欺人之談,是沒有實際意義的。

老子思想的產生,有社會根源,也有思想根源。老子所處的時代是中國奴隸社會衰落的時代。他目睹社會長期動亂,意識到社會政治制度出了毛病。例如他說:"夫禮者,忠信之薄而亂之首。"說:"絕聖棄智,民利百倍;絕仁棄義,民復孝慈;絕巧棄利,盜賊無有。"說:"法令滋彰,盜賊多有。"說:"民不畏死,奈何以死懼之。"說:"民之饑,以其上食稅之多,是以饑,民之難治,以其上之有爲,是以難治;民之輕死,以其求生之厚,是以輕死。"等等都是證明。但是,他沒有改造社會、戰勝困難的勇氣,而是被困難所嚇倒,幻想逃避矛盾。以爲這樣做,不但能活命,還可以坐等光明前景的到來。總之,老子思想的產生不是偶然的,是有它的社會根源的。

老子思想的產生,不但有社會根源,據我看,還有思想根源。據傳殷周之際,中國有兩大哲學著作,一個是《周易》,一個是《歸藏》。《周易》經孔子傳授,今猶行於世。《歸藏》則早已亡佚。但從古文獻中也不難考見《歸藏》的一些踪跡,大體上說,《歸藏》與《周易》的性質相同,都是卜筮之書,而裏邊蘊藏有哲學思想。《歸藏》與《周易》一樣,也是用六十四卦的排列次序、卦辭爻辭和占用七八、九六這幾點上。最明顯的是《周易》的排列順序是首乾次坤,而《歸藏》則相反,是首坤次乾。《周易》占九六變爻,《歸藏》占七八不變爻。《禮記·禮運》說:"孔子曰,我欲觀夏道,是故之杞,而不足徵也,吾得《夏時》焉;我欲觀殷道,是故之宋,而不足徵也,吾得《坤乾》焉。《坤乾》之義,《夏時》之等,吾以是觀之。"《坤乾》,說者謂即殷易《歸藏》,以首坤次乾得名。這種說法比較可信。孔子得《坤乾》可用以觀殷道,足見這部著作很不簡單,在這裏邊一定能蘊藏着殷商一代的哲學思想或政治特點。

關於殷道、周道這兩個概念,在《史記·梁孝王世家》褚先生補編中也能看到。在那裏，首先是竇太后和漢景帝說："吾聞殷道親親，周道尊尊，其義一也。"以後，袁盎等解釋說："殷道親親者立弟，周道尊尊者立子……周道太子死，立適(嫡)孫。殷道太子死，立其弟。"他們所談的殷道、周道，主要是持君位繼承制來說的。殷周二代為什麼君位繼承制不同呢？從他們用親親、尊尊來解釋，可以看出，親親是重母，反映還存在母權制的殘餘；尊尊是重父，反映父權制已完全確立。

春秋時期兩大思想家，孔子受《周易》思想的影響很深，這一點留在下文再談。老子受《歸藏》思想的影響，這一點很少有人談及。據我看，這一點是可以肯定的。

我們讀《老子》，不能不看到，老子反復地談下述兩個觀點。

1. 重母性。例如他說"玄牝之門，是謂天地根"，"我獨異於人，而貴食母"，"無名萬物之母"，"可以為天下母"，"聖人皆孩之"，"天下有始以為天下母，既得其母，以知其子；既知其子復守其母，沒身不殆"。

2. 重柔弱。例如他說"弱者道之用"，"天下之至柔，馳騁天下之至堅"，"守柔曰強"，"牝常以靜勝牡"，"故堅強者死之徒，柔弱者生之徒"。

老子之所以形成這種思想，決非偶然，應有它的思想根源。據我看，這同孔子和《周易》的關係一樣，老子思想一定和《歸藏》思想有關係。上述的兩個觀點就是老子繼承和發展了《歸藏》首坤次乾思想的證據。

（《延邊大學學報》1980年第3期）

論孔子思想

孔子是中國歷史上一個有鉅大影響的人物,至少從《春秋》末到"五四",兩千多年裏,中國社會各階級、階層幾乎毫無例外地都稱他爲"聖人",足以説明這一點。孔子思想的基本内容是什麽;應根據哪些材料來説明;它是唯心的,還是唯物的;是進步的,還是保守的或反動的;孔子的思想理論是哪一社會的上層建築;爲什麽它在當時和後世都有極大的影響等等一系列問題,如果能給以正確的、全面的闡述,並予適當的評價,在目前來説,不論對中國歷史研究或哲學研究,都具有特殊重要的意義。

近來書刊上論述孔子思想的文章逐漸增多,其中頗有正確的意見,不過,一般説來,似還不夠全面、不夠深入,還存在不少問題。因此,願在這裏把我對上述這些問題所考慮的意見寫出來,提供史學界同志們批評和討論。

本文準備按照下列次序論述:

一、關於孔子思想的史料問題。因爲史料是考慮問題的基礎和出發點,史料應用得不適當,必然影響論斷的正確性。不過,史料問題又是一個複雜的問題,是一個大問題,不但在這裏祇用短短的篇幅不可能徹底解決,估計即再作十篇八篇專題論文也很難徹底解決。我想在這個既不能不談,又不能徹底談清楚的情況下,没有别的辦法,僅能提出我的基本看法而已。這是應該預先説明的。

二、孔子思想的産生和形成的諸條件。在這裏牽涉到周代社會性質問題,這也是一個大問題。在這裏也僅能提出我的基本見解,不能詳細地加以論證。

　　三、孔子思想的主要內容。準備就下列幾個名詞概念給以比較詳盡的闡述,即:(一)天命,(二)中庸,(三)仁,(四)正名(包括對於《春秋》和周禮的一般考察)。因爲這些名詞概念是論述孔子思想所應注意的重要問題、關鍵性問題。

　　四、孔子思想的評價。對孔子思想是唯心的,還是唯物的;是進步的,還是保守的或反動的;它是哪一社會的上層建築;爲什麼它在當時和後世都有很大的影響等等問題,做出結論。

一、關於孔子思想的史料問題

　　研究孔子思想,我認爲當以六經(《樂經》亡,今日存者祇有五經)爲主,《論語》爲主要材料,尤其《易》、《春秋》和《論語》三書特別重要。因爲,孔子刪定六經,在《易》和《春秋》二書中所付出的勞動最多,《易》和《春秋》是孔門最高深的理論書,孔子思想實集中地、完整地反映在二書裏。《論語》則是孔子弟子爲孔子言行所作的最忠實的記錄,儘管它是片斷的、拼湊的,缺乏完整性和系統性,但是其中卻保存着孔子一生各時期、各方面的豐富生活和事迹。此外,如七十子後學遺説以及擁護孔子學説的孟子、荀子和反對孔子學説的莊、墨、韓非諸家的論著,都有極其重要的參考價值。因爲各家的論著裏,不但有很多新的材料可作上述諸書的補充,而且有的從正面予以闡發,有的從反面予以攻駁,使我們對於問題的瞭解,能更爲全面、深入,無疑是有益處的。

　　有人抓住孔子説過"述而不作"一句話,硬要否定孔子刪定六經的事實。其實,孔子所謂"述"並不意味着是簡單地鈔録現成的東西,而是包括在原有材料的基礎上,又做了一定程度的加工工作的。所以,孔子之於六經,實際是以述爲作。我們説孔子刪定六經,跟孔子説"述而不作",並無抵觸。

　　還有,關於"六藝"和"六經"二詞的含義及其相互關係,我們如果細心地考察一下,對於瞭解六經是孔子所獨有的一點,也有重要意義。

"六藝"、"六經"二詞,通用多不分別,實際六藝如今天我們說六種學科,而六經則是孔子爲六種學科所編纂的教科書。

藝的意思是術,所以,《禮記·王制》把"《詩》、《書》、《禮》、《樂》"叫做"四術",賈誼《新書·六術》說:"內法六法,外體六行,以與《書》、《詩》、《易》、《春秋》、《禮》、《樂》六者之術以爲大義,謂之'六藝'。"

經之名,實與傳之名同時産生。經、傳猶如父子、夫婦、君臣等等對立的名稱一樣,是相互依存的,缺其一,另一名稱即不成立。章學誠說:"六經不言經,三傳不言傳,猶人各有我而不容我其我也。依經而有傳,對人而有我,是經傳人我之名,起於勢之不得已而非其質本爾也。"(《文史通義·經解上》)最爲通論。關於經傳的名義,舊說非常混亂,其實,經與傳是相對立名。經的意思是徑,即直接的意思,《釋名·釋典藝》和《楚辭章句·離騷經》都說"經,徑也"是其證。傳的意思是轉,即間接的意思,《文心雕龍·史傳》說:"傳者,轉也;轉受經旨,以授於後。"是其證。人們讀書是爲接受前人的知識或經驗,讀經則直接領受,讀傳則須多費一道手續,這是經傳立名的本義。(至"聖人制作曰經,賢者著述曰傳","經,常道也","傳,傳師說也"等,則俱是後起之義。有人說"經是編絲綴屬,傳是專,爲六寸簿",殊穿鑿,不可從。)

可見,六經專以名書,與"六藝"泛言六科不同。不過,後來六經在"六藝"中形成獨占的地位,六經遂與"六藝"相混,然其始固截然不同,不可不知。

辨別六經和六藝不同的意義何在呢? 第一,在說明六藝的基本內容在孔子以前就有,並不如康有爲一些人所說"六經皆孔子改制所作";第二,在說明六經確是經過孔子加工的成品,並不如近來疑古派所說"六經和孔丘無涉"。

《左傳》僖公二十七年，晉謀元帥，趙衰說：“郤縠可。臣亟聞其言矣，悦《禮》、《樂》而敦《詩》、《書》。”又，昭公二年載：“韓宣子來聘，觀書於太史氏，見《易象》與魯《春秋》。”我們知道，孔子生於魯襄公二十一年（公元前551），其時上距僖公二十七年（公元前634）爲八十三年，下距昭公二年（公元前541）爲十年，不但孔子平生決無著書之事，即孔子十歲時也不可能著書，證明郤縠與韓宣子所見的《詩》、《書》、《禮》、《樂》、《易》、《春秋》定非孔子所著的書。可見，“六藝”的基本内容是舊日所有，不是孔子新創。

另方面，孔子删定六經爲自來師儒相傳所公認。《史記》於此事記載特詳，在《孔子世家》内有詳細記載，自不待言。其他如，《儒林列傳》説：“孔子閔王路廢而邪道興，於是論次《詩》、《書》，修起《禮》、《樂》。”又説：“西狩獲麟，曰：‘吾道窮矣！’故因史記作《春秋》，以寓王法。”《三代世表》説：“孔子因史文次《春秋》，紀元年、正時月日，蓋其詳哉！至於《尚書》則略無年月，或頗有，然多闕不可録。”《十二諸侯年表》説：“孔子明王道，干七十餘君，莫能用。故西觀周室，論史記舊聞，興於魯而次《春秋》。”太史公《自序》説：“幽厲之後，王道缺，禮樂衰，孔子修舊起廢，論《詩》、《書》，修《春秋》，則學者至今則之。”尤其於《孔子世家》論贊説：“自天子諸侯中國言‘六藝’者折中於孔子。”證明孔子删定《六經》是鐵的事實，不是任何人可用空言抹煞的。

二、孔子思想的産生和形成的諸條件

孔子思想的産生和形成不是偶然的，而是有它不可缺少的若干條件，我們如果脱離具體歷史來研究孔子思想，有許多問題將成爲不可理解的東西。兹僅就主要的幾個條件分述如下：

（一）孔子生於公元前551年，歿於公元前479年，其活動年代正當春秋末期，這是孔子思想産生和形成的主要條件之一。

　　春秋是周代社會發展進程中一個歷史時期。史學家敍述周代歷史,通常都分爲三期,即:西周期、春秋期、戰國期。這三個時期代表着三個不同的發展階段,而這三個階段的總和,占據了一整個歷史時代。以下即按三個時期的順序把周代社會整個發展過程作一簡括的説明。

　　西周期:從武王滅殷到平王東遷(公元前 1027? —前 771),是周王朝政權建立和鞏固的時期,是孔子所説的"禮樂征伐自天子出"的時期。在這個時期裏,社會出現相對的穩定局面,新的經濟結構和階級結構得以迅速地形成和鞏固。

　　周代社會的經濟結構主要應由土地所有制形式來説明,即由"井田"制來説明。"井田"制的特點是,土地爲大小封君所有(《儀禮·喪服傳》説:"君,謂有地者也。"),爲適應當時生產力發展情況和傳統習慣,把土地用自然的或人爲的阡陌溝洫區分爲許多小塊,分配給庶人耕種,藉以從事剝削和壓迫。

　　在這個經濟基礎上面建立起來的是封建與宗法相結合的政治制度。封建是政治體系,宗法是血緣體系,封建與宗法相結合的政治制度,反映這時雖然已爲階級社會,但還保存着很多氏族制度的殘餘。

　　爲鞏固這個封建與宗法相結合的政治制度,又建立起與法制地位相當的一種形式,即禮——不是一般的禮,是周禮。周禮的特點在於,它不是社會全體成員意志的反映,而是統治階級意志的反映。它雖然還未脫離原始社會舊有的形式,但已不能完全用傳統習慣來説明,而是有制定的内容。事實上,它爲統治階級服務,起着法權作用,僅僅是一般不用政治力量強制貫徹而已。所以,周禮實際是法的前身,是法的過渡形態。周禮中所貫穿的思想,主要爲"親親"、"尊尊"。"親親父爲首",反映宗法關係;"尊尊君爲首",反映封建關係。周代社會的正統思想,簡單地説,不外宣傳"君臣之義"與"父子之親"而已。

　　周代社會的階級關係被等級關係掩蓋着,主要表現爲王、公
(包括諸侯)、卿、大夫、士和庶人等等一串階梯。這些不同等級之
間都存在着矛盾,但主要的、根本的矛盾則爲整個世官、世祿的貴
族(以下簡稱宗法貴族)與庶人之間的矛盾。這些矛盾到了厲王的
時候,逐漸發展達到表面化的程度;到了幽王的時候,遂展開長期
的、深刻的鬥爭,而進入春秋時期。

　　春秋期:按照客觀歷史的發展階段來説,應從周平王東遷之日
起,到韓、趙、魏三家分晉止(前770—前453),比孔子原著《春秋》
一書的起止(前722—前481),上增四十八年,下增二十八年。這
個時期是周代社會統治階級内部的鬥爭不斷擴展,周代社會發生
嚴重危機的時期。

　　鬥爭的火焰,首從天子與諸侯這兩個等級之間燃起。這個政
權的高峰——天子被僅低於它的一個等級——諸侯與其下面的若
干等級結成聯盟所反對。結果是諸侯勝利了,天子變成有名無實,
退到舞臺的後面去了。這就是孔子所説的"禮樂征伐自諸侯出"的
年代,是春秋的初期。

　　鬥爭更向前發展,轉眼間,諸侯又被僅低於它的一個等級——
大夫與其下面若干等級結成聯盟所反對。結果是大夫勝利了,諸
侯變成有名無實、退到舞臺的後面去了。這就是孔子所説的"禮樂
征伐自大夫出"的年代,是春秋的中期。

　　鬥爭繼續向前發展,很快的,大夫又被僅低於它的一個等
級——陪臣與其下面的等級結成聯盟所反對,而演成激烈的搏鬥。
有的陪臣取得暫時的勝利,形成孔子所説的"陪臣執國命"(以上均
見《論語・季氏》)的局面,這是春秋的末期。

　　從總的情況看來,在這時期裏,周王朝所建成的龐大的統治機
構日益崩毀,政權重心逐步下移,真是所謂"王道缺,禮樂衰"(《史
記・自序》),不但"季氏八佾舞於庭","管氏亦有反坫"(《論語・八
佾》),而且"臣弑其君者有之,子弑其父者有之"(《孟子・滕文

公》）。僅據《春秋》一書所載，即有"弑君三十六，亡國五十二，諸侯奔走不得保其社稷者不可勝數"（《史記·自序》）。何況事實上遠遠地超過此數！即以亡國數字爲例：單是齊桓公，據《荀子》説："詐邾襲莒，並國三十五。"（《仲尼》）據《韓非子》説："并國三十，啓地三千里。"（《有度》）單是晉獻公，據《韓非子》説："并國十七，服國三十八。"（《難二》）據《呂氏春秋》説："即位五年，兼國十九。"（《貴直》）又，《呂氏春秋·直諫》説："荊國兼國三十九"，《韓非子·十過》説："秦穆公……兼國十二，開地千里。"（《史記·李斯傳》作"並國二十"）總之，周代社會已發生嚴重危機，事態發展表明，舊的社會制度已不復與新的、發展的生產力相適應，必須根本改造而爲新的社會制度所代替。爲着擔當這一歷史任務，果然有新的階級即地主階級，在政治舞臺上出現，於是鬥爭的内容遂由統治階級的内部矛盾轉變爲新舊統治階級之間的矛盾，即轉變爲地主階級與宗法貴族之間的矛盾，而進入戰國時期。

戰國期：從三家分晉起到秦統一止（前453—前221），包括周亡後三十五年。這個時期是周室卑微、七國爭雄的時期。如果説前一時期歷史的任務，是爲地主階級的產生準備條件而摧毀一個舊的社會制度，那末，這一時期歷史的任務是爲解決地主階級與宗法貴族的矛盾而創立一個新的社會制度。

地主階級的產生與"井田"制的破壞密切地聯繫着。這時經濟的特點是，土地允許爲人民所有，自由買賣。當然，這是由於生產力水平提高所引起的。

由於地主階級在這時是新的、代表先進生產關係的階級，它爲本階級的利益而鬥爭的實質，暫時還不易看出，所看到的衹是籠統地代表國家、人民的利益。因此，它得到人民的擁護和支持。

還由於在前一歷史時期的鬥爭，不但爲地主階級的產生和壯大準備了物質條件，同時也準備了精神條件。即一方面由於鬥爭的範圍不斷擴大，卷入鬥爭的人們越來越多，從前一向没有參加政治機會的人們，這時在運動中也得到了鍛煉，提高了覺悟；另方面，由於統治階級的力量日益削弱，相對的被壓迫階級的力量日益增強，其結果，統治階級不但不能壟斷物質生產資料，也不能壟斷精神生產資料，而使文化向下傳播，這時庶人也有了受教育的可能。事實上，當時在政治舞臺上扮演重要角色的"士"，有很大一部分就是上述條件下的產物。

正因為這樣，就決定了地主階級必然戰勝它的敵人——宗法貴族而取得最後的勝利。

地主階級所創立的社會，不是別的，正是封建制社會（此處"封建"一詞與上述"封建與宗法相結合的政治制度"的"封建"一詞的含義不同，上邊所用的是中國歷史上的名詞，而這裏所用的是馬克思主義的科學術語。在這裏要補充一句：周代社會在歷史上五種基本的生產關係類型中應屬第二種，即封建與宗法相結合的制度是奴隸占有制在中國的具體歷史條件下一種表現形式）。它消滅了分散的、宗法貴族的政權，而建立了統一的、地主階級的政權。所以，戰國時期的鬥爭，是地主階級戰勝宗法貴族的過程，也是集中主義戰勝分散主義的過程。

綜觀戰國時期的歷史，又可分為初期、中期和末期三個階段。

從韓、趙、魏三家分晉至商鞅變法為戰國初期。三家分晉，田氏取齊和李悝（亦作李克）、吳起、商鞅諸人在魏、楚、秦諸國所進行的政治上、經濟上的改革，是這一階段的重大事件，也是這一階段歷史的主要內容。

在這一階段裏，七國爭雄的局面開始形成，各國內部在政治上、經濟上都實行重大改革，舊日林立的小封君，這時逐漸地或急劇地被非世職而無采邑的地方官吏所代替，政權日益趨於集中，事實上，這時新起的地主階級在與宗法貴族的鬥爭中已取得決定性的勝利。

不過，三晉、田齊等國是在新政權建立時改革的，所遇到的阻力較小，進行比較順利；楚、秦等國是在舊政權的基礎上改革的，所遇到的阻力較大，吳起、商鞅二人竟以身殉。又，各國改革，從程度上說，也不是平衡的，比較起來，秦最爲徹底。但是，不管怎樣，起決定作用的是客觀規律，各國發展的總方向是一致的。

從商鞅變法至秦、齊約爲西帝、東帝，爲戰國中期。

這一階段，除了各國內部還繼續變革並鞏固所獲得的成果外，最突出的事實是，各國之間干戈相尋，歲無寧日。先前，七國中魏、齊、楚、秦四國最强，這時，魏、楚兩國已在戰爭中喪失了强國的地位，餘下衹有號稱西帝、東帝的秦、齊兩强。這說明什麼呢？說明七國分立的局面不能長久保持，七國分散的政權必將進一步集中。實際七國紛爭正是政權由分散向集中運動的過程中所產生的合理現象。

從秦、齊約爲西帝、東帝至秦統一中國爲戰國末期。

在這個階段裏，秦已取得絕對優勢，故如疾風掃秋葉，迅速地席卷六國而建立起全新的、統一的帝國，爲後世二千多年封建社會制度開闢了新紀元。

以上，就是周代社會整個發展過程的簡單情況。

孔子生活在春秋末期，這時社會已經發生嚴重的危機。客觀形勢表明，社會定然要變，定然要根本的變，衹是變成什麼樣子，當時還不能知道，因爲，新的條件還未成熟，運動的中心矛盾、本質的矛盾還未顯露出來。孔子在政治問題上所犯的錯誤，並不在於他不知道將來社會變成什麼樣子，而在於他不知道當時社會定然要變。孔子把當時社會所發生的一切變化都看作是“墮落”，他企圖使歷史車輪倒退，退到西周初期。他天天在夢周公（《論語・述而》載：“子曰：‘甚矣吾衰也！久矣吾不復夢見周公。’”），念念不忘的是“吾從周”（《論語・八佾》、《禮記・檀弓》、《坊記》、《中庸》），“文王既没，文不在兹乎”（《論語・子罕》）？然而歷史發展規律卻是那麼殘酷無情，簡直如故意同他作對，竟使他長期陷於窮困、悲哀，最終不能不發出慘痛的絕望聲音,説:"吾已矣夫"(同上)"莫我知也夫"(同上《憲問》)"吾道窮矣"(《公羊·哀公十四年傳》。亦見《史記·孔子世家》)其實,這是必然的結果,並不是什麼奇怪的事。可是,從另一方面看,在孔子的言論和著述中保存着不少西周的東西,如《禮》、《樂》、《詩》、《書》等等,卻還是有益的,非常寶貴的。

(二)孔子是魯國人,這也是他的思想產生和形成的主要條件之一。

魯是周公之子伯禽的封國,具有較高的文化傳統,在《春秋》諸國中,魯是文物典籍最豐富、奉行用禮最謹的國家。孔子從為幼兒時,平日游戲即"常陳俎豆,設禮容"(《史記·孔子世家》)。後來也"入太廟,每事問"(《論語·八佾》),專為問禮、學禮,會不遠千里地到過周、宋、杞各國。禮,實是孔子的特長。不論在當代或後世,不論尊崇他也好,反對他也好,總是首先看到孔子所"講"的禮。禮在孔子思想領域中實占着重要地位。這不是偶然的,肯定説,與他生在魯國這一條件有密切關聯的。

(三)孔子出身是當時統治階級最下層的士,他的先人沒有遺留下世爵、世祿,使他可以安坐而食。他在魯國開始是作"委吏"、"乘田"等小職員,後來升到司寇。司寇是高級官吏,有資格"與聞國政"。但是,不久就被迫去職了。以後他的大部分生活都消磨在旅途中。他到過很多國家,廣泛地接觸了社會各階層的人物。晚年又回到魯國,專從事著述和講學,弟子號稱三千人,著名的有七十餘人。

孔子擅長很多技能,嘗説:"吾少也賤,故多能鄙事。"(《論語·子罕》)他嘗給自己下評語,説:"默而識之,學而不厭,誨人不倦,何有於我哉?"(同上《述而》)又説:"其為人也,發憤忘食,樂以忘憂,不知老之將至云爾!"(同上)他自述從十五至七十的學習進程説:"吾十有五而志於學,三十而立,四十而不惑,五十而知天命,六十而耳順,七十而從心所欲不逾矩。"(同上《為政》)

總之,孔子是經驗豐富、博學多能、樂觀積極、堅持學習、不斷進步的人。這些,實是孔子具有基本正確的世界觀的重要條件。

三、孔子思想的主要內容

在這裏準備就"天命"、"中庸"、"仁"、"正名"這四個名詞概念着重地加以分析。因爲,"天命"和"中庸"這兩個概念,反映了孔子的世界觀和方法論;"仁"和"正名"這兩個概念,反映了孔子的道德觀點和政治態度。以上這四個概念,是研究孔子思想所當注意的主要問題、關鍵性問題。

(一)天命

在《易傳》和《論語》裏,有時言"天",有時言"命",有時言"天道"或"天命",其實,這些詞的含義,除了在個別的場合以外,一般都沒有多大的區別,都是指自然規律而言。《墨子》説:"儒以天爲不明,以鬼爲不神。"(《公孟》)正是指這一點説的。當然,孔子使用這個概念,還沒有完全脱掉宗教迷信的痕迹。但是,如果僅從表面上理解,看到孔子説"天",説"命",就認爲一定同上帝、鬼神聯繫着,從而斷言孔子是唯心主義或宿命主義者,這是不恰當的。

《易·乾·文言》説:"夫大人者,與天地合其德,與日月合其明,與四時合其序,與鬼神合其吉凶,先天而天弗違,後天而奉天時,天且弗違,而況於人乎? 況於鬼神乎?"我們試就這段文字考察。

這"先天而天弗違,後天而奉天時"句裏的"天"字,應怎樣理解? 是否可以理解爲蒼蒼者的上空,或理解爲宗教家所説的上帝呢?

肯定地説,都不可以。"彼蒼"沒有意識可言,自不必説了。縱令承認有上帝,"天"是指上帝而言,那末,説"先天而天弗違",豈不是成了上帝還沒想做以前,"大人"要怎樣做,上帝就得跟着怎樣做嗎？簡直這是"大人"能控制上帝，如何能説得通呢？

　　相反，我們如果認爲"天"就是自然。自然的意思，是自然而然，表明它是遵循着自己的規律，不以人們的意識或意志爲轉移。這樣，這個"大人者，與天地合其德，與日月合其明，與四時合其序，與鬼神合其吉凶"，實質上，是説大人的一切行動完全符合於客觀發展規律。正由於符合客觀發展規律，所以才能夠做到"先天而天弗違，後天而奉天時"。"先天而天弗違，後天而奉天時"，主要在説明主觀與客觀的一致性："先天而天弗違"説明發展規律的客觀性和必然性，祇要我們能夠正確地認識了它，正確地掌握了它，它就一定會聽從我們的意志而不會違反我們的意志，"後天而奉天時"説明"大人"也不能違反客觀發展規律行事，意味着違反客觀規律行事，就一定失敗，不成其爲"大人"了。當然，一切行動完全符合於客觀發展規律的"大人"，不但在古代不會有，就是今後也很難説會有。不過，這個"天"字應當解釋爲客觀規律，孔子已經意識到掌握客觀規律的重要性，則是没有疑義的。

　　同樣，《易傳》説："終則有始，天行也。"(蠱卦《彖傳》)"反復其道，七日來復，天行也。"(復卦《彖傳》)"君子尚消息盈虛，天行也。"(剥卦《彖傳》)等等，這些"天行"的含義，毫無疑問，也都指客觀發展規律而言。"終則有始"、"反復其道"，是言其重複性；"消息盈虛"，是言其按照辯證法的規律發展。

　　又，《易傳》説："樂天知命。""是以明於天之道。"(《繫辭傳》)這些"天"、"命"和"天之道"，也都是指客觀的發展規律而言。就其自然而然一方面來説，則稱"天"、"天之道"；就其不以人們的意識或意志爲轉移一方面來説，則稱"命"，其實，祇是説明同一對象。《孟子》説："莫之爲而爲者，天也；莫之致而至者，命也。"(《萬章》)這是最正確的詮釋。

　　請再就《論語》一書來考察。孔子説："五十而知天命。"(《爲政》)又説："畏天命……小人不知天命而不畏也。"(《季氏》)又説：

“不知命,無以爲君子也。”(《堯曰》)這些單稱“命”,或合稱“天命”的不同的詞也都是指自然規律而言。正由於它是自然規律而不是上帝、鬼神一類東西,所以,小人不認識它,君子有必要認識它,而孔子實際是到五十歲以後才認識了它(當然,還不能説是完全的認識、科學的認識,而衹是原始的、樸素的認識)。

同樣,《論語》裏所説的“天生德於予”(《述而》),“天之將喪斯文也”(《子罕》),“不怨天”(《憲問》),“天何言哉? 四時行焉,百物生焉,天何言戰”(《陽貨》),所有上述這些“天”字,也都是指客觀規律而言,就中以“四時行焉,百物生焉”二語,表現得尤其鮮明突出。

餘如説:“獲罪於天,無所禱也。”(《八佾》)“予所否者,天厭之!天厭之!”(《雍也》)“吾誰欺? 欺天乎!”(《子罕》)“天喪予!”(《先進》)這些“天”字,雖然似乎都有人格化意義,可以用上帝來解釋。但是,不能用此作證據,説孔子所説的“天”字都是上帝的同義語。應該知道孔子,從本質上説,是無神論者。除上文所引述的以外,還可由《論語》裏曾説:“祭神如神在。”(《八佾》)和“樊遲問智。子曰:‘務民之義,敬鬼神而遠之,可謂智矣。’”(《雍也》)“子不語怪、力、亂、神。”(《述而》)“季路問事鬼神。子曰:‘未能事人,焉能事鬼?’”(《先進》)等語,得到證明。誠然,孔子對鬼神這一問題所表示的態度,還不够明朗、肯定。但是,應該瞭解,這是有別的原因,不能説孔子意識裏還承認鬼神的存在。

孔子爲什麽不肯明白表示其無神論的見解呢? 這正反映其思想裏存在着矛盾。揭穿了説,就是他的世界觀跟他的政治態度有矛盾。我們應該知道孔子在政治問題上,是保守的,是擁護舊的社會制度的。而當時作爲鞏固舊的社會制度的重要工具之一,則是禮。具體説,是周禮。周禮所重在喪、祭,而喪、祭之禮,從其起源和傳統説,是以承認有鬼神爲前提的。孔子重視喪、祭的理由,當然,是所謂“慎終追遠,民德歸厚”,但是,不管用什麽理由來解釋,其結果是一樣,即都是教人重喪、祭之禮。正因爲這樣,鬼神有無問題，就沒有力辯的必要。因為，力辯無鬼神的結果，對於擁護喪、祭之禮來説，是祇有壞處，没有好處，亦即對擁護舊的社會制度來説，是祇有壞處，没有好處。所以，索性不如讓它糊塗着。《荀子》説："其在君子，以爲人道也，其在百姓，以爲鬼事也。"（《禮論》）恰好道破其中的秘密。以上，就是儘管孔子是無神論者，然而，他卻不肯明言無鬼神的真實原因。正因爲這樣，所以孔子所説的"獲罪於天"等等語句裹的"天"字，仍然不能與宗教迷信所説的"天"字混爲一談。

又，《論語》裹常言"命"，如説："亡之，命矣夫！斯人也而有斯疾也！斯人也而有斯疾也！"（《雍也》）"道之將行也與！命也。道之將廢也與！命也。公伯寮其如命何？"（《憲問》）這些"命"字，也都是指不以人們的意識或意志爲轉移的客觀規律而言。最有力的證據是，墨子相信有上帝、鬼神而非命，孔子相信有命而不相信有上帝、鬼神，界劃分明。則孔子之所謂"命"不能與上帝、鬼神相提並論，"命"的正確含義應爲不以人們意識或意志爲轉移的客觀發展規律自可不必懷疑。

有人説，孔子相信有命，毫無疑問，孔子是個宿命論者。我認爲這個説法是不正確的（實際孔子是一方面相信有命，一方面又教人努力行仁），即一方面意識到有不以人們的意識或意志爲轉移的發展規律客觀地存在着，一方面又肯定了人對歷史的積極、能動的作用。這一點，正是儒家思想不同於道、墨兩家思想的重要特點之一。

道家過分地強調了自然，竟主張"無爲"，否定人的主觀能動性；墨家則恰恰相反，它反對儒家所説的命，竟認爲人可以任意創造歷史。應該指出：道、墨兩家的觀點，都是片面的、錯誤的。孔子既言命，又言仁，這並不是矛盾，正反映他的認識的正確性。因爲，這是符合客觀真理的。

《易·泰卦·大象》説："天地交泰。後以財（裁）成天地之道，輔相天地之宜,以左右民。"《繫辭傳》説:"《易》之爲書也,廣大悉備,有天道焉,有人道焉,有地道焉,兼三材而兩之,故六,六者非它,三材之道也。"這個思想,充分説明它不是宿命論者。因爲,它認爲人可與天地並稱爲"三材",人對天地有"裁成"、"輔相"的作用。孔子的"知其不可而爲之"(《論語·憲問》),栖栖皇皇、席不暇暖,正體現了這個思想。

《中庸》説:"唯天下至誠,爲能盡其性。能盡其性則能盡人之性,能盡人之性則能盡物之性,能盡物之性則可以贊天地之化育,能贊天地之化育則可以與天地參矣。"這裏所説的"與天地參",即《易》里人與天地並列稱爲三才之意。不過,經此闡明,義更醒豁。

《墨子·非儒篇》説:"群吏信之(案,"之"字指命),則怠於分職;庶人信之(案此"之"亦指命),則怠於從事。"(《非命篇》大意與此略同)是墨子的見解,認爲人相信有命,就一定不肯盡人事;盡人事,就一定不相信有命,命與義兩個概念的性質不能並容,因爲,我(指墨子)貴義,所以我非命。其實,墨子這個見解是片面的,是形而上學的觀點。他不理解孔子既相信有命,又教人忠信篤敬、博文約禮、志仁徙義的意義。實際,孔子是一方面相信有命,一方面又對人在歷史上的作用予以極高的估價。《孟子》説:"孔子進以禮,退以義,得之不得,曰:'有命'。"(《萬章》)又説:"是故,知命者不立乎巖墻之下。"(《盡心》)祇有依照孟子這樣理解孔子所説的"命",才是最正確的理解。

總之,孔子思想裏的"天命",是指不以人們的意識或意志爲轉移的自然規律而言,並不包含有上帝、鬼神等等意義。它反映了孔子唯物主義的世界觀。

(二)中庸

中庸是孔子哲學方法論的重要部分,也是最寶貴部分,它鮮明地反映着孔子的辯證法觀點。

我們知道,老子已認識到辯證法的重要規律——正反兩面互相轉化的規律。但是，在實踐上，老子卻教人"守柔"、"抱一"，這就又陷入了形而上學的泥坑，因爲祇在"守"字、"抱"字本身的意義上，就表明是不變的、僵化的。《孟子》批評子莫執中説："執中無權，猶執一也。所惡執一者，爲其賊道也，單一而廢百也。"（《盡心》）不幸，老子和子莫正犯了同樣的毛病。但是，孔子教人"依乎中庸"（《中庸》），卻没有老子和子莫那樣毛病，因爲，孔子的中庸，是"時中"，是有"權"的"中"，就是因時間、地點和條件的不同，而"中"也不同，無疑，這是辯證法的觀點，不是形而上學的觀點。

　　不過，對於"中庸"這個概念的理解，並不是没有問題的。宋朝朱熹即曾斥責當時諸儒把"中"解釋爲"祇是含糊苟且，不分是非，不辨黑白，遇當做的事，祇略略做些，不要做盡"（《皇極辨》）的不對。其實，上述這個錯誤的解釋，在東漢已經盛行，例如《後漢書·胡廣傳》裏引當時諺語説"天下中庸有胡公"，即是確證。而近自"五四"以來，上述這個錯誤解釋，簡直可以説占了統治地位，人們一提到"中庸"，幾乎都要同調和、妥協的意義聯繫起來。因此，關於中庸這個概念的正確意義，還有必要認真地予以闡明。

　　孔子提出"中庸"作爲人們行動的最高準則，在《論語》裏僅一見，即《雍也篇》："子曰：'中庸之爲德，其至矣乎！民鮮久矣。'"子思作《中庸》，引述較多。此外，還有單言"中"，或單言"庸"的地方。總的説來，不管在哪個地方，連言或分言，都不曾明確地闡述過它們的定義。但是，絕不能因此便認爲它們的意義不確定，可以隨便解釋。我們如果就各處有關文字細心體會，加以概括，不難發現它們實具有極爲確切的含義的。

　　大略説："中"的意思是指做事時，既不要做得過分，也不要做得不夠，而要做得合適，即恰到好處。比如，今天我們常説，制定政策或執行政策，都要不左不右，堅持正確原則，這就是中。下面引述幾個例證並加以分析。

　　《中庸》載："子曰：'道之不行也，我知之矣！智者過之，愚者不及也。道之不明也，我知之矣！賢者過之，不肖者不及也。'"

《論語》載："子貢問：'師與商也，孰賢？'子曰：'師也過，商也不及。'曰：'然則師愈與？'子曰：'過猶不及。'"（《先進》）

又："子路問：'聞斯行諸？'子曰：'有父兄在，如之何其聞斯行之？'冉有問：'聞斯行諸？'子曰：'聞斯行之。'公西華曰：'由也問，聞斯行諸？子曰，有父兄在；求也問，聞斯行諸？子曰，聞斯行之。赤也惑，敢問？'子曰：'求也退，故進之；由也兼人，故退之。'"（同上）。

綜上所述，可見，"過"和"不及"，依孔子的看法，二者都不好，實行起來，都要產生不良的後果，即都應反對，不能說哪個好些，哪個壞些。這個看法無疑是正確的。正好像我們黨在黨內一貫進行兩條戰綫的鬥爭，反對右傾機會主義，也反對"左"傾機會主義，馬克思、列寧主義者從來沒有說過"左"比右強些，或右比"左"強些。過是過中，過中就犯"左"的錯誤；不及是不及中，不及中就犯右的錯誤；祇有中，才是正確的，才是主觀與客觀相一致。"求也退，故進之"，進之是使他向前進，進到中；"由也兼人，故退之"，退之是使他向後退，退到中。由、求二人問同，而孔子回答的不同，這正是孔子把"中"的理論應用於具體實踐的典型的例子。這個例子充分證明孔子所教導人們的"中"，是"時中"，是有"權"的"中"，它是辯證法，不是形而上學。

"庸"的意思是常，它的反面是"怪"。《中庸》引述孔子的話說："庸德之行，庸言之謹，有所不足，不敢不勉，有餘不敢盡。言顧行，行顧言，君子胡不慥慥爾？"（鄭玄注："慥慥：守實，言行相應之貌。"）《易·乾文言》釋九二說："九二曰'見龍在田，利見大人'，何謂也？子曰：'龍德而正中者也。庸言之信、庸行之謹，閑邪存其誠，善世而不伐，德博而化。'"我們由上述這兩段文字體會，可見"庸"就是常，就是平凡的真理。孔子提倡庸道，主要是教人多多注意當前的、實際的、經常的、基本的事情。正因為這樣，所以他反對怪。《中庸》載:"子曰:'索隱行怪,後世有述焉,吾弗爲之矣。'"《論語》説"子不語怪"(《述而》),可爲證明。

一般人的通病,正如毛澤東同志所説:"無實事求是之意,有譁衆取寵之心。"不願意踏踏實實、一點一滴地做工作,總幻想能創造奇迹,博得人人喝采。這個毛病,如果仔細分析,可以看出:第一,是以個人名利占第一位,以人民事業占第二位;第二,是從主觀願望出發,不是從客觀實際出發。總之,是自私的、唯心的。照這樣做去,必然把事情做壞。孔子提倡中庸,正是醫治這個毛病的藥石,這反映他的正確的思想和高尚的品質。孔子説:"君子依乎中庸,遯世不見知而不悔。"(《中庸》)就是説,甘願作一個無名的英雄,祇要求做得對,做得好,絶不因爲長時期埋没,不被人家知道而灰心、後悔。請看這樣品質,該是多麼高尚、純潔!

人們多把"中庸"理解爲調和、妥協、不認真、不徹底,這完全是錯誤的理解,没有任何根據的。實際調和、妥協、不認真、不徹底,那不是中庸,而是鄉原。鄉原是孔子所最反對的,因爲,它似是而非。

《論語》記孔子説:"鄉原,德之賊也。"(《陽貨》)又説:"不得中行而與之,必也狂狷乎! 狂者進取,狷者有所不爲也。"(《子路》)孔子這兩段話的意義,在《孟子•盡心篇》裏有詳細的闡釋。原文如下:

> 萬章問曰:"孔子在陳,何思魯之狂士?"孟子曰:"孔子不得中道而與之,必也狂狷乎! 狂者進取,狷者有所不爲也。孔子豈不欲中道哉? 不可必得,故思其次也。""敢問:何如斯可謂狂矣?"曰:"如琴張、曾晳、牧皮者,孔子之所謂狂矣。""何以謂之狂也?"曰:"其志嘐嘐然。曰:古之人! 古之人! 夷考共行而不掩焉者也。狂者又不可得,欲得不屑不潔之士而與之,是獧(狷)也。是又其次也。孔子曰:過我門而不入我室,我不憾焉者,其惟鄉原乎!

鄉原，德之賊也。"曰："何如斯可謂之鄉原矣？"曰："何以
是嘐嘐也？言不顧行，行不顧言，則曰：古之人！古之人！
行何爲踽踽涼涼？生斯世也，爲斯世也，善斯可矣。閹然
媚於世也者，是鄉原也。"萬子曰："一鄉皆稱原人焉，無所
往而不爲原人，孔子以爲德之賊，何哉？"曰："非之，無舉
也。刺之，無刺也。同乎流俗，合乎汙世，居之似忠信，行
之似廉潔，衆皆悅之，自以爲是而不可與入堯舜之道，故
曰德之賊也。孔子曰：惡似而非者；惡莠，恐其亂苗也；惡
佞，恐其亂義也；惡利口，恐其亂信也；惡鄭聲，恐其亂樂
也；惡紫，恐其亂朱也；惡鄉原，恐其亂德也。君子反經而
已矣。經正則庶民興，庶民興，斯無邪慝矣。"

　　總起來說，"中行"最好，其次則爲"狂"、"狷"，最下是"鄉原"。
"狂者"過中，思想跑到實際的前頭去了；"狷者"不及中，思想落後
於實際。依孔子的觀點，"過猶不及"，孟子認爲狷又次於狂，非孔
子的觀點，并且是不正確的。"狂"、"狷"祇是認識上有偏差，不是
品質上問題。至於"鄉原"，則是品質上問題。"鄉原"純粹是僞君
子，跟"中庸"有本質上區別，絕不應混淆。"鄉原"的特點是庸俗，
但圖眼前的、個人的利益，向各方面討好，毫無原則、立場，什麼壞
事都能做。孔子把它叫做"德之賊"，一點不過分。奇怪的很，不知
道今人爲什麼硬把"中庸"理解爲"鄉原"？

　　孔子講"中庸"的同時就說過"君子遵道而行，半途而廢，吾弗
能已矣"（《中庸》），證明孔子所說的"中庸"，並不意味着不徹底。
《論語》載孔子的話有"三軍可奪帥也，匹夫不可奪志也"和"歲寒然
後知松柏之後凋也"（均見《子罕》），證明孔子並不主張向敵人妥
協。其他如，"君子"與"小人"、"善"與"惡"、"仁"與"不仁"等等，都
分辨極嚴，絕不是"含糊苟且，不分是非，不辨黑白"。因此，人們把
中庸理解爲調和、妥協、不認真、不徹底，是錯誤的、沒有根據的。

　　孟子曾從歷史裏舉出四個典型人物，說："伯夷，聖之清者也；

伊尹,聖之任者也;柳下惠,聖之和者也;孔子,聖之時者也。孔子
之謂集大成。"(《孟子·萬章》)孟子認爲"時"是孔子思想、行動的
重要特徵,並予以極高的評價,同時又用具體例子加以闡明。說:
"孔子之去齊,接淅而行。去魯,曰:'遲遲吾行也,去父母國之道
也。'可以速而速,可以久而久,可以處而處,可以仕而仕,孔子也。"
(同上。《公孫丑篇》作"可以仕則仕,可以止則止,可以久則久,可
以速則速,孔子也。")這個"時"的意思,實際就是中,也就是辯證的
方法。《論語》裏記孔子評述伯夷、叔齊、柳下惠、少連、虞仲、夷逸
諸人之後,說:"我則異於是,無可無不可。"(《微子》)這"無可無不
可"的實質,就是"時",也就是"中"。

又,《論語》載子貢問:"何如斯可謂之士矣?"孔子告之以"行己
有恥,使於四方不辱君命"和"宗族稱孝焉,鄉黨稱弟焉"之後,說:
"言必信,行必果,硜硜然小人哉,抑亦可以爲次矣。"(《子路》)孟子
於《離婁篇》則說:"大人者,言不必信,行不必果,惟義所在。"兩處
對照,可知孔子把"言必信,行必果"看作"小人",那末,孔子意識裏
的"大人"當然即孟子所說的"言不必信,行不必果"了。這"言不必
信,行不必果"的精神實質,就是"時",就是"中",也就是辯證法。

又,《論語》裏還有下面這樣一段文字,即:"子曰:'可與共學,
未可與適道;可與適道,未可與立;可與立,未可與權。'"(《子罕》)
什麼叫做"權"呢? 爲了易於瞭解,請介紹孟子書裏一段對話:

> 淳于髡問曰:"男女授受不親,禮與?"孟子曰:"禮
> 也。"曰:"嫂溺則援之以手乎?"曰:"嫂溺不援,是豺狼也。
> 男女授受不親,禮也;嫂溺援之以手,權也。"(《離婁》)

這段對話表明,在正常的情況下,遵守規章來辦事是對的,違
反規章是不對的。但是,在特殊的情況下,如按照成規來處理就要
遭受重大損失,這時依舊遵守成規就不對了,不爲成規所拘,而能
采取適當必要的措施,就對了。隨着客觀情況不同,而權衡輕重,

決定取捨，這就是"權"。"權"的本義是秤錘，秤錘必須隨時移動才能與所稱量的物重相平衡。"權"與"時"、"中"密切地聯繫着。沒有"權"，就談不到"時"、"中"。所以，孟子説："執中無權，猶執一也。"由今天説，承認"權"，就一定承認辯證法，就一定反對教條主義。

正因爲這樣，所以孔子把"權"看得很高，説："可與立，未可與權。"因爲，"立"衹是能够站穩立場。能站穩立場的不一定就是辯證主義者，很可能是教條主義者。所以説："可與立，未可與權。"至於"適道"，由今天説，這衹是願走馬克思、列寧主義的道路，難保中途遇到困難或危險不發生動搖，所以説："可與適道，未可與立。"至於"共學"這個概念很籠統，並不表明學什麽，由今天説，可能學馬克思、列寧辯證唯物主義學説，也可能學資產階級唯心主義學説。所以説："可與共學，未可與適道。"又，孔子自述其爲學過程，説："吾十有五而志於學，三十而立，四十而不惑。"(《論語·爲政》)也同上邊所述各階段大略相同，"而不惑"即是達到"可與權"的境界。又，孔子説："可與言而不與言，失人；不可與言而與之言，失言。智者不失人亦不失言。"(《論語·衛靈公》)這個"不失人亦不失言"，亦是能行"權"、行"時中"的具體表現。

總之，孔子所倡導的及其實踐的，如"時"、"中"、"中庸"、"無可無不可"、"權"等等，其精神實質基本上一致，我們沒有理由説孔子沒有辯證法的觀點，更沒有理由説孔子所説的"中庸"，是調和、妥協。

關於孔子以時、中爲觀察問題和處理問題的指導思想的記錄，見於《論語》、《孟子》諸書的，僅僅是偶然涉到的一些片斷。應該指出，還有完整的、專門的論述，這就是《易傳》。《周易》裏本有這個思想，但經孔子的闡發以後而益臻明確。王弼説："夫卦者，時也；爻者，適時之變者也。"(《易略例·明卦適變通爻》)這是對的。但是，王弼這個正確的認識，實即從《易傳》裏悟出。《易傳》説："剛柔者,立本者也;變通者,趨時者也。"(《繫辭傳》)這個"趨時",即是"適時之變"的同義語。《易傳》裏言"時"的例子很多。最顯著的如:《乾卦》有"六位時成"、"與時偕行"、"與時偕極"、《坤卦》有"承天而時行",《蒙卦》有"以亨行時中也",《大有卦》有"應乎天而時行",《隨卦》有"而天下隨時",《遯卦》有"與時行也",《損》、《益》兩卦有"與時偕行",《升卦》有"柔以時升",《艮卦》有"時行則行,時止則止,動靜不失其時",《豐卦》有"與時消息",《小過卦》有"與時行業"等等。又,《豫卦》説:"豫之時義大矣哉!"《頤卦》説:"頤之時義大矣哉!"《遯卦》説:"遯之時義大矣哉!"《姤卦》説:"姤之時義大矣哉!"《革卦》説:"革之時義大矣哉!"又《坎卦》説:"險之時用大矣哉!"《蹇卦》説:"蹇之時用大矣哉!"《睽卦》説:"睽之時用大矣哉!"又《大過卦》説:"大過之時大矣哉!"《解卦》説:"解之時大矣哉!"《隨卦》説:"隨之時義大矣哉!"

由上述這些例子,不難看出孔子對"時"、"時行"、"時用"、"時義",是何等重視! 他反復地用"大矣哉"這樣最深長、沉重的語氣加以贊嘆,十分明顯,他對於"時"字的重要意義是有異常深刻的認識。孟子説"孔子,聖之時者也",真能揭出孔子思想的特點,而孔子這個思想確實在《易傳》裏反映得最爲完整而確切。

又,《易傳》裏關於爻辭的解説,諸如:"中正也"(《姤》九五、井九五),"以中正也"(《需》九五、《訟》九五、《豫》六二、《晉》六二),"中直也"(《同人》九五、《困》九五),"位正中也"(《比》九五、《隨》九五、《巽》九五),"居位中也"(《節》九五),"以中節也"(《蹇》九五),"中未光也"(《夬》九五),"中以行正也"(《未濟》九二),"中以行願也"(《泰》六五),"中以爲志也"(《損》九二),"中以自考也"(《復》六五),"中以爲實也"(《鼎》六五),"中不自禮也"(《履》九二),"其位在中"(《歸妹》六五),"共事在中"(《震》六五),"文在中也"(《坤》六五),"衍在中也"(《需》九二),"牽復在中"(《小畜》九二),"以中也"(《大壯》九二),"以中行也"(《師》六五),"以中道也"(《既濟》六二)，"得中道也"（《蠱》九二、《夬》九二、《離》九二、《解》九二），"得中也"（《巽》九二），"得尚於中行"（《泰》九二），"中有慶也"（《困》九二），"中心得也"（《謙》六二），"中心願也"（《中孚》九二），"中无尤也"（《大畜》九二），"中未變也"（《萃》六二），"能久中也"（《恒》九二），"未出中也"（《坎》九二），"積中不敗也"（《大有》九二）等等。

所有上述諸條，都極其確切地説明各爻所以得吉或无咎的主要原因，是由於爻位得當。這是孔子學《易》所認識到的一條重要原則。把這條原則應用於實踐，即爲《論語》、《中庸》諸書所説的"中庸"。

於此可見，我們探討孔子思想，必須對於《易傳》這份材料有足夠的重視。《易傳》是集中反映孔子哲學思想的著作，任何想割斷孔子與《易傳》的關係的做法，都是違反事實、徒勞無益的。

（三）仁

《吕氏春秋·不二篇》説："孔子貴仁。"貴仁確是孔子學説中的重要部分。據阮元統計，《論語》中"論仁者凡五十有八章，仁字之見於《論語》者凡百有五"（《揅經室集·論語論仁論》）。這個數字，在《論語》裏實占着很大的比重。計《論語》裏，記弟子從孔子問仁的有：樊遲（見《雍也》、《顔淵》、《子路》）、顔淵（見《顔淵》）、仲弓（同上）、司馬牛（同上）、原憲（見《憲問》）、子貢（見《衛靈公》）和子張（見《陽貨》）等七人。歷史人物經孔子許可爲仁的，除殷三仁——微子、箕子和比干（見《微子》）外，祇有伯夷、叔齊（見《述而》）、管仲（見《憲問》）等三人。當時名人如子文、陳文子，雖許"忠"、"清"；弟子如子路、冉求、公西赤，雖許"可使治其賦"、"可使爲之宰"、"可使與賓客言"，卻都不許其爲仁者（見《公冶長》）。在弟子中，孔子認爲祇有顔回"其心三月不違仁"，其餘的弟子僅"日月至焉而已矣"（見《雍也》）。即孔子本人也説："若聖與仁，則吾豈敢！"（見《述而》），是他還不敢以仁者自居。可見，在孔子思想中，仁是最難能可貴的道德品目。

在《論語》裏，論仁的文字雖然很多，但是，大半是因人施教，隨問隨答，其內容局限於現象上或方法上問題，並未曾有過系統的、完滿的闡述。後人解說也多不一致。那末，這個"仁"字的概念到底應當怎樣理解？實是當前瞭解孔子學說一個極爲重要的課題。茲雜采諸書並參以己見，試釋如下：

1. 仁的概念

孔子所說的仁，由今天來說，實際就是人道主義。即一方面，它的範圍以人類社會爲限；另一方面，凡是與人類社會有益的行爲，都包括在仁的概念以內。

《中庸》說："仁者，人也。"《孟子》說："仁，人心也。"（《告子》）又說："君子之於物也，愛之而弗仁；於民也，仁之而弗親；親親而仁民，仁民而愛物。"（《盡心》）《呂氏春秋》說："仁於他物，不仁於人，不得爲仁；不仁於他物，獨仁於人，猶若爲仁；仁也者，仁乎共類者也。故仁人之於民也，可以便之，無不行也。"（《愛類》）以上，都是古人對於仁的概念的正確的解釋。

正因爲仁的範圍是以人類社會爲限，所以，它與佛家的"大慈與一切衆生樂，大悲拔一切衆生苦"有本質上不同。《論語》載："子釣而不綱，弋不射宿。"（《述而》）孟子說："君子之於禽獸也，見其生不忍見其死，聞其聲不忍食其肉，是以君子遠庖厨也。"（《梁惠王》）這兩段話，自佛家看來，未免滑稽可笑。一定要問：你不綱不射宿，何如幹脆不釣不弋呢？你不忍見其死，不忍食其肉，何如幹脆不殺生呢？你一方面在殺生食肉，一方面又裝出一副慈悲的面孔，這豈不是在開玩笑、騙人嗎？其實，儒家這樣做，正深刻地反映了它所特有的精神，完全不是在開玩笑，作僞。應該知道，儒家所謂"仁"，其義祇在於"仁乎其類"，即以人類社會範圍爲限。仁者雖然也愛物，但愛物本身不是目的，愛物也是爲人而愛。上述"不綱"、"不射宿"、"不忍見其死"、"不忍食其肉"等等，不能用"作僞"來理解，而要理解爲是仁者情感的自然流露。至於爲什麼還殺生、食肉呢？

這是因爲仁者對待人與對待物的道德標準不是一個。在上述這個問題上，其對象是物，當然，不能用仁不仁，即不能用對待人的道德標準來衡量。對待物，由儒家看來，祇要是必要，於人有益，縱然殺害它，毀壞它，也是正當的，無損於仁。"親親而仁民，仁民而愛物"正體現了這個精神，具體説，即等級差別的精神。儒家的仁，跟佛家慈悲、墨家兼愛本質上不同，即在於此，不可以不辨。

另一方面，也因爲凡是與人類有益的行爲，都包括在仁的概念以内，所以仁就成了最高貴而難以達到的道德標準了。

2. 仁與恕

恕是把仁的思想貫徹於行動中的方法。一個人如果是認真地、一貫地實行恕道，他就一定能成爲仁者。《説文・心部》説："恕，仁也。"正是説明這個意思。

爲什麼人能行恕，就能成爲仁者呢？

第一，因爲仁是人對人的行爲。那末，孤立的一個人，或一個人的行爲對別人沒有絲毫影響，就都不發生仁不仁的問題。"仁"字於文"從人二"（《説文・人部》），會意，實鮮明地指出仁就是表明人與人的關係，它是社會的産物。

第二，因爲仁是用人道主義對待人，即，以人的好惡爲好惡。《論語》説："唯仁者，能好人，能惡人。"（《里仁》）《中庸》説："仁者，人也。"《孟子》説："仁，人心也。"都是闡明這個意思。

既然仁是人對人的行爲，這個行爲並須以人的好惡爲準的。那末，他人的好惡，我怎能知道呢？這首先要知道我自己的好惡是什麼。因爲，人與人爲同類，其思想感情有共同點。凡是我所愛好的，大半也是別人所愛好的。同樣，凡是我所憎惡的，大半也是別人所憎惡的。正因爲這樣，所以，能行恕道，就能成爲仁者。

孔子説："夫仁者，己欲立而立人，己欲達而達人，能近取譬，可謂仁之方也已。"（《論語・雍也》）《孟子》説："萬物皆備於我矣，反身而誠，樂莫大焉，强恕而行，求仁莫近焉。"（《盡心》）我們試就上述這兩段話來分析,就可以看到,孔子和孟子都認爲恕是行仁的最簡便的方法。

什麽叫做"近取譬"呢?

就是説,你不知道别人的好惡如何,你總能知道你自己的好惡吧! 那末,就用你自己的好惡作此樣去做,這樣,縱令不一定同别人的好惡完全一致,也一定差不多,這樣做法就是恕。這樣做的結果,能合乎别人的願望和要求,就是仁,所以説"能近取譬,可謂仁之方"。"仁之方"就是行仁的方法。這個方法,具體説,就是"己欲立而立人,己欲達而達人","己所不欲,勿施於人"(《論語·顔淵》、《衛靈公》各一見)。

什麽叫做"萬物皆備於我"呢?

"萬物"就是萬事,包括人的生活一切。因爲人我同類,彼此一般,凡是别人所具有的,在我身上也都具有了,這就叫做"萬物皆備於我"。正因爲"萬物皆備於我",所以"反身而誠,樂莫大焉"。"反身而誠"意思是説,對待人,像對待自己一樣的真誠;"樂莫大焉",是説這樣做,將會使你感到這是人生最大的快樂。"强恕而行,求仁莫近焉",正是由上述事例所引申出來的結論,指出人能勉强依照恕道而行,是求仁的最方便的方法。

正因爲恕是實踐仁的方法,所以,孔子貴仁,就特别重恕。《論語》:"子貢問曰:'有一言而可以終身行之者乎?'子曰:'其恕乎! 己所不欲,勿施於人。'"(《衛靈公》)又:"子曰:'參乎! 吾道一以貫之。'曾子曰:'唯!'子出,門人問曰:'何謂也?'曾子曰:'夫子之道,忠恕而已矣。'"(《里仁》)由上述孔子告子貢説恕可以行之終身和曾子説孔子之道祇是忠恕而已,可見,重恕即是貴仁,强調仁故强調恕,貴仁、重恕實是孔子學説的重要部分。

3. 仁與道

《論語》裏提到"道"的地方,也非常多,如説:

> 朝聞道,夕死可矣。(《里仁》)

士志於道,而耻惡衣惡食者,未足與議也。(同上)

參乎! 吾道一以貫之。(同上)

道不行,乘桴浮於海。(《公冶長》)

夫子之言性與天道。(同上)

非不悦子之道。(《雍也》)

何莫由斯道也! (同上)

志於道。(《述而》)

篤信好學,守死善道。(《泰伯》)

可與共學,未可與適道。(《子罕》)

道之將行也與! 命也。道之將廢也與! 命也。(《憲問》)

君子謀道不謀食……君子憂道不憂貧。(《衛靈公》)

君子學道則愛人,小人學道則易使。(《陽貨》)

上述這些“道”字,除了“言性與天道”一語的“道”字確指天道而外,其餘都指人道而言。人道是一般的概念,其範圍包括很廣,并且也很不確定。實在,孔子所説的道,其具體内容主要是指行“仁”而言,這可由下面一些例子得到證明。即:孔子説:“吾道一以貫之。”曾子領會其用意,説:“夫子之道,忠恕而已矣。”《中庸》説:“忠恕違道不遠,施諸己而不願,亦勿施於人。”又説:“修身以道,修道以仁。”《孟子》説:“道二:仁與不仁而已矣。”(《離婁》)又説:“仁也者,人也,合而言之,道也。”(《盡心》)所以,孔子和老子二人都言道,而所言的道,其具體内容實大不相同。韓愈説:“凡吾所謂道德云者,合仁與義言之也。老子之所謂道德云者,去仁與義言之也。”(《原道》)這話是對的。

4. 仁與禮

《論語》載:“顏淵問仁。子曰:‘克己復禮爲仁。一日克己復禮,天下歸仁焉。爲仁由己,而由人乎哉?’顏淵曰:‘請問其目。’子曰:‘非禮勿視,非禮勿聽,非禮勿言,非禮勿動。’顏淵曰:‘回雖不

敏,請事斯語矣.’”(《顏淵》)由上述這段文字,可見仁和禮有密切
關係。

不過,禮在原始社會表現爲傳統習慣,到了階級社會,它雖然
繼承了舊的傳統,保留着舊的形式,但是,不能不打上階級的烙印,
就在於它的内容要反映統治階級的意志、適應統治階級的要求。
儘管在孔子意識裏認爲周禮是天經地義、完美無缺,實際周禮是有
階級性的,因而孔子所説的仁,也是帶有階級性的。

5. 仁與智

從人的心理過程的不同的形態來説,仁是感情上的問題,智是
認識上的問題。孔子辨別仁智的不同性格,曾有如下説明。即:

> 智者樂水,仁者樂山。智者動,仁者静。智者樂,仁
> 者壽。(《論語·雍也》)

這個説明,對於我們瞭解仁、智的實質,是有益的。總的意思
是説:偏於智慧的人常表現爲機警活潑,偏於仁慈的人常表現爲真
摯厚重。孔子又説:“剛毅木訥近仁。”(同上《子路》)“巧言令色鮮
矣仁。”(同上,《學而》、《陽貨》凡兩見)這兩句話,基本上同上述的
意思是一致的。

還有,孔子曾説過“仁者安仁,智者利仁”(《論語·里仁》)。
“安仁”表明行仁是出於真正的同情心或正義感,並不是勉强;“利
仁”則需要經過一段思維過程,由於認識到爲仁的好處,才開始去
做。又,孔子説:“智及之,仁不能守之,雖得之,必失之。”(同上《衛
靈公》)又説:“知之者不如好之者,好之者不如樂之者。”(同上《雍
也》)這兩段話,也可以與上述的兩段話互相發明。就是説,對某種
事物,雖然已經認識了它,但是,如果對它没有好或惡的真實感情,
還是不能貫徹於行動,縱令貫徹於行動,也不能持久。

又,孔子説:“好仁不好學,其蔽也愚。”(《論語·陽貨》)可見,
從一個人的品質來説,“智者利仁”不如“仁者安仁”,因爲“智者”遇

事，大抵不但考慮是非，還要計較利害，不如"仁者"一本同情心和正義感做事更爲純潔、高尚，并且常能始終如一，堅決不動搖。但是，仁與智並不是矛盾的。《中庸》述孔子語説："好學近乎智，力行近乎仁。"一個人如果是"好仁不好學"，就是仁而不智，那末，遇事不深辨是非邪正，專憑感情做事，常會不自覺地走上錯誤的道路，其結果往往陷於不仁不義。《論語》載："宰我問曰：'仁者雖告之曰，井有仁（人）焉，其從之也？'子曰："何爲其然也？君子可逝也，不可陷也；可欺也，不可罔也。"（《雍也》）大意也就是説，仁者並不同於傻子，仁者是要辨别正義與非正義，因此，仁者必須有智，也就是好仁必須好學。子夏説："博學而篤志，切問而近思，仁在其中矣。"（同上《子張》）這話正是宗述孔子的思想而説的。

6. 仁與勇

孔子説過"仁者必有勇"（《論語・憲問》），這話跟《老子》説"慈故能勇"（六十七章）的意思基本上一樣。因爲，仁慈的人，至性過人，他對於正義的愛護和對非正義的憎恨，表現得都特别强烈，所以，"必有勇"。

孔子又説過："志士仁人，無求生以害仁，有殺身以成仁。"（《論語・衛靈公》）這話也與上文"仁者必有勇"的意思一致。因爲志士仁人都特别熱愛人類、熱愛事業，他們遇到人們遭受災禍，事業遭到破壞，就一定奮勇起來竭盡全力前往挽救，犧牲性命，在所不惜，絶不肯苟活偷生而讓人們或事業受到損害。這正是仁者最高尚、純潔而可貴的地方。

另外，孔子强調仁的重要性，曾説："當仁不讓於師。"（《論語・衛靈公》）這話大意是，財物、名譽和地位等等，對尊長者都應當謙讓，祇有爲仁，對任何人都不應當謙讓。

孔子又説："君子去仁，惡乎成名？君子無終食之間違仁，造次必於是，顛沛必於是。"（《論語・里仁》）這話大意，也在説明仁的重要性。即，人在生活當中，無論什麼時候，都不應當離開仁。孔子又説過:"人而不仁如禮何? 人而不仁如樂何?"(同上《八佾》)這説明人如果是不仁,行禮樂簡直是一種諷刺,沒有任何意義可言。

孔子又説過:"仁遠乎哉? 我欲仁,斯仁至矣。"(同上《述而》)和"爲仁由己而由人乎哉"(同上《顏淵》)? 這是説明,仁並不是高不可攀,祇要自己下決心肯做就行,其權不在別人,完全操在自己的手裏。

孔子又説過:"民之於仁也,甚於水火,水火吾見蹈而死者矣,未見蹈仁而死者也。"(同上《衞靈公》)孔子説這話的時候,感情似乎非常激動,簡直是大聲疾呼了。

7. 結語

總之,孔子具有統一的人生觀,這個統一的人生觀的基礎、核心是仁,即人道主義。孔子對於人類的同情心和正義感給予很高的評價和充分的重視。正因爲有這個同情心和正義感一貫在鼓舞着他,遂使他具有堅強的意志和充沛的熱情,不怕困難,不怕犧牲,經常保持着樂觀的情緒和積極的態度。例如,他説:"飯疏食,飲水,曲肱而枕之,樂亦在其中矣。不義而富且貴,於我如浮雲。"(《論語·述而》)又説:"君子固窮,小人窮斯濫矣。"(同上《衞靈公》)又説:"志士仁人,無求生以害仁,有殺身以成仁。"(同上)這種精神是偉大的,對於社會是起積極的作用的。當然,孔子所説的仁裏邊是有等級性,在等級性裏邊隱藏着階級性。不過,這是歷史條件的限制,並不妨礙我們稱讚他的人格的偉大。因爲,他實際已冲破了階級的藩籬,從全人類出發來考慮問題。

(四)正名

孔子的正名跟貴仁密切地聯繫着。貴仁是以"復禮"爲手段,而"復禮"跟正名基本上是一個東西。但是,貴仁屬道德的範疇,而正名則屬政治的範疇。貴仁的貫徹祇依靠於內心的信念和習慣的力量,而正名的實現必依靠於政權的强制力量。貴仁反映孔子的道德觀點,正名反映孔子的政治態度,二者是有區別的。

　　關於名和禮的關係。《左傳》桓公二年，晉大夫師服曾有如下的説明，即："名以制義，義以出禮。"意思是説，名是最根本的東西，義是名所決定的，禮是由義産生的。他在這以下，還繼續説："禮以體政，政以正民，是以政成而民聽，易則生亂。"這個説明對於我們瞭解孔子的正名問題，以及名、義和禮這幾個概念的相互關係，有很大幫助。《禮記·大傳》説："名者，人治之大者也。"《左傳》成公二年説："唯器與名不可以假人。"又，莊公十八年説："名位不同，禮亦異數。"這些文字，並不出於一人，也不出於同一年代，而其見解實完全一致，都説明名是最根本的東西，禮和它有着極密切的聯繫。

　　關於禮和義的關係。《中庸》説："義者，宜也。"宜，是理論上的事情。《説文》説："禮，履也。"履，是實踐上的事情。所以《禮記·郊特牲》説："禮之所尊，尊其義也。失其義，陳其數，祝史之事也。故其數可陳也，其義難知也。知其義而敬守之，天子之所以治天下也。"《禮運》説："故禮也者，義之實也。協諸義而協，則禮雖先王未之有，可以義起也。"

　　大抵名是事物的代表，它代表着一個事物的質的規定性和與其他事物的質的區別性。光從這個事物的質的規定性和與其他事物的質的區別性而言，即所謂義；在一定的社會裏，依據一個人所具有的名義，來確定他在社會上或政治上的地位，並從而決定他對其他具有各種不同名義的人們所采取的態度或動作，即所謂禮。把這個禮的精神體現在國家事務中，就是所謂政。

　　正因爲這樣，所以孔子爲政要把正名工作提到頭等重要的地位上來。同時，我們也知道正名和復禮實質上是一個東西。

　　《論語》載："子路曰：'衛君待子而爲政，子將奚先？'子曰：'必也，正名乎。'"（《子路》）又："齊景公問政於孔子。孔子對曰：'君君，臣臣，父父，子子。'"（《顏淵》）"君君，臣臣，父父，子子"實際即正名的主要内容。

　　我們知道,孔子所處的時期是周王朝統治機構逐層瓦解,社會發生嚴重危機的時期。先前,人們公認"尊尊"、"親親",首先是"君臣之義"和"父子之親"爲天經地義。而這時,正如《孟子》所説是"臣弑其君者有之,子弑其父者有之"(《滕文公》)。孔子是個保守主義者,他一心想恢復舊日社會的秩序,他認爲當時社會的一般情況是:不仁,不知禮,君不君,臣不臣,父不父,子不子。要恢復舊日社會秩序,衹有采取貴仁、復禮和正名的辦法。《孟子》説:"孔子懼,作《春秋》。"(同上)作《春秋》正是孔子所做的正名工作。《孟子》又説:"孔子成《春秋》而亂臣賊子懼。"(同上)"亂臣賊子懼"正是孔子正名工作的效果。

　　1.《春秋》

　　《春秋》原是魯史之名,同晉史稱"乘",楚史稱"檮杌"一樣。但是,孔子作《春秋》,其用意卻不僅在於記述史實,更重要的,在利用它表達他的正名見解。我們知道,正名是孔子的政治主張,要想實現這個政治主張,首要在取得政權。而孔子没有取得政權,不能實現他的主張,不得已所以作《春秋》,把他的正名見解反映在《春秋》一書裏。

　　孟子在《離婁篇》曾説明了這個事實,即:"王者之迹熄而《詩》亡,《詩》亡然後《春秋》作。晉之《乘》,楚之《檮杌》,魯之《春秋》,一也。其事則齊桓、晉文,共文則史,孔子曰:'其義則丘竊取之矣。'"

　　同樣,《公羊傳》昭公十二年引述孔子語,也説:"《春秋》之信史也,其序則齊桓、晉文,其會則主會者爲之也,其詞則丘有罪焉耳!"

　　又,《史記·十二諸侯年表序》説:"……及至厲王,以惡聞其過,公卿懼誅而禍作,厲王遂奔於彘,亂自京師始,而共和行政焉。是後或力政,彊乘弱,興師不請天子,然挾王室之義以討伐爲會盟主,政由五伯,諸侯恣行,淫侈不軌,賊臣篡子滋起矣。……是以孔子明王道,干七十餘君,莫能用。故西觀周室,論史記舊聞,興於魯而次《春秋》,上記隱,下至哀之獲麟,約其辭文,去其煩重,以制義法，王道備，人事浹。”

又，《史記·自序》説：“上大夫壺遂曰：‘昔孔子何爲而作《春秋》哉？’太史公曰：‘余聞董生曰，周道衰廢，孔子爲魯司寇，諸侯害之，大夫壅之。孔子知言之不用，道之不行也，是非二百四十二年之中，以爲天下儀表，貶天子，退諸侯，討大夫，以達王事而已矣。子曰，我欲載之空言，不如見之於行事之深切著明也。’”説也略同，而較孟子所述加詳。

總之，孔子作《春秋》，所重在“義”，在“詞”，在“義法”，在“是非”。一句話：重在正名。

正因爲這樣，所以《莊子·天下篇》説：《春秋》以道名分。《史記·滑稽列傳》説：“《春秋》以道義。”（亦見《自序》）又，《自序》説：“《春秋》者，禮義之大宗也。”《公羊傳》哀公十四年説：“撥亂世，反諸正，莫近諸《春秋》。”

也正因爲這樣，我們研究孔子的正名問題，有必要進一步對《春秋》加以考察。

首先，應當指出，孔子作《春秋》，有這樣一條重要原則，即“據魯，親周，故殷”（《史記·孔子世家》）。

這條原則，經何休誤解爲“黜周王魯”（《公羊傳》宣公十六年注），已千載湮晦，無人能知其意。實則這條原則並不是什麼“黜周王魯”，而是一遵周禮，體現了周室的嚴格的等級制度。兹説明如下：

《禮記·郊特牲》説：“天子存二代之後，猶尊賢也，尊賢不過二代。”這“尊賢不過二代”跟周禮“親親上殺”的意義，實相一致。周禮：諸侯五廟，有遷祧之制，喪服：“四世而緦，服之窮。”把這個等級制度的基本原則應用於對前朝的優禮，遂産生所謂“尊賢不過二代”之制。“不過二代”，即上溯以二代爲限，過了二代則不在優禮之列。後世習稱夏、商、周爲三代，三代之名，實即沿用周人舊稱。

董仲舒、何休等所言“三統”之義，誠多誣妄。但是，董仲舒説：

"王者之法，……下存二王之後以大國，使服其服，行其禮樂，稱客而朝。"(《春秋繁露·三代改制質文》)何休説："王者存二王之後，使統其正朔，服其服色，行其禮樂。"又説："宋稱公者，殷後也。王者封二王后地方百里，爵稱公，客待之而不臣也。"(俱見《公羊傳》隱公三年注)等等，考之於《詩·大雅·文王》説"殷士膚敏，裸將於京，厥作裸將，常服黼冔"，和《周頌·有客》説"有客！有客！亦白其馬"，黼冔、白馬都是殷制，宋公助祭於周廟，可以服用，證明董，何所説，確有根據。

周存二代之後，所優禮者至夏而止。《禮運》説："杞之郊也，禹也；宋之郊也，契也，是天子之事守也。"杞、宋二國得郊祭，正是周室存二代之後的事實。

《春秋》爲魯史，記事之法自應以魯爲主，這就是所謂"據魯"。

但是，魯爲列國，周爲天子，魯對周不能同列國一例看待。即有些事在別國發生，魯史可以不記，而在周室發生，魯史一定要記。這就是所謂"親周"。

《公羊傳》宣公十六年説："成周宣謝災何以書？記災也。外災不書，此何以書？新周也。"這是《春秋》記事用"親周"原則的確證。古親、新二字通用，此處"新周"應從《史記·孔子世家》和《春秋繁露·三代改制質文》作"親周"。"親周"指明魯與周的關係。"外災不書"是説外國有災，《春秋》一例不載；"此何以書"是説"成周宣謝災"爲什麼書於魯史。"親周也"是説明書於魯史，因爲周與魯有特殊的關係。

同樣，宋爲殷後，因"親周"而對宋也有了比較特殊的關係。如同喪服：親親上殺，爲父斬衰，因親父而親祖父，故爲祖父齊衰期。《春秋》"故殷"指明魯與宋有比較特殊的關係。

《公羊傳》僖公十六年説："五石、六鶂何以書？記異也。外異不書，此何以書？爲王者之後記異也。"(《春秋》原文："十有六年，春王正月戊申朔。霣石於宋五。是月也，六鶂退飛過宋都。")又，文公三年説:"雨螽者何？ 死而墜也。何以書？ 記異也。外異不書,此何以書？ 爲王者之後記異也。"(《春秋》原文:"雨螽於宋。")又,襄公九年春宋火,傳説:"曷爲或言災,或言火？ 大者曰災,小者曰火。然則不内何以言火？ 内不言火者,甚之也。何以書？ 記災也。外災不書,此何以書？ 爲王者之後記災也。"《穀梁傳》襄公九年春宋災説:"外災不志,此其志何也？ 故宋也。"又,莊公十有一年秋,宋大水,説:"外災不書,此何以書？ 王者之後也。"

以上各條,都説明魯對宋不能與列國等同看待,故災異特書於《春秋》。"故宋"即"故殷",所以宋國災異載入魯史者,即因其爲"王者之後也"。至夏后之杞,則義所不及,故與列國不别。

司馬遷説:"《春秋》據魯,親周,故殷,運之三代。"(《孔子世家》)真義就是這樣。這是《春秋》一條重要原則(它與尊賢不過二代的精神一致,而不是等同)。《詩經》有《周》、《魯》、《商》三頌,也是應用這條原則,哪有如何休所説"黜周王魯"之事？

晉儒王接評何休説:"黜周王魯,大體乖硋,且志通《公羊》而往往還爲《公羊》疾病。"(《晉書·王接傳》)這話十分正確。"據魯,親周,故殷"這條原則,是以周禮爲依據,實體現了孔子的正名思想。

其次,"所見異辭,所聞異辭,所傳聞異辭"(《公羊傳》隱公元年、桓公二年、哀公十四年),也是孔子作《春秋》的一條重要原則。

這條原則,也被何休誤解。他杜撰了"衰亂"、"升平"、"太平"三世,並把内外義勉强分配在裏面,直令人莫名其妙(詳見《公羊傳》隱公元年注)。其實,這祇是詳近略遠。所見、所聞、所傳聞表明史料的來源有直接、間接,有間接更間接,因而記述時應有詳略的區别。

《穀梁傳》桓公十四年引孔子語,説:"聽遠音者,聞其疾而不聞其舒;望遠者,察其貌而不察其形。立乎定、哀以指隱、桓之日,遠矣。"正説明記事應有詳略不同的道理。《荀子·非相篇》説:"五帝之外無傳人,非無賢人也,久故也。五帝之中無傳政,非無善政也,久故也。禹、湯有傳政而不若周之察也，非無善政也，久故也。傳者久則論略，近則論詳；略者舉大，詳者舉小。"也是說明這個道理，然而，不如孔子作《春秋》規定爲所見異辭、所聞異辭、所傳聞異辭的原則，更爲明確具體。這條原則，也體現了正名的精神。

其次，"内其國而外諸夏，内諸夏而外夷狄"(《公羊傳》成公十五年)也是孔子作《春秋》的一條重要原則。如果説前一條原則(所見異辭，所聞異辭，所傳聞異辭)是從時間上立義，而這一條原則則是從空間上立義。

蓋《春秋》魯史，當記述魯與列國的交接，如會盟朝聘，自應以魯爲内，以列國爲外，這就叫做"内其國而外諸夏"。但是，當諸夏與夷狄對舉時，則諸夏又是内，而夷狄是外，這就叫做"内諸夏而外夷狄"。

例如，《春秋》："成公十有五年，冬，十有一月，叔孫僑如會晉士燮、齊高尤咎、宋華元、衛孫林父、鄭公子鰌、邾婁人會吳於鍾離。"《公羊傳》説："曷爲殊會吳？外吳也。曷爲外也？《春秋》：内其國而外諸夏，内諸夏而外夷狄。王者欲一乎天下？曷爲以外内之辭言之？言自近者始也。"《穀梁傳》説："會又會，外之也。"叔孫僑如魯大夫，《春秋》爲魯史，所以鍾離之會，叔孫僑如與晉、齊、宋、衛、鄭、邾婁諸國的大夫不能連續寫在一起，中間用"會"字隔開，以示區別，這就是"内其國而外諸夏"。但是，晉、齊等國與吳，則又有諸夏與夷狄的不同，所以，也不能連續寫在一起，吳上又用會字隔開，以示區別，這就是"内諸夏而外夷狄。"《公羊傳》説"殊會吳"和《穀梁傳》説"會又會"的意思完全一樣，都是說明這個道理。

這個道理，在《春秋》是記事的一條重要原則，其意義如《公羊傳》所説"自近者始"，即貫穿着等級制度的精神，這也是孔子正名思想的一種表現。

其次，"爲尊者諱，爲親者諱，爲賢者諱"也是孔子作《春秋》的一條重要原則。

《公羊傳》閔公元年説："《春秋》爲尊者諱，爲親者諱，爲賢者諱。"又，莊公四年説："《春秋》爲賢者諱。"《穀梁傳》成公元年説："爲尊者諱敵不諱敗，爲親者諱敗不諱敵。"又，成公九年説："爲尊者諱耻，爲賢者諱過，爲親者諱疾。"諱的意思，以唐人啖助説爲確。即："蓋諱，避之也，避其名而遜其辭，以示尊敬也。猶魯諱具、敖，以鄉名山，非謂隱諱，言魯無此山也。……今言他人之遇屯否、罪戾、死喪、耻辱，則正言之；至於所尊、所敬，則婉順言之。此蓋是人情常理，《春秋》諱避之道亦爾。"（《春秋啖趙集傳纂例・諱義例》）《春秋》對尊、親、賢，特示尊敬，也體現周禮等級制度的精神，即也是孔子正名思想的一種表現。

還有，對於人物的記述，如："州不若國，國不若氏，氏不若人，人不若名，名不若字，字不若子。"（《公羊傳》莊公十年。《穀梁傳》莊公十四年作："州不如國，國不如名，名不如字。"大意略同）對於事實的記述，如："會、及、暨，皆與也。曷爲或言會，或言及，或言暨？會猶最也，及猶汲汲也，暨猶暨暨也。及我欲之，暨不得已也。"（《公羊傳》隱公元年）如："曷爲或言侵，或言伐？觕者曰侵，精者曰伐。戰不言伐，圍不言戰，入不言圍，滅不言入，書其重者也。"（《公羊傳》莊公十年）以及稱"初"，如："初獻六羽"（隱公五年），"初税畝"（宣公十五年）；稱"猶"，如："猶朝於廟"（文公六年），"猶三望"（僖公十一年，宣公三年），"猶繹"（宣公八年）；稱"乃"，如："乃免牲"（僖公三十一年，襄公七年），"乃不郊"（宣公三年，成公十年，哀公十一年），"乃免牛"（成公七年），"乃克葬"（定公十五年）；稱"作"，如："作僖公主"（文公二年），"作丘甲"（成公元年）；稱"立"，如："立武宫"（成公六年），"立煬宫"（定公元年）；稱"用"，如："用致夫人"（僖公八年），"用郊"（成公十七年），"用田賦"（哀公十二年）等等，都是稱量而出，斟酌至當。

《公羊傳》莊公七年説："不修《春秋》，曰：'雨星不及地尺而復。'君子修之，曰：'星霣如雨。'"《左傳》襄公二十年説："名藏在諸侯之策，曰：'孫林父、甯殖出其君。'"而《春秋》實書曰："衛侯衎出奔齊。"（《公羊傳》襄公四年引經文。《左氏》、《穀梁》二傳引經無"衎"字）上述二條，證實了《春秋》有筆削之事。《史記·孔子世家》說："孔子在位，聽訟文辭有可與人同者，弗獨有也。至於爲《春秋》，筆則筆，削則削。游夏之徒不能贊一辭。"這話是可信的。

《穀梁傳》僖公十六年説："子曰：'石無知之物，鶂微有知之物。石無知，故日之；鶂微有知之物，故月之。'君子之於物，無所苟而已矣。石、鶂且猶盡其辭，而況於人乎？故五石、六鶂之辭不設，則王道不亢矣。"又，僖公十九年説："梁亡，鄭棄其師，我無加損焉，正名而已矣。"什麼叫做"無加損"呢？就是不夸大，也不縮小，恰如其分。這個"我無加損焉"的精神實質，就是所謂"正名"。"石、鶂且猶盡其辭，而況於人乎？"是説明正名在《春秋》裏，不但施之於人，而且施之於物。《荀子》所謂"一物失稱，亂之端也"（《正論》），就是應用這條原理。

正因爲這樣，所以説："五石、六鶂之辭不設，則王道不亢矣。""王道不亢"應與上引《史記·十二諸侯年表》"王道備"和《史記·自序》"達王事"合看。亢的意思是舉，王道舉，即所謂"撥亂世，反諸正"，亦即所謂"文治太平"（《公羊傳》定公六年注），它意味着經過孔子正名以後，《春秋》上所有記述都恰如其分，完全實現了理想的等級制度的秩序（實質上是周室盛時的秩序）。

《春秋繁露》説"《春秋》慎辭，謹於名倫等物者也"（《精華》），又説"名倫等物不失其理"（《盟會要》），又説"吾以其近近而遠遠、親親而疏疏也，亦知其貴貴而賤賤、重重而輕輕也，有（又）知其厚厚而薄薄、善善而惡惡也，有知其陽陽而陰陰、白白而黑黑也"（《楚莊王》）。《繁露》所説，正是孔子正名的事實。

孔子作《春秋》，把正名的理論應用得非常廣泛而完密，正如司馬遷所評述："撥亂世，反諸正，莫近於《春秋》。《春秋》文成數萬，其指數千，萬物之散聚，皆在《春秋》。"（《史記·自序》）但是，其基本精神並不是別的,還是所謂"君君,臣臣,父父,子子"而已。

　　正名本是一種政治主張,它的實現有賴於取得政權,但是,孔子並沒有取得政權,而是把這一政治主張在《春秋》一書裏實現。所以,《孟子》説:"《春秋》,天子之事也。"(《滕文公》)《史記》説:"因史記作《春秋》以當王法。"(《儒林列傳》)而孔子自己也説過:"知我者,其惟《春秋》乎?罪我者,其惟《春秋》乎?"(《孟子·滕文公》。《史記·孔子世家》作"後世知丘者以《春秋》,而罪丘者亦以《春秋》"。)

　　2. 禮

　　爲了比較深刻地理解孔子正名的問題,不但應對《春秋》進行考察,還有必要對禮進行考察。因爲,《春秋》是孔子正名的實例,禮是孔子正名的標準。正名與復禮,實質上是一個東西。

　　孔子正名所依據的禮,不是一般的禮,而是具體的禮,即"周禮"。這可由《論語·八佾》所述孔子之語,説"周監於二代,郁郁乎文哉!吾從周"("吾從周"一語,又見《禮記·檀弓》、《坊記》、《中庸》等篇)得到證明。《淮南子》説:"孔子修成康之道,述周公之訓,以教七十子,使服其衣冠,修其篇籍。"(《要略》)《史記》説:"夫周室衰而《關雎》作,幽、厲微而禮樂壞,諸侯恣行,政由强國;故孔子閔王路廢而邪道興,於是論次《詩》、《書》,修起《禮》、《樂》。"(《儒林列傳》)這些話,都是有根據的。孔子所修起的禮樂,即是"幽、厲微而禮樂壞"的禮樂;孔子所用以教七十子的,實爲"成康之道,周公之訓"。

　　周禮的内容,極爲繁富,號稱"經禮三百,曲禮三千"(《禮記·禮器》。《中庸》作"禮儀三百,威儀三千。"),有很多人都説過"纍世不能通其學,當年不能究其禮"(《史記·自序》。亦略見《晏子·外篇》和《墨子·非儒篇》),我們將怎樣進行考察呢? 我認爲首先應當考察禮的理論根據。

　　《禮記·樂記》説:"天高地下,萬物散殊,而禮制行矣。"這話可以看作自來言禮者的理論根據。《書·皋陶謨》説:"天秩有禮,自我五禮有庸哉!"《左傳》昭公二十五年,記黃父之會,鄭大夫游吉答晉大夫趙鞅問"何謂禮"? 説:"吉也,聞諸先大夫子産曰:'夫禮,天之經也,地之義也,民之行也。'"《易·履卦·大象》説:"上天下澤,履。君子以辯上下,定民志。"以上三書所述與《樂記》所説基本上相同,都是説,禮是自然的秩序的反映,是人類社會不可缺少的東西。《荀子》説:"故繩者,直之至;衡者,平之至;規矩者,方圓之至;禮者,人道之極也。"(《禮論》)《禮運》説:"故壞國、喪家、亡人,必先去其禮。"等等,都是闡明上述的道理。

正因爲古人認爲禮是反映自然的秩序的。所以,他們把禮看作是自然法則和理性法則。

其次,應當知道,禮的基本特點在"别"與"義"。

《曲禮》説:"夫禮者,所以定親疏,決嫌疑,别同異,明是非也。"(《坊記》作:"子曰:'夫禮者,所以章疑、别微以爲民坊者也。'")《樂記》説:"樂者,天地之和也;禮者,天地之序也,和故百物皆化,序故群物皆别。"又説:"樂者爲同,禮者爲異。""樂統同,禮辨異。"綜上所述,都説明禮的基本特點在重"别",即在任何場合下,都要分别出一個先後次序。《禮記·仲尼燕居》曾就這個道理,用許多具體例子詳細地加以闡明,説:"禮之所興,衆之所治也;禮之所發,衆之所亂也。目巧之室則有奧阼,席則有上下,車則有左右,行則有隨,立則有序,古之義也。室而無奧阼,則亂於堂室也;席而無上下,則亂於席上也;車而無左右,則亂於車也;行而無隨,則亂於涂也;立而無序,則亂於位也。昔聖帝、明王、諸侯,辨貴賤、長幼、遠近、男女、外内,莫敢逾越,昔由此涂出也。"

正因爲這樣,所以,"内寵並后,外寵二政,嬖子配嫡,大都耦國",辛伯認爲是"亂之本"(《左傳》閔公二年),因爲它違反了重"别"的原則;另方面,"天無二日,土無二王,國無二君,家無二尊"(《禮記·喪服四制》。亦略見《曾子問》、《坊記》二篇),亦即"一統”，遂成了“天地之常經，古今之通義”（董仲舒語，見《漢書》本傳），因爲它符合於重“別”的原則。

喪服規定：爲父斬衰，父在爲母齊衰期。又，爲人後者和女子子適人者，都爲其父母齊衰期，不貳斬，實鮮明地體現着一統的精神。《荀子·致士篇》説：“君者，國之隆也；父者，家之隆也。隆一而治，二而禮。自古及今，未有二隆爭重而能長久者。”又，《王制篇》説：“夫兩貴之不能相事，兩賤之不能相使，是天數也。勢位齊而欲惡同，物不能贍則必爭，爭則必亂，亂則窮矣。”這兩段話，更明確地揭出禮的重“別”、一統的理論根據和實際意義。

《郊特牲》説：“無別無義，禽獸之道也。”關於“別”字的解釋已如上述，什麼叫做“義”呢？《中庸》解釋説：“義者，宜也。”宜的意思，實際就是相稱。《禮器》述孔子語，説：“禮不可不省也。禮不同，不豐不殺，此之謂也。”隨即附加説明，説：“蓋言稱也。”又説：“禮有大、有小，有顯、有微，大者不可損，小者不可益，顯者不可揜，微者不可大也。”《三年問》説：“三年之喪，何也？曰：‘稱情而立文，因以飾群，別親疏、貴賤之節而弗可損益也。’”以上都是關於“稱”的説明，亦即“義者宜也”的説明。

禮在周室實爲鞏固社會秩序的重要工具。禮文的規定，一方面，要求把社會裏具體存在着極爲複雜的關係整理出一個秩序，辨明孰高孰下、孰主孰從，乃至中間更分爲多少等級，這就是“別”；另一方面，這個“別”要有客觀的依據，即與具體情況相稱，這就是“義”。儒家着重指出禮的特點在“別”和“義”，認爲這是人與禽獸不同的重要標誌，根據這個特點因而認爲禮文的規定是最合理的，是永恒的，不能變的。其實，所謂“稱”，實質上是與當時的社會制度相稱。禮是歷史的，不是永恒的；在禮文上面充分反映了階級的本質，它並不是合理的。然而，這兩點，特別是禮的階級本質，儒家還沒有意議到，在儒家經典中找不到關於這方面的説明的。

其次，應當知道，禮的基本內容是“親親”和“尊尊”。

《禮記・大傳》説:"聖人南面而治天下,必自人道始矣。立權、度、量,考文章,改正朔,易服色,殊徽號,異器械,別衣服,此其所得與民變革者也。其不可得變革者則有矣:親親也,尊尊也,長長也,男女有別,此其不可得與民變革者也。"

《喪服小記》説:"親親、尊尊、長長、男女有別,人道之大者也。"

《中庸》説:"仁者人也,親親爲大;義者宜也,尊賢爲大;親親之殺,尊賢之等,禮所生也。"

《大傳》説:"服術有六:一曰,親親;二曰,尊尊;三曰,名;四曰,出入;五曰,長幼;六曰,從服。"鄭注:"親親,父母爲首;尊尊,君爲首。"凌廷堪《禮經釋例》又解釋説:"親親、尊尊二者,以爲之經也;其下四者,以爲之緯也。所謂尊尊者,皆封建之服。何休所謂'質家親親,文家尊尊'是也。先王制禮,合封建而言之,故親親與尊尊並重。"(《封建尊尊服制考》)

以上所引各條,對於我們進行關於周代禮制的理論性問題的考察來説,實是極爲寶貴的材料。它們的長處,在於不爲禮制表面上的繁文縟節所迷惑,而能深刻地認識到它的精神實質。

由上述各條,我們不難看到禮的基本內容實爲"親親"和"尊尊"。這個內容表現在喪服上特爲明顯而具體。應該指出,《中庸》説"親親之殺,尊賢之等,禮所生也"實爲最深刻、最得要領的説明。"尊賢"和"尊尊"實質是一個東西。關於服術,鄭玄説:"親親,父母爲首;尊尊,君爲首。"凌廷堪更確切説,"親親"、"尊尊"二者爲經,其下四者爲緯;並指出所謂"尊尊"者,皆封建之服。所見都十分正確。《大傳》和《小記》二篇雖於"親親"、"尊尊"之外,又提到"長長"和"男女有別",實際"長長"是"親親"、"尊尊"所包,"男女有別"則爲"親親"、"尊尊"所從出,祇説"親親"、"尊尊",並不嫌遺漏。

《喪服四制》説:"其恩厚者其服重,故爲父斬衰三年,以恩制者也。門內之治恩揜義,門外之治義斷恩,資於事父以事君而敬同,貴貴、尊尊義之大者也,故爲君亦斬衰三年,以義制者也。"這裏説

“以恩制”即是“親親”，“以義制”即是“尊尊”，“爲父斬衰三年”即舉“親親”爲首者而言，“爲君亦斬衰三年”，即舉“尊尊”爲首者而言。“門内之治恩揜義，門外之治義斷恩”，則是説明“親親”和“尊尊”的範圍及其相互間的關係。《喪服四制》所説與上述諸文相符而申釋尤爲明晰，證明“親親”、“尊尊”確是周代禮制的基本内容。

其次，應當知道禮和仁的關係。

“仁”就是人道主義，它本身帶有等級性，這表現在仁者對親、民、物三者不是平等的愛上。（《孟子·盡心》説：“君子之於物也，愛之而弗仁；於民也，仁之而弗親；親親而仁民，仁民而愛物。”）孔子説：“克己復禮爲仁。”可見仁和禮的基本精神是一致的。

“仁”和“義”對舉，顯然各有獨立的含義，不能混同。但是，在一定的場合，如單言“仁”，實已包括“義”，“義”實際是“仁”的發展，從“仁”裏分化出來的。以下就這一點略加以説明。

《論語》説：“孝弟也者，其爲仁之本與！”（《學而》）我們如果把這句話跟下述一些文字，即跟孟子所説“孩提之童，無不知愛其親者；及其長也，無不知敬其兄也。親親，仁也；敬長，義也。無他，達之天下也”（《盡心》），“道在邇而求諸遠，事在易而求諸難，人人親其親、長其長，而天下平”（《離婁》），“仁之實，事親是也；義之實，從兄是也；智之實，知斯二者弗去是也；亂之實，節文斯二者是也”（同上）以及《禮記》所述孔子語，説“立愛自親始，教民睦也；立敬自長始，教民順也。教以慈睦，而及貴有親；教以敬長，而民貴用命。孝以事親，順以聽命，錯諸天下，無所不行”（《祭義》）聯繫來看，就可以清楚地看到，由總的説，孝弟爲仁之本，即仁裏包括着孝和弟。但是，如由孝弟細分，則孝以事親，爲仁；弟以從兄，爲義。即由孝發展爲“親親”，由弟發展爲“尊尊”。由“親親”從而有“親親”之殺，由“尊尊”從而有“尊尊”之等，把這“親親”之殺、“尊尊”之等用制度體現出來，固定下來，即所謂禮。所以説：“禮之實，節文斯二者。”二者指仁、義，亦即“親親”和“尊尊”。《中庸》説：“親親之殺，尊賢之等,禮所生也。"實際也是說明這個意思。正因爲這樣,所以孔子說:"克己復禮爲仁。"這些概念的相互間的關係,以圖示之,當如下:

```
        孝──事親──仁──親親 ┄┄┄┄宗法
 仁 ┤                        禮 ┄
        弟──從兄──義──尊尊 ┄┄┄┄封建
```

又,《禮記·昏義》説:"男女有別,而後夫婦有義;夫婦有義,而後父子有親;父子有親,而後君臣有正。故曰:昏禮者,禮之本也。"《郊特牲》説:"男女有別,然後父子親;父子親,然後義生;義生,然後禮作,禮作然後萬物安。無別無義,禽獸之道也。"《孝經》説:"資於事父以事母而愛同,資於事父以事君而敬同,故母取其愛,而君取其敬,兼之者父也。"《禮記·喪服四制》説:"資於事父以事君而敬同,貴貴尊尊義之大者也,故爲君亦斬衰三年,以義制者也。資於事父以事母而愛同,天無二日,土無二王,國無二君,家無二尊,以一治之也,故父在爲母齊衰期者,見無二尊也。"由所引上述這些材料可以看出什麼問題呢? 我認爲:

第一,説明了個體婚制是文明社會時代開始的標誌,"男女有別"的意思,是説實行了個體婚制,限制了"父子聚麀"。所有古文獻,如《喪服傳》説:"禽獸知母而不知父。"《曲禮》説:"夫唯禽獸無禮,故父子聚麀。"《郊特牲》説:"無別無義,禽獸之道也。"《孟子》説:"無父無君,是禽獸也。"等等,都是説明實行個體婚制是人的社會的開始。在未行個體婚制的時候,是禽獸時代。人跟禽獸的區別,衹在於人知禮,禽獸不知禮。禮的具體表現,首先在於男女有別,即實行個體婚制。

第二,説明由個體婚制而産生夫權,由夫權而産生父權,由父權而發展爲君權,一句話:夫權、父權和君權是文明社會的特徵。恩格斯説過,"個體婚制是文明社會的細胞"。又説:"頭一個在歷史上出現的階級對立,是與個體婚制下夫妻間對抗底發展相一致的,而頭一個階級的壓迫是與男性對女性的奴役相一致的。"①恩格斯這個科學的論斷,恰好也在中國社會找到了證據。

儒家對古代社會的理解,儘管是有偏見的,即他們沒有認識到文明社會的階級本質,他們過分地夸大了階級社會的文明,而抹煞了原始社會長期發展在人類史上的重要意義。但是,他們卻明確地指出個體婚制是文明時代開始的標誌,夫權、父權和由父權發展的君權是文明社會的特徵,無疑,這都是正確的。

那末,爲什麼《喪服小記》和《大傳》論人道於"親親"、"尊尊"之外,又舉出"男女有別"呢? 其道理就在於,"男女有別"是文明社會的起點,文明社會一切禮義法度都是從這裏發生、發展的。所以,上邊所引述的一些材料,如:"昏禮者,禮之本也","資於事父以事母而愛同,資於事父以事君而敬同,故母取其愛,而君取其敬,兼之者父也"等等,實具有極爲深刻的意義,都是孔門相傳舊說,不當因其晚出而遂輕之。

最後,應當知道,禮的歷史性和保守性的特點。

《樂記》說:"三王異世不相襲禮。"《中庸》述孔子語,說:"吾說夏禮,杞不足徵也;吾學殷禮,有宋存焉;吾學周禮,今用之,吾從周。"《論語》孔子答子張問十世可知也,說:"殷因於夏禮,所損益可知也;周因於殷禮,所損益可知也。其或繼周者,雖百世可知也。"(《爲政》)

這些材料,說明禮是社會的產物,它隨着社會的變化而變化,並不是一成不變的。

但是,它卻不是能動的而是被動的,祇有經過長久的時期,它才記錄下來社會的演進,而且祇有社會發生了急劇變化的時候,它才遭受急劇的變化。因此,它又具有很大程度的保守性。

《禮記·禮器》說:"禮也者,反本修古,不忘其初者也。故凶事

① 《家庭、私有制和國家的起源》,人民出版社,1954年,第62~63頁。

不詔,朝事以樂;醴酒之用,玄酒之尚;割刀之用,鸞刀之貴;莞簟之安,而稾鞂之設。"又説:"郊血,大饗腥,三獻爓,一獻熟。"《禮運》説:"故玄酒在室,醴醆在戶,粢緹在堂,澄酒在下。"《士冠禮・冠義》説:"始冠,緇布之冠也。太古冠布,齊則緇之。……冠而敝之,可也。"

以上這些材料,正説明禮的保守性。它一方面,不斷進步;一方面,還把過去的多少世代的歷史痕迹保留下來。因此,在某種程度上,我們可以説禮是古代社會的遺骸,它是我們研究古代史最重要的資料之一。有人説禮是儒家托古製造出來的東西;或者見其書多傳於漢人,竟認爲是漢代的東西,不能説明周代制度,這些見解都是錯誤的、應該批判的。

由上述幾個方面的考察,我們可以知道,周禮的唯一職能在維持、鞏固社會的秩序。不管周禮的擁護者把禮形容得如何莊嚴、美妙,説這個秩序同自然界中的秩序一樣,是永恒的、不可改變的。實際上它主要在辨別親疏、貴賤,即所謂"親親"、"尊尊",這正是當時社會制度是封建與宗法相結合的制度的反映。禮的等級階梯,從表面上看雖秩然有序,在這下面實掩蓋着階級的本質,它體現統治階級的意志,爲統治階級服務。禮是社會的產物,它不能不隨着社會的變化而變化。不過,禮的演變總是被動的而不是能動的,因此,擁護禮的人很自然是保守主義者,孔子就是這個典型的人物。

孔子的"正名"主張,實際是以周禮爲準繩,在作恢復周代社會舊有秩序的努力。他錯誤地認爲周禮的主要內容是最合理的,不可變的,而沒有意識到它的歷史性,這是孔子的缺點。

四、孔子思想的評價

由上述關於"天命"、"中庸"、"仁"和"正名"這幾個名詞概念的分析,我們可以斷言:孔子的世界觀和方法論基本上是正確的,基本上是辯證唯物主義者；他的道德觀點以"仁"，即人道主義爲基礎、核心，實際已冲破階級的藩籬，從全人類出發來考慮問題，這個精神是偉大的；祇是他的政治態度是保守主義者，他没有意識到社會正在發生大的變革，周代社會制度必須根本改造。

在這裏有一個問題還需要加以説明，即現在有人説西漢是奴隸制，有人則反對這個説法。反對的理由之一，是説："從意識形態上來看，……漢武帝尊重儒家，在地主經濟的基礎之上，把封建道德的上層建築牢固地建立了起來，奠定了以後兩千多年的標準的封建格局。西漢奴隸制説者，在這裏不自覺地碰着了一個無法解決的矛盾。他們承認孔子和儒家學説是封建理論，而卻主張西漢的生產關係還在奴隸制的階段，這豈不等於説：在奴隸制的社會基礎之上樹立了封建的上層建築嗎？"①看來現在史學界對西漢是什麼性質的社會，還有爭論，而對於孔子和儒家學説是封建理論，是西漢社會的上層建築這一點，似乎意見一致，没有爭論。我的見解則不然，既不同意説西漢是奴隸制，也不同意説孔子和儒家學説是封建理論，是西漢社會的上層建築。因此，有必要在這裏加以説明。

關於基礎與上層建築的定義，根據斯大林的解釋，"基礎是社會發展在每一階段上的社會經濟制度。上層建築是社會對於政治、法律、宗教、藝術、哲學的觀點，以及適合於這些觀點的政治法律等制度"（《論馬克思主義在語言學的問題》）。斯大林這個解釋如果不錯的話，我們可以這樣説，周、漢兩代社會由於經濟制度不同，所以社會思想、觀點和政治制度也不同。

那末，周、漢兩代社會的經濟制度最主要的區別在哪裏呢？我認爲，最主要的區別在於，周代土地爲大小封君所有，而漢代土地

---

① 　郭沫若：《奴隸制時代》第57頁。亦略見《光明日報》1957年5月9日第3版、《史學雙周刊》第107號郭沫若《一封信》和范文瀾《文要對題》。

則允許爲人民所有，自由買賣。

正因爲這樣，周代就不能不是宗法貴族統治的政治，漢代就不能不是地主階級統治的政治。

也正因爲這樣，周代社會思想觀點就不能不强調血緣關係，最具體例子即處處以“親親”與“尊尊”並舉，以“父父子子”與“君君臣臣”並舉，以“父子之親”與“君臣之義”並舉，以“子弒其父”與“臣弒其君”並舉，以“賊子”與“亂臣”並舉；漢代社會思想就不得不特别强調尊主卑臣，而對於血緣關係的特權則提出反對或加以限制，最顯著例子如漢初賈誼、晁錯二人關於請削諸侯王封地的疏奏，可爲證明。

由歷史文獻記載，我們知道：宣傳“親親”、“尊尊”爲天經地義，是儒家學説的特色；主張尊主卑臣，不别親疏，不殊貴賤，一斷於法，是法家學説的特色。儒、法兩家思想的不同，正是周、漢兩代社會制度不同的反映。因此，不論誰説孔子和儒家學説是封建理論，是西漢社會的上層建築，我都認爲是錯誤的，不符合實際情況的。

那末，漢武帝確是罷黜百家、獨尊儒術，後世也確實都誦習儒家經典，尊孔子爲聖人，這兩個問題，怎麼解答呢？我認爲：

第一，應該知道，事物往往有真相又有假相，真相和假相是矛盾的。正確的認識，貴能認識到真相，認識到本質，而不停留在假相上，不被假相所迷誤。

漢武帝尊重儒術，實際是假相，不是真相，真相依舊是重任法術。要想把這個問題弄清楚，最好是應用具體分析的方法。

我們如應用具體分析的方法，就可以清楚地看到，漢武帝標榜尊儒，對於當時的真儒如董仲舒、申培、轅固等並没有重用，相反，卻深感到他們討厭；所重用的衹有一公孫弘。《史記·儒林列傳》説：“公孫弘以《春秋》白衣爲天子三公，封以平津侯，天下之學士靡然向風矣。”我們不要怕麻煩，仔細看看公孫弘是什麼人物。《史記·平津侯列傳》説：

少時，爲薛獄吏，有罪免。家貧，牧豕海上。年四十餘乃學《春秋》雜說。

又說：

於是，天子察其行敦厚，辯論有餘，習文法吏事而又緣飾以儒術，上大悅之。

又說：

汲黯庭詰弘曰："齊人多詐而無情實……"

又說：

汲黯曰："弘位在三公，奉禄甚多，然爲布被，此詐也。"

又說：

弘爲人意忌，外寬内深，諸嘗與弘有郤者，雖佯與善，陰報其禍，殺主父偃，徙董仲舒於膠西，皆弘之力也。

又，《儒林傳》說：

固（轅固）之徵也，薛人公孫弘亦徵，側目而視固。固曰："公孫子，務正學以言，無曲學以阿世。"

又說：

公孫弘治《春秋》不如董仲舒，而弘希世用事，位至公卿。

綜上所述，可見公孫弘這個人物，是"詐"、"外寬内深"、"希世用事"、"曲學以阿世"、"習文法吏事而又緣飾以儒術"等等，一句話，是僞儒，不是真儒。即他本質上是法家，而在表面披上一層儒家外衣。所謂"上大悅之"，正是大悅他這一點，因爲他這一點恰好符合於漢武帝的要求。

　　所以,漢武帝重儒,衹是用儒來裝飾門面,利用它還有一種麻醉人民的作用而已,絕不能因此便說儒家思想是漢代的統治思想。

　　我們知道,社會意識形態中,更接近於社會經濟基礎的是政治思想和法權思想。那末,什麼是漢代占統治地位的政治思想和法權思想呢? 顯然,是法家思想而不是儒家思想。事實證明,漢武帝時,張湯、趙禹的地位比較公孫弘的地位重要得多,更不用說董仲舒、申培、轅固了。我們認識問題,如果不光看一點而還看全面,不光看現象而還看本質,就沒有理由說孔子和儒家學說是封建理論,是漢代社會基礎的上層建築。

　　爲了把問題弄得更清楚,請再引《漢書》裏一段文字看看。

　　《漢書·元帝紀》說:

　　　　孝元皇帝……柔仁好儒。見宣帝所用多文法吏,以刑名繩下;大臣楊惲、蓋寬饒等,坐刺譏辭語爲罪而誅。嘗侍燕從容言:"陛下持刑太深,宜用儒生。"宣帝作色曰:"漢家自有制度,本以霸王道雜之,奈何純任德教,用周政乎? 且俗儒不達時宜,好是古非今,使人眩於名實,不知所守,何足委任?"乃歎曰:"亂我家者,太子也!"繇是疏太子而愛淮陽王。曰:"淮陽王明察好法,宜爲吾子。"

　　從上述漢宣帝這些話裏,我們可以十分確切地認識到,儒家所講述的是"周政",它是周代社會的上層建築。到了漢代,因爲舊的社會基礎消滅了,舊的上層建築已不適用,漢代社會於是在它的基礎上又建立了自己的上層建築,這個上層建築的重要部分,具體說,就是法家觀點和適合於這個觀點的政治制度。漢宣帝所謂"以霸王道雜之",正明確地指出這一點。如仔細分析,"霸道"是指法家思想而言,"王道"是指儒家思想而言。"以霸王道雜之"這句話的意思,並不是說儒、法兩家思想可以平分秋色,各占一半,而是說實際以法家學說爲指導思想,衹在表面上僞裝重儒以蒙蔽人們耳目。

爲什麽定要"以霸王道雜之",不單純用"霸道"呢？

我想這是政治上一種策略,這是正確地估計了傳統的力量。因爲,儒家主張"親親"、"尊尊",尚德敬。經過歷史上很多著名學者努力宣傳它,把它加以種種美化,久之,它遂變成了人們共同喜歡的東西。但是,實質上它是承認了權門勢族的特權,因此,不能在封建社會裏認真地實行。如果實行,就等於縱容權門勢族,讓它們隨意對人民進行殘酷的剝削和壓迫,結果必然破壞封建的統治,削弱封建的政權。另一方面,法家主張"尊主卑臣",重刑罰。特別是重刑罰這一點,惹起人們普遍的反對,從而咒詛它,把它加以醜化,久之,它遂變成人們共同憎惡的東西。但是,實質上它是反對權門勢族的特權的("不別親疏,不殊貴賤,一斷以法"),至少,它要求對權門勢族的特權加以限制,這樣做法,在封建社會裏,是必要的,因爲它能遏止權門勢族的氣焰,減輕它們對人民的剝削和壓迫,使封建政權得到鞏固。論者說:"西漢之衰自元帝始,東漢之衰自章帝始。"(王夫之《讀通鑑論》卷四"章帝")究其衰頹原因,主要在於二帝好儒,錯誤地認真遵照儒家教條行事。另一方面,史稱漢光武帝"以吏事自嬰",漢明帝"尤任文法,總攬威柄,權不借下"(華嶠語。《太平御覽》九十一,《藝文類聚》十二引,兹自《後漢書集解·明帝紀》轉引);三國時,曹操、諸葛亮等也宗尚法術,而這些人執政的年代,都政治清明、政權鞏固。這都是最顯著的例證。

因此,我們似乎可以得出這樣結論:中國封建社會時代的統治者,凡是表面上尊儒而暗地裏以法家學說爲指導思想,其政權必鞏固;凡是認真地遵照儒家教條行事,其政權必削弱,甚至於滅亡。這是一條真理。所有那個時代聰明的統治者都認識這一條真理。可惜,現在若干史學家卻不認識這條真理,還硬說"孔子和儒家學說是封建理論"。

第二,應該知道:社會意識包括政治、法律、道德、宗教、科學、哲學、藝術各種形態。而這些形態中又包括舊社會的殘餘、新社會的萌芽，還有不隨社會基礎消滅而消滅的東西。總之，是極其複雜的。它們都起作用，儘管所起的作用不同。我們不能把上層建築一語作簡單的、抽象的東西來理解。

所以，孔子和儒家學説爲什麽在中國封建社會時代長期占着特殊重要的地位這個問題，不能單從政治的角度來理解，不能單從經濟基礎與上層建築的關係來理解，還要注意其他方面。

應當指出，孔子在政治上雖然是保守主義者，有他的落後一面，但他是偉大的哲學家、史學家、教育家和人道主義的首倡者，他在歷史文化遺産的繼承、整理和傳播上有卓越的貢獻、巨大的功績。孔子删定六經，實際是給中國古代文化做了一次總結——全面的、光輝的總結。孔子是中國古代文化的象徵，儒家經典是中國古代文化遺産中最主要、最寶貴部分。否定孔子、蔑棄儒家經典，無異斬斷中國文明傳統，任何統治者，除非在極特殊的情況下，没有人願做這樣蠢事。何況孔子思想是階級社會的産物，在某種程度上，可以繼續爲階級社會服務！以上，就是孔子和儒家學説在中國封建社會時代長期占着特殊重要地位的主要原因。於此可見，單從政治的角度來看問題，單從基礎與上層建築的關係來看問題，而得出“孔子和儒家學説是封建理論”的結論，是不全面的、不正確的。

（《東北人民大學人文科學學報》1957 年第 4 期）

論孔子學説的"仁"和"禮"

"仁"和"禮"在孔子學説中占着極重要的地位,二者實貫穿於孔子的教育思想、政治思想乃至哲學思想之中,成爲孔子學説的核心。孔子的最高理想,質言之,不過要實現他的"仁"、"禮"的主張而已。因此,當前學術界討論孔子,有不少文章着重討論"仁"、"禮"問題,展開了針鋒相對的爭論,看來是有必要的。在這個問題上,我的看法與當前爭論雙方還不無分歧。根據百家爭鳴的精神,我也願意在這裏提出來,向大家求教。

(一)

怎樣才能正確地瞭解孔子學説"仁"和"禮"的真義呢?我認爲首要的問題要緊緊地掌握馬列主義具體地分析具體問題這一重要原則,也就是説不能脱離具體的歷史條件來看問題,而是必須同當時的社會情況聯繫起來進行考查。不能設想,孔子的許多主張衹是不病而呻、無的放矢,而應該看到他正是要解決當時社會中所存在的現實問題。因此,我們研究"仁"、"禮"問題就不能不注意孔子提出這個問題當時的社會情況。

孔子所處的時代,是舊的奴隸社會日趨崩潰、新的封建社會行將產生的變革時代。據我瞭解,中國奴隸社會的基本特點突出地表現在井田和宗法這兩種制度上。井田制保留着農村公社的殘迹,宗法制保留着氏族的殘迹,二者是不發達的奴隸制的反映。井田與耦耕即集體勞動緊緊地聯繫在一起,而耦耕則是比較低的生産力水平所決定的；宗法與分封有密切關係，它是以井田爲基礎的最合理的上層建築物。從階級關係來看，當時社會主要分成奴隸主和奴隸兩個對立的階級。當時兩大階級的界限是非常清楚的。大體上説，奴隸主階級不擔負生産勞動，享有完全權利；奴隸階級擔負生産勞動，毫無權利。奴隸主階級基本上都居住於國、於都，奴隸階級基本上都居住於野、於鄙。"執干戈以衛社稷"是國人的天職，"力於農穡"是野人的天職。《孟子·滕文公上》説："野九一而助，國中什一使自賦。"《禮記·曲禮上》説："禮不下庶人，刑不上大夫。"這兩段話，實是我們瞭解中國奴隸社會的重要關鍵或綫索。

　　什麼叫做"禮不下庶人，刑不上大夫"？如果把這個否定的句子改成肯定的句子，就是荀子所説的，"由士以上，則必以禮樂節之；衆庶百姓，則必以法數制之"（《荀子·富國》），也就是説，"禮"的行使範圍，僅限於奴隸主階級内部，不適用於奴隸階級；"刑"的行使範圍，僅限於對待奴隸階級，不適用於奴隸主階級内部。我們明瞭了中國奴隸社會的原有情況是這樣，然後再閱讀孔子所説的"道之以政，齊之以刑，民免而無恥；道之以德，齊之以禮，有恥且格"（《論語·爲政》）這幾句話，就會瞭解孔子説這幾句話的真實意義是什麼。孔子説這幾句話的真實意義，説得明白一點，就是他主張"禮下庶人"。亦即他不同意或反對過去對待庶人用"政"、"刑"的做法，而主張以"德"、"禮"來代替。這種主張在政治上是進步的呢，還是落後的呢？在當時到底是代表哪個階級的利益呢？

　　近日有人根據孔子主張"禮下庶人"，斷言孔子是進步的，説"孔子是春秋戰國時期從奴隸主貴族轉化來的地主階級的思想上的代表"。這種説法，我認爲裏邊的確有對的因素，但是從總的方向看來是值得商討的。孔子主張"禮下庶人"，同他的主張"仁"、主張"有教無類"的思想有一致性，這些事實都説明孔子在某種程度上是同情庶人，想改變庶人的地位。我們自不能不肯定他有進步性。但是於肯定孔子進步性的同時，也要看到孔子這個進步性是

有一定限度的。他依舊是站在奴隸主階級的立場上來考慮問題
的。孔子的"禮下庶人"的主張，論心腸不能説不好，但是它没有實
現的可能。因爲，孔子不想觸動井田和宗法制度，不想推翻奴隸主
階級，相反，他還努力保護它們，認爲它們是合理的、神聖不可侵犯
的。這樣，怎能達到"禮下庶人"的目的呢？怎能説他是代表地主
階級的利益，而不是站在奴隸主階級的立場上説話呢？我認爲在
春秋戰國時期真正代表地主階級利益的思想，不是孔子、儒家，而
是與孔子、儒家相對立的法家思想。漢初司馬談曾爲法家思想做
過很好的概括。他説："法家不别親疏，不殊貴賤，一斷於法。"(《史
記·自序》)這種思想實際上也可以説是主張"刑上大夫"。非常明
顯，法家是不滿於當日社會現狀，而思加以改革。但是，它所采取
的不是孔子的路綫，而是采取了同孔子思想方向相反的路綫。法
家思想實際想取消當時氏族貴族的特權，從根本上摧毀井田制和
宗法制。所以，當時祇有它才是真正的新興地主階級利益的代表
者。孔子祇主張"禮下庶人"，絲毫不想觸動經濟基礎，怎能當得起
地主階級的思想上的代表呢？

　　與上述見解相反，近來也有人低估了孔子主張"禮下庶人"的
進步意義，甚至不承認孔子有"禮下庶人"的主張，這也不够妥當。
孔子主張"禮下庶人"這一點，同他主張"仁"、主張"有教無類"的思
想，實一脈相通，這是客觀事實，無法否認。因此，没有必要在這個
問題上多費唇舌。重要的是，我們必須看到孔子所處的時代，那時
不但真正的法家思想未出現，連墨家思想也未出現。那時已經走
完了"禮樂征伐自諸侯出"、"禮樂征伐自大夫出"兩個階段，正過着
"陪臣執國命"的生活。也就是説，從周朝初期所建成的統治大厦，
已經自上而下、一步一步地傾頹，到這時將要徹底垮臺。人們正在
尋找真理，誰也不知道將來的歷史走向哪裏。正是在這個時候，孔
子主張"仁"，主張"有教無類"，主張"禮下庶人"。儘管他不是代表
地主階級的利益，没有站在地主階級的立場上，我們對這種思想所

具有的進步意義怎可以低估呢？

　　爲什麽孔子能産生這種思想？除了當時的歷史條件以外，是與他的家庭出身有關係的。

　　孔子之先爲宋人。自防叔奔魯，爲防大夫。防叔生伯夏，伯夏生叔梁紇。叔梁紇即孔子之父（見《詩·商頌》正義引《世本》）。叔梁紇爲郰大夫，《左傳》稱"郰人紇"（襄公十年），又稱"郰叔紇"（襄公十七年）。《論語》載，有稱孔子爲"鄹人之子"（《八佾》）。"鄹"即"郰"，亦作"陬"（見《史記·孔子世家》，三字並同。紇雖爲大夫，但這種大夫不是世官，也不世禄，其實際地位僅同於士。《禮記·少儀》説："問士之子長幼？長，則曰：'能耕矣。'幼，則曰：'能負薪未能負薪。'"這種情況也應適用於郰大夫。孔子自述説："吾少也賤，故多能鄙事。"（《論語·子罕》）又孔子弟子樊遲向孔子請求"學稼"、"學爲圃"，雖然遭到孔子拒絶，卻足證明孔子必長於稼，長於爲圃，至少也一定從事過農業生産勞動。假定真如荷蓧丈人所説，孔子是一個"四體不勤、五穀不分"（《論語·微子》）的人物，那麽，樊遲一再作那種請求，豈不是成了向老師開玩笑嗎？我看絶對不會有的。正由於孔子的出身接近於勞動人民，所以，孔子的"仁"、"禮"的主張具有進步性，是可以理解的。

　　孔子答"顏淵問爲邦"説："行夏之時，乘殷之輅，服周之冕，樂則韶舞。"（《論語·衛靈公》）又答"子張問十世可知也"，説："殷因於夏禮，所損益可知也；周因於殷禮，所損益可知也；其或繼周者，雖百世可知也。"（《論語·爲政》）由上述這兩條材料可以看到孔子對於歷史的看法縱然没有像商鞅説"治世不一道，便國不法古"（《史記·商君列傳》），韓非説"是以聖人不期修古，不法常可，論世之事，因爲之備"（《韓非子·五蠹》）等等提法那樣鮮明，也絶不像荀卿所説"天地始者，今日是也"（《荀子·不苟》），"欲知於歲，則數今日，……欲知上世，則審周道"（《荀子·非相》）那樣形而上學地看問題。所以，孔子思想之有進步性，是不容否認的。

（二）

　　“仁”和“禮”這兩個概念在孔子學説中的正確含義及其相互關係問題，目前大家的看法還不一致，也有必要在這裏談一談。

　　我認爲要想知道孔子所説的“仁”的正確含義，不能離開“仁者，人也”這一最根本的、最完整的意義去理解，也就是説，首先要認識到它的人類性特點。就《論語》一書記載來看，當時人們向孔子問“仁”的很多，孔子回答是因人而異。在這許多答問的言語裏邊，雖然都或多或少反映“仁”的本質，但是當我們研究“仁”時卻不應一例看待，尤其不應隨便舉出一條兩條，便認爲“仁”是這樣或那樣。而是要加以抉擇，從中挑出最本質的東西。什麽是“仁”的最本質的説明呢？我認爲孔子與子貢論“仁”所説的“夫仁者，己欲立而立人，己欲達而達人”（《雍也》）和答“仲弓問仁”所説的“己所不欲，勿施於人”（《顔淵》），就是最本質的東西。這可由子貢問：“有一言而可以終身行之者乎？”孔子答以“其恕乎。己所不欲，勿施於人”（《衛靈公》）和曾子説“夫子之道，忠恕而已矣”（《里仁》）二語得到證明。“忠恕”就是要求最大限度地發揮人與人之間的同情心。孟子説：“仁，人心也。”（《告子上》）這是對“仁”這個概念的一個最好的説明。上文所説的這個“人”或“人心”實具有普遍性，包括當時的一切人，並不專指社會上某一部分人而言。有人把“仁”的範圍説成祇適用於當時的統治階級內部，不適用於被統治階級，肯定是不對的。實際孔子學説中這個“仁”字之所以作爲重要問題提出來，其真實意義正在於當時社會上有一部分人沒有享受“人”的待遇。

　　孔子所强調的“禮”，也須作具體了解，即它不是夏禮、殷禮或其他時代的禮，而是周禮。周禮的本質特點是“親親”、“尊尊”，“親親父母爲首，尊尊君爲首”。即在政治上（當然，這裏所説的政治的範圍是有限度的,因爲當日是"禮不下庶人")把"父子之親"與"君臣之義"擺在同等地位上,亦即在政治領域内,承認宗法制、承認氏族貴族的特權爲合理。一切如孔子所説的"君君、臣臣、父父、子子"(《論語・顏淵》),孟子所説的"臣弑其君者有之,子弑其父者有之,孔子懼,作《春秋》"(《孟子・滕文公下》)等等,都是這一思想的具體表現。墨子的"官無常貴而民無終賤"(《墨子・尚賢》)的主張和法家的"不別親疏,不殊貴賤,一斷於法"的思想,則正是作爲儒家"親親"的對立面而出現的。毫無疑義,孔子這種重"禮"的思想,不是進步的,而是落後的。

在孔子學説中"仁"和"禮"的關係有一致的一面,也有矛盾的一面。

首先談一致的一面。

必須認識孔子所講的"仁"是有差等的,同墨子"兼愛"的主張有本質上差別。"兼愛"的根本特點在於,"爲其友之身,若爲其身;爲其友之親,若爲其親"(《墨子・兼愛下》),即"愛無差等"(《孟子・滕文公下》)。而"仁"則不然。孟子説:"老吾老以及人之老,幼吾幼以及人之幼。"(《孟子・梁惠王上》)又説:"君子之於物也,愛之而弗仁;於民也,仁之而弗親。親親而仁民,仁民而愛物。"(《孟子・盡心上》)實最能精確地區分開"仁"與"兼愛"兩種學説的不同界限。正因爲"仁"有差等,所以它與"禮"的重"別"是無矛盾的。

《中庸》説:"仁者人也,親親爲大;義者宜也,尊賢爲大;親親之殺,尊賢之等,禮所生也。"孟子説:"仁之實,事親是也;義之實,從兄是也;智之實,知斯二者弗去是也;禮之實,節文斯二者是也。"(《孟子・離婁上》)這些,都是孔子學説的繼承者對於"仁"和"禮"的關係的一致性的最好的闡述。

現在談矛盾的一面。

這裏所説的矛盾,實際上是指"仁"和"禮"二者的差異性而言。

如從本和末的關係來看,可以説"仁"是本,而"禮"是末。例如,《論語》記孔子説:"人而不仁,如禮何?"(《八佾》)又,"林放問禮之本",孔子稱讚他,説:"大哉問!"(同上)子夏聽到孔子説"繪事後素",隨即發問説:"禮後乎?"孔子馬上予以表揚,説:"起予者商也,始可與言詩已矣。"(同上)都可爲證明。禮中如果是没有"仁",没有"本",或不把"禮"擺在第二位,即將不成其爲"禮"。如從内容和形式的關係來看,則"仁"是内容,"禮"是形式。例如《禮記·三年問》説:"三年之喪,何也? 曰:'稱情而立文,因以飾群,别親疏貴賤之節,而弗可損益也。'"這裏所説的"情",屬於"仁"的范疇;所説的"節"和"文",則屬於"禮"的范疇。很明顯,前者是内容,而後者是它的表現形式。至於談到二者哪一個是目的,哪一個是方法的問題,就很難説,這要看具體情況。可以説二者都是方法或手段,因爲他的最終目的是要求恢復周初的文武成康之治的,"仁"和"禮"二者就是爲了達到這個目的所采取的方法或手段。又可以説二者都是目的,因爲孔子總是希望能實現他的"仁"、"禮"的主張。至於單從"克己復禮爲仁"這句話來看"仁"和"禮"的關係,則衹能説"仁"是目的,"禮"是方法或手段,而不能説"禮"是目的。因爲他們所討論的問題,明明是"仁"而不是"禮",怎能説"禮"是目的呢? 最近關鋒、林聿時二同志説:"他(孔子)的'仁'的學説,是要達到'復禮'的目的。這樣,'仁'就是'復禮'的手段。"[①]這種説法,是難以令人接受的。

(三)

在這裏還要談兩個問題:1. 孔子的"仁"、"禮"學説在當時所起的作用。2. 孔子與魯季氏比較,哪一個人稱得起是進步些。

---

① 《論孔子》,見《哲學研究》1961 年第 4 期,第 44 頁。

先談頭一個問題。

關鋒、林聿時二同志説:"孔子用他這一套'仁'和'禮'的學説,來調和階級矛盾,一方面主張'和'即調和,一方面反對爭,反對在下者、貧者起來鬥爭。'禮之用,和爲貴'(《學而》),就是説,以'仁'復'禮'最大的用處就是'和'(即調和階級矛盾)。他説'君子矜而不爭'(《衛靈公》),'君子無所爭',如果有所爭的話,那就是比賽射箭,當此賽射箭的時候,雙方相互作揖而後登堂,射箭完畢,走下堂來,而後作揖喝酒。這種'爭',是君子(《八佾》),他衹承認遵禮比賽射箭之類的'爭'。他反對的爭,實際上是在下者、貧者起來鬥爭和統治階級的内部鬥爭。"①這種説法對不對呢? 我認爲不對。第一,我認爲"禮之用,和爲貴"的本意並不像關、林二同志所解釋的那樣。這段話全文是:

> 有子曰:"禮之用,和爲貴,先王之道斯爲美,小大由之,有所不行。知和而和,不以禮節之,亦不可行也。"

實際有子所講的這段話着重在兩個字:一個是"和",另一個是"節"。"和"與"節"是對立的關係。禮本來是"節"有餘而"和"不足,故貴能用"和"來補救,以達到相反相成的作用,《禮記・樂記》説:

> 禮節民心,樂和民聲……樂者爲同,禮者爲異。同則相親,異則相敬。樂勝則流,禮勝則離。合情飾貌者,禮樂之事也。

我們衹須好好讀一讀《樂記》這段文字,就會瞭解禮所不足的方面正是"和"。也正由於禮不足的是"和",所以有子才説"禮之用,和爲貴"。而關、林二同志卻與此相反,竟認爲"禮"的最大的用處就是"和",並在括號内注明"即調和階級矛盾",顯然是不對的。

___

① 《論孔子》,見《哲學研究》1961年第4期,第46頁。

第二，關、林二同志所解釋的"君子矜而不争"和"君子無所争"，也是不正確的。因爲他們從這兩句話引出孔子"反對在下者、貧者起來鬥争"的結論，非常牽强。"在下者、貧者"顯然是不能作爲"君子"的注脚。還有，關、林二同志在這篇論文的另一個地方，引了《論語》"季氏富於周公，而求也爲之聚斂，而附益之。子曰：'非吾徒也，小子鳴鼓而攻之可也。'"一段話，隨即解釋説：

> 季慶政權，既是封建地主階級的政權，當然也就不能不苛征，但孔子反對"用田賦"卻不是從勞動人民利益出發，而是因爲季氏破壞了周禮，因爲這樣一來，季氏就更加强大，就更富了。

關於"季氏政權"問題留在下面講，現在僅就"不能不苛征"這句話來談一談。依照關、林二同志的説法，好像是封建制的剥削不能不苛於奴隸制的剥削似的，縱然在封建制初期、上升時期也一定是這樣。這種觀點實在令人不能同意，我的看法不是這樣，而是認爲封建制之所以比較奴隸制爲進步，它之所以能够代替奴隸制，恰恰是由於它或多或少能减輕一些勞動人民的負擔。所以，在孔子反對"聚斂"、"苛徵"這個問題上，我認爲正足説明孔子有進步性，不能作爲他的政治立場是反動的的證據。孔子的"仁"、"禮"學説儘管不能從根本上解決社會問題，不是代表新的生産關係，但是，它是有進步意義的，并且也確實起了一定的積極作用。以後孟子有"民爲貴"思想，《荀子·議兵》把"兵要"歸結爲"在乎善附民而已"，肯定是受了孔子學説的影響，而這種思想在中國歷史上是一直起着好的作用的。

現在談第二個問題，即孔子與季氏比較起來，誰爲進步的問題。

依照關鋒、林聿時二同志的看法是，季氏"代表着新興地主階級,向公室爭奪政權,要求實行封建剝削制度"。① 而孔子則"站在公室方面,反對季氏",②所以季氏是革命的,而孔子是反動的。這種看法我認爲不對。我認爲孔子與季氏二人的政治立場基本上相同,即都是代表奴隸主階級的利益。但是比較起來,應該説季氏最反動,而孔子則在很多地方還有進步的表現。如果可以分爲左、中、右的話,則季氏是右派,而孔子爲左派。理由如下:

1. 關、林二同志説季氏代表新興地主階級,是以郭沫若同志解釋《左傳》"作三軍"和"舍中軍"兩段文字所作出的結論爲根據的。實際郭沫若同志在此處所作出的結論是有問題的,不能作爲根據來使用。第一,《左傳》原文説"三分公室"、"四分公室",所"分"的祇限於"鄉遂出軍"部分,不關魯國全部領土;第二,《左傳》原文説"季氏盡徵之,叔孫氏臣其子弟,孟氏取其半焉",所談的是軍的問題,不是税的問題,不能理解爲"季孫氏采用征税的新制度,叔孫氏沿用奴隸制,孟孫氏則新舊參半",③所以郭沫若同志的解釋是有問題的。郭沫若同志的解釋既然不能成立,那末,以郭説爲根據所作出的論斷,自然應該重新考慮了。

2. 爲了正確地認識季氏的政治立場,兹把季氏一家的歷史,簡要地介紹如下:

季氏與叔孫氏、孟孫氏三家都出於魯桓公,故號"三桓"。季氏的初祖爲公子友。在僖公初年,友以平定禍禮、迎立僖公有功,"朋漢陽之田及費"(《左傳》僖公元年),爲魯上卿(《左傳》昭公三十二年)。傳孫行父,是爲季文子。季文子相宣、成、襄三君,"無衣帛之妾,無食粟之馬,無藏金玉,無重器備"(《左傳》襄公五年),以儉見稱(《國語・周語》)。傳子宿,是爲季武子。季武子當政,與其父季

---

① 《論孔子》,見《哲學研究》1961 年第 4 期,第 63 頁。

② 同上,第 67 頁。

③ 詳見拙著《由周的徹法談到"作州兵"、"作丘甲"等問題》,載於《吉林大學社會科學學報》1962 年第 1 期,第 91～102 頁。

文子的做法有顯著的不同。根據《左傳》記載他除了倡議"作三軍"和"舍中軍"用來削弱公室，排擠叔、孟二家的勢力以外，還做了"城費"（襄公七年）、"作林鍾"（襄公十九年）、"取卞"（襄公二十九年）三件事。"城費"是築城於私邑費，以增强自己的實力。"作林鍾"是爲了紀戰功。當時魯國參加了一次戰爭。這次戰爭，是齊軍爲一方，晉、宋、魯、衛、鄭、曹、莒、邾、滕、薛、杞、小邾等國聯軍爲一方。戰爭結果是齊軍敗了，聯軍勝了。季武子把從齊軍那裏繳獲的武器鑄成鍾，用以紀功。這件事在當時就已遭到臧武仲尖銳的批評。原文如下：

　　　　季武子以所得於齊之兵作林鍾而銘魯功焉。臧武仲謂季孫曰："非禮也。夫銘，天子令德，諸侯言時計功，大夫稱伐。今稱伐則下等也，計功則借人也，言時則妨民多矣，何以爲銘？且夫大伐小，取其所得以作彝器，銘其功烈，以示子孫，昭明德而懲無禮也。今將借人之力，以救其死，若之何銘之？小國幸於大國而昭所獲焉以怒之，亡之道也。"

臧武仲説的很有道理，季武子做這件事，表現了他的狂妄與虛僞。"取卞"是攫奪公邑以爲私有，其心目中早已無公室了。武子傳孫意如，是爲季平子。季平子即親逐魯昭公其人。《論語•八佾》孔子謂"季氏八佾舞於庭，是可忍也，孰不可忍也"，説者謂此季氏就是季平子。在魯昭公出奔一事上，各國有很多人議論。晉人女叔齊説："公室四分，民食於它，思莫在公，不圖其終。爲國君難將及身，不恤其所……"（《左傳》昭公五年。這是因昭公善於禮而引起的一番議論）宋人樂祁説："魯君必出。政在季氏三世矣，魯君喪政四公矣，無民而能逞其志者，未之有也。"（《左傳》昭公二十五年）又，晉人范獻子説："魯君守齊三年而無成，季氏甚得其民……"（《左傳》昭公二十七年）又，史墨答趙簡子問説："物生有兩、有三、有五、有陪貳。故天有三辰,地有五行,體有左右,各有妃耦。王有公,諸侯有卿,皆有貳也。天生季氏,以貳魯侯,爲日久矣,民之服焉,不亦宜乎?魯君世從其失,季氏世修其勤,民忘君矣,雖死於外,其誰矜之?……昔成季友,桓之季也,文姜之愛子也。始震而卜,卜人謁之曰:'生有嘉聞,其名曰友,爲公室輔。'及生,如卜人之言,有文在其手曰友,遂以名之。既而有大功於魯,受費以爲上卿。至於文子、武子,世增其業,不廢舊績。魯文公薨而東門遂殺嫡立庶,魯君於是乎失國,政在季氏,於此君(昭公)也四公矣。民不知君,何以得國?"(《左傳》昭公三十二年)季平子傳子斯,是爲季桓子。季桓子受制於其家臣陽虎,這時魯已進入"陪臣執國命"時期。孔子説"禄之去公室五世矣,政逮於大夫四世矣,故夫三桓之子孫微矣"(《論語·季氏》),説者謂孔子爲此語即當季桓子之時。桓子傳子肥,是爲季康子,季康子即"欲以田賦,使冉有訪諸仲尼"的季氏(《左傳》哀公十一年)。

綜現季氏一家的歷史,大體上可以分爲三個階段:成季與季文子之世爲一階段,是季氏的創業期。這時季氏輔佐公室,竭智盡忠,應稱爲賢臣。武子、平子之世爲一階段,是季氏的極盛期。這時季氏積極努力擴充自己的勢力,做了許多非法的事情,直至公然欺君、逐君,應稱爲權臣。桓子、康子之世爲一階段,是季氏的衰微期。這時季氏已開始走下坡路,僅僅勉强地保持禄位,實際權已下移,應稱爲具臣。總起來看,無論從哪方面來説——從階級出身,或從所作所爲,季氏一家在春秋之世,始終是當權的大奴隸主。特别是到了春秋晚期,與孔子同時的季平子、桓子、康子三世,迹其行事,尤爲反動、腐朽。雖然當昭公出奔之際,有人説什麽"魯君無民"、"季氏得民"。這個"無民"、"得民"主要是由於一方長期大權旁落,一方則長期大權獨攬所造成的。歷史上這類例子很多,不能用來證明季氏在政治傾向上是如何進步。

綜上所述,可以斷言,季氏不但不能算革命派,不代表新興地主階級,相反,他乃是奴隸主階級中最反動的家伙。孔子反對季氏,這件事不但不能證明他是反動,相反,恰好足以證明他是進步。

　　至於孔子與魯公室的關係這一點應怎樣來認識?我認爲須作具體分析。大體上説,單看魯公室的政治立場,毫無疑問,可以稱之爲腐朽透頂。但是孔子在政治鬥争中反對季氏,站在魯公室一邊,卻不等於孔子就腐朽透頂。要認識當時魯公室是僅擁虛位,没有實權,孔子忠於魯公室,其目的主要是要實現他自己的政治理想和主張,並不是無原則地唯命是從。因此,關鋒、林聿時二同志根據孔子反對季氏站在魯公室一邊,便認爲孔子是反動的,這是不够妥當的。

(《吉林大學社會科學學報》1962 年第 2 期)

關於孔子研究的方法論問題

在"五四"時期，人們曾高呼"打倒孔家店"。自新中國成立以來，也曾幾次掀起批孔運動。這樣做，對不對呢？據我看，方向是對的，但在方法上是有缺點的。

爲什麼説方向對呢？因爲孔子是中國封建社會（包括奴隸社會一部分）的聖人，也就是説，他的思想適用於中國封建社會，是爲中國封建社會的政治服務的。而今天我們是建設社會主義，孔子思想不但不適用，而且成了前進道路中的障礙。爲了掃除前進中的障礙，批判孔子是完全對的。

但是批判不等於否定。批判應該是實事求是，方法對頭，即應當用辯證唯物主義與歷史唯物主義的方法批判，而不能用唯心主義形而上學的方法批判。

過去批判孔子的通病在於，對孔子並不瞭解或没有深入的瞭解，而祇是感情用事，單憑斷章取義，曲解誤解，或醜化謾罵的辦法去批判孔子。結果祇是喧鬧一陣，什麼問題也不能解決。

司馬遷説："天下君王至於賢人，衆矣，當時則榮，没則已焉。孔子布衣，傳十餘世，學者宗之。"（《史記‧孔子世家》）司馬遷這幾句話絶非虛語，是有事實根據的，值得我們深思。孔子之所以受人崇拜，固然有他的思想與當時的政治有利的一面，但不祇這一面，還有其他的很多東西。孔子在中國和外國長期發生巨大的影響，決不能看作是一件簡單的事。光靠暴力或欺騙，是絶對辦不到的。

據我看，我們批判孔子，必須首先瞭解孔子。

孔子是儒家之祖，而儒的本義在"以道得民"，即司馬談所説的

“儒者以六藝爲法”。所以，要瞭解孔子，不能不瞭解六藝，即不能不瞭解《詩》、《書》、《禮》、《樂》、《易》、《春秋》六經。而今日批判孔子的，多株守《論語》一書，這顯然是很不够的。

又，孔子所使用的概念，諸如仁、義、禮、天命、中庸等等，到底應怎樣理解？就已發表的批孔文章來看，瞭解得也很不够。至於有意識地加以歪曲或醜化謾罵，就更不必説了。

司馬遷説孔子“論次《詩》、《書》，修起《禮》、《樂》，贊《周易》，作《春秋》”，這一點是不能否定的。否定這一點，就是否定孔子有功於“六藝”，就是否定孔子是儒家的創始人。

《周易》固然是卜筮之書，但裏邊包含有極其寶貴的哲學思想。中國古代哲學之有《周易》，毋寧説是中華民族的驕傲。然而如果没有《易傳》從多方面加以闡述發揮，《周易》的哲學思想將與流水俱逝，是不會被人瞭解的。

今傳世的所謂易“十翼”，雖不是孔子親手寫定，但其中當有一部分是經孔子鑒定而保存下來的舊説，有一部分是七十子後學所記，基本上應屬於孔子。從《孟子》説“孔子聖之時者也”，而《易傳》裏最重“時義”；《論語》裏稱贊“中庸”，而《易》義最貴處中，可以明顯地看出來。所以，今天我們所能看到的《周易》哲學，毋寧説就是孔子哲學，因爲孔子的哲學正是導源於《周易》，是和《周易》的哲學思想一致的。

今人批孔，把孔子所使用的“天命”這一概念作唯心的理解，亦即把孔子的自然觀作唯心的理解，我們認爲這種理解是不妥當的，不符合事實。試想如果説孔子講的“天命”是“帶着人格神的天的命令的色彩”，則孔子説“五十而知天命”、“不知命無以爲君子也”，又當怎樣理解呢？豈有一個人自述爲學前進的階段時，竟説祇有等到五十歲的時候，才能知道“人格神的天的命令”這樣一回事嗎？孟子説：“莫之爲而爲者天也，莫之致而至者命也。”我看這才是對“天命”二字定義的正確理解。孔子在這裏所説的“天”，不是別的,就是自然。所說的"天命"這一概念,也不是別的,就是自然規律。不過,在古代還沒有這樣明白無誤的科學概念可供使用罷了。

《周易》是卜筮之書。《周易》六十四卦的安排,《周易》筮法之所謂"四營",都是出於主觀造作,這些地方都不是唯物的。但是從它說"易有太極,是生兩儀",而不說"道生一,一生二,二生三,三生萬物",不說"無極而太極,太極動而生陽,動極而靜,靜極生陰"來看,它認爲宇宙的本源是物質,而不是別的什麽東西。兩儀,即陰陽,同樣也不是別的什麽東西,而是一分爲二,即對立統一,亦即承認宇宙是辯證地向前發展的。《周易》把這個觀點貫穿到卦、蓍,特別是貫穿在卦的陰、陽二畫,貫穿在六十四卦的每一卦之有內卦、外卦,以及六十四卦的排列,不反則對,以乾、坤爲首,既濟、未濟爲末,並明確地說:"乾坤其《易》之門邪? 乾陽物也,坤陰物也。陰陽合德而剛柔有體,以體天地之撰,以通神明之德。"又說:"乾坤其《易》之縕邪? 乾坤成列而《易》立乎其中矣。乾坤毀則無以見《易》。《易》不可見,則乾坤或幾乎息矣。"這種思想竟產生在古代,確實是了不起的一件大事,是不能簡單地加以否定的。

《春秋》,從政治思想來看,無疑是反動的,應當批判。但如果作爲歷史來看,它詳近略遠,把春秋二百四十二年分爲三世,即"所見世"、"所聞世"、"所傳聞世"。詳內略外,確立一條"內其國而外諸夏,內諸夏而外夷狄"的原則以及《春秋》的每一個字都不苟下,所謂"筆則筆,削則削,子夏之徒不能贊一詞",這些作爲史法來說,都是應當肯定的。

《詩》是古代的詩歌總集,《書》是古代的檔案匯編,都是研究古史的重要資料,經過孔子論次,得以保留下來。這個功績豈能抹殺?

《禮》號稱"三百"、"三千",最爲繁富。當然在今天都不適用了。但是如果從歷史這個角度來看,它同商彝周鼎一樣,依然是可寶貴的。不通過它,不但不能瞭解孔子,也不能瞭解中國古代社會的真實的内容與面貌。

《樂》已失傳,但經七十子後學保存下來的遺説,對於瞭解中國古代的藝術,也具有極其寶貴的價值。

此外,如《論語》所記孔子的言行,可以肯定的東西也很多。例如孔子的"有教無類"思想和實踐,對於戰國的百家爭鳴,起了極大的作用。司馬遷説:"孔子以《詩》、《書》、《禮》、《樂》教,弟子蓋三千焉,身通六藝者七十有二人。"是孔子實爲一代大師。孔子的教學法,有很多直至今日,還能繼續放出光輝。例如,孔子説:"不憤不啓,不悱不發,舉一隅不以三隅反,則不復也。"又説:"學而不思則罔,思而不學則殆。"又説:"君子欲訥於言而敏於行。"又説:"古者言之不出,恥躬之不逮也。"又説:"由!誨汝知之乎?知之爲知之,不知爲不知,是知也。"又説:"蓋有不知而作之者,我無是也。"又説:"君子於其所不知,蓋闕如也。"這些都是最好的教學法,應當看作非常寶貴的歷史文化遺産而繼承下來。

此外,孔子因發問對象的不同,而作不同的回答。在"問孝"、"問仁"、"問聞斯行諸",都是如此。又如孔子説"師也過,商也不及",有人問"然則師愈與"?孔子説:"過猶不及。"這裏邊反映有極鮮明的辯證法思想。而有些批孔的人,卻把它説成是折衷主義。這樣就與事實不符了,怎能批倒孔子呢?

總之,我認爲過去批判孔子是對的,但方法上有缺點。缺點在於:(1)不瞭解批判不等於否定。馬克思主義實際是把批判、繼承看作是一個對立統一的概念,批判總是和繼承聯繫在一起。批判、繼承,對於過去的一切歷史文化遺産都適用。這是因爲歷史是新陳代謝,不斷前進的。舊社會很多適用的東西,到新社會已不適用,所以不能不批判就繼承。另一方面,人類社會之所以能不斷發展,主要依靠有留傳的歷史,能接受前人的經驗,所以,在批判的同時,還有一個繼承的問題。把批判看作是等於簡單的否定,在方法上這就是一個極大的錯誤。(2)不瞭解批判某一個人物，首先需要瞭解這個人物。不瞭解這個人物，所謂批判，衹能是瞎説一頓，怎能切中要害呢？(3)不瞭解批判應當實事求是，即也要講科學。斷章取義、曲解誤解以及醜化謾罵等等都是批判所大忌。否則，表面上雖然好像搞得轟轟烈烈，事實上什麽問題也不能解決。

　　可見，研究中國哲學史，應當注意方法論問題。不但孔子如此，對其他的哲學家和哲學思想以及所有一切歷史文化遺産，也莫不應當如此。

　　　　　　　　　　　　　　　（《哲學研究》1979 年第 11 期）

孔子思想述略

孔子，名丘，字仲尼，春秋後期魯國人。其先世自宋遷來。本爲殷後，子姓，孔是其氏。父叔梁紇爲魯郰邑大夫。《左傳》襄公十年有"郰人紇"，就是孔子的父親。因此孔子又稱"鄹（同郰）人之子"（《論語·八佾》）。司馬遷作《史記》，特爲孔子作世家，稱爲"至聖"，足見推崇之至。

孔子自稱"吾少也賤"（《論語·子罕》），他在年輕的時候，曾作過"委吏"和"乘田"等小職員（《孟子·萬章下》）。後來由中都宰升爲司空，由司空爲司寇，與聞國政。以不得行其志，離開魯國，周游衛、宋、鄭、陳、蔡諸國。晚年歸魯，專心從事著述和教育事業。卒年七十三。

孔子是儒家的創始人。儒和儒家並不是同一的概念。儒的特徵是以六藝教人。《周禮·大宰》說："儒以道得民。"這個"道"字就是指六藝而言。鄭玄說："儒，有六藝以教民者。"是對的。六藝用今天的話來說，就是六種學習科目。《周禮》在《大司徒》和《保氏》二職裏所說的六藝爲禮、樂、射、御、書、數。孔子所用以施教的六藝則爲《詩》、《書》、《禮》、《樂》、《易》、《春秋》。內容雖不盡相同，其爲教學的六種科目則是一樣的，所以都稱爲六藝。

儒之得名，並不自孔子始。在孔子以前，有六藝以教民者已稱爲儒。至於儒家則不然，它是一個學術派別的名稱，孔子以前沒有儒家。儒家當然必須"以六藝爲法"。但是光是"以六藝爲法"還不够，還必須有立場，有觀點，有徒衆，在政治思想鬥争中形成一個獨立的派別。所以，自儒家而言，則是自孔子始，孔子以前沒有儒家。

　　《史記•孔子世家》説：“孔子以《詩》、《書》、《禮》、《樂》教，弟子蓋三千焉，身通六藝者七十有二人。”《論語》包括有孔子應答弟子、時人及弟子相與問答之言而接聞於孔子之語。研究孔子思想固然應以《論語》爲最重要的材料，但是如果株守一部《論語》，而對於孔子所删述的《詩》、《書》、《禮》、《樂》、《易》、《春秋》毫無瞭解或不願意瞭解，則對孔子思想的研究，祇能是挂一漏萬，是不能做到全面地如實地評價孔子的。

　　關於六藝的特點，《莊子•天下》説：“《詩》以道志，《書》以道事，《禮》以道行，《樂》以道和，《易》以道陰陽，《春秋》以道名分。”《荀子•儒效》説：“《詩》言是其志也，《書》言是其事也，《禮》言是其行也，《樂》言是其和也，《春秋》言是其微也。”《淮南子•泰族》説：“六藝異科而皆同道。温惠柔良者，《詩》之風也；淳龐敦厚者，《書》之教也；清明條達者，《易》之義也；恭儉撙讓者，《禮》之爲也；寬裕簡易者，《樂》之化也；刺譏辯議者，《春秋》之靡也。故《易》之失鬼，《樂》之失淫，《詩》之失愚，《書》之失拘，《禮》之失忮，《春秋》之失訾。六者聖人兼用而裁制之，失本則亂，得本則治。”《春秋繁露•玉杯》説：“《詩》、《書》序其志，《禮》、《樂》純其養，《易》、《春秋》明其知，六學皆大而各有所長。”《史記•滑稽列傳》説：“孔子曰：‘六藝於治一也。《禮》以節人，《樂》以發和，《書》以道事，《詩》以達意，《易》以神化，《春秋》以道義。’”①以上各家説法，各有所見，對於我們瞭解六藝爲教的意義來説，有極大的參考價值。

　　不過，還應當知道六藝和六經不是一回事。用今日的學校教育作比喻，六藝是六種科目，六經則是孔子爲此六種科目所編定的教科書。什麽叫做經？有人説，“聖人制作曰經”，有人釋爲常，有人説是“編絲綴屬”，其實，都不是經的本義。章學誠《文史通義•經解上》説：“依經而有傳，對人而有我，是經傳人我之名，起於勢之

---

①　亦見《太史公自序》，惟“神化”作“道化”。

不得已,而非其質本爾也。"這種説法是正確的。王逸注《離騷經》説:"經,徑也。"劉勰《文心雕龍·史傳》説:"傳者轉也,轉受經旨,以授於後。"所以,經的本義是徑,讀經則直接瞭解某個人的作品;傳的本義是轉,讀傳則間接瞭解某個人的作品。經傳的得名,如同父子一樣,都是互相依存,又互相對立的名稱。没有傳時,經的名稱也没有。

孔子在六經中用力最多的是《易》和《春秋》二書。董仲舒説:"《易》、《春秋》明其知。"《史記·司馬相如傳》説:"《春秋》推見至隱,《易》本隱以之顯。"證明《易》和《春秋》二書是孔門的高深的理論著作。司馬遷在《孔子世家》説:"孔子晚而喜《易》,序《彖》、《繫》、《象》、《説卦》、《文言》,讀《易》韋編三絶。曰:'假我數年,若是我於《易》則彬彬矣。'"又説:"子曰:'弗乎! 弗乎! 君子病没世而名不稱焉。吾道不行矣! 吾何以自見於後世哉?'乃因史記作《春秋》,上自隱公,下迄哀公十四年,十二公,據魯、親周、故殷,運之三代,約其文辭而指博。"又説:"孔子在位,聽訟文辭有可與人共者,弗獨有也。至於爲《春秋》,筆則筆,削則削,子夏之徒不能贊一辭。弟子受《春秋》,孔子曰:'後世知丘者以《春秋》,而罪丘者亦以《春秋》。'"從上述司馬遷的幾段話裏,不難看出《易》和《春秋》二書在孔子六經中所處的地位何等重要。

首先談孔子的哲學思想。

談孔子的哲學思想,我認爲,第一應和《周易》哲學聯繫起來看,第二應對孔子所使用的天命和中庸這兩個概念有正確的理解。

《論語·子罕》説:"子罕言利與命與仁。"又《公冶長》説:"子貢曰:'夫子之文章可得而聞也,夫子之言性與天道不可得而聞也。'"證明孔子平日很少談到天命的問題。但是今日保存在《論語》一書中,卻可以看到多處涉及天命問題的材料。

例如《爲政》説:"子曰:'吾……五十而知天命。'"《季氏》説:"孔子曰:'君子有三畏:畏天命,畏大人,畏聖人之言。'"這都是正式地談天命的。

其餘,有時單談天。例如《陽貨》說:"子曰:'予欲無言。'子貢曰:'子如不言,則小子何述焉?'子曰:'天何言哉?四時行焉,百物生焉,天何言哉?"《憲問》說:"子曰:'不怨天,不尤人,下學而上達,知我者其天乎?'"《八佾》說:"王孫賈問曰:'與其媚於奧,寧媚於竈,何謂也?'子曰:'不然,獲罪於天,無所禱也。'"《雍也》說:"子見南子,子路不悅。夫子矢之曰:'予所否者,天厭之,天厭之。'"

有時單談命。例如《雍也》說:"伯牛有疾,子問之,自牖執其手,曰:'亡之命矣夫。斯人也,而有斯疾也;斯人也,而有斯疾也。'"《憲問》說:"子曰:'道之將行也與,命也。道之將廢也與,命也。公伯寮其如命何?'"《堯曰》說:"孔子曰:'不知命無以爲君子也。'"

由於孔子關於天命的觀點並沒有作過專題論述,而祇是於隻言片語,偶而涉及,所以最容易被人歪曲。然而把全部材料綜合起來,細心考察,其意義是可以確切地知道的。《孟子·萬章上》說:"莫之爲而爲者天也,莫之致而至者命也。"這兩句話,是對孔子所使用的天命概念的正確的解釋。"莫之爲而爲",說明天的客觀性;"莫之致而至",說明命的必然性。把天命二字連結在一起,就是指自然發展規律而言。在這裏邊沒有鬼神和上帝存在的餘地。有人說孔子是宿命論者,這種說法不對,因爲一個宿命論者,不承認人的主觀能動性,而孔子則不然。他是一個"發憤忘食,樂以忘憂,不知老之將至"(《論語·述而》),"知其不可而爲之者"(《論語·憲問》),怎能說是宿命論者呢?

正由於天是自然,命是自然的發展規律,才有一個知天命的問題。特別是孔子說過"五十而知天命",假如說天是上帝,命是一個宿命論的命,那末孔子自述學習進程,爲什麼祇是說活到五十歲的時候才知天命呢?這豈不是不可理解的事情嗎?

特別是孔子說過"天何言哉?四時行焉,百物生焉,天何言哉”？把四時行、百物生作爲天的行動表現來看待,則孔子所説的天命,不是自然發展規律是什麽呢? 我們如果聯繫《周易》哲學來看,可以看到《周易》裏乾卦是象天,元亨利貞是象春夏秋冬四時。《繫辭傳》説:“是故剛柔相摩,八卦相蕩,鼓之以雷霆,潤之以風雨,日月運行,一寒一暑,乾道成男,坤道成女。”又説:“法象莫大乎天地,變通莫大乎四時。”以至於筮法之有“分而爲二,以象兩;揲之以四,以象四時”,“乾之策二百一十有六,坤之策百四十有四,凡三百有六十,當期之日。二篇之策萬有一千五百二十,當萬物之數也”。這些言論,歸納到一點,不就是“天何言哉”這一段話的另一種説法嗎? 又蠱卦《彖傳》説:“終則有始,天行也。”剝卦《彖傳》説:“君子尚消息盈虛,天行也。”《繫辭傳》説:“是以明於天之道。”這裏所説的“天行”、“天之道”,不是自然發展規律是什麽呢?

　　事實上,孔子所説的天命或天道,和老子所説的天道是一種東西,都是指自然發展規律而言。所不同的是,老子的觀點是“道生一,一生二”,而孔子的觀點祇是一生二,沒有道生一。《易·繫辭傳》説:“易有太極,是生兩儀。”這個太極就是一,兩儀就是二。“太極生兩儀”,就是一生二。也就是説,孔子認爲一是第一性的。老子認爲道是第一性的,一不是第一性的,而是第二性的。一是什麽呢? 是有,是物質。而道是無,不是物質,是規律。《老子》説“天下萬物生於有,有生於無”,就是這一觀點的最確切的表述。所以,老子是一個唯心主義哲學家,孔子是一個唯物主義的哲學家。今人爲了適應批孔的需要,硬説老子是唯物論者,孔子是唯心論者,完全不顧客觀事實,亦可怪矣!

　　孔子的哲學思想不但有唯物論,還有辯證法,這也是醉心於批孔的人所最不願意瞭解的一件事。

　　《論語·微子》記孔子在評論伯夷、叔齊、虞仲諸人之後説:“我則異於是,無可無不可。”《孟子·萬章下》着重闡述孔子的這一觀點,説:“可以速而速,可以久而久,可以處而處,可以仕而仕,孔子也。”又説："孔子，聖之時者也。"孟子提出這個時字，真正抓住了孔子思想中一個本質特點。《論語・爲政》説："孟懿子問孝。子曰：'無違。'""孟武伯問孝。子曰：'父母唯其疾之憂。'""子游問孝。子曰：'今之孝者，是謂能養。至於犬馬，皆能有養。不敬何以別乎?'""子夏問孝。子曰：'色難。'"又《顏淵》説："顏淵問仁。子曰：'克己復禮爲仁。'""仲弓問仁。子曰：'出門如見大賓，使民如承大祭。己所不欲，勿施於人。在邦無怨，在家無怨。'""司馬牛問仁。子曰：'仁者，其言也訒。'"又《先進》説："子路問：'聞斯行諸?'子曰：'有父兄在，如之何聞斯行之?'冉有問：'聞斯行諸?'子曰：'聞斯行之。'公西華曰：'游也問聞斯行諸，子曰有父兄在；求也問聞斯行諸，子曰聞斯行之。赤也惑，敢問。'子曰：'求也退，故進之；由也兼人，故退之。'"上述這些事例，證明孔子在生活實踐中真正能够按照"無可無不可"這一思想行事。這個"無可無不可"思想，是反形而上學的。它是遇事都從實際出發，根據不同的情況，作不同的處理。孔子是"聖之時"，正表現在這些方面。

其餘如《論語・衞靈公》説："子曰：'可與言而不與言，失人；不可與言而與之言，失言。知者不失人亦不失言。'"《論語・子路》説："子曰：'君子和而不同，小人同而不和。'"這個"不失人亦不失言"和"和而不同"，裏邊都包含有辯證法思想。此類言論尚多，就不在這裏費詞分析了。

孔子説："中庸之爲德也，其至矣乎? 民鮮久矣。"(《論語・雍也》)孔子把中庸思想看得最高，認爲中庸是人處身行事的最高準則。中庸是什麽意思呢? 近人多認爲中庸是折衷主義，是調和。其實這種説法並不自今日始。《後漢書・胡廣傳》稱引當時的諺語已有"天下中庸有胡公"，即把中庸看成是調和。朱熹作《皇極辨》，指責當時諸儒把中庸説成"祇是含糊苟且，不分是非，不辨黑白，遇當做的事，祇略做些，不要做盡"。實際上這些説法，都是錯誤的。

《論語・先進》説："子貢問'師與商也孰賢?'子曰：'師也過，商也不及。'曰：'然則師愈與？'子曰：'過猶不及。'"孔子反對過和不及，正表明孔子所提倡的中庸，既不要過，也不要不及，用烹調作比喻，過是過火，不及是欠火。過火不好，欠火當然也不好，最好是既不過火，也不欠火，恰到好處。這個恰到好處，就是中庸。用黨的政策作比喻，過好比"左"，不及好比右。"左"不好，右也不好，最好是正確貫徹執行。這個正確貫徹執行，就是中庸。這樣，中庸怎能說成是折衷主義，說成是調和呢？折衷主義這個概念是指無原則地機械地把各種不同的思潮、觀點和理論結合在一起。這樣，它怎能同孔子所説的中庸並爲一談呢？

《論語·陽貨》説："子曰：'鄉原，德之賊也。'"《子路》説："子曰：'不得中行而與之，必也狂狷乎？狂者進取，狷者有所不爲也。'"什麽是"鄉原"？爲什麽説"鄉原德之賊也"？這個問題，《孟子·盡心下》有詳細的説明。他説："何如斯可謂之鄉原矣！曰：'何以是嘐嘐也？言不顧行，行不顧言，則曰，古之人，古之人。行何爲踽踽凉凉？生斯世也，爲斯世也，善斯可矣。閹然媚於世也者，是鄉原也。'萬子曰：'一鄉皆稱原人焉，無所往而不爲原人，孔子以爲德之賊，何哉？曰：'非之無舉也，刺之無刺也，同乎流俗，合乎污世，居之似忠信，行之似廉潔，衆皆悦之，自以爲是，而不可與入堯舜之道，故曰德之賊也。'孔子曰：'惡似而非者，惡莠恐其亂苗也，惡佞恐其亂義也，惡利口恐其亂信也，惡鄭聲恐其亂樂也，惡紫恐其亂朱也，惡鄉原恐其亂德也。'"孟子刻畫鄉原，可謂入木三分，淋漓盡致。然而人們卻偏要把孔子所崇尚的中庸説成是他所討厭的鄉原，真是咄咄怪事。

孔子所崇尚的中庸，同孟子所説的"孔子聖之時者也"兩種説法從本質上説，是一致的，都是辯證法的思想在生活實踐中的應用。《禮記·中庸》説："君子中庸，小人反中庸。君子之中庸也，君子而時中，小人之反中庸也，小人而無忌憚也。"這正是時與中思想的一致性的證明。

其次談孔子的政治思想。

孔子在政治上主張德治。

《論語·爲政》説："子曰:'爲政以德,譬如北辰,居其所而衆星共之。'"又説:"子曰:'道之以政,齊之以刑,民免而無恥;道之以德,齊之以禮,有恥且格。'"這就是孔子主張德治的證明。

由於孔子主張德治,所以把禮讓和正名作爲實行德治的具體辦法。

《論語·里仁》説:"子曰:'能以禮讓,爲國乎何有? 不能以禮讓,爲國如禮何?'"

又《子路》説:"子路曰:'衛君待子而爲政,子將奚先?'子曰:'必也正名乎!'子路曰:'有是哉,子之迂也! 奚其正?'子曰:'野哉,由也! 君子於其所不知,蓋闕如也。名不正則言不順,言不順則事不成,事不成則禮樂不興,禮樂不興則刑罰不中,刑罰不中則民無所措手足。故君子名之必可言也,言之必可行也。君子於其言,無所苟而已矣。'"

又《顔淵》説:"齊景公問政於孔子。孔子對曰:'君君,臣臣,父父,子子。'"這裏説的君君,臣臣,父父,子子,實際就是正名的具體内容。

《莊子·天下》説:"《春秋》以道名分。"《史記·太史公自序》説:"夫《春秋》,上明三王之道,下辨人事之紀,別嫌疑,明是非,定猶豫,善善惡惡,賢賢賤不肖,存亡國,繼絶世,補敝起廢,王道之大者也。"又説:"故有國者不可以不知《春秋》,前有讒而弗見,後有賊而不知。爲人臣者不可以不知《春秋》,守經事而不知其宜,遭變事而不知其權。爲人君父而不通於《春秋》之義者,必蒙首惡之名。爲人臣子而不通於《春秋》之義者,必陷篡弑之誅,死罪之名。其實,皆以爲善爲之,不知其義,被之空言而不敢辭。夫不通禮義之旨,至於君不君,臣不臣,父不父,子不子。夫君不君則犯,臣不臣則誅,父不父則無道,子不子則不孝。此四行者,天下之大過也。

以天下之大過予之，則受而弗敢辭，故《春秋》者，禮義之大宗也。"董仲舒是西漢《春秋》學大師，司馬遷從他問過《春秋》，故能精確地講出《春秋》的基本内容和用意所在。《孟子·滕文公下》説："世衰道微，邪説暴行有作，臣弑其君者有之，子弑其父者有之，孔子懼，作《春秋》。《春秋》，天子之事也。是故孔子曰：'知我者，其惟《春秋》乎？罪我者，其惟《春秋》乎？'"證明孔子由於不得位，不能實現其政治主張，所以作《春秋》。孔子的政治思想完全由《春秋》反映出來。《春秋》文成數萬，其指數千，可以歸納到一點，就是正名。莊子説"《春秋》以道名分"，實是至當不易之論。

孔子由於主張德治，所以反對殘殺。

《論語·顏淵》説："季康子問政於孔子曰：'如殺無道，以就有道，何如？'孔子對曰：'子爲政，焉用殺？子欲善而民善矣。君子之德風，小人之德草，草上之風，必偃。'"

又《子路》説："子曰：'善人爲邦百年，亦可以勝殘去殺矣，誠哉是言也。'"

以上兩條材料是孔子爲政反對殘殺的證明。

孔子要求爲政從自身做起。

《論語·顏淵》説："季康問政於孔子。孔子對曰：'政者正也，子帥以正，孰敢不正。'"

又《子路》説："子曰：'其身正，不令而行；其身不正，雖令不從。'"又説："子曰：'苟正其身矣，於從政乎何有？不能正其身，如正人何？'"

以上兩條材料是孔子要求爲政由自身做起的證明。

關於爲政的輕重緩急，孔子有如下主張。

《論語·學而》説："子曰：'道千乘之國，敬事而信，節用而愛人，使民以時。'"

又《顏淵》説："子貢問政。子曰：'足食、足兵，民信之矣。'子貢曰：'必不得已而去，於斯三者何先？'曰：'去兵。'子貢曰：'必不得已而去,於斯二者何先?'曰:‘去食。自古皆有死,民無信不立。'”

又《子路》説:“子適衛,冉有僕。子曰:‘庶矣哉。'冉有曰:‘既庶矣,又何加焉?'曰:‘富之。'曰:‘既富矣,又何加焉?'曰:‘教之。'”

證明孔子主張爲政要把信放在首位,其次則是足食,又次則是足兵。他主張先富後教。

總的説來,孔子的政治態度是消極的,被動的。孔子的政治哲學是“用之則行,舍之則藏”(《論語·述而》)。“天下有道則見,無道則隱”(《論語·泰伯》)。他嘗爲道不行而悲哀,一再發出絶望的聲音説:“莫我知也夫!”(《論語·憲問》)“吾已矣夫!”(《論語·子罕》)“吾道窮矣!”(《公羊傳》哀公十四年)其實,這是他反歷史潮流的政治主張的必然結果,是不足令人同情的。

其次談孔子的教育思想。

孔子是中國歷史上偉大的教育家。他第一個提出“有教無類”(《論語·衛靈公》)的口號。他説:“自行束脩以上,吾未嘗無誨焉。”(《論語·述而》)“束脩”是古人見面所用的一種最薄的禮物。也就是説,無論是誰,祇要肯來求教,他就進行教育。根據長期的教學經驗,他認爲:“中人以上可以語上也,中人以下不可以語上也。”(《論語·雍也》)“性相近也,習相遠也。”(《論語·陽貨》)“唯上智與下愚不移。”(《論語·陽貨》)

孔子善於因材施教。例如上文已經説過的,他對一些人的問孝、問仁、問政等等,都針對不同的對象作不同的回答。他經常對弟子作調查研究,瞭解到每一個人的特點。例如他説:“柴也愚,參也魯,師也辟,由也喭。”(《論語·先進》)“求也退,故進之;由也兼人,故退之。”(《論語·先進》)

孔子早已實行啓發式教學。例如他説:‘不憤不啓,不悱不發,舉一隅不以三隅反,則不復也。”(《論語·述而》)

孔子自己“學而不厭,誨人不倦”(《論語·述而》)對弟子則循循善誘。顏淵曾談過他在孔子座前受教育時的親身感受，他説：
"仰之彌高，鑽之彌堅，瞻之在前，忽焉在後。夫子循循然善誘人，
博我以文，約我以禮，欲罷不能，既竭吾才，如有所立卓爾，雖欲從
之，末由也已。"(《論語·子罕》)

　　孔子重視對於學思、言行、質文、新故等一些對立面的處理。
他説："學而不思則罔，思而不學則殆。"(《論語·爲政》)"吾嘗終日
不食，終夜不寢，以思，無益，不如學也。"(《論語·衛靈公》)"君子
欲訥於言，而敏於行。"(《論語·里仁》)"古者言之不出，恥躬之不
逮也。"(《論語·里仁》)"質勝文則野，文勝質則史，文質彬彬，然後
君子。"(《論語·雍也》)"温故而知新，可以爲師矣。"(《論語·爲
政》)"告諸往而知來者。"(《論語·學而》)

　　孔子堅決反對主觀主義。例如《論語·子罕》説："子絶四：毋
意，毋必，毋固，毋我。"這個意、必、固、我，正是主觀主義的幾種表
現形式。

　　孔子對知與不知，一貫持老實態度，從來不不懂裝懂。例如他
説："蓋有不知而作之者，我無是也。"(《論語·述而》)又説："知之
爲知之，不知爲不知，是知也。"(《論語·爲政》)又説："吾猶及史之
闕文也。有馬者，借人乘之。今亡矣夫。"(《論語·衛靈公》)

　　孔子認爲求學應當刻苦。他説："君子食無求飽，居無求安，敏
於事而慎於言，就有道而正焉，可謂好學也已。"(《論語·學而》)又
説："君子謀道不謀食。"(《論語·衛靈公》)又説："士志於道而恥惡
衣惡食者，未足與議也。"(《論語·里仁》)他稱贊顏子的貧而樂，
説："賢哉回也，一簞食，一瓢飲，在陋巷，人不堪其憂，回也不改其
樂，賢哉回也。"(《論語·雍也》)

　　孔子的弟子分爲四科。《論語·先進》説："德行：顏淵、閔子
騫、冉伯牛、仲弓；言語：宰我、子貢；政事：冉有、季路；文學：子游、
子夏。"

　　孔子認爲一個人學成致用，需要經過四個階段。《論語·子

罕》説："子曰:'可與共學,未可與適道;可與適道,未可與立;可與立,未可與權。'"孔子自述爲學進程説:"吾十有五而志於學,三十而立,四十而不惑。"(《論語·爲政》)所談内容與上述階段基本上相同。"可與共學"和"有志於學"同屬第一階段,即開始學習的階段。"可與適道"爲第二階段,是選定正確方向的階段。這個階段在孔子自述中包括在第一階段的"有志"裏。"可與立"和"而立"爲第三階段,是志向堅定不可動搖的階段。"可與權"和"不惑"爲第四階段。什麼是權呢?《孟子·離婁上》有一段話解釋得最好。它説:"淳于髡曰:'男女授受不親,禮與?'孟子曰:'禮也。'曰:'嫂溺則援之以手乎?'曰:'嫂溺不援是豺狼也。男女授受不親,禮也;嫂溺援之以手者,權也。'""立"如果説是處常,要求有原則性;"權"則是處變,要求有靈活性。權的本義是秤錘。秤錘必須隨時移動,然後才能與所稱量的物重相平衡。光懂得原則性,不懂得靈活性,是處理不好事情的。《孟子·盡心上》説:"子莫執中。執中爲近之。執中無權,猶執一也。所惡執一者,爲其賊道也,舉一而廢百也。"孟子對無權的害處也解釋得很好。實際上,懂得權就是懂得辯證法。

　　孔子自述作學問的態度,於《論語·述而》説:"葉公問孔子於子路,子路不對。子曰:'女奚不曰,其爲人也,發憤忘食,樂以忘憂,不知老之將至云爾。'"於《里仁》説:"子曰:'朝聞道,夕死可矣。'"於《公冶長》説:"子曰:'十室之邑必有忠信如丘者焉,不如丘之好學也。'"足見孔子畢生好學,老而彌篤,不以死生異其志。祇有這樣才能成一個好老師。

　　關於孔子的教育目的,無可否認,他是爲統治階級培養人才的。但是,從他的教育方法、教育態度來看,雖至今日,也有許多可取的地方。特別是在當時的歷史條件下,他能提出"有教無類"的口號,這決不是一個簡單的問題。這種思想和實踐,對社會所產生的影響是很大的。《史記·儒林列傳》説:"自孔子卒後,七十子之徒,散游諸侯,大者爲師傅卿相,小者友教士大夫,或隱而不見。故子路居衛,子張居陳,澹臺子羽居楚,子夏居西河,子貢終於齊。如田子方、段干木、吳起、禽滑釐之屬,皆受業於子夏之倫,爲王者師。"《淮南子·要略》說:"墨子學儒者之業,受孔子之術。"孔子教育的影響於此可以概見。司馬遷在《孔子世家》說:"孔子布衣傳十餘世,學者宗之。自天子王侯中國言六藝者折中於夫子,可謂至聖矣。"這不是虛美,而是有事實根據的。

其次談孔子的道德觀。

道德是對於人與人之間以及人與社會之間的關係所規定的行爲準則和規範。根據長期的歷史經驗,應當肯定一個事實,就是要想維持一個社會的安寧秩序,光有行政和法律的强制作用是不够的。還要有一種爲大家所公認的,并且能够自覺遵守的道德。孔子是中國奴隸社會的思想家。孔子所說教的和實行的道德,當然不能不打上奴隸主階級的烙印。但是,作爲一種歷史文化遺產來說,我們研究它,不無借鑒作用。

孔子所倡導的道德,如用一個字來概括,那就是仁字。《吕氏春秋·不二》說"孔子貴仁",無疑是最正確的概括。

什麽叫做仁? 這個問題在《論語》中找不到正式的解答。《禮記·中庸》說:"仁者,人也。"《孟子·告子上》說:"仁,人心也。"《盡心上》說:"君子之於物也,愛之而弗仁;於民也,仁之而弗親。親親而仁民,仁民而愛物。"《吕氏春秋·愛類》說:"仁於他物,不仁於人,不得爲仁;不仁於他物,獨仁於人,猶若爲仁。仁也者,仁乎其類者也。"我看這幾種說法對仁的意義解釋得很好。簡言之,孔子所說的仁,是指對人類的愛而言。

怎樣行仁? 在方法上,孔子提出一個恕字。《論語·衛靈公》說:"子貢問曰:'有一言而可以終身行之者乎?'子曰:'其恕乎! 己所不欲,勿施於人。'"又《雍也》說:"子曰:'夫仁者,己欲立而立人,己欲達而達人。能近取譬,可謂仁之方也已。'"又《里仁》說:"子曰:'参乎,吾道一以貫之。'曾子曰:'唯。'子出。門人問曰:'何謂也?'曾子曰:'夫子之道,忠恕而已矣。'"正因爲人與人之間的關係不管如何紛紜複雜,總之可以歸結爲人和己的一種關係,所以這個恕字可以到處使用。恕字的含義,從積極方面來説,就是"己欲立而立人,己欲達而達人";從消極方面來説,就是"己所不欲,勿施於人"。

孔子在處理人和己的關係上,總是强調自己這一方面。例如他説,"躬自厚而薄責於人"(《論語·衛靈公》),"不患人之不己知,患不知人也"(《論語·學而》),"古之學者爲己,今之學者爲人"(《論語·憲問》),"君子求諸己,小人求諸人"(《論語·衛靈公》),"克己復禮爲仁"(《論語·顔淵》),"仁遠乎哉,我欲仁斯仁至矣"(《論語·述而》),就是證明。

必須指出,孔子貴仁與墨子貴兼愛有本質上不同。兼愛是主張愛無差等,而仁則主張愛有差等。因此孔子言仁,總是以合禮與否作爲具體的標準。例如《論語·顔淵》説:"顔淵問仁。子曰:'克己復禮爲仁。'顔淵曰:'請問其目。'子曰:'非禮勿視,非禮勿聽,非禮勿言,非禮勿動。'"又《爲政》説:"孟懿子問孝。子曰:'無違。'樊遲御,子告之曰:'孟孫問孝於我,我對曰無違。'樊遲曰:'何謂也?'子曰:'生,事之以禮;死,葬之以禮,祭之以禮。'"又《八佾》説:"定公問君使臣,臣事君如之何,孔子對曰:'君使臣以禮,臣事君以忠。'"又説:"事君盡禮,人以爲諂也。"又《學而》説:"子貢曰:'貧而無諂,富而無驕,何如?'子曰:'可也。未若貧而樂,富而好禮者也。'"《雍也》説:"子曰:'君子博學於文,約之以禮,亦可以弗畔矣夫。'"這些事例都説明孔子言仁,其具體標準就是復禮。不但對任何人都要依禮去做,即便是一個人的視、聽、言、動,也都要依禮去做。看來,孔子説"不學禮,無以立",這確不是一句空話。

在《論語》一書中,孔子談到義的地方也不少。例如《里仁》説:"君子之於天下也,無適也,無莫也,義之與比。"又説:"君子喻於義,小人喻於利。"又《衛靈公》説:"君子義以爲質,禮以行之,遜以出之,信以成之。君子哉?"《爲政》説:"見義不爲,無勇也。"《述而》説:"聞義不能徙,不善不能改,是吾憂也。"又説:"不義而富且貴,於我如浮雲。"《衛靈公》説:"群居終日,言不及義,好行小慧,難矣哉?"等等都是。

關於仁、義、禮三者的本義及其相互之間的關係,《禮記·中庸》説:"仁者人也,親親爲大;義者宜也,尊賢爲大。親親之殺,尊賢之等,禮所生也。"《孟子·離婁上》説:"仁之實,事親是也;義之實,從兄是也;智之實,知斯二者弗去是也;禮之實,節文斯二者是也。"這樣解釋,是非常正確的。用今日通用的語言來説,即仁是愛,它是以血緣關係爲基礎的有等級的愛;義是宜,它是以階級社會的階級關係爲基礎的不同等級的宜;至於禮,則是以仁、義二者爲内容的具體表現形式。仁、義、禮作爲道德來説,正反映當時社會現實的複雜情況。

關於一般的道德修養,孔子着重注意下列一些問題。

《論語·憲問》説:"子曰:'君子道者三,我無能焉。仁者不憂,知者不惑,勇者不懼。'子貢曰:'夫子自道也。'"

又《季氏》説:"孔子曰:'君子有九思:視思明,聽思聰,色思温,貌思恭,言思忠,事思敬,疑思問,忿思難,見得思義。'"

又説:"孔子曰:'君子有三戒:少之時血氣未定,戒之在色;及其壯也,血氣方剛,戒之在鬥;及其老也,血氣既衰,戒之在得。'"

又説:"孔子曰:'益者三友,損者三友。友直,友諒,友多聞,益矣;友便辟,友善柔,友便佞,損矣。'"

又説:"孔子曰:'益者三樂,損者三樂。樂節禮樂,樂道人之善,樂多賢友,益矣;樂驕樂,樂佚游,樂宴樂,損矣。'"

又説:"孔子曰:'侍於君子有三愆:言未及之而言,謂之躁;言及之而不言,謂之隱;未見顔色而言,謂之瞽。'"

孔子觀人很注意實踐。例如《論語·衛靈公》説:"子曰:'君子不以言舉人，不以人廢言。’”又《公冶長》説：“子曰：‘始吾於人也，聽其言而信其行；今吾於人也，聽其言而觀其行。’”

又《衛靈公》説：“子曰：‘吾之於人也，誰毀誰譽？如有譽者，其有所試矣。’”又説：“子曰：‘衆惡之，必察焉；衆好之，必察焉。’”

又《爲政》説：“子曰：‘視其所以，觀其所由，察其所安，人焉廋哉？人焉廋哉？’”

在道德修養上，孔子對自己要求很嚴，他很重視内省和改過。

《論語·顔淵》説：“子曰：‘内省不疚，夫何憂何懼？’”

又《公冶長》説：“子曰：‘已矣乎？吾未見能見其過而内自訟者也。’”

又《子罕》説：“子曰：‘主忠信，毋友不如己者，過則勿憚改。’”

又《衛靈公》説：“子曰：‘過而不改，是謂過矣。’”

孔子應用他的道德標準把人分爲君子和小人兩大類。

例如他説：“君子懷德，小人懷土。君子懷刑，小人懷惠。”（《論語·里仁》）“君子周而不比，小人比而不周。”（《論語·爲政》）“君子和而不同，小人同而不和。”（《論語·子路》）“君子上達，小人下達。”（《論語·憲問》）“君子有三畏：畏天命，畏大人，畏聖人之言；小人不知天命而不畏也，狎大人，侮聖人之言。”（《論語·季氏》）“君子成人之美，不成人之惡，小人反是。”（《論語·顔淵》）“君子固窮，小人窮斯濫矣。”（《論語·爲政》）“君子坦蕩蕩，小人長戚戚。”（《論語·述而》）“君子求諸己，小人求諸人。”（《論語·爲政》）“君子喻於義，小人喻於利。”（《論語·里仁》）“君子不可小知而可大受也，小人不可大受而可小知也。”（《論語·爲政》）“君子泰而不驕，小人驕而不泰。”（《論語·子路》）“君子而不仁者有矣夫，未有小人而仁者也。”（《論語·憲問》）“君子易事而難説也，説之不以道不説也，及其使人也器之；小人難事而易説也，説之雖不以道，説也，及其使人也，求備焉。”（《論語·子路》）

老子貴柔，而孔子與老子相反，卻重剛。

《論語·公冶長》説："子曰:'吾未見剛者。'"又《子路》説："子曰:'剛毅木訥近仁。'"

階級社會的道德是有階級性的。孔子的道德觀也不能没有階級性。孔子道德觀的階級性具體表現在所謂"克己復禮爲仁"這個禮字上。如所周知,中國奴隸社會的禮是"不下庶人"的。所以孔子所宣揚的道德,實際上是奴隸主階級的道德,不包括奴隸階級以及奴隸主階級與奴隸階級之間的道德。儘管這樣,從爲人與人之間以及人與社會之間的關係規定了準則和規範這一點來説,在今天,還是有批判繼承的價值的。因爲它是統治階級的道德,就一概加以否定,這不是馬克思主義應有的態度。

最後談孔子的歷史觀。

孔子的歷史觀是唯心的,這是没有疑義的。儘管他在"子張問十世可知也"時説過"殷因於夏禮,所損益可知也;周因於殷禮,所損益可知也,其或繼周者,雖百世可知也"(《論語·爲政》),在"顏淵問爲邦"時説過"行夏之時,乘殷之輅,服周之冕,樂則韶舞"(《論語·衛靈公》),但這祇是指在一種社會制度的内部有變革有批判繼承的問題來説的,並不説明他已意識到一種社會制度會被另一種社會制度所代替。事實上他所説的損益,並没有越出奴隸社會的框框。他認爲奴隸社會是永恒的,是萬古不變的。因此,孔子所説的"天下有道"或"道不行",這個"道"不是别的,就是周道;所説的"克己復禮爲仁"或"禮以行之",這個"禮"也不是别的,就是周禮。孔子生當春秋末世,那本來是中國奴隸社會的末日,是奴隸主階級的末日,而他竟荒謬地把它看成是世界的末日,全人類的末日。孔子一生留下許多言論、許多事迹。如果從政治這個角度來看,從歷史這個角度來看,一句話,就是企圖使歷史車輪倒轉,倒轉到西周,即中國奴隸社會的全盛時期。他説:"周監於二代,郁郁乎文哉,吾從周。"(《論語·八佾》)又説:"甚矣,吾衰也久矣,吾不復夢見周公。"(《論語·述而》)充分證明孔子一生所向往的是西周,心目中所最崇拜的人物是周公。

　　然而歷史的潮流是任何人也阻擋不了的。孔子的政治企圖是注定不能實現的。孔子似乎意識到了這一點，因而作《春秋》，把自己的政治抱負全部地在《春秋》一書中反映出來。司馬遷説："孔子知言之不用，道之不行也，是非二百四十二年之中，以爲天下儀表，貶天子，退諸侯，討大夫，以達王事而已矣。"（《史記・太史公自序》）孟子説："《春秋》，天子之事也。是故孔子曰：'知我者其惟《春秋》乎？罪我者其惟《春秋》乎？'"（《孟子・滕文公下》）二人所説的，正是這個問題。

　　孔子之所以這樣看當世的歷史，多數人認爲有階級根源。我看這樣説法不一定對。孔子自己説過"吾少也賤"，從孔子的階級出身説，比衛鞅、韓非要低得多。爲什麼衛鞅、韓非成爲推動歷史前進的法家，而孔子卻成爲拉歷史倒退的儒家呢？有人説，由於孔子是宋後或殷後。這種説法尤爲荒唐，不自覺地已陷入反動的血統論的泥坑。我們今天確實重視階級成分，但是怎能用十幾世或幾十世以前的祖先作爲確定一個人的階級成分的根據呢？據我看，孔子是耶人紇之子，他的家庭出身和他的生活環境同他的思想的形成，不能説没有關係。但是，更主要的還是由於他畢生總是同古打交道，久而久之，他的眼睛遂被這個古給蒙住了，終於成爲古的俘虜。三國時，"劉備訪世事於司馬德操。德操曰：'儒生俗士豈識時務？識時務者在乎俊杰。'"[1]後世儒生俗士不識時務，正是受了孔子的影響，這是儒家的傳統使然。可以這樣説，儒家之祖孔子本人，就是一個知古而不知今，不識時務的人。

　　然而，孔子這個人物，不管怎麽看，都不能不承認他是中國歷史上一個有重大影響的人物。那末，對於孔子應當怎樣評價呢？孔子自己説過，他"述而不作，信而好古"（《論語・述而》），他"非生而知之者，好

---

[1] 《三國志・蜀志・諸葛亮傳》注引《襄陽記》。

古敏以求之者也"(《論語·述而》)。據我看,這"好古"二字是我們評價孔子所應當注意考慮的一個最重要的特點。正由於好古,孔子成爲有廣博知識的學者;在保存、整理、研究、傳播歷史文化遺產方面,做出了巨大的貢獻。也正由於好古,他背上了一個沉重的古的包袱,使他祇能成爲一個偉大的教育家、哲學家,而不能成爲一個政治家,更不能成爲一個革命家。

　　孔子所以在中國歷史上以至於超越中國歷史的界限,受到長期的尊重,首先在於他是偉大的教育家,而不在於他的政治思想。他的政治思想,事實上在法家出現後,已被證明是不適用了。今天我國正在進行社會主義建設,爲了掃除前進道路上的障礙,徹底地、深入地批判孔子的唯心主義歷史觀和政治思想是完全必要的。但是孔子的教育思想和哲學思想在過去所起的作用,似不應低估。別的暫且不說,單說我們國家今天有將近十億的人口,有自有文字以來持續幾千年的歷史,雖然也有過多少次分裂的時候,但最終總是歸於統一。像這樣一個大家熟知的事實,難道不值得深思嗎?這是什麽原因造成的呢? 是不是有一種雖然看不見然而真實存在的一種力量——精神力量在維繫着呢? 至少說應當承認,我們中華民族是有共同心理的。那末這個共同心理怎麽形成的呢? 當然,原因很多,據我看,孔子思想所起的作用,實是一個重要的原因。因此,中國之有孔子,毋寧說,是中華民族的光榮。時至今日,孔子思想的大部分已經不適用了,但是孔子作爲一個歷史人物,我們應當給以應有的歷史地位並做出科學的總結。過去在一個時期內,不加分析地全面加以否定,不是對待歷史人物的正確態度。

(《中國哲學史研究》1981 年第 2 期)

研究中國古史必須承繼孔子
這一份珍貴的遺產

孔子是中國兩千多年以前的人物,"五四"以前,長期被稱爲"聖人",受人崇拜。"五四"以後,卻截然相反,打倒孔子、批判孔子的呼聲,響徹全國。同是一個孔子,爲什麼前後的看法如此懸絶呢? 我曾研究過這個問題,得出的結論,認爲"五四"以前,崇拜孔子是有道理的;"五四"以後,打倒孔子、批判孔子,也是有道理的。這個道理,從政治上看,可以看得非常清楚。就是"五四"以前,中國社會是封建、半封建的社會,孔子思想能爲這個社會的政治服務。"五四"時期和"五四"以後,中國社會正在或已經發生巨大的變化,即正在或已經被新民主主義或社會主義社會所代替,這時,孔子思想不但不能爲這個社會的政治服務,反而是前進道路中的障礙,必須清除。

毛澤東在《新民主主義論》中明確地指出"尊孔讀經是應該被打倒的東西",而在《中國共產黨在民族戰爭中的地位》一文中則説:"從孔夫子到孫中山,我們應當給以總結,承繼這一份珍貴的遺産。"這兩段話是不是矛盾呢? 我看一點兒矛盾也沒有。實際上,毛澤東説尊孔讀經應該打倒,是從政治方面觀察問題,目的在於反封建;説應當承繼孔子這一份珍貴的遺産,是從學術方面觀察問題,目的在重視祖國歷史文化遺産。政治與學術不能説沒有聯繫,但畢竟是兩回事。

過去長時期在搞革命,人們對待孔子大都强調政治方面,這無疑是對的。今天我們黨正在領導全國人民進行社會主義建設,重視祖國歷史文化遺產，改從學術方面看待孔子就應當提到日程上來。下面準備着重從兩個方面談談這個問題。

一、什麽是孔子這一份珍貴的遺產

這個問題，當前學術界在看法上還有分歧，有必要作爲一個專題在這裏談談。

孔子是儒家之祖。儒之得名，在於"以道得民"（《周禮·天官·大宰》），即"有六藝以教民者"（《周禮·天官·大宰》鄭注）。因此，司馬談説"儒者以六藝爲法"（《史記·太史公自序》），司馬遷説"孔子布衣，傳十餘世，學者宗之，自天子王侯，中國言六藝者折中於夫子，可謂至聖矣"（《史記·孔子世家》）。我看這是對儒家和孔子本人的最正確的理解。今人言孔子而否定孔子與六藝的關係，顯然是不對的。

應當指出，孔子以六藝教人，這個六藝爲《詩》、《書》、《禮》、《樂》、《易》、《春秋》，不能理解爲《周禮》所説的禮、樂、射、御、書、數六藝。

《史記·孔子世家》説：

> 孔子之時周室微而禮樂廢，詩書缺。追迹三代之禮，序《書傳》，上紀唐虞之際，下至秦穆，編次其事。曰："夏禮吾能言之，杞不足徵也；殷禮吾能言之，宋不足徵也文獻不足故也。足，吾則吾能徵之矣。"觀夏、殷所損益，曰："後雖百世可知也。以一文一質，周監於二代，郁郁乎文哉！吾從周。"故《書傳》、《禮記》自孔氏。
>
> 孔子語魯太師："樂其可知也，始作翕如，縱之純如，皦如，繹如也，以成。""吾自衛反魯，然後樂正，雅頌各得其所。"
>
> 古者，《詩》三千餘篇，及至孔子，去其重，取可施於禮

義,上采契、后稷,中述殷、周之盛,至幽、厲之缺,始於衽
席,故曰:"《關雎》之亂以爲《風》始,《鹿鳴》爲《小雅》始,
《文王》爲《大雅》始,《清廟》爲《頌》始。"三百五篇,孔子皆
弦歌之,以求合韶武雅頌之音,禮樂自此可得而述,以備
王道,成六藝。

孔子晚而喜《易》,序《彖》、《繫》、《象》、《説卦》、《文
言》。讀《易》韋編三絶。曰:"假我數年,若是,我於《易》
則彬彬矣。"……

子曰:"弗乎! 弗乎! 君子病没世而名不稱焉。吾道
不行矣,吾何以自見於後世哉"? 乃因史記作《春秋》,上
至隱公,下訖哀公十四年,十二公。據魯,親周,故殷,運
之三代,約其文辭而指博。故吳、楚之君自稱王,而《春
秋》貶之曰子。踐土之會實召天子,而《春秋》諱之曰:"天
王狩於河陽。"推此類以繩當世。貶損之義,後有王者舉
而開之。《春秋》之義行,則天下亂臣賊子懼焉。

孔子在位聽訟,文辭有可與人共者,弗獨有也。至於
爲《春秋》,筆則筆,削則削,子夏之徒不能贊一辭。弟子
受《春秋》,孔子曰:"後世知丘者以《春秋》,而罪丘者亦以
《春秋》。"

《史記》這段記述基本上可信。就是説在孔子時,由於社會動
亂,已經是禮樂廢,詩書缺。賴有孔子掇拾整理,得廣流傳。至
《易》和《春秋》,雖無缺失,而《易》爲卜筮之書,《春秋》亦是邸抄一
類,價值不大。祇有經過孔子探賾索隱,極深研求,著成《易傳》和
《春秋》,而後《易》和《春秋》遂成了中國歷史上最高深的兩部理論
書。

《史記·儒林列傳》説:"孔子論次《詩》、《書》,修起《禮》、
《樂》。"説明孔子對於《詩》、《書》的功績,祇在於論次。論是去取,
次是編排,論次之外,即沒有孔子的東西。孔子對於《禮》、《樂》的

功績，則在修起。修起衹是免於漸滅，也與著作不同。孔子對《易》和《春秋》則不然。孔子成《春秋》固然是作。孔子對《易》，序《彖》、《繫》、《象》、《說卦》、《文言》傳於世，也應該說是作。《周易》一書本來蘊藏着極爲豐富的政治的和哲學的思想。不過，這個思想長期鬱而不彰。今觀《左傳》、《國語》諸書所載春秋時人說《易》，依然爲巫史舊業，了無新意。自孔子出，而燭見幽隱，獨喜斯書，讀之韋編三絕。序《彖》、《繫》、《象》、《文言》、《說卦》等十篇，而後《周易》奧義始大明於世。

《漢書·儒林傳》述此，說孔子"蓋晚而喜《易》，讀之韋編三絕而爲之傳"。同書《藝文志》也說："孔氏爲之《彖》、《象》、《繫辭》、《文言》、《序卦》之屬十篇。"是孔子爲《易》作傳，信而有徵。

王充《論衡·正說》說："至孝宣皇帝之時，河內女子發老屋，得《逸易》、《禮》、《尚書》各一篇，奏之。"既云"逸易"，顯然不在《易傳》十篇之內。至《隋書·經籍志》說"乃秦焚書，《周易》獨以卜筮得存，唯失《說卦》三篇，後河內女子得之"，把《論衡》的"逸易"說成是《說卦》，把原來的"一篇"說成是"三篇"，既說"獨存"，又說"唯失"。似此矛盾百出，何足爲據？然而，後世學者如皮錫瑞竟然以此爲據，說"所謂'三篇'蓋兼《序卦》、《雜卦》"在內。據王充說"《說卦》至宣帝時始出，非史公所得見。故疑《世家》說卦二字爲後人攙入者"。誤信《隋書》錯亂疑似之讕言，來否定《史記》灼然可據之信史，這是什麼邏輯？不獨皮錫瑞有此說，前人也有說《序卦》、《雜卦》非聖人之言，《說卦》、《序卦》、《雜卦》詞指不類孔子之言的（《易經通論》）。我初讀《易》時，亦曾誤信此說，讀之既久，始知此說實大謬。試辨析之。

《周易》六十四卦的排列，以乾坤二卦居首，這不是偶然的，而是有深意存焉。《易·繫辭傳上》說："子曰……乾坤其《易》之縕耶？乾坤成列而《易》立乎其中矣。乾坤毀則無以見《易》，《易》不可見，則乾坤或幾乎息矣。"又《易·繫辭傳下》說："子曰：乾坤其

《易》之門耶？乾，陽物也；坤，陰物也。陰陽合德而剛柔有體，以體天地之撰，以通神明之德。"這兩段話是什麼意思呢？用《易緯·乾鑿度》的話來說，就是"乾坤，陰陽之根本，萬物之祖宗"。乾坤在此象天地，其餘諸卦象萬物。《序卦》說"有天地，然後萬物生焉"正是說明這個問題。《繫辭傳上》說："乾之策二百一十有六，坤之策百四十有四，凡三百有六十，當期之日。二篇之策，萬有一千五百二十。當萬物之數也。"也是說明這個問題。所謂"乾坤其《易》之縕耶"，就是說乾坤二卦蘊藏着《易》的全部內容，其餘諸卦不過是乾坤二卦的展開和發展。"乾坤成列而《易》立乎其中矣"正是從《易》是乾坤二卦的展開和發展這一點談問題的。所謂"乾坤其《易》之門耶"，這個"門"，同"是故闔戶謂之坤，闢戶謂之乾，一闔一闢謂之變，往來不窮謂之通"的說法是一致的，也是說其餘諸卦都是乾坤二卦這個門的一闔一闢的結果。"乾，陽物也；坤，陰物也。陰陽合德而剛柔有體，以體天地之撰，以通神明之德"正是說這個《易》之門一闔一闢所產生的情況，同時也說明《易》具有"範圍天地之化而不過，曲成萬物而不遺"（《易·繫辭傳上》）的性質。這一思想，從另一個角度來說，也就是"有天地，然後萬物生焉"，也就是"乾坤之策當期之日，二篇之策當萬物之數"。說"乾坤毀則無以見《易》，《易》不可見，則乾坤或幾乎息矣"是什麼意思呢？這個"乾坤毀則無以見《易》"，實際上是就既濟、未濟二卦來說的。因爲六十四卦至此已完成全部發展過程，亦即作爲《易》之縕、《易》之門的乾坤二卦，至此已發展到盡端。六十四卦從乾坤到既濟、未濟，可以看作是一個整個發展過程的鏈條。這個鏈條發展到既濟、未濟，從表面上看是止息了，然而並沒有止息，也不可能止息。《序卦》說"物不可窮也，故受之以未濟終焉"正是說明這個問題。

　　《周易》六十四卦的結構本來是有哲學思想的。孔子爲《周易》作傳，祇是發現了這個哲學思想，並給予全面地深入闡釋，並不是無中生有，硬把自己的思想加進去的。所以，今日有人割裂《易傳》

與《周易》的關係，說《易傳》有哲學思想，《周易》没有哲學思想，或者説《易傳》不出於孔子，是漢人所作，都是不對的。

如上所述，孔子作《易傳》，從《序卦》、《繫辭傳》和筮法等許多方面來闡釋《周易》六十四卦結構所固有的哲學思想，可以毫不誇張地説，這個思想裏邊包括有辯證法的對立統一的思想、質量互變的思想。這個哲學思想，毫無疑義已達到當時所能達到的最高峰。後世不斷有人疑《説卦》三篇後出，疑《序卦》、《雜卦》三篇詞指不類孔子之言，這正如莊子所説："瞽者無以與乎文章之觀，聾者無以與乎鐘鼓之聲，豈惟形骸有聾盲哉？夫知亦有之。"祇有今天，我們學了馬克思主義哲學，學了辯證唯物主義、歷史唯物主義，這個爲孔子所闡釋的《周易》哲學思想，才是可以瞭解的。

《周易》六十四卦的結構實際上是象徵着一個大的事物的發展過程。這個發展過程是以乾坤二卦爲首，以既濟、未濟二卦居末，中間則是發展中的若干環節，稱"乾坤"，稱"陰陽"，稱"天地"，本質上是一個東西，都是對立的統一。説"有天地然後萬物生焉焉"，或者説"乾坤其《易》之緼"云云，"乾坤其《易》之門"云云，以及説"大哉乾元，萬物資始"（《易·乾卦彖傳》），"至哉坤元，萬物資生"（《易·坤卦彖傳》），"乾坤相摩，八卦相蕩，鼓之以雷霆，潤之以風雨，日月運行，一寒一暑，乾道成男，坤道成女"（《易·繫辭傳上》）等等，都不是別的，都是説明由乾坤這個對立的統一發展爲衆多的環節，以至最後達到既濟、未濟，每一卦都有六爻。由初至上，可以視爲量變，由前一卦至後一卦，可以視爲質變。用《易傳》的語言來説，這就是"《易》窮則變，變則通"（《易·繫辭傳下》）。"窮"，是量變的窮；"變"，就是發生質變。這個變，按照《序卦》所使用的公式，就是"……必……，故受之以……"或"……不可不……，故受之以……"也就是説，這個變的中間有必然性。當然，這個發展過程都是出於主觀臆測，没有客觀依據，是不科學的。然而在當時的歷史條件下，能認識到這樣程度，已經是很了不起了，又怎能要求做到科學呢？

由上所述，可以看出，《史記》關於孔子為《周易》序《彖》、《繫》、《象》、《文言》、《說卦》的論述，是可以信據的。今人談哲學，談辯證法，每喜稱道赫拉克里特，而對於孔子則百般詆毀，這不能說別的，祇能說是不學之過。

《史記·太史公自序》說：“《易》以道化，《春秋》以道義。”同書《司馬相如傳》說：“《春秋》推見至隱，《易》本隱之以顯。”這是對《易》和《春秋》二書本質特點的正確的理解。《史記》說“《易》以道化”同《莊子·天下》說“《易》以道陰陽”是一個意思，都是指《周易》存在辯證法思想來說的。“化”是從其有發展觀點一方面來說的；“陽陰”，說的就是對立的統一，就是矛盾。《史記》說“《春秋》以道義”，與《莊子·天下》說“《春秋》以道名分”也是一個意思。“名分”是禮上事，《左傳》莊公十八年說“名位不同，禮亦異數”，這是“名分”二字的正確含義。“義”是指禮義而言。《太史公自序》又說：“故《春秋》者，禮義之大宗也。”也是這個意思。說《春秋》推見至隱，“見”是指史實，“隱”是指理論。史實是具體的，所以是見；理論是抽象的，所以是隱。《春秋》是辨是非的，由顯著的史實推究出隱微的理論，這就叫做“推見至隱”。《孟子·離婁下》說：“晉之《乘》，楚之《檮杌》，魯之《春秋》，一也。其事則齊桓、晉文，其文則史，孔子曰：‘其義則丘竊取之矣。’”說明《春秋》雖然是史，然而所重在義，這正是所謂推見至隱。《易》則反是，《易》“本隱之以顯”。“隱”是指《周易》作者的哲學思想來說的，思想是精神性的東西，不是感覺器官所能認識的，所以是隱。但是這個隱通過著卦等具體的形象表現出來，就變成顯了。《易》和《春秋》在六藝中，都是談理論的，而方法不同，所談的內容也不同。《史記》所述，實正確地指出二書的本質特點。

魯史雖名《春秋》，但《春秋》一名並不是魯史所專有。《國語·楚語》說：“莊王使士亹傅太子箴。問於申叔時，叔時曰：教之《春秋》，而爲之聳善而抑惡焉，以戒勸其心。”又《晉語》説：“悼公與司馬侯升臺而望。曰：‘樂夫？’曰：‘臨下之樂則樂矣，德義之樂則未也。’公曰：‘何謂德義？’對曰：‘諸侯之爲，日在君側，以其善行，以其惡戒，可謂德義矣。’公曰：‘孰能？’對曰：‘羊舌肸習於春秋。’乃召叔向使傅太子彪。”從上述這兩條材料來看，晉、楚也有春秋。晉、楚春秋的特點在於“聳善而抑惡”，“以其善行，以其惡戒”。“孔子成《春秋》而亂臣賊子懼”，則孔子《春秋》的特點，正與晉、楚之春秋相同。

　　據《孔子世家》説：孔子作《春秋》是“據魯，親周，故殷，運之三代”。這個“據魯，親周，故殷”同《春秋》“所見異辭，所聞異辭，所傳聞異辭”和“内其國而外諸夏，内諸夏而外夷狄”的思想是一致的，都是《春秋》禮義之大宗的具體表現。何休不辨古字通假，誤以“親周”爲“新周”，而把“據魯，親周，故殷”釋爲“孔子以《春秋》當新王？上黜杞，下新周而故宋”，並把“所見異辭，所聞異辭，所傳聞異辭”和“内其國而外諸夏，内諸夏而外夷狄”諸義，同“衰亂、升平、太平”混在一起，重紕貤謬，積千百年，無人知其非者。可見讀孔子書，也並非易事。實際上，由於《春秋》爲魯史，故“據魯”、“親周”、“故殷”則是表明魯與殷、周的關係。宋爲殷後，故“故殷”亦曰“故宋”。親、故二字，正體現禮數不同。這個不同，在《春秋》書法中有着具體反映。所謂三世、内外，義亦同此。《史記》所稱貶、諱之義，亦《春秋》所有。正因爲這樣，《春秋》非孔子不能作。也正因爲這樣，所以孔子説：“後世知丘者以《春秋》，而罪丘者亦以《春秋》。”

　　孔子的遺産，首在《詩》、《書》、《禮》、《樂》、《易》、《春秋》六藝，其中尤以《易》和《春秋》二書爲最珍貴。此外，如《論語》及七十子後學遺説，亦不宜忽視，今人多承認《論語》是孔子遺産，而不承認孔子的主要遺産是《詩》、《書》、《禮》、《樂》、《易》、《春秋》六藝。肯定説這不是實事求是地看待問題。

二、爲什麼説研究中國古史必須承繼 孔子這一份珍貴的遺產

承繼孔子這一份珍貴的遺產，對於研究中國古史異常重要。下面就分別從原始時代和文明時代的幾個不同的歷史發展階級來談談這個問題。

1. 原始時代

（1）大同、小康

今天保存在《禮記·禮運》裏，有孔子回答言偃問的一段話。孔子的這段話全文如下：

> 孔子曰：大道之行也與三代之英，丘未之逮也，而有志焉。

> 大道之行也，天下爲公，選賢與能，講信修睦。故人不獨親其親，不獨子其子，使老有所終，壯有所用，幼有所長，矜寡孤獨廢疾者皆有所養，男有分，女有歸。貨惡其棄於地也，不必藏於己；力惡其不出於身也，不必爲己。是故謀閉而不興，盜竊亂賊而不作，故外戶而不閉，是謂大同。

> 今大道既隱，天下爲家，各親其親，各子其子，貨力爲己，大人世及以爲禮，城郭溝池以爲固，禮義以爲紀。以正君臣，以篤父子，以睦兄弟，以和夫婦，以設制度，以立田里，以賢勇知，以功爲己。故謀用是作，而兵由此起。禹、湯、文、武、成王、周公由此其選也。此六君子者，未有不謹於禮者也，以著其義，以考其信，著有過，刑仁講讓，示民有常。如有不由此者，在勢者去，衆以爲殃，是謂小康。

這段話主要是談禮的産生問題。意思是説，禮産生於三代，即夏、商、西周的英明之君，五帝時是沒有這個禮的。鄭玄爲"大道之行也"作注説："謂五帝時也。"這個注釋是對的。"五帝時"，今天用歷史唯物主義的觀點來看，就是原始社會。"丘未之逮也"，鄭玄説："逮，及也，言不及見。"也是對的。"而有志焉"這個"志"同《左傳》昭公二十一年説"《軍志》有之"、成公四年説"史佚之志有之"的"志"用法一樣，都是指文字記載而言。"大道之行也，天下爲公"以下至"是謂大同"講的是五帝時，即原始社會時的具體情況。

"天下"這個概念，在不同的歷史時期，有着不同的內容。"天下爲公"的"天下"，不但不能用我們今天所説的天下來解釋，也不能用"天下爲家"的天下來解釋。恩格斯説："部落始終是人們的界限，無論對別一部落的人來説，或者對他們自己來説都是如此。"又説："凡是部落以外的，便是不受法律保護的。"①所以，"天下爲公"的"天下"，範圍很小，最大衹不過是一個部落。康有爲把它理解爲"無國家，全世界置一總政府，分若干區域"，肯定不是《禮運》的原意。

"天下爲公，選賢與能，講信修睦"講的是社會情況，反映這時還沒有階級。執行社會職能的氏族首長，是由選舉産生。氏族集團之間互相講求忠信和睦，沒有戰爭。

"故人不獨親其親，不獨子其子"講的是家庭情況，反映這時的家庭是母系氏族家庭，而不是父系氏族家庭。

"貨惡其棄於地也，不必藏於己，力惡其不出於身也，不必爲己"，講的是經濟情況，反映這時的經濟是原始共産制的氏族經濟。

"是故謀閉而不興，盜竊亂賊而不作"反映這時沒有階級和階級鬥爭。

自"今大道既隱"至"是謂小康"講的是國家出現以後的情況。

① 《馬克思恩格斯全集》第21卷，第12頁。

"各親其親,各子其子",講的是家庭情況。反映這時的家庭是父家長制家庭。

"貨力爲己"講的是經濟情況,反映這時是私有制經濟。

"大人世及以爲禮"至"以功爲己"講的是社會政治情況,反映這時國家已出現,階級統治工具相當完備。"故謀用是作,而兵由此起"講的是階級鬥爭,反映這時不但產生了階級,而且階級鬥爭日益加劇。

"禹、湯、文、武、成王、周公由此其選也","選"就是"英"。鄭玄注說:"'英'是俊選之尤者。"是對的。實際上是把禹、湯、文、武、成王、周公六人,看作是奴隸社會的代表人物,而把中國奴隸社會與原始社會的分界綫劃在夏初。當然,當時還沒有原始社會、奴隸社會這樣的名詞概念。

"此六君子者未有不謹於禮者也"至段末,極其明白地說出,禮是階級社會的產物,並在階級社會廣泛應用。孔子這一觀點也見於《禮記·昏義》,原說:"男女有別而後夫婦有義,夫婦有義而後父子有親,父子有親而後君臣有正。故曰:'昏禮者,禮之本也。'"也見於《禮記·郊特牲》,原文說:"男女有別然後父子親,父子親,然後義生,義生然後禮作,禮作然後萬物安。無別無義,禽獸之道也。"這兩段話是什麼意思呢? 用恩格斯的話來說,就是"個體婚制是文明社會的細胞形態"。[①] 恩格斯在說明這個問題的時候說:"在歷史上出現的最初的階級對立,是同個體婚制下的夫妻間的對抗的發展同時發生的,而最初的階級壓迫是同男性對女性的奴役同時發生的。"[②]孔子所謂禮義,不是別的,實際上,祇是階級關係的異名。而這種關係孔子正是認爲導源於個體婚制。

《易·序卦》說:"有天地然後有萬物,有萬物然後有男女,有男

---

① 《馬克思恩格斯全集》第 21 卷,第 78 頁。

② 同上。

女然後有夫婦,有夫婦然後有父子,有父子然後有君臣,有君臣然後有上下,有上下然後禮義有所錯。"這段話論述得尤爲完整而系統。大意是說禮義起源於有夫婦,而完成於有君臣、有上下。這個觀點可與《禮運》大同、小康的觀點互相補充。由上述可以證明孔子對歷史的看法,不是偶然的、凌亂的,而是有完整的體系。這個完整的體系乃是掌握了大量的史料,並經過長期地、認真地進行鑒別和研究的結果。

王應麟《困學紀聞》卷五說:"《禮運》,致堂胡氏云:'子游作。'呂成公謂'蜡賓之嘆,前輩疑之,以爲非孔子語。不獨親其親子其子,而以堯舜禹湯爲小康,是老聃墨氏之論'。朱文公謂'程子論堯舜事業非聖人不能,三王之事,大賢可爲,恐亦微有此意。但記中分裂太甚幾以帝王爲有二道,則有病'。"這是宋人用形而上學的觀點看問題,因而不相信五帝三王不同道,懷疑大同、小康之說非孔子語。

今人編《辭海》於"大同"條說:"儒家宣揚的理想社會。"即亦認爲"大同"是理想,不是事實。殊不知存在決定意識,沒有客觀存在,怎會産生這樣理想?

看來還是郭沫若、范文瀾二人能應用歷史唯物主義的觀點看問題。郭沫若於《奴隸制時代》一文裏說:"原始公社制的存在,……這在儒家經典裏面是作爲中國歷史的開端,而被稱爲'大同'之世的。"又說:"由原始公社制轉變爲奴隸制,這在中國是在唐、虞時代以後出現的,《禮運》所謂'小康'之世,大抵和這相當。"范文瀾於《中國通史簡編》修訂本第一册說:"照《禮記·禮運篇》所說,禹以前是沒有階級,沒有剥削,財産公有的大同社會,禹以後是財産私有的階級社會。……《禮運》說禹時財産公有制度轉變到私有制度,這是比較可信的傳說。"也就是說,郭沫若和范文瀾認爲孔子"大同"、"小康"的說法,是有根據的、可信的,並不認爲是什麽理想。

由上述的事實可以證明,我們研究中國原始社會以及由原始社會向奴隸社會轉變的歷史,必須承繼孔子這一份珍貴的遺產。

（2）唐、虞禪,夏后殷周繼,其義一也

這是孔子說的話,見於《孟子·萬章上》。這句話的觀點同上述"大同"、"小康"的觀點是一致的,都正確地反映歷史事實。"禪"是民主選舉,"繼"是世襲繼承。禪、繼的不同,正反映兩個歷史時代的不同。

2. 奴隸社會

（1）夏道尊命,殷人尊神,周人尊禮尚施

《禮記·表記》說:"子曰:'夏道尊命,事鬼敬神而遠之,……殷人尊神,率民以事神,……周人尊禮尚施,事鬼敬神而遠之。'"這段話明確地指出夏殷周三代社會思想的不同特點。

這裏稱夏道、殷人、周人,也是有分寸的。這種稱呼同稱夏后氏、殷人、周人一樣,表明夏與殷、周還有區別。用今日的概念來說明,就是夏還處在向國家過渡的階段,而殷周已完成了過渡,成為真正的國家。

夏道尊命,在《墨子·非命上》說:"於《仲虺之告》曰:'我聞於夏人矯天命,布命於下。帝伐之,惡、龔喪厥師。'此言湯之所以非桀之執有命也。"可以得到證明。

尊命的不尊神,尊神的不尊命,證明命與神不宜並為一談。據我看,古人之所謂命,用今天的語言來說,就是規律,規律有必然性,但並不排除偶然性。《孟子·盡心上》說:"莫非命也,順受其正。……盡其道而死者,正命也;桎梏死者,非正命也。"實際上,孟子所說的"正命"指的就是必然性,"非正命"指的就是偶然性。《莊子·列禦寇》說:"達大命者隨,達小命者遭。""隨"命指的就是必然性,"遭"命指的就是偶然性。可見古人對於這一點,也並不是完全不瞭解的。

殷人尊神,率民以事神,這一點,從殷墟甲骨卜辭中可以找到很多證明的材料，就不在這裏詳談了。

"周人尊禮尚施，事鬼敬神而遠之。""尚施"就是"務施報"（《禮記·表記》）。《禮記·郊特牲》說："郊之祭也，大報本反始也。""古之君子，使之必報之，迎貓爲其食田鼠也，迎虎爲其食田豕也，迎而祭之也。"可爲證明。

"尊禮"的禮是什麼呢？《說文·示部》說："禮，履也。"譯成今天的語言，禮就是行爲的規範。但是周代的禮與夏、殷二代的禮不同，又有它自己的特點。周禮的本質特點在於它是以親親、尊尊或者說以仁、義爲其内容。《禮記·中庸》說："仁者人也，親親爲大；義者宜也，尊賢爲大。親親之殺，尊賢之等，禮所生也。"這段話是孔子在魯哀公問時，所作的回答。這裏所說的禮，無疑是周禮。在這段話裏，把禮與仁義的關係，講得非常透闢。仔細分析，禮是一種表現形式，它是以仁義爲内容的。仁生於親親，義生於尊賢。尊賢又稱爲尊尊，《喪服小記》和《大傳》所說的"親親"、"尊尊"，義亦指此。"親親"從本質上說，是血緣關係；"尊尊"從本質上說，是階級關係。所以，周禮的實質，不過把當時社會存在的這兩種關係按照統治階級的意志，所作的既不違背實際情況，又符合統治階級利益的規定。司馬談《論六家要指》說："法家不別親疏，不殊貴賤，一斷於法，則親親、尊尊之恩絶矣。"正說明法家是根據社會關係發生變化而提出了新的觀點。

恩格斯說："一定歷史時代和一定地區内的人們生活於其下的社會制度，受着兩種生產的制約：一方面受勞動的發展階段的制約，另一方面受家庭的發展階段的制約。勞動愈不發展，勞動產品的數量、從而社會的財富愈受限制，社會制度愈是在較大程度上受血族關係的支配。"①我們知道氏族社會是以血族團體爲基礎的。奴隸社會剛剛從氏族社會脱胎出來，血族關係必然還在較大程度

---

① 《馬克思恩格斯全集》第21卷，第30頁。

上有支配力量。當然，奴隸社會是階級統治的社會，它決不容許用血族關係對抗階級關係。但是，血族關係的支配力量是客觀存在，不承認這種關係是不行的。因此，周禮之所以以親親、尊尊，或者說以仁義爲內容，正是受兩種生產的制約，這是合乎規律的。

周禮與殷禮比較，其特點則在於"殷道親親，周道尊尊"。"殷道親親、周道尊尊"這個古義，略見於《春秋公羊傳》和《史記·梁孝王世家》褚先生補編。

《春秋》隱公七年說："齊侯使其弟年來聘。"《公羊傳》說："其稱弟何？母弟稱弟，母兄稱兄。"何休解詁說："'母弟'同母弟，'母兄'同母兄。分別同母何？《春秋》變周之文從殷之質，質家親親，明當親厚異於群公子也。"

《史記·梁孝王世家》褚先生補編述竇太后語，說："殷道親親，周道尊尊，其義一也。"袁盎諸大臣通經術者解釋說："'殷道親親'者，立弟；'周道尊尊'者，立子。殷道質……周道文……周道太子死，立適（嫡）孫；殷道太子死，立其弟。"

應用馬克思主義理論，就上述材料加以分析，可以看出，所謂"親親"、"質"、"立弟"，從本質上說，都是表明重母統，它反映當時社會在較大程度上還受血族關係的支配。所謂"尊尊"、"文"、"立子"，從本質上說，都是表明重父統，反映階級關係已經從根本上確立。《儀禮·喪服》記述的是喪禮的服制。在"斬衰三年"章說："父，傳曰：'爲父何以斬衰也？父至尊也。''諸侯爲天子'，傳曰：'天子至尊也。''君'，傳曰：'君至尊也。''妻爲夫'傳曰：'夫至尊也。'"這裏所說的至尊，實質都指的是階級關係。

周人事鬼敬神而遠之，這一點是對殷人尊神，率民以事神的否定。從表面上看，事鬼敬神同率民以事神沒有多大差別，而實質上乃大不然。這個"而遠之"就表明它不是真正尊神，僅僅是利用鬼神爲政治服務罷了。

《國語·周語上》說："古者先王既有天下，又崇立於上帝，明神而敬事之,於是乎有朝日、夕月,以教民事君。"這個"教民事君",最明白地説明了周人事鬼敬神是政治上的問題,而不是信仰上的問題。

《荀子·天論》説:"雩而雨,何也?曰無何也,猶不雩而雨也。日月食而救之,天旱而雩,卜筮然後決大事,非以爲得求也,以文之也,故君子以爲文,而百姓以爲神,以爲文則吉,以爲神則凶。"荀子這段話對於這個問題説得更爲明顯。"以文之也"正表明是不相信有鬼神。周人不相信有鬼神,但在當時的歷史條件下,又不能宣傳無神論和消滅宗教,所以周人事鬼敬神而遠之,應該説是歷史決定的。

周人否定殷人的尊神,改爲尊禮尚施,强調人事。人們的思想自此已從縹緲的天空,回到大地上來。後此,孔子又把這個思想推向前進。這一點對中華民族傳統精神的形成,實起着巨大的影響和作用的。

(2)"殷因於夏禮,所損益可知也;周因於殷禮,所損益可知也;周監於二代,郁郁乎文哉!"

這是孔子研究了夏殷周三代的歷史,所得出的結論。

孔子研究夏殷周三代歷史的事實,屢見述於《禮記》的《禮運》、《中庸》和《論語·八佾》。

《禮運》説:"孔子曰:我欲觀夏道,是故之杞,而不足徵也,吾得《夏時》焉。我欲觀殷道,是故之宋,而不足徵也,吾得《坤乾》焉。《坤乾》之義,《夏時》之等,吾以是觀之。"

《中庸》説:"子曰:'吾説夏禮,杞不足徵也。吾學殷禮,有宋存焉。吾學周禮,今用之,吾從周。'"

《八佾》説:"子曰:'夏禮吾能言之,杞不足徵也。殷禮吾能言之,宋不足徵也。文獻不足故也,足則吾能徵之矣。'"

從上述材料可以看出,孔子對歷史研究的態度是極其嚴肅的。已經做到"能言","能説"還不行,還要得到事實證明。孔子常説:"蓋有不知而作之者,我無是也。"又説:"知之爲知之,不知爲不知,是知也。"又説:"君子於其所不知,蓋闕如也。"事實證明孔子確實能把這些言論付諸實踐。近世自康有爲以來,論者每把孔子説成是托古改制,都是没有根據的妄説,是不能成立的。

在孔子與言偃的一段對話裹,明確地指出,禹、湯、文、武、成王、周公處於同一的歷史時代。但對夏殷周三代作具體研究時,他又看到夏殷周三代各自有不同的特點。夏殷周三代之所以形成這些特點,是由於在其發展過程中有"因",有"損益"。應用今日通行的哲學語言來説,就是有批判繼承。也就是説,它們是按照歷史的辯證法向前發展的。

周監於二代,徵諸文獻,確然可據。除了周人尊禮尚施,事鬼敬神而遠之是監於夏殷二代而外,以言井田,則有"夏后氏五十而貢,殷人七十而助,周人百畝而徹。"(《孟子•滕文公上》)以言喪具,則有"夏后氏用明器,殷人用祭器,周人兼用之。"(《禮記•檀弓上》)以言養老,則有"夏后氏以饗禮,殷人以食禮,周人修而兼用之"(《禮記•王制》)。其他例證尚多,不煩備舉。

總之,孔子是真正以知之爲知之,不知爲不知和不知蓋闕的精神,對中國古史進行過全面的、深入的研究。其研究成果,極爲珍貴。但是,二千年來,世人雖重其書,並尊孔子爲聖人,然而很少能瞭解其精意所在。"五四"以後,更無論了。祇有我們今天應用辯證唯物主義和歷史唯物主義來研究中國古史,才會看到孔子在歷史研究中所取得的卓越成績。孔子的確是中華民族中一個了不起的人物。

(3)"天下有道,則禮樂征伐自天子出;天下無道,則禮樂征伐自諸侯出。自諸侯出,蓋十世希不失矣;自大夫出,五世希不失矣;陪臣執國命,三世希不失矣。"

這是孔子研究春秋時期的歷史所得出的結論。

"天下有道",顯然指的是西周,當時是中國奴隸社會全盛時期。《國語•魯語下》説:"天子作師,公帥之,以征不德;元侯作師,卿帥之，以承天子；諸侯有卿無軍，帥教衛以贊元侯；自伯子男，有大夫無卿，帥賦以從諸侯；是以上能征下，下無姦慝。”這是魯叔孫穆子所述，定是西周舊制，證明當時是征伐自天子出。

《禮記·檀弓上》屢稱“先王制禮”和“先王之制禮也”，《左傳》昭公元年說：“先王之樂以節百事也。”可以看作是西周時禮樂自天子出的證明。

“天下無道”是指周室東遷以後，歷史進入春秋時期亦即中國奴隸社會的衰落時期。這個時期王綱解紐，五霸代興，正是禮樂征伐自諸侯出的時期。

“蓋十世希不失矣。”“十”字疑當作七，形近之誤。何晏說：“始於隱公，至昭公十世，失政死於乾侯矣。”非是。《左傳》昭公三十二年晉史墨說：“魯文公薨，而東門遂殺嫡立庶，魯君於是乎失國，政在季氏。”魯自隱公至宣公，適七世而失國，是十當爲七的確據，不應依誤字作解。

“禮樂征伐自大夫出”應以《春秋》襄公十六年“三月，公會晉侯、宋公、衛侯、鄭伯、曹伯、莒子、邾子、薛伯、杞伯、小邾子於溴梁。戊寅，大夫盟”爲據。《公羊傳》說：“諸侯皆在是，其言大夫盟何？信在大夫也。何言乎信在大夫？遍刺天下之大夫也。曷爲遍刺天下之大夫？君若贅旒然。”“君若贅旒然”，自然是禮樂征伐自大夫出。

“陪臣執國命”當是據陽虎立論。所謂“七世”、“五世”、“三世”都是約略之詞，不宜泥指。

孔子研究了春秋時期的歷史，不但看出春秋與西周不同，同時並看出春秋的各個發展階段也不同。當然，孔子的立場是站在西周，因而不但不能認識歷史是發展的，相反，竟看成是倒退。這一點，是可議的。但從其劃分歷史階段及其所應用的標準，則是符合實際的、正確的。

孔子生在距今二千年以前，無疑他是不懂得馬克思主義理論的。然而他在古史研究中，瞭解到唐虞以前爲一個階段，夏殷周三代爲一個階段,春秋爲一個階段。實際上是在唐虞以前和夏殷周之間,劃定一個分界綫,前者是"不獨親其親,不獨子其子","貨惡其棄於地也,不必藏於己;力惡其不出於身也,不必爲己"的社會;而後者是"各親其親,各子其子","貨力爲己","大人世及以爲禮"的社會。這個分界綫,不正是今天我們所說的原始社會與文明社會、氏族社會與國家的分界綫嗎? 孔子在西周與春秋之間,也劃定了一個分界綫,然而這個分界綫與那個分界綫的性質則不同。這個分界綫祇是前者是禮樂征伐自天子出,後者禮樂征伐自諸侯出的不同。即不是一種社會制度被另一種社會制度所代替,而是一種社會制度的内部由上升變爲下降的問題。不僅如此,在夏殷周三代和春秋時期内部,又依據發展過程劃分幾個階段,並指出這些階段之間,有着批判繼承的關係。這些觀點,都不是簡單的事。可以説,在很大程度上同我們今天應用馬克思主義理論研究的結果不謀而合。亦即孔子不懂得唯物論,然而他從事古史研究,事實上是符合唯物論的;他不懂得辯證法,然而他研究古史所得出的結論,事實上是符合辯證法的。一個人如果不是閉着眼睛專説瞎話,怎能不承認這個事實呢?

今人論史,喜稱劉知幾,而力攻孔子,我想這是因爲劉知幾否定堯舜有禪授之事,認爲"以古方今,千載一揆"(《史通•疑古》),這個觀點與他們形而上學的歷史觀點恰好相同。而孔子則不然,孔子是以事實爲依據,自發地從發展上看問題,當然同他們的歷史觀格格不入。

綜上所述,我們可以毫不誇張地説,孔子研究歷史,是以樸素的唯物論和自發的辯證法作爲指導思想的。所以,在很多問題的研究上,他都能得出比較正確的結論。

其實,孔子的學術成就是多方面的,並不以古史爲限。我敢鄭重地説中華民族之有孔子,是中華民族的驕傲。不學習歷史,不尊重自己民族的歷史人物,對孔子毫無所知,便起來悍然進行攻擊,這是我國近數十年來學術界的通病。所以形成這種風氣,當然原因很多,我看這裏邊有很大一部分是受了殖民地思想的毒害。

今天我們正在建設社會主義,建設社會主義,決不是要復古。然而談到建設精神文明,提高民族的自尊心和自信心,就不能不批判繼承祖國的歷史文化遺產。而批判繼承祖國的歷史文化遺產,首先必須正確地對待孔子,因爲孔子是中華民族長期以來精神文明的最突出的代表。在孔子的這份遺產裏,蘊藏着很多極爲珍貴的東西,正有待於我們繼承。那種堅持民族虛無主義全盤否定祖國歷史文化遺產的做法,是非常錯誤的。

　　　　　　　　　　　　　　(《人文雜志》1985 年第 1 期)

孔子與六經

孔子是中國歷史上有重大影響的人物。今天我們所以紀念他、研究他，不僅因爲他的人格偉大，主要是因爲他給我們留下了一份珍貴的遺産。這一點，毛澤東同志很早以前就説過了。

孔子給我們留下了哪些遺産呢？當前學術界對此還有不同的看法。我認爲，所謂孔子這一份珍貴的遺産，主要應指《詩》、《書》、《禮》、《樂》、《易》、《春秋》六經而言，當然也包括《論語》及七十子後學遺説。有人説，真正可以稱爲孔子的遺産的，祇有《論語》一書。我不同意這種意見。正如某先生所説的那樣，這樣做的目的是想把孔夫子變成"空夫子"。這種看法顯然是不足取的。

六經亦稱六藝，實際上它是當時孔子爲了教學所編的教科書。

六經中的詩、書、禮、樂本是春秋時人共同學習的科目。《左傳》僖公二十七年説郤縠"説詩書而敦禮樂"，就是證明。今日稱爲經的《詩》、《書》、《禮》、《樂》則不然，它乃是孔子爲了教學所編選的四種教科書。六經中的《易》和《春秋》應是孔子新增的。《史記·孔子世家》説："孔子以《詩》、《書》、《禮》、《樂》教，弟子蓋三千焉，身通六藝者七十有二人。"説明《詩》、《書》、《禮》、《樂》是普通科，人人共習。六藝則不然，其中有《易》和《春秋》二書，是具有高深理論的著作，非高材生不能通。故在孔子弟子中身通六藝者祇有七十二人。

《詩》、《書》、《禮》、《樂》、《易》、《春秋》六經，在當時包括全部歷史文化遺産。孔子嘗説"我非生而知之者，好古，敏以求之者也"，"述而不作，信而好古"。證明孔子一生在這方面是下過很多功夫的。

六經的性質及其所起的作用，各不相同。《莊子·天下》説："《詩》以道志，《書》以道事，《禮》以道行，《樂》以道和，《易》以道陰陽，《春秋》以道名分。"這個説法是正確的。

六經的内容基本上都是原有的。那末，孔子對這六部書都做過哪些加工呢？這正是本文所要討論的問題。

大體上説，孔子對《詩》、《書》所做的加工是"論次"。對《禮》、《樂》所做的加工是"修起"。對《易》則是作《易傳》，對《春秋》則是另成新著。《史記·儒林列傳》説："孔子閔王路廢而邪道興，於是論次《詩》、《書》，修起《禮》、《樂》。"

什麽是"論次"？"論"是討論去取，"次"是篇目編排。《史記·孔子世家》説："古者詩三千餘篇，及至孔子去其重，取可施於禮義，上采契、后稷，中述殷周之盛至幽厲之缺，始於衽席，故曰'《關雎》之亂以爲《風》始，《鹿鳴》爲《小雅》始，《文王》爲《大雅》始，《清廟》爲《頌》始'。"又説："孔子序書傳，上紀唐虞之際，下至秦穆，編次其事。"這就是孔子論次《詩》、《書》的事實。

今人對《詩》、《書》二經，由於多年批孔，多廢棄舊説不講，或以自出新義相誇，其實多是自欺欺人之作，不足稱數。

即舉《詩經》爲例來説吧。舊時讀《詩》須先知"四始"、"六義"、"二南"、"正變"諸義，因爲這是瞭解《詩》的關鍵。今人讀《詩》則不然，一切鄙棄，避之若浼。致使讀《詩》的多數人並不知"四始"諸義爲何物。據我看，昔人説"四始"者，應以《史記》之説爲準，《詩緯》之説則怪誣不足據。《史記·孔子世家》説："《關雎》之亂以爲《風》始，《鹿鳴》爲《小雅》始，《文王》爲《大雅》始，《清廟》爲《頌》始。"這就是"四始"。應該指出，"四始"之所以被重視，主要是因爲當時篇籍多載在簡編，而簡編容易散亂，故須以"始"標目，實則並無深義。"六義"爲比、興、賦、風、雅、頌。《周禮》則稱之爲"六詩"。孔穎達《詩》疏説"各自爲文，其實一也"，是對的。孔疏又説"風雅頌者，詩篇之異體，比興賦者，詩文之異辭耳"，也是對的。風，當如《詩・大序》所説"一國之事繫一人之本，謂之風"，亦即風詩以國別。這一點與《雅》詩不同。雅則如《詩・大序》所説"言天下之事，形四方之風，謂之雅"，即《雅》詩不以國別，而是代表中央政府的。至二南則亦是《風》詩，亦是以國別，但它不是以諸侯一國爲限，而是包括若干諸侯國。如《周南》則是周公所主的東方諸國之詩，《召南》則是召公所主的西方諸國之詩。《春秋公羊傳》隱公六年説："自陝而東者，周公主之；自陝而西者，召公主之。"是其義。今《詩》二南尾題説"周南之國"、"召南之國"，而不是如鄭、如衛，即其證明。今人或説"風是平民詩，雅是貴族詩"，是不知妄説。頌則如《詩・大序》所説"美盛德之形容"，頌與容通，頌詩實是舞詩。《禮記・樂記》説："武始而北出，再成而滅商，三成而南，四成而南國是疆，五成而分，周公左，召公右，六成復綴以崇天子。"王國維作《周大武樂章考》①説："其次則《夙夜》第一，《武》第二，《酌》第三，《桓》第四，《賚》第五，《般》第六。"皆在今《周頌》中是其證。至比、興、賦三者，以賦義最易解。説者謂賦者鋪也，以直敍爲義，從無異辭。比、興則不然，有幾種不同的説法，依我看，應以鄭衆之説爲正。鄭説："比者，比方於物也；興者，托事於物。""比方於物"，用修辭學的觀點來看，就是比喻中的顯喻。相對來説，"托事於物"就是比喻中的隱喻。《文心雕龍・比興》説"比顯而興隱"，我看是對的。鄭玄以比喻言比興，徒增混亂，於義無當。近人章炳麟、郭紹虞以爲比、興、賦與風、雅、頌一類，同是詩體，此由誤讀"六詩"之過。試看，古人以"六府三事謂之九功"（《左傳》文公七年），以"天地民及四時之務爲七事"（《國語・楚語下》），則以比、興、賦與風、雅、頌統稱爲"六詩"，有何不可呢？至"正變"則是編詩之事，而不是作詩之事。鄭樵作《詩非有正變辨》，是辨所不當辨。二南在十五國風中之所以爲正風，正

① 見《觀堂集林》。

因爲二南是從東西方諸侯國選出之詩，按照一定的意義，編爲一集，例如説"后妃之德也"，"《關雎》之應也"等等，以作爲初學正始之資。《論語·陽貨》記孔子謂伯魚曰："女爲《周南》、《召南》矣乎？人而不爲《周南》、《召南》，其猶正墻面而立也與！"可爲證明。雅之正變，當亦如是。《詩·大序》以王道盛衰言正變，亦是誤解，後人信之，遂成詬病。今之言詩者多半對此茫然不解，而遽稱某詩爲奴隸所作，某詩爲非奴隸所作，實則不僅對三百篇作者的歷史地理環境不理解，即對當時到底是什麽樣的奴隸社會，所謂奴隸是住在什麽地方、如何生活、有無文化，也毫無所知，衹是隨文解義，人云亦云。如此學詩，縱令三百篇都能背誦，又有何意義呢？何況古人的禮儀、器物、思想、語言等等，都與今日不同，一概用想當然的辦法去理解，自以爲勝過古人，實則是不知妄作，不如古人遠甚。可見讀詩不但不能否定孔子與《詩經》的關係，即不瞭解傳統的讀《詩》説法，亦是不能瞭解《詩經》的。

　　《書經》，如前文所説，孔子對《書經》所做的加工，亦是"論次"。孔子對《書經》的"論次"據我看，主要有兩點：第一是斷限問題，第二是選材問題。關於斷限問題，司馬遷説："學者多稱五帝尚矣。然《尚書》獨載堯以來，而百家言黄帝，其文不雅馴，薦紳先生難言之。孔子所傳《宰予問五帝德》及《帝系姓》，儒者或不傳。"（《史記·五帝本紀》）是遷書所説的"獨載堯以來"，爲孔子編定《尚書》的上限。堯以前如黄帝，孔子並不是不知，然而認爲古説多誕妄，沒有明據，即不取。至若《五帝德》及《帝系姓》雖見於《大戴禮》，司馬遷説"儒者或不傳"，證明此説不出於孔子，不可依據。足見孔子對待歷史何等審慎。乃近人並堯舜禹而疑之，更有甚者竟欲"把中國古史縮短二三千年"，亦可怪矣。《孟子·萬章上》引孔子曰："唐虞禪，夏后殷周繼，其義一也。"《論語·泰伯》載孔子盛稱堯禹之德。《孟子·滕文公上》引孔子語，也曾盛道堯與舜。是孔子平生對於堯舜禹之事實，考之勤而知之稔，焉得不書於《尚書》！當然，

《虞夏書》的事迹不如《商書》、《周書》之詳,然而作爲歷史記述來說,又焉得而闕然不講。關於選材問題,《尚書大傳》載孔子語有"七觀"之説,曰"六《誓》可以觀義,五《誥》可以觀仁,《甫刑》可以觀誠,《洪範》可以觀度,《禹貢》可以觀事,《皋陶謨》可以觀治,《堯典》可以觀美"。所謂"七觀"之説雖不必出於孔子,然而諸篇選入《尚書》,具有重大意義則是可以斷言的。舉《堯典》爲例來説吧,此篇所記,主要是觀象授時。自今日看來,這些都是普通常識,没有必要如此大書特書。然而在當時,或從歷史上看,則不然,它是關係民生、關係政治的一項極其重要的工作。從曆法發展來看,據古文獻記載,在堯以前都是視火(心宿二)的變動以爲季節的占候。廢除火曆,改用今日所謂夏曆,實從帝堯開始。《吕氏春秋・勿躬》説:"羲和作占日,尚儀作占月。"占日、占月是"曆象日月星辰"所有事,所以羲和、尚儀應爲堯時人。《堯典》説"乃命羲和,欽若昊天,曆象日月星辰",是可信的。《山海經・大荒南經》説:"羲和生十日。"十日爲由甲至癸,古稱十日。《山海經・大荒西經》説:"常儀生月十二。"月十二爲由子至亥,古稱十二辰。證明後世所使用的十天干、十二地支,亦作於堯時。羲和、尚儀(亦作常儀、嫦娥)後世成爲神話中人物,足見其影響之大。此其一。又古有朔政之制,禮家稱爲"明堂月令",亦當始於是時。《周禮・春官・大史》説:"正歲年以序事,頒之於官府及都鄙,頒告朔於邦國。"蔡邕《明堂月令》説:"古者諸侯朝正於天子,受月令以歸,而藏諸廟中,天子藏之於明堂。每月告朔朝廟,出而行之。"《春秋》文公十六年説:"公四不視朔。"《論語・八佾》説:"子貢欲去告朔之餼羊。"這些都是古有朔政之制之一證。這個規政之制,實際就是觀象授時之制,定當始於堯時。因爲在實行火曆之時,還不知有十二月,焉得有明堂月令之制。可見,《史記・曆書》説"黄帝考定星曆……正閏餘",是不足信據的。

再談《皋陶謨》。《皋陶謨》首陳"九德"。"九德"之説,今人或不置信。其實《洪範》、《吕刑》都言"三德",《立政》則明言"古之人迪惟有夏……知忱恂於九德之行”。《洪範》、《立政》、《呂刑》三篇，多數人認爲是可信的。那末《皋陶謨》所説的九德，自然也是可信的。曾運乾《尚書正讀》於《立政》篇引王引之説：“政與正同。正，長也。立正，謂建立長官也。”所説甚是，則《皋陶謨》所言“九德”乃是官人之事，在中國歷史上影響甚大。又同篇言：“天工人其代之。天敍有典，勑我五典五惇哉！天秩有禮，自我五禮有庸哉！同寅協恭和衷哉！天命有德，五服五章哉！天討有罪，五刑五用哉！政事懋哉懋哉！”這一段話也與《堯典》觀象授時有關。如再與《論語》中“堯曰咨爾舜，天之曆數在爾躬，允執其中，四海困窮，天禄永終，舜亦以命禹”，及子曰“大哉堯之爲君也，巍巍乎唯天爲大，唯堯則之”諸語聯繫起來看，則後世言天者之所自出以及本意何在，不是更清楚了嗎？

其餘如《禹貢》、《洪範》等之重要性就更不必説了。從《左傳》、《國語》諸書來看，當時古史料存者尚多，由於未被孔子選入《尚書》，俱歸淪亡。則孔子編定《尚書》的意義，豈容漠視。

司馬遷説孔子“修起禮樂”，我認爲這個説法是對的。孔子對《禮》、《樂》二經，其功祇在修起。因爲當時禮壞樂崩，孔子不起而修之，則亦將歸於淪亡。《樂》已不傳，今可不講。那末孔子所修起的《禮》，今日號稱《禮經》的，是指哪一本書呢？學者一般都認爲是今《儀禮》。我看是對的。因爲今傳世的“三禮”，《周禮》後出，與孔子無涉。《禮記》則是漢人輯録七十子後學遺説，都不能稱爲六經之一的《禮經》。《禮記·雜記下》説：“恤由之喪，哀公使孺悲之孔子，學士喪禮，《士喪禮》於是乎書。”可以作爲今傳世《儀禮》十七篇是孔子修起之證。《論語·季氏》記孔子説“不學禮，無以立”。《禮記·禮器》説“經禮三百，曲禮三千”。在當時，禮最爲繁縟。關於禮之儀節，固然重要，不知儀節，等於不知禮；但光知禮之儀節，還不能説是知禮。例如《左傳》昭公五年説：“公如有晉，自郊勞至於贈賄，無失禮。”而女叔齊説“是儀也，不可謂禮”，就是證明。所以自今天説，講求古禮，能知古禮儀節，固然重要，但更重要的則是禮之義。《禮記•郊特牲》説"禮之所尊，尊其義也。失其義，陳其數，祝史之事也"，所談的正是這個問題。如今《禮記》中的《冠義》、《昏義》、《鄉飲酒義》、《射義》、《燕義》、《聘義》以及其他言喪、言祭的諸篇皆是、這些篇都是禮的精髓所在。大抵這也是孔子所傳，應同樣視爲孔子遺産中的一份珍貴的資料。

下面談《易》和《春秋》。

孔子讀《易》而作《易傳》，孔子因《魯春秋》而作《春秋》。這二經的特點應如莊子説"《易》以道陰陽，《春秋》以道名分"和司馬遷説"《易》以道化，《春秋》以道義"。關於《易》與《春秋》二經的關係，則董仲舒説過"《易》、《春秋》明其知"（《春秋繁露•玉杯》），司馬遷説過"《春秋》推見至隱，《易》本隱以之顯"（《史記•司馬相如傳贊》）。總之，《易》和《春秋》在六經中都是專談理論之書。孔子對二經用力最多，而二經在六經中最爲深奥難讀。

兹先談《易》。《易》是卜筮之書。商周時，卜以龜，筮以蓍。龜視象，筮視數。《左傳》僖公十五年説："龜，象也；筮，數也。物生而後有象，象而後有滋，滋而後有數。"是其證。筮的應用，據《周禮•春官•筮人》説，有"九筮之名：一曰巫更，二曰巫咸，三曰巫式，四曰巫目，五曰巫易，六曰巫比，七曰巫祠，八曰巫參，九曰巫環"。今《易傳》中有筮法，不知是九筮中的哪一種。從《易傳》所保存的筮法來看，自大衍之數的形成到七、八、九、六所謂陰陽老少的産生，都是有意義的。由此可見，卦顯然是由筮産生的，而不是伏羲畫卦。《易傳》説"昔者聖人之作《易》也，幽賛於神明而生蓍，參天兩地而倚數，觀變於陰陽而立卦，發揮於剛柔而生爻"以及"《易》有太極，是生兩儀。兩儀生四象，四象生八卦"，這都是卦的産生的最好的説明。因此，今日《易傳》中有"古者包犧氏之王天下也"至"蓋取諸夬"一段話，肯定是後人羼入的，不是《易傳》原文。因爲不僅"蓋取諸離"等，於道理講不通，即仰觀俯視、遠取近取，亦與上述之説相矛盾，故不可信。

　　筮是什麽時候產生的呢？最初的筮法如何？今日已不可考。大抵從中國古書看來，是先有卜後有筮。《左傳》僖公四年説："筮短龜長。"十五年説："龜，象也；筮，數也。物生而後有象，象而後有滋，滋而後有數。"可爲證明。不管是卜是筮，論其性質都屬於宗教迷信范疇。民族學家説，原始宗教的產生，最早在氏族制階段。所以，卜筮的產生，最早也不能超出氏族社會。歷史是不斷發展的，《周易》雖然也是卜筮之書，但經過了長期的發展，在這裏邊，事實上已經產生了深邃的哲學内容。馬克思説："哲學最初在意識的宗教形式中形成，從而一方面它消滅宗教本身，另一方面從它的積極内容説來，它自己還衹在這個理想化的、化爲思想的宗教領域内活動。"①對於《周易》，亦當作如是觀。僅僅視爲卜筮之書，是不對的。

　　據《周禮·春官·大卜》説："掌三易之法：一曰《連山》，二曰《歸藏》，三曰《周易》。其經卦皆八，其別皆六十有四。"《連山》、《歸藏》二書久亡，今傳世者獨有《周易》。《周易》之所以獨存，賴有孔子爲之作《傳》。假如孔子不作《易傳》，《周易》亦當如《連山》、《歸藏》二易同一命運，將不知其内容爲何。

　　由於"五四"以來受批孔的影響，有不少人否認《易傳》爲孔子所作，其實這是没有道理的。第一，司馬遷之父司馬談受《易》於楊何，楊何是孔子九傳弟子。司馬遷習聞父説，故能對孔子晚而喜《易》，讀《易》韋編三絶，著成《序》、《彖》、《繫》、《象》、《説卦》、《文言》等，言之鑿鑿，焉得而不信。第二，孔子之宋，得《坤乾》，用《坤乾》之義以觀殷道。説者謂《坤乾》即是《歸藏》，是孔子生時曾見到《歸藏》，瞭解到《歸藏》不是一般的卜筮之書，而是用它可以觀殷道。此其一。又《左傳》昭公二年韓宣子適魯，觀書於太史氏，見

① 《馬克思恩格斯全集》第26卷，第26頁。

《易象》與《魯春秋》而曰"周禮盡在魯矣,吾乃今知周公之德與周之所以王也"。韓宣子觀《易象》能知周公之德與周之所以王,證明魯太史氏收藏的《易象》,也定與一般的卜筮之書不同。韓宣子能觀書於魯太史氏,孔子當然也能觀書於魯太史氏,否則孔子不可能因魯史作《春秋》。此其二。以孔子的天才,又有"韋編三絕"的功力,加上上述兩項條件,所以能著成《易傳》。他人無此條件,焉能辦到。有人學《易》,竟以爲《易傳》不足據,而欲上求春秋占筮書,我認爲這是方向錯誤。我們今天學《易》,主要不是爲了卜筮,而是爲了瞭解《周易》的思想。莊子説"《易》以道陰陽",荀子説"《易》之咸見夫婦。夫婦之道不可不正也,君臣父子之本也"。司馬遷説"《易》以道化"等等,證明他們都是從思想理論方面看《周易》的。《周易》之所以寶貴,正在這一點。漢人言《易》,乃增入卦氣、納甲、爻辰等等,説穿了都是爲了卜筮。宋人如朱熹也認爲《周易》是卜筮之書。至於近人爲了否定《易》而言《易》的,就更不必説了。總之,《周易》是我國古代最珍貴的一份遺產。如果想瞭解這一份遺產,非熟讀孔子的《易傳》不可。近人受了批孔的影響,而千方百計否定《易傳》與《易經》的關係,否定孔子與《易傳》的關係,其實是徒勞的,事實是不能抹煞的。

孔子所作的《易傳》亦稱《十翼》。其中包括《上彖》、《下彖》、《上象》、《下象》、《上繫》、《下繫》、《文言》、《説卦》、《序卦》、《雜卦》等十篇。先秦古書所謂作,與後世之書所謂作不同,不必親自撰寫方稱爲作。今觀《易傳》十篇,裏邊有的是弟子記錄,有的是前人舊説,也有的是後人竄亂,不都是孔子寫定的。然而從主要思想來説,《易傳》應屬於孔子。

孔子作《易傳》,不是祇在文字上作解釋,主要是闡述《周易》的思想。因此孔子在《易傳》裏着重從"聖人之作《易》"和"《易》之爲書"兩方面提出問題。

在《易傳》裏,《上彖》、《下彖》、《上象》、《下象》、《文言》等五篇是分論,《上繫》、《下繫》、《説卦》、《序卦》、《雜卦》等五篇是總論。

在總論裏,以"是以明於天之道,而察於民之故,是興神物,以前民用"數語爲綱。"神物"是指著,當然也包括卦、爻。《説卦》説:"昔者聖人之作《易》也,幽贊於神明而生著,参天兩地而倚數,觀變於陰陽而立卦,發揮於剛柔而生爻。"應就是對這個"神物"的詳細解釋。但在"是興神物"以前又説"是以明於天之道而察於民之故",是什麼意思呢? 實際上這是説作爲"神物"這個著卦,是以"明於天之道而察於民之故"爲前提,爲基礎的。這一點非常重要,它明確地揭示出《周易》一書的思想實質。

在總論裏説:"天一地二,天三地四,天五地六,天七地八,天九地十。天數五,地數五,五位相得而各有合。天數二十有五,地數三十,凡天地之數五十有五,此所以成變化而行鬼神也。大衍之數五十有五,其用四十有九。分而爲二以象兩,挂一以象之,揲之以四,以象四時,歸奇於扐以象閏。五歲再閏,故再扐而後挂。……是故四營而成易,十有八變而成卦。八卦而小成,引而伸之,觸類而長之,天下之能事畢矣。"

這是對著的形成與應用的説明。

在總論裏説:"是故《易》有太極,是生兩儀,兩儀生四象,四象生八卦。"

又説:"乾,健也。坤,順也。震,動也。巽,入也。坎,陷也。離,麗也。艮,止也。兑,説也。乾爲馬,坤爲牛,震爲龍,巽爲鷄,坎爲豕,離爲雉,艮爲狗,兑爲羊。乾爲首,坤爲腹,震爲足,巽爲股,坎爲耳,離爲目,艮爲手,兑爲口。"以及"乾爲天,坤爲地,震爲雷,巽爲風,坎爲水,離爲火,艮爲山,兑爲澤"等等。

這是對卦的形成與應用的説明。

著卦是《周易》一書的主體,《周易》的全部思想都是通過著卦表現出來的。《易傳》對著卦做了這樣的説明,是十分必要的。

在總論裏説:"著之德圓而神,卦之德方以知,六爻之義易以貢。聖人以此洗心，退藏於密，吉凶與民同患。神以知來，智以藏往。"這是對蓍和卦的性質、作用及其特點的説明。"以此洗心退藏於密，吉凶與民同患"是什麽意思呢？據我理解，這個"退藏於密"就是退藏在蓍卦裏邊。那末，所藏的是什麽呢？這裏没有説。據我看，所藏的就是下文將要説的"天之道"與"民之故"。若以今日之電腦作此喻，那末，蓍卦好似電腦本身，"天之道"與"民之故"則是貯存於電腦中的信息。"吉凶與民同患"則是説蓍和卦的作用。這個"吉凶與民同患"用今日通行的語言來説，實際上就是指導人們的行動。蓍卦之所以能指導人們的行動，則是有賴於作爲"電腦"的蓍卦所輸出的信息在起作用。

在總論裏説："乾坤其《易》之緼邪？乾坤成列而《易》立乎其中矣。乾坤毁則無以見《易》，《易》不可見，則乾坤或幾乎息矣。""乾坤其《易》之門邪！乾，陽物也。坤，陰物也。陰陽合德而剛柔有體，以體天地之撰，以通神明之德。""在天成象，在地成形，變化見矣。是故剛柔相摩，八卦相蕩，鼓之以雷霆，潤之以風雨，日月運行，一寒一暑，乾道成男，坤道成女。乾之策二百一十有六，坤之策百四十有四，凡三百有六十，當期之日。二篇之策萬有一千五百二十，當萬物之數也。"

上述四條是孔子從宏觀方面對於《周易》全書六十四卦結構所作的説明。如果參照《序卦》全文，就可以明顯地看到上述四條所説的乾坤或天地，就是《周易》全書六十四卦的爲首兩卦。説"乾坤是《易》之緼"，是什麽意思呢？緼是藴藏。乾坤是《易》之緼，是説《周易》全書六十四卦的變化發展已經藴藏在爲首的乾坤二卦之中。《序卦》説"有天地然後萬物生焉"所説的就是這個問題。在六十四卦的結構當中，乾象天，坤象地，其餘諸卦則象天地變化所產生的萬物；在未變化時，這個萬物已藴藏在天地即乾坤之中。這就是"乾坤其《易》之緼"。《序卦》説"有天地然後萬物生焉"，《繫辭傳上》説"乾之策二百一十有六，坤之策百四十有四，凡三百有六十，當期之日。二篇之策萬有一千五百二十，當萬物之數也”，都是説明這個問題。“當期之日”就是相當於一歲的四時，也就是相當於天地的變化。“當萬物之數”，也就是相當於“有天地然後萬物生焉”的萬物。乾《象傳》説“大哉乾元，萬物資始”，坤《象傳》説“至哉坤元，萬物資生”，也是説明這個問題。餘如《繫辭傳下》説：“乾坤其《易》之門邪？乾，陽物也；坤，陰物也。陰陽合德而剛柔有體，以體天地之撰，以通神明之德。”《繫辭傳上》説：“在天成象，在地成形，變化見矣。是故剛柔相摩，八卦相盪，鼓之以雷霆，潤之以風雨，日月運行，一寒一暑，乾道成男，坤道成女。”也就是説明這個問題。“剛柔相摩，八卦相盪，鼓之以雷霆，潤之以風雨，日月運行，一寒一暑”，是形象地説明天地之變化。“乾道成男，坤道成女”，則就是所謂“萬物生焉”。用孔子的話來説，這就是“天何言哉，四時行焉，百物生焉，天何言哉”。特別是“乾坤其《易》之門”的這個“門”字，用得非常精切。這個“門”字，必須用另一處所説的“闔户謂之坤，闢户謂之乾，一闔一闢謂之變，往來不窮謂之通”來解釋，才能瞭解其精意所在。這裏所謂門，實際上不是別的，就是矛盾的統一體。一闔一闢，就是由於事物的内部矛盾而産生的運動發展。也就是説，從《周易》全書六十四卦的結構來看，自屯蒙以下諸卦都是由於乾坤的内部矛盾而産生的運動發展的結果。有人不相信《周易》有辯證法思想，那末這不是辯證法思想是什麽呢？對希臘古代有辯證法思想，不感到奇怪，爲什麽中國古代有辯證法思想就感到奇怪呢！

　　不僅如此，在總論裏説：“乾坤毁則無以見《易》，《易》不可見，則乾坤或幾乎息矣。”這是什麽意思呢？它是説乾坤二卦的變化發展已到盡端，即在六十四卦的結構中已達到既濟、未濟階段。既濟“剛柔正而位當”，象乾坤毁。《雜卦》説“既濟，定也”，即是此意。然而既濟的對立面就是未濟。《序卦》説：“物不可窮也，故受之以未濟終焉。”這是説乾坤變化發展到既濟時，是“幾乎息”，實際並沒有息，也不可能息。以乾坤爲首的六十四卦，變化發展到既濟、未濟，僅僅是完成一個發展鏈條罷了。這一觀點無疑也是符合辯證法的觀點。

在總論裏説："《易》之爲書也，原始要終以爲質也。六爻相雜，唯其時物也。其初難知，其上易知，本末也。初辭擬之，卒成之終，若夫雜物撰德，辯是與非，則非其中爻不備。噫！亦要存亡吉凶，則居可知矣。知者觀其彖辭，則思過半矣。二與四同功而異位，其善不同。二多譽，四多懼，近也。柔之爲道，不利遠者，其要无咎，其用柔中也。三與五同功而異位，三多凶，五多功，貴賤之等也。其柔危，其剛勝邪？""聖人設卦觀象而明吉凶，剛柔相推而生變化。是故吉凶者，失得之象也。悔吝者，憂虞之象也。剛柔者，晝夜之象也。六爻之動，三極之道也。""彖者，言乎象者也。爻者，言乎變者也。吉凶者，言乎其失得也。悔吝者，言乎其小疵也。无咎者，善補過也。是故列貴賤者存乎位，齊小大者存乎卦，辯吉凶者存乎辭，憂悔吝者存乎介，震无咎者存乎悔。是故卦有小大，辭有險易。辭也者，各指其所之。""八卦成列，象在其中矣。因而重之，爻在其中矣。剛柔相推，變在其中矣。繫辭焉而命之，動在其中矣。吉凶悔吝者，生乎動者也。剛柔者，立本者也。變通者，趣時者也。吉凶者，貞勝者也。"

上述四條是孔子從微觀方面對《周易》全書六十四卦每一卦通例的説明。

至於分論五篇，主要是從用《易》、學《易》着眼，探究一些有關人事上的問題。《説卦》説"和順於道德而理於義，窮理盡性以至於命"，主要就是指此類而言。

總之，《周易》一書，從其思想内容來説，真是所謂"致廣大而盡精微，極高明而道中庸"，然而没有《易傳》爲之闡發，它將與《連山》、《歸藏》一樣，同歸淪亡。《左傳》、《國語》二書雖有稱引，也祇能知道是卜筮之書，不會瞭解其中有如此深邃的思想。所以，孔子贊《易》之功，與作《易》之功同樣偉大。我國古代有此，應該看作是中華民族之驕傲，任何輕蔑詆毀，都是錯誤的。

最後説作爲六經之一的《春秋》。《春秋》本來是孔子所作，這是千真萬確的事實。孔子作《春秋》，早在先秦已見述於《孟子》、《荀子》、《莊子》諸書。至漢時，胡母生、董仲舒都以能言《春秋》而爲名家。司馬遷作《史記》亦屢見稱引。特別是《公羊傳》、《穀梁傳》、《左傳》號稱"三傳"，俱以闡釋《春秋》有名於世，傳久不絕，何得懷疑？然而自五四以來，由於受批孔的影響，否認孔子作《春秋》的，卻大有人在。這個問題不應視而不見，應該加以説明。據我看，這也並不是没有一點原因的。其原因在於孔子所作的《春秋》主要不在記事，而在明義。《莊子》説"《春秋》以道名分"，司馬遷説"《春秋》以道義"，已明確地指出這個問題。所以西漢博士認爲《公羊傳》、《穀梁傳》是傳《春秋》的，而《左氏》不傳《春秋》，是有理由的。但是不能因此就説《左氏春秋》與孔子所作的《春秋》没有關係。《史記·十二諸侯年表》説孔子"論史記舊聞，興於魯而次《春秋》……七十子之徒口受其傳指，爲有所刺譏褒諱挹損之文辭，不可以書見也。魯君子左丘明懼弟子人人異端，各安其意，失其真。故因孔子史記具論其語，成《左氏春秋》"。這段記載我看是可信的。也就是説，《左氏春秋》對孔子所作的《春秋》來説，也可以説是傳。但它不是傳"不可以書見"的義，而是傳可以書見的事。後人讀孔子所作的《春秋》，但知其義，不知其事，也是不行的。所以劉歆認爲《左氏春秋》也是孔子《春秋》的傳而欲立於學官，這並没有錯。錯在他説"左丘明好惡與聖人同，親見夫子，而公羊、穀梁在七十子後。傳聞之與親見之，詳略不同"，意思是説，《左氏春秋》之爲《春秋》傳，也是傳《春秋》"不可以書見"的義的。不僅如此，而且認爲《左氏春秋》在這方面比《公羊》、《穀梁》還强，特別是《漢書》劉歆本傳説"治《左氏》，引傳文以解經，轉相發明，由是章句義理備焉"。故劉歆在這個問題上不無作僞的嫌疑。又，先秦至漢初，言六經的都是以《詩》、《書》相次，《易》、《春秋》相次。其意以爲《易》和《春秋》是一類，同是講理論的書。如董仲舒説：

"《詩》、《書》序其志……《易》、《春秋》明其知。"(《春秋繁露•玉杯》)
司馬遷説"《春秋》推見至隱，《易》本隱以之顯"，就是證明。而劉歆
作《七略》卻硬説"左史記言，右史記事，事爲《春秋》，言爲《尚書》，帝
王靡不同之"(見《漢書•藝文志》)，好象春秋一名，從來就是記事
的，與《尚書》記言相對。後世杜預作《春秋左傳集解》，更專門闡發
劉歆的所謂"章句義理"，目爲"其發凡以言例，皆經國之常制，周公
之垂法，史書之舊章，仲尼從而修之，以成一經之通體"。及劉知幾
作《史通》，又推波助瀾，發展了杜預的觀點，著成《惑經》、《申左》兩
篇。加上近人讀書習慣用形而上學的方法，衹看現象，不看本質。
例如《論語》有"祭如在，祭神如神在"，便説孔子是有神論者。好似
今人對死者送花圈，就是有神論者一樣。持這種方法去看《春秋》，
當然看不出"不可以書見"的東西，因而就説孔子沒有作過《春秋》。
這樣重重迷霧，如不撥開，今日研究六經之一的《春秋》，是無法窺見
其本質的。

那末，説"《春秋》以道名分"也好，説"《春秋》以道義"也好，具
體説都有哪些東西呢？ 據我所知，簡單説有以下幾點。

1. **據魯、親周、故殷**　這是孔子作《春秋》所遵守的一條原則。
這條原則長期被何休《公羊解詁》所誤解，賴有《史記•孔子世家》
引述原文，得以窺見其原貌。

《春秋》宣公十六年説："成周宣謝災。"《公羊傳》説："成周宣謝
災何以書？ 記災也。外災不書，此何以書？ 新周也。"何休解詁説：
"孔子以《春秋》當新王，上黜杞，下新周而故宋。因天災中興之樂
器，示周不復興，故繫宣謝於成周，使若國文，黜而新之，從爲王者
後記災也。"本來《公羊傳》所説的"新周"就是"親周"，古親、新通。
《春秋繁露•三代改制質文》説："絀夏，親周，故宋。"與《史記•孔
子世家》説："乃因史記作《春秋》，上至隱公，下訖哀公十四年，十二
公。據魯，親周，故殷，運之三代。"二書都作"親周"，不作"新周"，
可以證明。何休不僅誤讀"親周"爲"新周"，更因誤讀而制造出"孔

子以《春秋》當新王，上黜杞，下新周而故宋"的謬論。貽誤後學，莫此為甚。杜預駁之，説《春秋》"所書之王即平王也。所用之歷即周正也。所稱之公即魯隱也。安在其黜周而王魯乎"（《春秋左傳集解序》）？王接也説："何氏黜周王魯，大體乖硋，且志通《公羊》，往往還爲《公羊》疾病。"（《晉書·王接傳》）杜氏、王氏的説法都是對的。清人治《公羊》者還堅持何義，這是墨守門户之見，必須糾駁。

司馬遷説："《春秋》者，禮義之大宗也。"據魯、親周、故殷這條原則正反映孔子的政治思想。在當時條件下，孔子平時服禮蹈義，這種思想不能不在歷史著作中表現出來。"據魯"是因爲《春秋》是魯史，不能不以魯爲主。"親周"是因爲周是當時天下之共主，"親周"表明魯與周有特殊的關係。例如"成周宣謝災"，如果發生在别的諸侯國，作爲魯史的《春秋》，就不予記載。《公羊傳》説"外災不書，此何以書？新周也"，正爲説明這個問題。《春秋》把這種關係叫做"親周"。何休讀爲"新周"，就鑄成大錯了。"故殷"也稱"故宋"，因爲宋是殷後，故"故殷"可稱"故宋"。"故宋"表明魯與宋的關係，宋在周代是二王後，受特殊的禮遇，所以魯因爲親周就不能不推廣而故殷。但"故"與"親"仍是有等級差别的。《春秋》襄公九年春："宋災。"《穀梁傳》説："外災不志，此其志，何也？故宋也。"又《春秋》僖公十六年："春王正月戊申朔，雷石於宋五。是月，六鷁退飛過宋都。"《公羊傳》説："五石六鷁何以書？記異也。外異不書，此何以書？爲王者之後記異也。"《公》、《穀》二傳所説"故宋"和"爲王者之後記異也"，都説明孔子所作的《春秋》，有"故宋"這條原則。那末，杞也是二王後，爲什麽《春秋》裏對杞没有"故"的反映？這是因爲自魯上推至夏，太遠了。《禮記·郊特牲》説："天子存二代之後，猶尊賢也。尊賢不過二代。"自魯上推，周殷爲二代。至夏則過二代，故《春秋》上黜杞，但親周、故殷。

2. **所見異辭，所聞異辭，所傳聞異辭**　這也是孔子作《春秋》所遵守的一條原則。這一條原則表明《春秋》記事，從時間上説，是詳近略遠。這一點無疑也是從禮的等級制度引申出來的。遺憾的是，這條原則也被何休給解釋錯了。《公羊傳》於隱公元年、桓公二年、哀公十四年都提到這個問題。何休於隱公元年傳下說："所見者，謂昭、定、哀、己與父時事也。所聞者，謂文、宣、成、襄，王父時事也。所傳聞者，謂隱、桓、莊、閔、僖，高祖、曾祖時事也。異辭者，見恩有厚薄、義有淺深、時恩衰義缺，將以理人倫、序人類，因制治亂之法。故於所見之世，恩己與父之臣尤深，大夫卒，有罪無罪皆錄之，'丙申，季孫隱如卒'是也。於所聞世，王父之臣恩少殺，大夫卒，無罪者日錄，有罪者不日略之，'叔孫得臣卒'是也。於所傳聞之世，見治起於衰亂之中，用心尚粗觕，故內其國而外諸夏，先詳內而後治外，錄大略小，內小惡書，外小惡不書，大國有大夫，小國略稱人，內離會書，外離會不書是也。於所聞之世，見治升平，內諸夏而外夷狄，書外離會，小國有大夫，宣十一年'秋，晉侯會狄於欑函'、襄二十二年'邾婁鼻我來奔'是也。至所見之世，著治太平，夷狄進至於爵，天下遠近小大若一，用心尤深而詳，故崇仁義，重二名，'晉魏曼多、仲孫何忌'是也。所以三世者，禮爲父母三年，爲祖父母期，爲曾祖父母齊衰三月。立愛自親始，故《春秋》據哀錄隱，上治祖禰。"這個所見、所聞、所傳聞三世，猶今人說現代史、近代史、古代史一樣，遠近異名。異辭是由於時間有遠近，記事的詳略，因之也不同。《穀梁傳》桓公十四年說："孔子曰：'聽遠音者，聞其疾而不聞其舒。望遠者，察其貌而不察其形。立乎定、哀以指隱、桓，隱、桓之日遠矣，夏五，傳疑也。'"《荀子·非相》說："五帝之外無傳人，非無賢人也，久故也。五帝之中無傳政，非無善政也，久故也。禹、湯有傳政而不若周之察也，非無善政也，久故也。傳者久則論略、近則論詳。略則舉大，詳則舉小。"這就是孔子作《春秋》"所見異辭，所聞異辭，所傳聞異辭"的道理。所不同的是孔子把它制度化，作爲一條寫作原則罷了。何休用"恩有厚薄，義有淺深"來解釋，顯然不當。尤其是把這條原則與"內其國而外諸夏，內諸夏而外夷狄"

的另一條原則糾纏在一起，更是大錯特錯。至於據此把《春秋》説成據亂、升平、太平三世，其爲錯誤，就更不要説了。

總之，孔子作《春秋》所遵守的這一條原則，是正確的，符合客觀實際的。

3. **内其國而外諸夏，内諸夏而外夷狄**　這也是孔子作《春秋》所遵守的一條原則。這條原則也稱"別外内"，也是從禮的等級制度引申出來的。《春秋》成公十五年："冬十有一月，叔孫僑如會晉士爕、齊高无咎、宋華元、衛孫林父、鄭公子鰌、邾婁人會吳於鍾離。"《公羊傳》説："曷爲殊會吳？外吳也。曷爲外也？《春秋》内其國而外諸夏，内諸夏而外夷狄。王者欲一乎天下，曷爲以外内之辭言之？言自近者始也。"是《春秋》大義有内其國而外諸夏，内諸夏而外夷狄之證。

4. **録内略外**　這也是孔子作《春秋》所遵守的一條原則。《公羊傳》隱公十年説："《春秋》録内而略外。"是其證。

5. **常事不書**　這也是孔子作《春秋》所遵守的一條原則。《春秋》桓公四年："公狩於郎。"《公羊傳》説："狩者何？田狩也。春曰苗，秋曰搜，冬曰狩。常事不書，此何以書？譏。何譏爾？遠也。"又《春秋》桓公八年："春正月己卯烝。"《公羊傳》説："烝者何？冬祭也。春曰祠，夏曰礿，秋曰嘗，冬曰烝。常事不書，此何以書？譏。何譏爾，譏亟也。"此《春秋》有"常事不書"一條原則之證。

6. **書其重者**　這也是孔子作《春秋》所遵守的一條原則。《春秋》莊公十年："二月，公侵宋。"《公羊傳》説："曷爲或言侵、或言伐，觕者曰侵，精者曰伐。戰不言伐，圍不言戰，入不言圍，滅不言入，書其重者也。"是《春秋》有"書其重者"這條原則之證。

7. **爲尊者諱，爲親者諱，爲賢者諱**　這也是孔子作《春秋》所遵守的一條原則。《公羊傳》閔公元年説："《春秋》爲尊者諱，爲親者諱，爲賢者諱。"又莊公四年説："《春秋》爲賢者諱。"《穀梁傳》成公元年説："爲尊者諱敵不諱敗，爲親者諱敗不諱敵，尊尊親親義也。"

又成公九年説："爲尊者諱恥，爲賢者諱過，爲親者諱疾。"這是《春秋》有"爲尊者諱，爲親者諱，爲賢者諱"這一條原則之證。

8. **信以傳信，疑以傳疑**　這也是孔子作《春秋》所遵守的一條原則。《春秋》桓公五年："春正月甲戌、己丑陳侯鮑卒。"《穀梁傳》説："何爲以二日卒之？《春秋》之義，信以傳信，疑以傳疑。陳侯以甲戌之日出，己丑之日得，不知死之日，故舉二日以包也。"又莊公七年《穀梁傳》説："《春秋》著以傳著，疑以傳疑。"是《春秋》有"信以傳信，疑以傳疑"這一條原則之證。

以上舉了孔子作《春秋》所遵守的原則共八條，其實不止這八條。司馬遷説"《春秋》以道義"，又稱《春秋》"約其文辭而指博"。其所謂"義"、所謂"指"，都應指此而言。至於莊子説"《春秋》以道名分"，孟子説"孔子成《春秋》而亂臣賊子懼"，以及孔子自己説"後世知丘者以《春秋》，而罪丘者亦以《春秋》"，則又是專指"寓褒貶，別善惡"一類的詞例來説的，別是一回事。以限於篇幅，就不在這裏詳説了。

總之，《春秋》是魯史，但其重要性卻不在於記事，而在於創立義法，以爲作史的範例。用今日的眼光來看，孔子的這一著作，政治性很強。孔子是春秋時人，春秋是中國奴隸社會衰落時期，孔子在當時屬於士大夫階層，他的這部書以禮義爲準繩，是必然的。用今日常用的話來説，就是真正做到爲當時的政治服務。如果是古爲今用，我看今天研究了《春秋》以後，作史書也應當爲今天的政治服務。我們要以四項基本原則爲準繩，而不是以春秋時的禮義爲準繩。孔子是"聖之時者也"。有人批判《春秋》"爲尊者諱，爲親者諱，爲賢者諱"的原則，説它是錯誤的。在今日看來，這個原則誠然是錯誤的，但是在孔子生時的歷史條件下，能夠不以周代的禮義爲準繩而以今日的四項基本原則爲準繩嗎？這種批判，好似責難古人打仗不用飛機大砲一樣，不能説不對，但是又有什麼意義呢？

（《孔子研究》1986 年創刊號）

我對孔子的基本看法

目前學術界對孔子的看法有很大分歧。因此,我準備談談我對孔子的看法。在"看法"之前加"基本"二字,這是因爲限於篇幅,不能詳談,僅談談我對孔子的基本看法。

我認爲孔子一生最突出的特點,是"學而不厭,誨人不倦"。所以,歷史上有很多朝代尊孔子爲先師,是對的。用今天的話説,就是孔子是一個大教育家。

關於孔子學而不厭,在《論語》一書中,多處有記載。其著者如"學而時習之,不亦説乎","十室之邑必有忠信如丘者焉,不如丘之好學也","默而識之,學而不厭,誨人不倦,何有於我哉","若聖與仁,則吾豈敢,抑爲之不厭,誨人不倦,則可謂云爾已矣","學如不及,猶或失之","吾嘗終日不食,終夜不寢,以思無益,不如學也","日知其所亡,月無忘其所能,可謂好學也矣","加我數年五十以學《易》,可以無大過矣","其爲人也發憤忘食,樂以忘憂,不知老之將至云爾","三人行,必有我師焉,擇其善者而從之,其不善者而改之"等等,都是孔子學而不厭的證據。

關於孔子誨人不倦,《論語》一書中也有不少記載。例如"自行束脩以上,吾未嘗無誨焉","子以四教:文、行、忠、信","有教無類"以及"不憤不啓,不悱不發,舉一隅不以三隅反,則不復也"和顔淵喟然嘆曰:"仰之彌高,鑽之彌堅,瞻之在前,忽焉在後。夫子循循然善誘人,博我以文,約我以禮,欲罷不能。既竭吾才,如有所立卓爾,雖欲從之,未由也已。"此外,如孔子應答弟子時人問孝、問仁、問政等等,都可爲孔子誨人不倦的證明。

那末,我們可以進一步問一下,孔子學什麼和教什麼呢? 我認爲孔子所教的正是所學的。孔子所學,主要有兩方面,第一是學社會,第二是學歷史。

我認爲,孔子思想以仁爲核心,就是孔子學社會的主要成就。"仁者愛人",這個解釋無疑是對的。但是必須指出,作爲孔子思想核心的仁不是抽象的仁,而是具體的仁。什麼是具體的仁呢? 就是說要瞭解作爲孔子思想核心的仁,不能離開歷史條件,也就是說不能離開孔子所處的社會。孔子生在春秋時期,春秋是中國奴隸社會的衰落時期,按其性質來說,仍應屬於奴隸社會。從表現在血族關係方面來看,奴隸社會與原始社會不同,也與封建社會不同。原始社會,無論氏族也好,胞族也好,部落和部落聯盟也好,所有這些共同體,都是"自然長成的結構",都是以血族團體爲基礎的。及進入階級社會,首先是奴隸社會,這時已經有國家,"國家的基層單位已經不是血族團體,而是地區團體了"。所以,奴隸社會不能不是階級關係占主導地位。然而它剛從氏族社會脫胎出來,血族關係在政治生活和社會生活中必然還具有相當大的勢力。恩格斯說:"勞動愈不發展,勞動產品的數量、從而社會的財富愈受限制,社會制度就愈在較大程度上受血族關係的支配。"[①]奴隸社會的生產水平還很低,所以在這個社會裏血族關係具有相當大的勢力,是必然的,並不是什麼奇怪的現象。因此說周人強調親親尊尊,是可以理解的。但是到了封建社會就不同了。司馬談《論六家要指》於法家說:"法家不別親疏,不殊貴賤,一斷於法,則親親尊尊之恩絕矣。"法家,從基本意義上說,代表封建社會的思想。這個"親親尊尊之恩絕矣",正說明周人親親、尊尊的思想這時已發生了很大的變化。這個變化不是別的,正是血族關係削弱了,階級關係加強了的標誌。

----

① 《馬克思恩格斯選集》第4卷,第2頁。

《論語》中記載孔子談仁的地方很多,但是都是因材施教,隨方應答,並没有對仁的含義作過全面的、精確的解釋。有的,卻在《禮記・中庸》中所引述的孔子的一段話。這段話説:"修身以道,修道以仁。仁者人也,親親爲大;義者宜也,尊賢爲大。親親之殺,尊賢之等,禮所生也。"下面就對自"仁者人也"以下作具體分析。

"仁者人也"這個"人"不是一般的人,而是具體的人,即它是奴隸社會的人,而不是别的社會的人。"仁者人也,親親爲大",實質上講的是血族關係。"義者宜也,尊賢爲大",實質上講的是階級關係。"親親之殺,尊賢之等,禮所生也",實質上是説禮不是别的,乃是以仁義爲内容的表現形式。"親親"應當用《禮記・喪服小記》"親親以三爲五,以五爲九。上殺,下殺,旁殺,而親畢矣"的"親親"來解釋,所談的是血族關係,"親親爲大"是説行仁應把血族關係放在首位。"尊賢"與"尊尊"的意思基本一樣,"尊賢"的具體表現,應用《左傳》莊公十八年所説的"名位不同,禮亦異數"來解釋。"尊賢爲大"是説行義應把階級關係放在首位。

爲什麽説仁以後緊接着又説義呢? 這是因爲仁義之間有密切的聯繫。具體説,義是從仁産生出來的,亦即階級關係是從血族關係産生出來的。這個道理,在儒家的著述中曾反復地作過説明。例如《禮記・昏義》説:"男女有别而後夫婦有義,夫婦有義而後父子有親,父子有親而後君臣有正。故曰昏禮者禮之本也。""禮之本"是什麽意思呢? 是説婚禮即個體婚制,是禮的根本。父子有親和君臣有正都是以夫婦有義爲根源,爲出發點。《禮記・郊特牲》説:"男女有别然後父子親,父子親然後義生,義生然後禮作,禮作然後萬物安。無别無義,禽獸之道也。"實際上這段話也是説個體婚制是禮義産生的根源,亦即階級關係産生的根源。《易・序卦》説:"有天地然後有萬物,有萬物然後有男女,有男女然後有夫婦,有夫婦然後有父子,有父子然後有君臣,有君臣然後有上下,有上下然後禮義有所錯。"這段話實際上也是説個體婚制是禮義産生的根源,亦即階級關係產生的根源。《中庸》説"君子之道造端乎夫婦",實際上也是談這個問題。《禮記·喪服四制》説:"喪有四制,變而從宜,取之四時也。有恩有理,有節有權,取之人情也。恩者仁也,理者義也,節者禮也,權者智也。仁義禮智,人道具矣。其恩厚者其服重,故爲父斬衰三年,以恩制者也。門内之治恩揜義,門外之治義斷恩。資於事父以事君而敬同。貴貴尊尊,義之大者也。故爲君亦斬衰三年,以義制者也。"這段話實際上也是説仁是指血族關係,義是指階級關係。那末儒書上所講的這個道理對不對呢?我認爲是對的。恩格斯説:"在歷史上出現的最初階級對立,是同個體婚制下的夫妻間的對抗的發展同時發生的,而最初的階級壓迫是同男性對女性的奴役同時發生的。個體婚制是一個偉大的歷史進步,但同時它同奴隷制和私有財富一起,卻開闢了一直繼續到今天的時代,在這個時代中,任何進步同時也是相對地退步。一些人的幸福和發展是通過另一些人的痛苦和受壓抑而實現的。個體婚制是文明社會的細胞形態,根據這種形態,我們可以研究文明社會内部充分發展着的對立和矛盾的本來性質。"①把儒書上所講的那些道理同恩格斯這段話對照起來看,可以看到二者何其相似乃爾。儒書上所説的道理,實際上也是認爲個體婚制是文明社會的細胞形態,僅僅是説法不同罷了。孔子是儒家之祖。由此可見,孔子對社會的研究,何等精闢,何等深刻。

有人説孔子言仁,孟子言仁義。這種説法,祇是從表面現象看問題,實際上孔子言仁,裏邊就包含義。例如孔子説"唯仁者能好人能惡人",這個"能惡人"裏邊就包含有義。因此,韓愈説"博愛之謂仁",如以孔子的仁來説,這種解釋是不確切的。這樣,孔子的仁就同基督教的博愛、佛教的慈悲没有區别了。《莊子·天道》以爲孔子之學"要在仁義",這種説法無疑是對的。

---

① 《馬克思恩格斯全集》第21卷,第78頁。

孟子説:"仁之實,事親是也。義之實,從兄是也。"《禮記·祭義》説:"立愛自親始,教民睦也。立教自長始,教民順也。教以慈睦,而民貴有親。教以敬長,而民貴用命。孝以事親,順以聽命,錯諸天下,無所不行。"實際上這都是對"仁者人也,親親爲大。義者宜也,尊賢爲大"這一内容的闡發。

有人説孔子思想保守,這一點我也有同感。但是在當時的條件下,能够設想孔子成爲一個革命家嗎? 顯然不能。從整個人類歷史來看,過去歷代革命都是自發的,祇有近代無産階級革命是自覺的。無産階級革命之所以是自覺的,是因爲它有馬克思主義理論作指導。恩格斯在《費爾巴哈與德國古典哲學的終結》一書中引述黑格爾的話"人們以爲當他們説人本性是善的這句話時,他們就説出了一種很偉大的思想;但是他忘記了,當人們説人本性是惡的這句話時,是説出了一種更偉大得多的思想"以後説:"在黑格爾那裏,惡是歷史發展的動力藉以表現出來的形式。這裏有雙重的意思。一方面,每一種新的進步都必然表現爲對某一種神聖的褻瀆,表現爲對陳舊的、日漸衰亡的、但爲習慣所崇奉的秩序的叛逆。另一方面,自從階級對立産生以來,正是人的惡劣的情慾——貪慾和權勢欲成了歷史發展的杠杆,關於這方面,例如封建制度的和資産階級的歷史就是一個獨一無二的持續不斷的證明。"①也就是説,在封建制度和資産階級的歷史中,都是以人的惡劣的情慾——貪慾和權勢欲爲歷史發展的杠杆的。惡劣的情慾無疑是孔子所深惡痛絶的。這樣,怎能設想孔子成爲一個革命家呢? 在物質生産資料和精神生産資料都掌握在奴隸主階級手中的時候,孔子能主張有教無類,并且付諸實踐,這已經是很了不起的事。孔子稱贊湯武革命,是因爲他們"順乎天而應乎人"。如果僅僅是爲惡劣的情慾所驅使,可以斷言,孔子是絶對不會給予肯定的。由此看來,説孔

---

① 《馬克思恩格斯全集》第 21 卷,第 330 頁。

子思想保守,確是事實,但是在當時的歷史條件下,不能設想孔子能成爲一個革命家。

關於孔子學歷史的事實,例如《論語》一書中記載孔子一再說"我非生而知之者,好古,敏以求之者也","述而不作,信而好古,竊比於我老彭",以及在《禮記·禮運》說:"我欲觀夏道,是故之杞,而不足徵也,吾得《夏時》焉。我欲觀殷道,是故之宋,而不足徵也,吾得《坤乾》焉。《坤乾》之義,《夏時》之等,吾以是觀之。"就是證明。孔子學歷史,範圍非常廣泛,近而夏殷周之代,遠至大同之世,無不學。今觀孔子編著的《詩》、《書》、《禮》、《樂》、《易》、《春秋》六經,無疑就是孔子學習歷史的產物。六經的編著,對孔子自身不能没有影響。這裏僅就對孔子思想影響較大的《周易》一書談一談。

今傳世的《易傳》是否爲孔子所作,目前學術界在看法上還有分歧。我認爲《易經》的珍貴思想賴《易傳》以傳,没有《易傳》,《易經》的珍貴思想將隨東流以逝,無人知曉。司馬遷在《史記·孔子世家》中明白說孔子晚而喜《易》,讀《易》韋編三絶,序《彖》、《繫》、《象》、《說卦》、《文言》。司馬遷父司馬談受《易》於楊何,楊何爲孔子九傳弟予,司馬遷習聞父說,其說自屬可信。

有人懷疑《周易》既是卜筮之書,怎會有珍貴的哲學思想? 我認爲《周易》確是卜筮之書,但經過長期的歷史發展,可以產生新的内容。這一點,如馬克思說"正像哲學一樣,哲學最初在意識的宗教形式中形成,從而一方面它消滅宗教本身,另一方面從它的積極内容說來,它自己還在這個理想化的,化爲思想的宗教領域内活動"。① 卜筮的形式實際上就是宗教的形式。哲學最初在宗教形式中形成,當然最初也可以在卜筮形式中形成了。

孔子作《易傳》,對《易經》的内容和作用作了詳贍的闡述。所以,《易傳》的思想既代表中國古代文化寶庫中最優秀的思想,同時

---

① 《馬克思恩格斯全集》第26卷,第26頁。

也代表孔子的思想。

　　我們從《易傳》說"是以明於天之道，而察於民之故，是興神物，以前民用"可以瞭解到《周易》用於卜筮，是以蓍卦（神物）爲工具。而蓍卦的産生，是"以明於天之道，而察於民之故"，即以具有自然知識和社會知識作爲基礎的。"以前民用"則是指這種卜筮能起到指導人們行動的作用。

　　現在祇談談《易傳》從"明於天之道"一方面闡明《周易》思想的幾點意見，以概其餘。

　　一、從筮法上看，"分而爲二以象兩"，"象兩"即象天地。未分時則象一，即象太極。"挂一以象三"，"象三"是象有天地以後又有了人。古人把人與天地並稱爲三才。"揲之以四以象四時"，"四時"象天地的變化。"四營而成易，十有八變而成卦"，"成易"、"成卦"則象天地變化所生的萬物。

　　二、從卦畫上看，"太極生兩儀"即一分爲二。"太極"是一，"兩儀"是二。這個"兩儀"是一對的意思，用卦畫來表示，就是一、--兩個符號。符號與文字不同，文字祇表示一種意義或事物，而符號則可以表示一類的意義或事物。在《周易》裏兩儀象陰陽。這個陰陽可以代表天地，也可以代表剛柔、夫婦或其他。"兩儀生四象"，是由兩儀再一分爲二，就成了四象。這個"四象"也是四種符號，這四種符號主要是象四時，當然不以四時爲限。"四象生八卦"，就是由四象再一分爲二而成八卦。"太極生兩儀，兩儀生四象，四象生八卦"，在《周易》的思想中，從自然來説，就是太極生天地，天地變化爲四時，四時生萬物。

　　三、《序卦》説"有天地然後萬物生焉"。這是從全《易》六十四卦結構的意義來説的。"有天地"，這個"天地"是指全《易》六十四卦中爲首的乾坤二卦。"萬物生焉"表明乾坤以下的屯、蒙諸卦都是乾坤二卦變化發展所産生的萬物。

　　四、《繫辭傳上》説："在天成象，在地成形，變化相矣。剛柔相

摩,八卦相蕩,鼓之以雷霆,潤之以風雨,日月運行,一寒一暑,乾道
成男,坤道成女。"這個"在天成象,在地成形,變化見矣",意思是説
乾坤二卦是對立的統一體,而這個對立的統一體,又互相鬥爭,因
鬥爭而運動發展。"剛柔相摩"至"一寒一暑"是乾坤二卦運動發展
的形象説明,總的可以説是象四時,但這個四時是包含有"剛柔相
摩"等等的矛盾鬥爭的。"乾道成男,坤道成女",則是像《序卦》所
説"有天地然後萬物生焉"的萬物。

　　五、《繫辭傳上》説:"乾坤其《易》之緼耶,乾坤成列,而《易》立
乎其中矣。乾坤毀,則無以見《易》。《易》不可見,則乾坤或幾乎息
矣。"這也是闡釋全《易》六十四卦的結構的。"乾坤其《易》之緼",
是説全《易》六十四卦的發展過程已蘊藏在乾坤二卦之中,亦即乾
坤以下屯、蒙諸卦的變化發展,在乾坤二卦本身已經包括了。實際
上是説乾坤是一個矛盾統一體,乾坤以下諸卦是乾坤這個矛盾統
一體的變化發展,這與"有天地然後萬物生焉"的説法也是一致的。
"乾坤成列,而《易》立乎其中矣",實際上是對上一句話的又一次説
明。"乾坤毀則無以見《易》,《易》不可見,則乾坤或幾乎息矣",是
就六十四卦的最後兩卦既濟、未濟來説的。既濟"剛柔正而位當"。
《雜卦》説:"既濟,定也。"就全《易》六十四卦作爲由乾坤開始的一
個發展過程來説,到既濟已是盡端,故説"乾坤毀,則無以見《易》"。
然而既濟的對立面卻是未濟,《序卦》説"物不可窮也,故受之以未
濟終焉",這就是"《易》不可見,則乾坤或幾乎息矣"的具體説明。
説"幾乎息",實際上是沒有息,也不可能息。由乾坤至既濟、未濟,
祇完成了一個發展階段,或者説完成一個大的鏈條而已。有人説
"《繫辭》説變化的發生不是由於陽與陰的鬥爭,而是由於陽與陰的
和諧,不是向前發展,而是'終而復始'的循環、重複"。顯然這是一
種誤解。

　　六、《繫辭傳下》説:"乾坤其《易》之門邪? 乾,陽物也;坤,陰物
也。陰陽合德而剛柔有體,以體天地之撰,以通神明之德。"這也是

闡明六十四卦的結構的。"乾坤其《易》之門",這個"門"應該依《繫辭傳上》說"闔戶謂之坤,闢戶謂之乾,一闔一闢謂之變,往來不窮謂之通"作解。是說乾坤是對立的統一,又能變化發展。"乾陽物也,坤陰物也"是專就對立的統一方面來說的,"陰陽合德而剛柔有體,以體天地之撰,以通神明之德"是專就變化發展一方面來說的。

七、《繫辭傳上》說:"乾之策二百一十有六,坤之策百四十有四,凡三百有六十,當期之日。二篇之策萬有一千五百二十,當萬物之數也。"這是從筮法看六十四卦的策數,來說明其所含的意義。乾坤在這裏象天地。"當期之日"是象四時。二篇之策"當萬物之數",這個說法與《序卦》說"有天地然後萬物生焉"完全一致。

八、全《易》六十四卦的結構,每兩卦不反則對。例如乾與坤是對,屯與蒙是反。每兩卦相聯結,除乾坤以外,在《序卦》中都用"屯者盈也,屯者物之始生也。物生必蒙,故受之以蒙。蒙者蒙也,物之稚也。物稚不可不養也,故受之以需"一類詞句,表明其間有必然性。每卦六爻,都是由初爻變至上爻,這表明是量變。至上爻以後再變爲另一卦,這表明是質變。全《易》六十四卦每兩卦相次,不反則對,即包含有質變的意義。

總之,《周易》經孔子作《易傳》闡釋以後,可以從結構上明顯地看出,《周易》的思想是認爲宇宙間一切事物都是變動不居的,這種變化發展的根源在事物內部的矛盾性。又,事物的變化發展是通過質量互變向前進行的。由一事物變爲另一事物,其間有必然性。《周易》這種思想,在《周易》一書裏沒有說明。前人也無人知曉,獨有孔子作《易傳》才把它明白地揭示出來。

我們讀《論語》看到其中有"子在川上曰,逝者如斯夫,不舍晝夜",實際上這就是孔子已認識到一切事物都在變。又,孔子說過:"天何言哉?四時行焉,百物生焉,天何言哉?"這種思想與孔子在《易傳》中闡釋的《周易》六十四卦結構的思想吻合無間。特別是《論語》所記孔子言論符合辯證法之處還很多,這就不能不認爲孔子學《易》,對孔子思想的形成有很大影響。這一點也可以説是孔子學歷史的結果。

(《中國史研究》1986 年第 3 期)

孔子對《周易》的偉大貢獻

在談孔子對《周易》的偉大貢獻時，首先需要解決一個問題。這就是《易大傳》是不是孔子作的。假如如某些人所說，《易大傳》不是孔子作的，那末，還談什麼孔子對《周易》的偉大貢獻呢？

我治《易》逾六十年，曾對《易大傳》進行過反復研究，堅信《易大傳》是孔子所作。當然，古人所謂作，不必手自寫定。章學誠說："古人之言，所以爲公也，未嘗矜其文辭，而私據爲己有也。"故《莊子》書不嫌記莊子死，《孟子》書不嫌以萬章、告子名篇。後人於此紛紛致詰，殊屬無謂。

爲了說明《易大傳》是孔子作，茲舉三證如下：

（一）孔子"晚而喜《易》"，"讀《易》韋編三絶"，"序《彖》、《繫》、《象》、《說卦》、《文言》"，明見《史記·孔子世家》。《史記》作者司馬遷之父司馬談受《易》於楊何，楊何爲孔子九傳弟子，司馬遷平日習聞父說，故能言之鑿鑿。所以，《史記》之說最爲可信。

（二）《論語》說："子曰：'加我數年，五十以學《易》，可以無大過矣。'"這是孔子學《易》之明見於《論語》者。有人執"魯讀'易'爲亦"，欲以否定這份材料。豈知這裏的"五十"，與"知天命"的"五十"可以互證。此其一。這裏說"可以無大過矣"，與《繫辭傳下》說"懼以終始，其要无咎"之意正同。此其二。不僅如此，《史記·孔子世家》說："假我數年，若是，我於《易》則彬彬矣。"與此正是傳聞異辭。此其三。而從魯改"易"爲"亦"，則變成"加我數年，五十以學，亦可以無大過矣"。孔子明明說"吾十有五而志於學"，爲什麼又說"加我數年，五十以學"呢？"五十以學"與"亦可以無大過矣"

怎能聯在一起呢？這種做法，事同兩造爭訟，其中一造銷毀證據以求勝，顯然是理虧心虛，不足置辯。

（三）《易·繫辭傳》和《文言》多稱"子曰"，與《論語》正同。特別是《繫辭傳下》有"子曰顏氏之子其殆庶幾乎！有不善未嘗不知，知之未嘗復行也"一語，很明顯，這個"顏氏之子"，即是"不貳過"之顏子，而"子曰"的"子"之爲孔子，則是毫無疑義的了。

綜上三證，可以斷言：《易大傳》是孔子所作。

關於孔子對《周易》的偉大貢獻問題，下面準備分四個方面來談。

一、孔子不止一次的指出《周易》之言卜筮祇是表現形式。語其內容，則是以整個自然界和人類社會爲研究對象的哲學著作。

例如（一）《繫辭傳上》說："子曰：'夫《易》何爲者也？夫《易》開物成務，冒天下之道，如斯而已者也。"這個"夫《易》何爲者也？"是孔子提出的問題。孔子爲什麼提出這個問題呢？就是因爲當時的人都認爲《周易》是卜筮之書，而孔子獨不然。他深知《周易》具有哲學的內容。"夫《易》"以下，則是孔子對這個問題所作的回答。"開物"猶言創造，"成務"猶言總結，"開物成務"好似孟子所說的"金聲而玉振之也"。

《孟子·萬章下》說："孔子之謂集大成。集大成也者，金聲而玉振之也。金聲也者，始條理也；玉振之也者，終條理也。始條理者，智之事也。終條理者，聖之事也。"孟子是用音樂作比喻。"金"謂鑄鐘，"聲"以宣之於先；"玉"謂特磬，"振"以收之於後。"條理"是節奏次第。"開物成務"在這裏具有普遍意義，與下文"冒天下之道"的意思一貫。"天下之道"是指自然和人類社會的規律。"冒"有無所不包的意思。"如斯而已者也"，是說就是這樣，沒有別的。語氣十分肯定。

（二）同篇又說："《易》與天地準，故能彌綸天地之道。"這個"《易》與天地準"，意思是說《周易》和天地一致，或者說《周易》是天地的摹本。"故能彌綸天地之道"的"天地",《經典釋文》作"天下"較長,因爲"天下之道"不光是自然界也包括人類社會。"彌綸天下之道"與"冒天下之道"的意思一樣,"彌綸"也有無所不包的意思。

(三)同篇又説:"是以明於天之道,而察於民之故,是興神物,以前民用。""神物"在這裹是指蓍。"興"是興起,即開始制作的意思。爲什麽把"明於天之道而察於民之故"置於"是興神物"之前呢? 意思是説"興神物"是以"明於天之道而察於民之故"爲前提條件。"明於天之道"是瞭解自然,"察於民之故"是瞭解社會,也就是説祇有瞭解了自然和社會以後,才能"興神物"。可見蓍之所以神,並不在於它本身,而在於它像電腦一樣,在它裹邊輸入了自然和社會信息。從這裹,不難看出,孔子對披上一層卜筮外衣的《周易》認識得多麽深刻、透闢!

(四)同篇又説:"子曰'《易》其至矣乎! 夫《易》,聖人所以崇德而廣業也。'"這個"《易》其至矣乎"是孔子對《周易》的稱贊。意思是説《周易》一書太好了,好得不能再好了。那麽,孔子所説的,是哪一點好呢? 顯然不是指它的卜筮形式,而是指它的哲學内容。下邊"夫《易》聖人所以崇德而廣業也"就是孔子對上文"至矣乎"所作的具體説明。"聖人"指作《易》者,"所以"則是指應用《周易》,"崇德"譯成今語是提高道德修養,"廣業"譯成今語就是擴大事業範圍。總之,是内容上事,不是形式上事。

(五)同篇又説:"聖人有以見天下之賾,而擬諸其形容,象其物宜,是故謂之象。聖人有以見天下之動,而觀其會通以行其典禮,繫辭焉以斷其吉凶,是故謂之爻。"據我看,這段話是從作《易》者的本意來談卦和爻在《周易》六十四卦中所具有的不同性質和作用的。"聖人"是指作《易》者,"賾"是奧秘,"聖人有以見天下之賾"是説作《易》者根據一些事實發現了自然和人類社會的奧秘。"而擬諸其形容"是説作《易》者利用模寫的辦法使這個奧秘具體化、形象化。據我理解,這是指八卦來説的,因爲八卦是由符號組成的,好像代數公式一樣。"象其物宜"這個"物宜"比上述"形容"要複雜得多。據我理解，這是指全《易》六十四卦來説的。"是故謂之象"，這個"象"，可用"象者言乎象者也"的"象"來理解，它是指卦來説的。"聖人有以見天下之動"，"動"和"象"是指互相對立的兩種形態。"天下之動"，則是指自然和社會的變化發展。"而觀其會通"，這個"會通"應用"一闔一闢謂之變，往來不窮謂之通"，或"窮則變，變則通"的説法來解釋。實際上，"通"就是指自然和社會變化發展中的量變，"會"就是指自然和社會變化發展中的質變。因爲質變是變化發展中的結節點，所以叫做會。"以行其典禮"，"典禮"是指在當時歷史條件下規定的行爲規範來説的。"以行其典禮"，是指無論是在量變時或質變時，都要按照當時歷史條件下規定的行爲規範去行動。"繫辭焉以斷其吉凶"是説把上述內容用文字加以説明，指示人們怎樣做才對，怎樣做不對。"是故謂之爻"，這個"爻"就是《周易》六十四卦中每一卦裏邊的爻。

二、孔子應用自己的觀點對組成《周易》一書的四大要素——蓍、卦、爻、辭作了精闢的説明。

（一）對蓍、卦、爻的説明

《繫辭傳上》説"是故蓍之德圓而神，卦之德方以知，六爻之義易以貢，聖人以此洗心，退藏於密。吉凶與民同患，神以知來，知以藏往。其孰能與此哉？古之聰明睿知神武而不殺者夫"這裏的"德"是性質，"圓"是不定，"方"是一定，"易"是變，"貢"是告。"洗"應據《釋文》從京、荀、虞、董、張、蜀才作"先"。"蓍之德圓而神"是説蓍的性質不一定。唯其不一定，所以可稱爲神。蓍是什麼呢？蓍是蓍草，在這裏是指在筮法中作爲計數工具的蓍。周人筮法今保存在《易大傳》中，這個筮法是以從一至十，這十個數字作爲起點。古人稱十爲"盈數"（詳見《左傳·莊公十六年》）。當時，因爲十是盈數，所以把十月稱爲"良月"。從這裏，不難看出，古人是把這個數字看成有某種神秘性。在這十個數字當中，筮法把一、三、

五、七、九五個奇數叫做天數，把二、四、六、八、十五個偶數叫做地數。所謂"天一地二，天三地四，天五地六，天七地八，天九地十"就是以此爲根據來得出的。筮法把五個天數合在一起，爲二十五。把五個地數合在一起，爲三十。再把天數二十五與地數三十合在一起，爲五十五。這就是所謂"凡天地之數五十有五，此所以成變化而行鬼神也"。筮法把這個五十有五叫做"大衍之數"。今保存在《易大傳》中的筮法，就是把五十有五稱爲大衍之數來作筮時的推演基礎的（今本作"大衍之數五十"，脱"有五"二字）。筮法大衍之數五十有五的具體運用，則是所謂"其用四十有九。分而爲二以象兩，挂一以象三，揲之以四以象四時，歸奇於扐以象閏，五歲再閏，故再扐而後卦。是故四營而成易，十有八變而成卦"。用這種辦法最後得出來的是什麽？不一定，這就叫"圓而神"。同篇在另一地方説"陰陽不測之謂神"，也可以看作是這個"神"字的注腳。説"卦之德方以知"，這是因爲卦是著的記録，成卦以後，爲七八、爲九六是確定了的，所以稱爲"方"。成卦以後，根據它可以定吉凶，所以稱爲"知"。"六爻之義易以貢"的"六爻"是指《周易》六十四卦每一卦裏的六爻。卦與爻在某種意義上可以説是對立的，因爲它們不僅有整體與部分的不同，而且有不變與變的不同。例如同篇另一個地方説"彖者言乎象者也，爻者言乎變者也"，韓康伯注説："彖總一卦之義也，爻各言其變也。"即其證。正由於這樣，所以説"六爻之義易以貢"。韓康伯注説"六爻變易以告吉凶"，是對的。"聖人以此洗心，退藏於密，吉凶與民同患"，這裏的"聖人"也是指作《易》者來説的。"以此洗心，退藏於密"的"此"，是指著卦和爻，尤其是指著。因爲著在三者中是最基本的，起決定作用。"洗心"是指未筮時，"以此洗心退藏於密"，是指未筮時，著的作用還未顯現出來，它祇是退而秘密地儲藏於著的内部。那末這"退藏於密"的，是什麽東西呢？一看下文就會知道，它指的是"明於天之道而察於民之故"。"吉凶與民同患"是什麽意思呢？是説人民都願意趨吉避凶，但不知道什麼是吉，什麼是凶。作《易》者利用卜筮以判斷吉凶，使人民知所趨避，這就叫做"吉凶與民同患"。"神以知來"是説著，"知以藏往"是説卦。"其孰能與此哉？古之聰明睿知神武而不殺者夫！"這句話是對作《易》者的稱讚。説作《易》者能想出這種辦法，既是"聰明睿知"又是"神武不殺"。"聰明睿知"不必申釋，很容易理解。"神武不殺"是什麼意思呢？據我理解，這是説作《易》者利用這種辦法以進行統治，使人民知所趨避，不陷刑網，即不用殺戮而人民從命，應稱爲"神武"。

《説卦》説"昔者聖人之作《易》也，幽贊於神明而生著，參天兩地而倚數，觀變於陰陽而立卦，發揮於剛柔而生爻"，我認爲這段話是孔子對《周易》的著、卦和爻三者相互關係的説明。"昔者聖人之作《易》也，幽贊於神明而生著"是説著的産生。著是一種草，它本身談不到什麼神明。筮法中之著之所以神明，是由於作《易》者的"幽贊"。什麼叫"幽贊"呢？是説在暗地裏加以贊助。怎麼在暗地裏加以贊助呢？這就是上文所説的"是以明於天之道而察於民之故，是興神物"，也就是上文所説的"以此洗心退藏於密"。祇有同上述這兩條文字聯繫起來看，才能瞭解它的真正內容。"參天兩地而倚數"的"參"、"兩"是古語。《周禮·天官·疾醫》説"兩之以九竅之變，參之以九藏之動"，《逸周書·常訓》説"疑意以兩，平兩以參"，皆是其證。參、兩在這裏有交錯的意思。"天"指天數一、三、五、七、九，"地"指地數二、四、六、八、十。"參天兩地"指天數二十有五與地數三十，合爲五十有五。"倚數"是立數。立什麼數呢？是立所謂"凡天地之數五十有五"的大衍之數。"觀變於陰陽而立卦"這個"變"是著之變，亦即大衍之數之變。因爲卦是觀察著變結果是七九還是八六，或者説是陽還是陰，而確立的，所以説"觀變於陰陽而立卦"。"發揮於剛柔而生爻"的"爻"是卦中的爻，爻的作用在於説明"剛柔相推而生變化"，所以説"發揮於剛柔而生爻"。

《周易》原是卜筮之書，屬於宗教迷信範圍。儘管在這種書裏，老早已孕育着哲學思想，但是，從事卜筮的，嚮來都聽命於神，至少也認爲是不可知。而孔子獨能深燭其本質，第一次從哲學意義予以闡釋，而且闡釋得精闢絕倫。可以毫不誇張地説，《周易》傳至孔子，正是由卜筮到哲學所發生的一次質變。

（二）對辭的説明

辭包括卦辭、爻辭。卦辭是一卦的總説明，爻辭是一卦六爻的個別的説明。卦辭也名彖，孔子對卦辭的解釋名爲彖傳。孔子對爻辭的解釋，一般稱小象。《繫辭傳上》説，"子曰：聖人立象以盡意，設卦以盡情僞，繫辭焉以盡其言。"這個"立象以盡意"，就是説利用卦爻符號以盡意。因爲這個符號像代數公式一樣，所代表的不以某一具體事物爲限，而是代表一般事物，所以能盡意。同樣，"繫辭焉"之所以能盡言，也是因爲繫辭所使用的語言不是一般的語言，而是卜筮的語言。卜筮的語言一般説，具有兩個特點：一是廣泛性，不廣泛則不能普遍應用，二是模糊性，不模糊則不成其爲卜筮。《繫辭傳下》在談到《周易》的卦爻辭時説："其旨遠，其辭文，其言曲而中，其事肆而隱。"正説明《周易》卦爻辭所使用的不是一般的語言，而是卜筮的語言。

正由於《周易》卦爻辭所使用的是卜筮的語言，而不是一般的語言，所以孔子對卦爻辭的解釋不僅有必要，尤在於能透過現象看到本質，並能揭示出若干帶有規律性的東西，而不在於隨文解義。

例如，孔子對《周易》卦爻辭總的、一般性的解釋説："彖者，言乎象者也。爻者，言乎變者也。吉凶者，言乎其失得也。悔吝者，言乎其小疵也。无咎者，善補過也。是故，列貴賤者存乎位，齊小大者存乎卦，辯吉凶者存乎辭，憂悔吝者存乎介，震无咎者存乎悔。是故卦有小大，辭有險易，辭也者，各指其所之。"又説："八卦成列，象在其中矣。因而重之，爻在其中矣。剛柔相推，變在其中矣。繫辭焉而命之，動在其中矣。吉凶悔吝者，生乎動者也。剛柔者，立本者也。變通者，趣時者也。吉凶者，貞勝者也。"又説："《易》之爲書也，不可遠，爲道也屢遷，變動不居，周流六虚，上下無常，剛柔相易，不可爲典要，唯變所適。"又説："《易》之爲書也，原始要終以爲質也。六爻相雜，唯其時物也。其初難知，其上易知，本末也。初辭擬之，卒成之終。若夫雜物撰德，辨是與非，則非其中爻不備。噫！亦要存亡吉凶，則居可知矣。知者觀其彖辭，則思過半矣。二與四同功而異位，其善不同，二多譽，四多懼，近也。柔之爲道，不利遠者，其要无咎，其用柔中也。三與五同功而異位，三多凶，五多功，貴賤之等也。其柔危，其剛勝耶！"又説："《易》之爲書也，廣大悉備，有天道焉，有人道焉，有地道焉，兼三材而兩之，故六。六者非它也，三材之道也。道有變，故曰爻。爻有等，故曰物。物相雜，故曰文。文不當，故吉凶生焉。《易》之興也，其當殷之末世，周之盛德耶？當文王與紂之事耶？是故其辭危。危者使平，易者使傾，其道甚大，百物不廢。懼以終始，其要无咎，此之謂《易》之道也。"

以上是從《繫辭傳》中所録出的五段文字。這五段文字就是孔子對《周易》卦爻辭所作的總的、一般性的解釋。這些解釋，既詳悉，又精確，洋溢着哲學深意，毫無神秘氣氛。使人讀過以後，理應得出這樣的結論：《周易》從表面上看雖是卜筮之書，而實質上卻是一部博大精深的哲學著作。

孔子對《周易》卦爻辭所作的具體的、個別的解釋，因文繁不能詳説，兹僅重點地談幾個問題。

1.孔子對卦爻辭的解釋特別强調"時"。例如，光是在乾卦中，就有"六位時成"、"時乘六龍"、"故乾乾因其時而惕"、"欲及時也"、"時舍也"、"與時偕行，與時偕極"等等，凡七次提到時字。其他如"與時偕行"，見於損、益；"與時行也"，見於遯、小過"與時消息"見於豐；"時行則行，時止則止，動静不失其時"見於艮。不僅如此，尤其是於豫卦説："豫之時義大矣哉！"於隨卦説："隨之時義大矣哉！"於頤卦説"頤之時大矣哉！"於大過卦説："大過之時大矣哉！"於坎卦説："險之時用大矣哉！"於坎卦説："險之時義大矣哉！"於睽卦說:"睽之時用大矣哉!"於蹇卦說"蹇之時用大矣哉!"於解卦說:"解之時大矣哉!"於姤卦說:"姤之時義大矣哉!"於革卦說:"革之時大矣哉!"於旅卦說:"旅之時義大矣哉!"孔子爲什麼如此重視"時"呢? 很明顯,這是孔子意識到辯證法的重要性的一種表現。因爲事物是不斷運動發展的,先時或後時,都會造成失誤。祇有選擇一個適當的時機,使主觀與客觀達到一致,然後才能收到最大的效果。

2.孔子對卦爻辭的解釋,除"時"以外,還强調"中"。例如大壯九二說:"九二貞吉,以中也。"姤卦九五說:"九五含章,中正也。"井九五說:"寒泉之食,中正也。"需九五說:"酒食貞吉,以中正也。"訟九五說:"訟元吉,以中正也。"豫六五說:"不終日貞吉,以中正也。"晉六二說:"受兹介福,以中正也。"同人九五說:"同人之先,以中直也。"困九五說:"乃徐有說,以中直也。"蹇九五說:"大蹇朋來,以中節也。"既濟六二說:"七日得,以中道也。"師六二說:"長子帥師,以中行也。"解九二說:"九二貞吉,得中道也。"巽九二說:"紛若之吉,得中也。"恒九二說:"九二悔亡,能久中也。"等等,其實强調"中",意思是反對過與不及,要求能做到恰到好處。據我看,强調"中"與强調"時"一樣,在"中"裏邊也反映有辯證法思想。

3.孔子在釋卦辭中,屢稱"天行",且不斷地談天與人的關係。我認爲這是哲學上的大問題,值得注意。例如蠱卦《彖傳》說:"先甲三日,後甲三日,終則有始,天行也。"剥卦《彖傳》說:"君子尚消息盈虛,天行也。"復卦《彖傳》說:"反復其道七日來復,天行也。"其他如損卦《彖傳》說:"損益盈虛,與時偕行。"益卦《彖傳》說:"天施地生,其益無方,凡益之道,與時偕行。"豐卦《彖傳》說:"日中則昃,月盈則食,天地盈虛,與時消息,而況於人乎? 況於鬼神乎?"損、益、豐三卦的《彖傳》與剥卦《彖傳》的說法基本上一致。據我理解,孔子所說的"天行"實際上是指自然界的運動發展。而"終則有始"、"反復其道"和"消息盈虛",則是指自然界運動發展的表現形

式。"終則有始"、"反復其道"是指其重複性,"消息盈虛"裏邊包括
有量變和質變。總之,都是指自然發展規律。他如豫卦《彖傳》説:
"天地以順動,故日月不過而四時不忒。聖人以順動,則刑罰清而
民服。"觀卦《彖傳》説:"觀天之神道而四時不忒。聖人以神道設教
而天下服矣。"賁卦《彖傳》説:"觀乎天文以察時變,觀乎人文以化
成天下。"頤卦《彖傳》説:"天地養萬物,聖人養賢以及萬民。"咸卦
《彖傳》説:"天地感而萬物化生,聖人感人心而天下和平。"恒卦《彖
傳》説:"日月得天而能久照,四時變化而能久成,聖人久於其道而
天下化成。"革卦《彖傳》説:"天地革而四時成,湯武革命,順乎天而
應乎人。"豐卦《彖傳》説:"日中則昃,月盈則食,天地盈虛,與時消
息,而況於人乎? 況於鬼神乎?"孔子在上述這些卦的《彖傳》裏所
談的雖涉及很多方面,從其主導思想來看,一言以蔽之,都是談天
與人的關係。可見後世儒者,有的説"道之大原出於天",有的主張
天人合一,這種思想有人説祖《春秋》,固無不可,然而從根本上説,
則是祖《周易》。因爲孔子這一思想,祇是在《周易》一書中,才談得
最充分、最有系統。那麼,這一思想有沒有道理呢? 我看是有道理
的。這一思想,實際上是把自然發展規律應用於社會。恩格斯在
《反杜林論》中曾把辯證法稱爲"關於自然、人類社會和思維的運動
和發展普遍規律的科學"。可見運動和發展規律自然和人類社會
是一致的,從這個意義説"道之大原出於天",或天人合一的説法,
並沒有錯。孔子又於睽卦《彖傳》説:"天地睽而其事周也,男女睽
而其志通也,萬物睽而其事類也。"我看這是於對立中看到統一。
這一思想也不簡單,可以説是符合辯證法的。

　　4.於孔子對爻辭的解釋裏,還可以看到有質量互變的内容。
例如於乾卦上九説:"亢龍有悔,窮之災也。"於无妄卦上六説:"无
妄之行,窮之災也。"於坤卦上六説:"龍戰於野,其道窮也。"於節卦
上六説:"苦節貞凶,其道窮也。"於隨卦上六説:"拘繫之,上窮也。"
於屯卦上六説:"泣血漣如,何可長也。"於否卦上六説:"否終則傾,

何可長也。"於豫卦上六説："冥豫在上,何可長也。"於中孚卦上九説"翰音登於天,何可長也。"這樣説決不是偶然的。它表明一卦六爻,由初至上,是一個漸變的過程。用今日的哲學概念來説,這就是量變。量變至上而窮。根據"窮則變,變則通,通則久"的説法,"窮"就要"變"。小象説"窮之災也","其道窮也","上窮也","何可長也",顯然都是表明"窮則變"。這個"變",用今日的哲學概念來説,就是質變。質變則將由前一卦變爲後一卦,這也就是所謂"變則通通則久"嘛!

三、關於《周易》六十四卦的結構問題。我認爲《周易》六十四卦的結構,是《周易》思想的精華,是孔子作《易大傳》時的全神所注,至足珍貴。可惜後世知之者甚少,以爲"最淺鄙"者有之,以爲"膚淺"者有之。不悟司馬遷作《孔子世家》把《序》列在《彖》、《繫》、《象》、《説卦》、《文言》之首,夫豈無故? 兹特從《易大傳》中録出幾條有關文字,並略加申釋如下。

(一)《繫辭傳上》説："乾坤其《易》之緼耶? 乾坤成列,而《易》立乎其中矣。乾坤毀則無以見《易》,《易》不可見,則乾坤或幾乎息矣。"這一段話是孔子對《周易》六十四卦結構所作的簡要説明。"乾坤"是指六十四卦爲首的乾坤兩卦。"乾坤其《易》之緼"是説《易》六十四卦所有的極其紛繁複雜的內容都已蘊藏在乾坤兩卦之中。《序卦》篇首説："有天地,然後萬物生焉。"《易緯·乾鑿度》説:"乾坤者,陰陽之根本,萬物之祖宗也。"可與這一説法互相證明。爲什麼這樣説呢? 這個問題,如用馬克思主義理論來説明,就很容易理解。這就是説乾是純陽,坤是純陰,乾坤二卦構成一個矛盾的統一體。由於乾坤二卦內部的矛盾性而產生運動。這樣,全《易》六十四卦就可以看作是乾坤二卦的矛盾運動所產生的結果了。"乾坤成列,而《易》立乎其中矣"這句話實際上是對上述觀點的復述或補充。意思是説,當乾坤二卦排列在首位時,全《易》六十四卦的變化發展已存在這裏了。"乾坤毀則無以見《易》",《易》不可見,則乾坤或幾乎息矣”，則是指全《易》六十四卦的另一端，即指既濟、未濟來説的。乾純陽、坤純陰，乾坤成列而進行變化發展。當至既濟時，變化發展已達到盡端。《既濟彖傳》説：“剛柔正而位當也。”就是説這個卦陽爻居陽位，陰爻居陰位，陰爻、陽爻又都有應。從六十四卦的變化發展來看，最初是一個純陽、一個純陰，以後開始變化發展，至此已看不到純陽、純陰的痕迹了，而是陰陽各半，已達到了平衡。正因爲這樣，所以可以説“乾坤毁”。乾坤毁的意思則是説乾坤二卦的變化發展，到此已完結了。“則無以見《易》”，是説乾坤二卦變化發展完結時，《易》也隨之完結了。“《易》不可見，則乾坤或幾乎息矣”則是指未濟來説的。“幾乎息”的意思是説没有息，也不可能息。因爲空間是無限的，時間是無限的，物質的運動發展也是無限的，怎麽會停息呢？全《易》由乾、坤至既濟、未濟，衹是完成一個較大的發展階段罷了。《序卦》説：“物不可窮也，故受之以未濟終焉。”它所説的正是這個意思。《周易》作於殷周之際，距今三千餘年。在這時居然有了如此卓越的思想，而且熟練地把它應用於實際，這是多麽了不起的一件事情！可是假如没有孔子給它作傳，定將湮没無聞，與《連山》、《歸藏》遭到同一命運。孔子對《周易》的貢獻，能説不偉大嗎？

　　（二）《繫辭傳下》説：“子曰乾坤其《易》之門耶？乾，陽物也；坤，陰物也。陰陽合德，而剛柔有體，以體天地之撰，以通神明之德。”這段話同上段話一樣，也是談《周易》六十四卦的結構問題。“《易》之門”這個“門”字是一個比喻，這個比喻如果用同書“闔户謂之坤，闢户謂之坤，一闔一闢謂之變，往來不窮謂之通”來解釋，便覺更爲親切而具體。門有闔有辟，同乾坤有陰有陽一樣，都是一個矛盾的統一體。變則是由於運動所産生的變。門之變是由於一闔一闢，乾坤之變是由於一陰一陽，一句話，都是由於内在的矛盾性。門之變“往來不窮謂之通”，乾坤之變也有“窮則變，變則通”的説法，二者何其相似！不過，比喻終究是比喻，不能要求密合無間。

顯然,乾坤變化所産生出來的東西,就不是門的變化所産生出來的東西所能比擬的。"乾,陽物也。坤,陰物也",是説乾坤二卦是一對矛盾。"陰陽合德",是説明乾坤是一個矛盾的統一體。"而剛柔有體"則是説由於"陰陽合德",亦即由於乾坤這個矛盾的統一體而産生出由屯至未濟諸卦。"剛柔有體",説得具體些,則是指在變化發展中有得於乾的爲剛,有得於坤的爲柔。"以體天地之撰,以通神明之德,"二語是承上文指由乾坤二卦變化發展而形成的六十四卦來説的。是説這個六十四卦,既可以體現自然界的變化發展,又可以表達變化發展的規律。"天地"指自然界。"神明"是"妙萬物而爲言",應指自然發展規律。

(三)《繫辭傳上》説:"天地設位,而《易》行乎其中矣。"這段話與上文"乾坤成列,而《易》立乎其中矣"意思一樣,不煩解説。

(四)《繫辭傳上》説:"在天成象,在地成形,變化見矣。是故剛柔相摩,八卦相蕩,鼓之以雷霆,潤之以風雨,日月運行,一寒一暑,乾道成男,坤道成女。"這段話也是談《周易》六十卦的結構問題。不過,説法不同,側重點不同。這段話的側重點不在六十四卦的首尾兩端,而在於中間部分。在於説明乾坤二卦在變化發展中的具體表現。"剛柔相摩"是指乾坤二卦由於內在的矛盾性所引起的變化發展。"八卦相蕩"是指由乾坤變化發展所産生的八卦又繼續變化發展。"雷霆"、"風雨"、"日月"、"寒暑"則是乾坤及其所産生的八卦在變化發展中的種種表現。説得何等生動、具體!"乾道成男、坤道成女",則是説在上述的變化發展中,有得於乾者爲男,有得於坤者爲女。《序卦》説:"有天地,然後萬物生焉。"這裏所説的"成男"、"成女",實際上就是《序卦》所説的"萬物生焉"。

(五)《繫辭傳上》説:"乾之策二百一十有六,坤之策百四十有四,凡三百有六十,當期之日。二篇之策萬有一千五百二十,當萬物之數也。"這是從筮法的角度來看《周易》六十四卦的結構的。著亦稱策,在筮法裏作爲計數的工具。"乾之策二百一十有六"是怎麼得出來的呢？這是由於乾卦六爻都是九，九在筮法裏是由過揲之數三十六得出的。乾卦六爻是九就是六個三十六，所以是二百一十有六。坤卦六爻都是六，六在筮法裏是由過揲之數二十四得出的。坤卦六爻都是六就是六個二十四，所以是百四十有四。"凡三百有六十"，是二百一十有六與百四十有四之和。"當期之日"是相當於一個周期的日數，即一歲的日數。"當期之日"有什麼意義呢？這個問題，從同篇説"廣大配天地，變通配四時"，"法象莫大乎天地，變通莫大乎四時"，"日月運行，一寒一暑"，"寒往則暑來，暑往則寒來，寒暑相推，而歲成焉"以及筮有"揲之以四"，"以象四時"和《論語・陽貨》説"子曰：'天何言哉？四時行焉，百物生焉，天何言哉'"等等所言的四時看，可以看得非常清楚。這個期、歲或四時，不是別的，正是天地或乾坤在變化發展中的一個單元。上面所説的"廣大配天地，變通配四時"，"法象莫大乎天地，變通莫大乎四時"，則是對這一問題的最好説明。它們所説的"變通"也不是別的，就是"闔户謂之坤，闢户謂之乾，一闔一闢謂之變，往來不窮謂之通"裏邊所説的變通。很明顯，這個"變通"所指的就是乾坤或天地的變化發展。孔子説："天何言哉？四時行焉，百物生焉，天何言哉？"與《序卦》説"有天地，然後萬物生焉"的思想一致，祇是多了一個"四時行焉"。這個"四時行焉"也指天地的變化發展來説的。"二篇之策萬有一千五百二十，當萬物之數也"，這個"二篇之策"，無疑是指《周易》上下篇六十四卦之策。這個"萬有一千五百二十"是怎麼來的呢？這是因爲六十四卦三百八十四爻陰陽各半，其中爲六的，百九十有二；爲九的，百九十有二。六以過揲之數二十四計算爲四千六百零八，九以過揲之數三十六計算爲六千九百一十二，二者合起來，就是萬有一千五百二十。"當萬物之數"與乾坤之策"凡三百有六十當期之日"合起來看，所反映的正是《序卦》所説的"有天地然後萬物生焉"。

（六）乾卦《象傳》説："大哉乾元，萬物資始，乃統天。"《坤卦象傳》說：“至哉坤元，萬物資生，乃順承天。”我認爲這裏所說的，也是《序卦》所說的“有天地，然後萬物生焉”的問題。不同的祇是把乾坤二卦的不同作用又分開來講罷了。在這裏，不難看出古人所說的天，實際上並不是指彼蒼蒼者，而是指日或太陽。《禮記·郊特牲》說：“郊之祭也，迎長日之至也，大報天而主日也。”就是證明。“大哉乾元，萬物資始”，實際上是說春天到了，氣候轉暖，萬物取之於太陽而萌動。“至哉坤元，萬物資生”，實際上是說春天到了，氣候轉暖，萬物取之於大地而出生。所以，古人所說的“明於天之道”這個天道固然應當說是指自然規律來說的，然而古人的科學知識很粗淺，可依據的，祇有古代的天文曆法知識，知道一年爲春夏秋冬四時，按照一定的秩序不斷變化發展罷了。

　　（七）《序卦》說：“屯者，物之始生也。物生必蒙，故受之以蒙。蒙者蒙也，物之稚也。物稚不可不養也，故受之以需。需者，飲食之道也。飲食必有訟，故受之以訟。訟必有衆起，故受之以師。師者，衆也。衆必有所比，故受之以比。……”實際上這是對《周易》六十四卦除了乾坤二卦而外其餘諸卦之間的順序說明。六十四卦的相鄰兩卦不反則對（例如乾與坤是對，屯與蒙是反），這一點是很容易看出來的。但是這個不反則對有什麼意義呢？我認爲上述這些文字正是說明這個問題。仔細考察這些文字一般都是用“必……故受之以……”或“不可不……故受之以……”的詞句來說明。這個說明，實際上是表明《周易》六十四卦由前一卦向後一卦的轉變，中間有必然性。我認爲這一點，很不簡單，應當承認這裏邊有辯證法觀點。

　　孔子爲了說明《周易》的結構，專門作《序卦》一篇。還恐人們不瞭解，又於《象傳》、《繫辭傳》中反復說明，用心良苦！遺憾的是，後世還有很多人不理解。不但不理解，有人反肆意加以詆毀，亦可悲矣！

　　四、談《大象》。《易大傳》中有所謂《大象》，《大象》與《象傳》、

《小象》不同，它不是解釋卦爻辭的，而是孔子個人專爲學《易》而作。從《大象》所舉學《易》的對象來看，稱"先王"者七，稱"后"者二，稱"上"和"大人"者各一。自餘五十三卦都稱"君子"。孔穎達疏説："唯施於天子，不兼包在下者，則言先王也。稱後兼諸侯。言君子通天子，諸侯兼公卿大夫有地者。"其説基本上是對的。至稱"上"和"大人"，很明顯，是指居高位者而言。總之，可以斷言，孔子之作"大象"，是爲當時統治階級的政治服務的。關於《大象》所涉及的内容，非常豐富，幾乎無所不包。大的如"裁成天地之道，輔相天地之宜"，"建萬國，親諸侯"，以至"省方觀民設教"，"治曆明時"，"明罰敕法"，"制數度，議德行"；小的如"慎言語，節飲食"，"懲忿窒慾"，"非禮弗履"，"反身修德"，"自昭明德"，"多識前言往行以畜其德"，"見善則遷，有過則改"，以至"朋友講習"，"儉德避難"，等等，尤其是着意稱道"獨立不懼，遯世無悶"，"立不易方"，"恐懼修省"，"致命遂志"，看來孔子還有一種堅持真理、不畏强暴的精神。

（《儒學國際學術討論會論文集》，齊魯書社，1989 年版）